COLIN BUTCHER
Molly & ich

GOLDMANN
Lesen erleben

Colin Butcher
mit Joanne Lake

Molly & ich

Freunde fürs Leben und
Haustier-Detektive auf heißer Spur

Aus dem Englischen übersetzt
von
Antje Althans und Juliane Lochner

GOLDMANN

Die englische Originalausgabe erschien 2019 unter dem Titel
Molly & Me. How One Man and His Dog Became a Crime-Solving Duo
bei Michael Joseph, einem Imprint von Penguin Random House UK, London.
Veröffentlicht in Kooperation mit YM&U, London.

Antje Althans dankt dem Europäischen Übersetzer-Kollegium in Straelen
und der Kunststiftung NRW für die Unterstützung der übersetzerischen Arbeit.

 Dieses Buch ist auch als E-Book erhältlich.

MIX
Papier aus verantwor-
tungsvollen Quellen
FSC® C083411
FSC
www.fsc.org

Verlagsgruppe Random House FSC® N001967

1. Auflage
Deutsche Erstausgabe Juli 2019
Copyright © 2019 by Wilhelm Goldmann Verlag, München,
in der Verlagsgruppe Random House GmbH,
Neumarkter Straße 28, 81673 München
Copyright der Originalausgabe © 2019 Colin Butcher
Umschlaggestaltung: UNO Werbeagentur, München,
unter Vewendung von Fotos von © Rachel Oates
Fotos im Innenteil: © Colin Butcher,
© Renu Williams (Foto 10 und 11) und
© Katy Thatcher (Foto 21)
Lektorat: Marion Preuß
MP · Herstellung: kw
Satz: Uhl + Massopust, Aalen
Druck und Einband: CPI books GmbH, Leck
Printed in the Czech Republic
ISBN: 978-3-442-15984-0
www.goldmann-verlag.de

Besuchen Sie den Goldmann Verlag im Netz:

Inhalt

Für David

Vom Volk werden sie Spürhunde genannt.
Diese Hunde sind von so phänomenaler Klugheit,
dass sie nach Dieben suchen und sie nur anhand des Geruchs
der gestohlenen Waren verfolgen.

– *The History and Croniklis of Scotland* (1536) von John Bellenden
(schottische Übersetzung von Hector Boeces *Historia Gentis Scotorum*)

1. Mollys erste Bewährungsprobe

Am Freitag, den 3. Februar 2017, um neun Uhr morgens, klingelte das Telefon. Meine Assistentin Sam hatte sich gerade an ihren Schreibtisch gesetzt, ihren Computer hochgefahren und ihren ersten Schluck Espresso getrunken, während ich mich draußen in der Auffahrt der Bramble Hill Farm befand und mich bereitmachte, Molly in der frühen Morgensonne Bewegung zu verschaffen. Meine Cockerspaniel-Hündin war seit dem Aufstehen schon so lebhaft gewesen, dass sie die Lladró-Lieblingsvase meiner Freundin Sarah im Hausflur umgestoßen hatte, und musste überschüssige Energie abbauen.

»UK Pet Detectives«, meldete sich Sam. »Können wir Ihnen helfen?«

»Das hoffe ich sehr«, antwortete eine bedrückte Stimme. »Unsere Katze Rusty ist verschwunden. Wir haben überall nach ihr gesucht und können sie nirgends finden. Wir sind mit unserem Latein am Ende, deshalb wenden wir uns an Sie.«

Tim war Grafikdesigner und lebte mit seiner Freundin Jasmine, die als Physiotherapeutin arbeitete, in der Stadt St Albans in Hertfordshire. Sie sparten eisern für die Anzahlung auf ein Einfamilienhaus, wohnten jedoch bis dahin in einer ruhigen Sackgasse in einer einfachen Mietwohnung. Die beiden liebten Katzen und hatten die kleine Rusty, eine Katze aus dem Tierheim mit schwarz-weiß-kupferrotem Fell, mandelförmigen Augen und einem langen flauschigen Schwanz, voll Freude in ihrem Leben willkommen geheißen. Da die Wohnung recht beengt war und viele ihrer persönlichen Sachen noch in Kartons verpackt waren, ließen sie ihre Katze oft nach draußen. Dort lief sie dann auf der halbmondförmigen Straße herum, faulenzte in Einfahrten und saß auf Türschwellen, entfernte sich jedoch nie zu weit und kam nie spät nach Hause.

Doch am vorigen Freitag war Rusty nicht aufgekreuzt, um sich ihren gedünsteten Schellfisch abzuholen, ihren allwöchentlichen Leckerbissen; da sie verrückt nach frischem Fisch war, waren ihre Besitzer völlig perplex.

»Es ist einfach so untypisch«, erklärte Tim. »Wir haben das ganze Wochenende über alle Straßen und Gärten abgesucht und sogar Flugblätter und Plakate gedruckt, aber sie ist wie vom Erdboden verschluckt. Wir wissen nicht mehr weiter.«

»Das tut mir leid«, sagte Sam, die selbst Katzenbesitzerin war und ihren Schmerz aufrichtig nachempfinden konnte. »Überlassen Sie das mir. Ich rede mit meinem Chef und melde mich wieder bei Ihnen.«

Sie stürzte sofort an das große Schiebefenster und riss es hoch.

»COLIN!«, schrie sie, worauf Molly und ich, die wir mit großen Schritten auf die Wiese zusteuerten, wie angewurzelt stehenblieben. »Nach eurer Trainingseinheit musst du unbedingt kurz bei mir reinschauen. Ich glaube, ich habe Mollys ersten richtigen Auftrag erhalten …«

Eine halbe Stunde später saß ich im Büro und sprach mit Sam über Rustys Verschwinden, während Molly erschöpft ein Nickerchen machte. Mein Puls beschleunigte sich, als meine Kollegin mir von ihrem Gespräch mit Tim erzählte und mir die Umstände des vermissten Haustieres erläuterte. Wenn unser allererster Auftrag, eine Katze aufzuspüren, ein Erfolg werden sollte, mussten die Suchbedingungen so günstig wie möglich sein, und dieser Fall schien alle Kriterien zu erfüllen. Erstens kam Rusty aus einem Ein-Katzen-Haushalt, was es mir ermöglichte, eine vernünftige Haarprobe zu bekommen, die Molly die beste Voraussetzung bot, den Geruch zu isolieren und der vermissten Katze zuzuordnen. Zweitens war die Mieze seit weniger als einer Woche verschwunden, was die Wahrscheinlichkeit erhöhte, sie lebend zu finden. Dass das Wetter windstill und beständig war, für Anfang Februar eigentlich ungewöhnlich, wirkte sich ebenfalls zu unseren Gunsten aus. Starker Wind oder Niederschlag in jeglicher Form (zum Beispiel Regen, Schnee oder Nebel) hätten den Katzengeruch abgeschwächt und sich störend auf die überempfindliche Nase meines Hundes ausgewirkt.

Als ehemaliger Militärangehöriger kannte ich mich zum Glück mit allen meteorologischen und topografischen Aspekten gut aus. Vor meinem langen Berufsweg bei der Polizei hatte ich über ein Jahrzehnt bei der Royal Navy gedient, was in mir ein starkes Interesse an Wetter, Klima und Küstennavigation geweckt hatte. In meiner Kajüte auf der *HMS Illustrious* hatte ich den Lernstoff über all diese Sachthemen regelrecht verschlungen und meine naturwissenschaftlichen Fachkenntnisse über Luftmassen, Frontensysteme und Kartografie erweitert, wodurch ich zu einer Art Fachmann geworden war. Damals ahnte ich nicht, wie nützlich mir dieses Wissen einmal sein würde.

Im Dezember 2016 hatte Molly bei einer in Milton Keynes ansässigen Wohltätigkeitsorganisation namens Medical Detection Dogs (MDD) ein intensives Geruchserkennungstraining absolviert. Seitdem hatten sie und ich im Hauptquartier meiner Detektei auf der Bramble Hill Farm unzählige Übungssituationen durchgespielt und als Vorbereitung auf unsere erste richtige Suche nach einer vermissten Katze unsere Fertigkeiten verbessert. Obwohl ich schon lange fest davon überzeugt gewesen war, dass Molly und ich das erforderliche Kompetenzniveau erreicht hatten, hatten wir erst grünes Licht bekommen, nachdem ich Videoaufnahmen unseres Trainings an die Experten bei MDD geschickt hatte.

»Nach allem, was wir gesehen haben, glauben wir, dass ihr beide für eure erste richtige Suchaktion bereit seid«, hatten sie gesagt, worauf mir ein Kribbeln über den Rücken gelaufen war. »Eure Interaktion und eure Teamarbeit sind herausragend, und von unserer Seite aus seid ihr startklar.«

Und nach Sams Telefongespräch hatte ich endlich die Aussicht, mit Molly an meiner Seite eine richtige Suche zum Erfolg zu führen. Ich verspürte eine Mischung aus Hochgefühl und Beklommenheit, denn es war so viel Zeit und Energie in die Entwicklung meiner innovativen Katzenspürhund-Idee geflossen (fünf Jahre, um genau zu sein), dass ich mir jetzt, wo ich endlich meine perfekte Assistentin gefunden hatte, sehnlichst den entscheidenden »Machbarkeitsnachweis« wünschte, um zu beweisen, dass sich unsere ganze harte Arbeit gelohnt hatte.

»Es könnte so weit sein«, sagte ich zu Sam. »Das könnte Mollys erste Bewährungsprobe sein.«

»Du meine Güte, wie aufregend!«, strahlte meine Kollegin.

An diesem Abend telefonierte ich etwa eine Stunde mit Tim, um so viele Hintergrundinformationen wie möglich von ihm einzuholen. Ich erkundigte mich, ob es irgendwelche Auslöser gegeben haben könnte, die Rusty in die Flucht geschlagen hatten (zum Beispiel Unruhe in der Familie oder ein ihr feindlich gesonnener Artgenosse). Doch Tim beharrte darauf, dass sich seiner Einschätzung nach nichts verändert hatte.

»Die ältere Dame aus der Wohnung gegenüber ist letzte Woche gestorben, was sehr verstörend war«, sagte er. »Aber ansonsten war hier alles ziemlich normal.«

In ihrem eigenen Viertel hatte niemand Rusty gesehen, doch an jenem Morgen hatten zwei Zeugen aus einem ein paar Meilen entfernten Dorf angerufen und angegeben, bei sich im Garten eine Katze gesehen zu haben, die Rustys Beschreibung entsprach.

»Ich habe meine Zweifel, dass es unsere Katze ist, weil sie sich noch nie so weit fortgewagt hat«, gestand Tim. »Doch wir möchten Sie trotzdem bitten, der Sache nachzugehen.«

»Ich helfe Ihnen sehr gern«, antwortete ich, bevor ich ganz nebenbei erwähnte, dass ich in Begleitung einer vierbeinigen Kollegin käme.

»Meine Cockerspaniel-Hündin Molly wird mitkommen«, erklärte ich. »Sie hat einen respektablen Geruchssinn und verbellt Katzen nicht, weshalb sie sehr hilfreich sein könnte. Ich hoffe, Sie haben nichts dagegen.«

Ich spielte ihre Rolle ganz bewusst herunter, um weder Molly noch mich zu sehr unter Druck zu setzen.

»Kein Problem«, antwortete Tim. »Alles, was uns beim Aufspüren von Rusty helfen könnte, ist mir recht.«

An jenem Abend arbeitete ich bis spät in die Nacht. Während Sarah neben mir schlief, studierte ich digitale Landkarten, Stadtpläne und Fotos der Gegend um St Albans. Um Molly und mir die beste Chance zu geben, die vermisste Katze zu finden, war es wichtig, so viel wie möglich über das Gebiet in Erfahrung zu bringen. Als ich kurz vorm Wegnicken war, fuhr ich meinen Laptop herunter und sah wie jeden Abend nach Molly. Sie spürte, dass ich durch den Türspalt lugte, hob den Kopf und öffnete schläfrig ein Auge.

»Wir haben einen großen Tag vor uns, junge Dame«, flüsterte ich. »Wir sehen uns morgen in aller Frühe.«

Ja, ich weiß, Herrchen, schien Molly zu sagen. *Wie wär's also, wenn du mich schlafen ließest?*

Sie hielt meinen Blick ein paar Sekunden, bevor sie sich eng zusammenrollte und weiterschlummerte.

Wir verließen das Haus um fünf Uhr morgens. Die Wettervorhersage hatte zutreffend einen kühlen und wolkigen Tag mit einer leichten Brise angekündigt: perfekte Bedingungen für unsere große Suche, wie ich hoffte. Sarah war früh aufgestanden, um uns nachzuwinken, da sie wusste, wie wichtig die nächsten Stunden für uns waren. Sie hatte meine langen Vorbereitungen auf diesen Moment miterlebt und war sich bewusst, wie viel er mir bedeutete.

»Ich hoffe, es klappt alles, Schatz.« Sie hatte gelächelt, und ich traute meinen Augen nicht, als sie sanft, aber vorsichtig, den glänzenden schwarzen Kopf meiner Hündin tätschelte, bevor sie auch ihr viel Glück wünschte. Sarah hatte sich noch nicht ganz an Molly gewöhnt (sie war, formulieren wir es mal so, keine Hundefreundin), und dies war eine seltene Geste der Zuneigung.

Meine Hündin nahm sie mit Begeisterung entgegen und schleckte meiner Freundin zum Dank mit nasser Zunge die Hand ab. Ich musste schmunzeln, als ich mir vorstellte, wie Sarah schnurstracks zur antiseptischen Flüssigseife flitzen würde, sobald sie wieder ins Haus käme.

Nach der zweistündigen Autofahrt von West Sussex nach Hertfordshire begrüßten mich Tim und Jasmine vor ihrem modernen vierstöckigen Wohnblock. Sie waren jung, beide blond und wirkten sportlich (ich schätzte sie auf Mitte zwanzig), doch beide hatten diesen niedergeschlagenen Gesichtsausdruck, den ich nur zu gut kannte. Wie viele meiner Klienten vor ihnen waren sie krank vor Sorge, weil ihr geliebtes Haustier ausgerissen war.

Mein Blick fiel auf ein Riesenplakat in ihrem Vorderfenster. BITTE HILF MIR, ICH HABE MICH VERLAUFEN, verkündete es. KANNST DU MIR HELFEN, WIEDER NACH HAUSE ZU FINDEN?

Als Hintergrund des gedruckten Textes diente ein wunderschönes Foto der verschwundenen Samtpfote. Rusty war eine hübsche Katze mit einem freundlichen Gesicht; durch den weißen Brustlatz, die weißen Beine und die zwei schwarzen Flecken über den Augen sah sie aus wie Batman in Katzengestalt.

»Ich wünschte, alle meine Klienten hätten etwas so Professionelles vorzuweisen«, sagte ich.

»Mein Beruf als Grafikdesigner erweist sich manchmal als nützlich …«, antwortete Tim mit einem müden Lächeln.

»Und unsere Rusty lässt sich traumhaft gut fotografieren«, fügte Jasmine wehmütig hinzu.

Ich folgte dem Paar ins Haus und ließ Molly mit ihren Lieblingsspielzeugen im sicher verschlossenen Wagen zurück (wie immer so, dass ich sie im Auge behalten konnte). Ich wusste, dass sie beim Betreten einer fremden Wohnung unter massiver Reizüberflutung leiden würde, und wollte, dass sie so ruhig wie möglich blieb. Außerdem war es unerlässlich, dass sie sich ausschließlich auf Rustys Geruch konzentrieren konnte, sollte ich das Glück haben, eine geeignete Probe zu bekommen.

Dann entwarfen wir drei einen Schlachtplan. Jasmine musste an dem Morgen zur Arbeit (montags wurden in der Klinik viele Patienten mit Sportverletzungen vorstellig), weshalb Tim Molly und mich allein auf der Suche begleiten würde. Unsere erste Anlaufstation würde das Nachbardorf sein, in dem es zwei Katzensichtungen gegeben hatte. Doch bevor wir losfuhren, stellte ich noch eine Frage.

»Ich weiß, das klingt vielleicht merkwürdig, aber hätten Sie etwas dagegen, wenn ich eine Probe von Rustys Katzenhaaren nehmen würde?«, fragte ich vorsichtig. »Molly ist ein ausgebildeter Spürhund und – man weiß ja nie – kann vielleicht eine Geruchsspur aufnehmen.«

Ich hielt den Ball flach und spielte unsere Fähigkeiten bewusst herunter. Ich musste Tims Erwartungen dämpfen, damit er nicht glaubte, dass der Einsatz eines Suchhundes Rustys Auffinden garantieren würde.

»Ja klar, nur zu«, antwortete er. »Sie verliert massenhaft Haare. Ihr Katzenbett ist voll davon.«

Also holte ich mein sterilisiertes Marmeladenglas hervor und füllte ein Büschel weißlicher Haare hinein; mehr als genug, damit Molly ihre fantastische Nase hineinstecken konnte.

Das Dörfchen Broomfield bestand aus einer Handvoll kleiner Cottages inmitten mehrerer Morgen sehr alten Waldgebiets. Auf den Grasstreifen, die das Sträßchen säumten, wuchsen dicht an dicht Osterglocken und Narzissen, deren Blütenblätter und -trompeten eine Farbpalette von Vanilleweiß bis Dottergelb aufwiesen. Nester bauende Amseln, die Strohhalme und dünne Zweige fest in den Schnäbeln hielten, huschten von Hecken zu Sträuchern. Wir parkten auf dem Parkplatz eines Pubs, wo ich Molly ihr Spezialgeschirr anlegte und den Reißverschluss meiner UKPD-Fleecejacke hochzog. Diesen Übergang vom Haustier- zum Arbeitsmodus hatten sie und ich auf der Bramble Hill Farm schon oft geübt, und das Anlegen unserer Uniform war stets ein wichtiger Teil dieser Routine gewesen. Ich war sehr aufgeregt, setzte jedoch alles daran, professionell aufzutreten. Doch Molly bemerkte meine Nervosität und begann zu winseln und sich in ihrer Box im Kreis zu drehen.

Während Tim und ich unsere Umgebung inspizierten, erhob sich ein frischer Wind, der so stark war, dass er uns die Haare zerzauste. *Das war nicht vorhergesagt*, dachte ich bei mir. Als ich zum Horizont blickte, sah ich die verräterischen Anzeichen einer sich nähernden Warmfront. Ich wusste, sie würde für den Rest des Tages beständigen Wind bringen, gefolgt von Regen. Ich überschlug rasch die Windgeschwindigkeit; meiner Schätzung nach blieben uns noch etwa sechs Stunden, bevor uns das erste Regenband erreichte.

»Wir müssen jetzt wirklich loslegen, Tim«, sagte ich mit einem Blick auf meine Uhr.

»Okay«, antwortete er. »Dann mal los.«

Tim und ich ermittelten rasch die zwei Gärten, in denen Rusty angeblich gesehen worden war. Sie lagen an gegenüberliegenden Seiten der Straße, und zum Glück gewährten uns beide Familien Zugang. Dann, tief durchatmend und mit Herzrasen, führte ich Molly Rustys Katzenhaarprobe zum ersten Mal zu. Ich sah, wie Tims Augen vor Überraschung und Faszination groß wurden, als ich das Marmeladenglas aufschraubte und es nach meinem üblichen Kommando »Toma« (die spanische Übersetzung von »Nimm«) Molly vor die Nase hielt. Dieses unverwechselbare Wort hatten Mollys Ausbilder bei MDD sorgfältig ausgewählt, da sie es im Haus oder in einem anderen Zusammenhang niemals hören würde.

Sie inhalierte den Geruch, wartete auf meinen üblichen Befehl »Such, such« und rannte schwanzwedelnd in den ersten Garten.

»Oh, wow…«, staunte mein Auftraggeber, der langsam kapierte, dass Molly keine gewöhnliche Hündin war. »Ist sie… ist sie dafür abgerichtet?«

»Ja«, bestätigte ich lächelnd. »Aber Tim, Sie müssen wissen, dass dies ihre erste richtige Suche ist, und es wäre Ihnen – und auch Molly gegenüber – unfair, Ihnen etwas zu versprechen. Aber sie wird ihr Bestes geben, Rusty aufzuspüren. Das kann ich Ihnen versichern.«

Molly suchte überall – unter einer Stechpalme, im Gewächshaus, hinter dem Komposthaufen –, aber ohne Erfolg. Die ganze Zeit über nahm sie immer öfter Blickkontakt zu mir auf, was, wie ich von unseren vielen Übungsdurchgängen wusste, bedeutete, dass sie das Areal gründlich durchsucht hatte.

Hier ist keine Katze, Herrchen… Gehen wir… interpretierte ich ihre Körpersprache.

Im zweiten Garten lief es ganz ähnlich. Molly konnte keine Fährte ausfindig machen; deshalb (so groß war mein Vertrauen in sie) konnte ich nur mutmaßen, dass Rusty sich dort nie aufgehalten hatte. Doch als ich meine Hündin mit dem Befehl »Molly, komm« zurückrief, entdeckte ich plötzlich eine schwarzgraulohfarbene Katze, die über den Rasen schlich. Als sie näher kam, blinzelte ich.

Du liebe Güte, dachte ich. *Kommt da Rusty auf mich zu? Hat Molly einen schlechten Tag?*

»DAS IST SIE!«, schrie die Hausbesitzerin aus ihrem Küchenfenster. »Das ist die Katze, die ich gesehen habe!«

Tim erschreckte sich fast zu Tode, doch seine Reaktion beim Anblick des Tieres sprach Bände. Auch Molly war unbeeindruckt geblieben, was mir alles hätte sagen müssen, was ich wissen musste.

»Das ist sie nicht«, sagte mein Auftraggeber und schüttelte traurig den Kopf. »Dieselbe Färbung, aber anders gemustert. Und Rusty hat eine sehr ulkige halb rosa, halb schwarze Nase. Ich würde sie überall erkennen.«

Nach dieser Verwechslung trotteten wir enttäuscht zum Pub, um einen Kaffee zu trinken, während Molly geräuschvoll aus einer großen Wasserschale schlabberte. Wenn sie auf einer Suche war, brauchte sie viele Auszeiten und viel zu trinken, und ich achtete sehr darauf, sie nie zu überfordern. Ich wollte nicht, dass sie an Geruchsermüdung litt (auch als »Nasenblindheit« bekannt), wodurch sie ihre Fähigkeit verlieren würde, einen bestimmten Geruch zu isolieren.

Tim nutzte die Gelegenheit, seine Freundin auf den neusten Stand zu bringen.

Noch kein Glück, Jaz, simste er ihr. *Melde mich wieder. Küsse.*

Um mehr Hinweise auf Rustys Verschwinden zu erhalten, bohrte ich ein bisschen tiefer nach und fragte Tim über sein

Wohnviertel aus. Als die Sprache erneut auf die verstorbene alte Dame im Mietshaus kam, drängte ich auf weitere Informationen. Tim zufolge war sie eines natürlichen Todes gestorben und ihre Leiche innerhalb von Stunden in einem Krankenwagen weggebracht worden. Dieses Detail brachte mich ins Grübeln.

»Wissen Sie noch, an welchem Tag Ihre Nachbarin verstorben ist?«, fragte ich.

»Ähm, da muss ich nachdenken«, antwortete er und zählte an seinen Fingern zurück. »Am Freitag. Ja, es muss letzten Freitag gewesen sein.«

»Derselbe Tag, an dem Rusty verschwand?«

Tim stutzte und legte die Stirn in Falten.

»Ja … Ich glaube schon. Ich weiß, was Sie denken, Colin, aber Rusty hatte Angst vor Autos. Sie verbindet sie mit Tierarztbesuchen.«

»Private Sanitätsfahrzeuge sind aber üblicherweise keine normalen Autos«, erklärte ich. Als Polizeibeamter hatte ich es mit vielen plötzlichen Todesfällen zu tun gehabt und Dutzende solcher Fahrzeuge gesehen, und die meisten davon waren große, geräumige Kleinbusse mit verdunkelten Fenstern und leicht zugänglichen Rampen. »Okay«, sagte ich, während sich mein Detektivinstinkt einschaltete. »Geben Sie mir ein paar Minuten? Ich muss ein paar Telefongespräche führen.«

»Ja, natürlich«, antwortete Tim. »Ich gehe nach draußen, um eine zu rauchen. Ich habe letztes Jahr aufgehört, aber seit Rustys Verschwinden hatte ich einen Rückfall.«

Ich rief den zuständigen Hausarzt an, der mich informierte, dass die alte Dame über neunzig und bei ihm in Langzeitbehandlung gewesen war, weshalb ihr Tod als »abzusehen« eingestuft worden war und er den Totenschein an Ort und Stelle ohne Beteiligung der Polizei hatte ausstellen können. Danach war die Leiche der Frau von einer privaten Ambulanz zur Leichenhalle des

Bestattungsunternehmers in Stonebridge (etwa eine Meile vom Haus meiner Klienten entfernt) transportiert worden. Nach Aussage des dortigen Personals hatte das Fahrzeug, ein großer dunkelblauer Minibus, den Rest des Tages draußen vor ihren Büroräumen geparkt. Langsam, aber sicher setzten sich die Puzzleteile zusammen.

Mit der rundum erholten Molly im Schlepptau lief ich hinaus auf den Parkplatz, wo wir Tim an der Motorhaube lehnend vorfanden, der seinen ausgedrückten Zigarettenstummel geschickt in einen Abfalleimer schnipste.

»Okay«, sagte ich forsch. »Ich glaube langsam, es handelt sich um einen Fall versehentlichen Transports.«

Ich informierte ihn, dass eine sehr reelle Möglichkeit bestünde, dass Rusty sich vor dem Mietshaus unbemerkt in die Ambulanz des Bestattungsunternehmers geschlichen hatte – vielleicht über die Rampe – und infolgedessen mitgefahren war. Die Zeitabfolge der Ereignisse war stimmig, und es würde ihr plötzliches Verschwinden erklären.

»Nächster Halt Stonebridge«, sagte ich und gab Tim ein Zeichen, wieder in den Wagen zu steigen.

Auch wenn die Empfangsdame des Bestattungsunternehmers die Fahrtroute der Ambulanz am fraglichen Tag bestätigte, so hatte sie doch nichts davon gehört, dass darin eine Katze vorgefunden worden sei. Sie räumte jedoch ein, dass die Hecktüren des Fahrzeugs zu vielen Gelegenheiten geöffnet und wieder geschlossen worden waren: erstens zum Transport der verstorbenen Frau und zweitens, um dem Autowäscher, der einmal pro Woche kam, die Arbeit zu erleichtern.

»Tut mir leid, dass ich Ihnen nicht mehr helfen kann«, sagte sie, »aber vielleicht sollten sie mit den Damen vom Postamt nebenan sprechen. Wenn es Neuigkeiten oder Klatsch und Tratsch gibt, wissen sie darüber Bescheid. Aber Vorsicht«, warnte sie uns grinsend, »wenn Sie nicht aufpassen, kauen die Ihnen das Ohr ab.«

Damit lag sie nicht falsch. Die Damen hinter der Ladentheke schlossen Molly sofort ins Herz, ebenso wie der attraktive 1,83 Meter große Mann, der seine arme kleine Katze verloren hatte. Nachdem sie unsere Geschichte gehört hatten, willigten sie ein, eines von Tims Plakaten an der Anschlagtafel auszuhängen. Während ich den Suchaufruf mit ein paar Reißzwecken fest anheftete, kam ein älterer Herr herein, warf einen Blick auf Rustys Foto und schnappte nach Luft.

»Diese Katze hat heute Morgen auf unserem Zaun gesessen, da bin ich mir sicher«, verkündete er. »Wunderschönes Geschöpf, hübscher buschiger Schwanz. Ich erinnere mich, wie meine Frau sagte, sie hätte sie noch nie zuvor gesehen. Ach ja, und sie hatte eine wirklich komische Nase …«

Tim packte mich aufgeregt am Arm. Vielleicht lag ich mit meiner Ambulanz-Theorie goldrichtig.

»Könnten Sie uns vielleicht zu Ihrem Garten bringen?«, fragte ich.

»Ich hebe nur schnell meine Rente ab, alter Junge.« Er lächelte. »Aber kommen Sie unbedingt mit mir.«

Zehn Minuten später hockte ich vor der ziegelroten Doppelhaushälfte des alten Mr Renshaw, hielt das Marmeladenglas fest in der Hand und ging zum zweiten Mal an diesem Tag mit Molly die Geruchschnüffel-Routine durch. Mit Rustys Geruch in der Nase spurtete sie in den Garten hinterm Haus und führte innerhalb von Sekunden – *ratzfatz* – mitten auf dem Rasen ihr sogenanntes »Ablegen« aus, Mollys typisches Erfolgssignal. Diese prompte Reaktion war ihr bei Medical Detection Dogs eingebläut worden, damit sie ihren Hundeführer alarmieren konnte, ohne die gesuchte Katze zu verschrecken. »Ablegen« hieß für sie, sich reglos und still flach hinzulegen, mit ausgestreckten Vorder-pfoten, die Hinterbeine unter dem Körper, den Kopf erhoben und Blickkontakt zu mir haltend. Ihr Körper zitterte vor Erregung und Verzückung über den »Sieg« und vor freudiger Erwartung, für ihre Leistung belohnt zu werden. Mein Herz fing an, wie eine Trommel zu schlagen. Wir hatten das so oft bei uns auf der Bramble Hill Farm geübt, doch dies war das erste Mal, dass ich sah, wie sie es für einen Klienten ausführte.

»Was hat das zu bedeuten?«, flüsterte Tim, als er Molly zitternd vor uns liegen sah.

»Sie zeigt an, dass sie eine hohe Konzentration von Rustys Geruch wahrgenommen hat«, antwortete ich. »Daher können Sie sich ziemlich sicher sein, dass Ihre Katze vor Kurzem hier gewesen ist. Wir müssen nur herausfinden, wo sie sich jetzt befindet.«

Während Tim, von dieser Aussicht aufgemuntert, eine SMS an Jasmine schickte, belohnte ich Molly für die getane Arbeit; immerhin hatte sie den Geruch aufgespürt, auch wenn wir die Katze selbst nicht angetroffen hatten. Ihre favorisierten Blutwurst-Leckerlis verputzte sie in einer Millisekunde.

Mithilfe meines meteorologischen Fachwissens versuchte ich herauszufinden, warum Molly sich exakt in der Mitte des Gartens abgelegt hatte und warum sich der Geruch an diesem bestimmten Punkt angesammelt hatte. Ich stellte mich genau an die Stelle, wo Molly gelegen hatte, und hielt das Gesicht in den Wind. Die Brise wehte direkt über den Zaun, und ich wusste, dass dies die Luft nach oben gedrückt hatte, wodurch sie sich wie eine Welle über den Rasen gewälzt und den Geruch genau an die Stelle getrieben hatte, die Molly angezeigt hatte.

Was für ein braves Mädchen, dachte ich bei mir. *Sie lag goldrichtig.*

Da Rusty sich höchstwahrscheinlich in der unmittelbaren Umgebung aufhielt, war es jetzt wichtig, mein ganzes Vertrauen in Molly zu setzen und mich einer strategischen und systematischen

Herangehensweise zu bedienen. Zuallererst mussten wir das Suchgebiet, so gut es ging, eingrenzen. Auf Mr Renshaws Straßenseite standen etwa dreißig Häuser. Von ihren langen, achtzehn Meter umfassenden Gärten ausgehend erstreckte sich eine riesige Fläche urbaren Ackerlands. Da wir durch die Suche im falschen Dorf schon einen halben Tag verloren hatten, mussten wir so schnell wie möglich die Grundstücke lokalisieren, die uns am vielversprechendsten erschienen. Deshalb beschloss ich, Molly an dem geschotterten Fußweg entlangzuführen, der die Gärten der Anwohner von den Feldern der Bauern trennte. Als wir an einigen der benachbarten Doppelhäuser vorbeikamen, bemerkte ich, dass Molly fokussierter wurde und sich mehrfach um 180 Grad drehte. Ich spürte, wie mir das Blut in den Kopf schoss, da dies oft ein sicheres Zeichen dafür war, dass sie etwas Wichtiges entdeckt hatte.

»Tim, könnten Sie mir einen Gefallen tun und an die Türen der Hausbewohner klopfen?«, fragte ich. »Molly will unbedingt hinein, und wir brauchen ihre Erlaubnis.«

Das erste Haus, Nummer 36, wurde von zwei achtzigjährigen Schwestern bewohnt, die, obwohl sie angesichts des ganzen Wirbels leicht perplex waren, gern bereit waren, uns ihr Grundstück absuchen zu lassen.

Das werden die armen alten Damen noch bereuen, dachte ich, als Molly pfeilschnell durch das hintere Tor schoss und in einen der makellosesten Gärten flitzte, den ich je gesehen hatte.

»Mein Gott, hier sieht's aus wie bei der Chelsea Flower Show«, flüsterte Tim.

»Wenn Molly da drin fertig ist, nicht mehr«, antwortete ich trocken.

Meine aufgeregte Hündin lief im Slalom um dekorative Vogeltränken und japanische Topfpflanzen herum und wühlte dabei den gepflegten Rasen auf. Dann kraxelte sie einen alpinen Steingarten hinauf und mähte mit ihrem sausenden Schwanz die Blütenköpfe der hauchdünnen Alpenveilchen ab.

»Das tut mir wirklich leid«, sagte ich zu den Schwestern. »Ich kann sie an die Leine nehmen, wenn Ihnen das lieber ist.«

»Auf keinen Fall!«, antwortete eine. »Das ist *faszinierend...*«

Dann machte Molly eine Vollbremsung und vollführte eine weitere 180-Grad-Drehung, bevor sie in Richtung des frisch gestrichenen Gartenzauns abschwenkte und mit ihren scharfen Krallen an den dunkelgrünen Paneelen herunterschrammte. Ihr Intensitätsniveau stieg an, und ich musste den Grund wissen.

Was willst du mir sagen, Molls, fragte ich mich und kam mir ein bisschen vor wie Sherlock Holmes, der Dr. Watson ausquetscht.

Ich will nach nebenan, ich will nach nebenan, schien sie zu sagen, während ihr Blick zur Orientierung meinen suchte. *Lass. Mich. Nach. Nebenan. Gehen.*

»Hab etwas Geduld, Molly«, flüsterte ich.

Ich spähte über den Zaun. Eine Frau mittleren Alters und ein Teenager, Mutter und Sohn, vermutete ich, standen auf ihrer Terrasse und reckten die Hälse. Der Lärm und die Unruhe, die vom Haus der Schwestern ausgingen, beunruhigten sie. Ihr Garten war nicht so kunstvoll angelegt wie der ihrer Nachbarinnen, hatte aber ein imposantes Gartenhaus mit Glasfassade und eine großflächige Holzterrasse vorzuweisen.

»Dürfen wir herüberkommen?«, rief ich, erzählte ihnen eine gekürzte Version der Ereignisse und rannte dann mit Molly und Tim im Schlepptau zu ihrer Eingangspforte. Derweil hatte sich draußen auf dem Gehsteig eine kleine Menschentraube gebildet, darunter war auch eine der Damen von der Post. Die Nachricht von der verschwundenen Katze und dem Spürhund hatte sich offensichtlich herumgesprochen.

Ich gab meiner Hündin das Zeichen zum Weitermachen. Während Tim und ich ihr nachfolgten, stürmte Molly, die nicht mehr zu halten war, durch den Garten des Hauses Nummer 38 und schnappte sich, ohne Halt zu machen, eine Speckschwarte, die für die Vögel ausgelegt worden war. Sie sprang auf die Terrasse, wirbelte zu mir herum, nahm Blickkontakt zu mir auf und vollführte, während ihr ein Stück Speckschwarte aus dem Maul hing, das nachdrücklichste »Ablegen«, das ich je gesehen hatte.

»Oh mein Gott, sie zittert wieder«, flüsterte Tim mit bebender Stimme. »Hat sie sie gefunden?«

»Einen Moment...«, sagte ich, bevor ich mich verstohlen zum Gartenhaus schlich und durch die einen Spalt offenstehende Glastür lugte. In einer dunklen Ecke saß auf einem blauen Kissen eine Katze. Eine weiß-schwarz-kupferrote Katze. Eine mandeläugige Katze mit buschigem Schwanz. Eine Katze mit einer schwarz-rosa Nase.

»RUSTY!«, rief Tim, der seine Gefühle nicht unter Kontrolle halten konnte. »Meine Katze!!! Molly hat meine Katze gefunden!!!«

»Eine *Katze? Nie-maals...*«, sagte der Sohn im Teenageralter schleppend, der eindeutig keine Ahnung hatte, dass im Gartenhaus seiner Familie eine Katze zur Untermiete wohnte.

»Das passiert eben, wenn dein Dad die Tür nicht richtig verschließt«, mokierte sich seine Mutter. »Das arme Ding.«

Doch in Sekundenschnelle hatte das Unheil seinen Lauf genommen. Vielleicht hatte Rusty vom Johlen und Brüllen ihres Besitzers Angst bekommen, denn sie schoss aus dem Gartenhaus, raste die Einfahrt hinab und sauste durch eine Reihe von Vorgärten. Tim rannte hinter ihr her, nahm die Ligusterhecken wie ein olympischer Hürdenläufer und hob Rusty schließlich unter einem Haselnussstrauch hervor. Ich eilte mit Molly an der Leine hinterher und fand ihn mit seiner Katze auf dem Arm auf dem Gehsteig vor, während ihm Freudentränen über die Wangen strömten.

»Ich weiß nicht, was ich sagen soll«, schluchzte er. »Ich kann einfach nicht glauben, dass Sie sie gefunden haben. Danke, Colin. Danke, Molly. Ich danke Ihnen so sehr.«

Von den versammelten Zaungästen ertönte spontaner Applaus.

»Das Aufregendste, das seit Jahren hier im Dorf passiert ist«, sagte einer lachend.

»Besser als *Mission: Impossible*«, gluckste ein anderer.

Die Schwestern von Nummer 36 erlaubten Tim, Rusty eine Weile ins Haus zu bringen, wo sie eine ganze Schüssel voll Wasser gluckerte und einen Beutel Katzenfutter verschlang, den ein Nachbar gespendet hatte. Während Tim am Küchentisch saß, informierte er Jasmine über die gute Nachricht, die gerade im Zug nach Hause saß und sich prompt in Tränen auflöste, und schilderte ihr dann die Ereignisse des Tages.

Er erzählte ihr, dass Rusty fast sicher in der Ambulanz des Leichenbestatters mit nach Stonebridge gefahren und irgendwann herausgekrochen war. Danach war sie auf der Suche nach Schutz, Wärme, Futter und Wasser – die Grundbedürfnisse einer jeden Katze – im Dorf herumgestromert und in Nummer 38 übergesiedelt. Diese Entscheidung hatte sich als sehr klug erwiesen. Das Gartenhaus hatte ihr als Zuflucht gedient, während die proteinreichen Speckschwarten (ebenso wie das Wasser aus den Vogeltränken nebenan) ihr die lebenswichtige Versorgung geboten hatten.

»Colin sagt, sie ist ein helles Köpfchen«, sagte Tim halb lachend, halb weinend.

Nachdem Tim aufgelegt hatte, stand ich auf, verabschiedete mich und lief zu den grünen Feldern jenseits der Gärten. Der Himmel war jetzt dunkel, schwere Wolken zogen auf, doch in meinem Kopf und meinem Herzen kam es mir wie ein wunderschöner Sommertag vor. Als ich alles so richtig begriff, bekam ich feuchte Augen. Vor vier langen Jahren hatte ich begonnen, einen Katzenspürhund zu suchen und auszubilden, und hatte geglaubt, dass ich dafür nur sechs Monate bräuchte. Ich hatte Hunderte von Stunden über die Sinnesorgane von Hunden recherchiert, war Tausende von Meilen gereist, um mich mit den besten Fachleuten auf diesem Gebiet zu treffen, und hatte gegen viel Widerstand und Feindseligkeit ankämpfen müssen. So viele Leute hatten mir gesagt, meine Idee sei nicht durchführbar, und angedeutet, dass ich töricht sei und Wahnvorstellungen hätte.

Doch jetzt, in diesem winzig kleinen Winkel von Hertfordshire, hatte ich endlich meinen Machbarkeitsnachweis, und Molly und ich hatten den Fall unter Einsatz unserer detektivischen Fähigkeiten à la Holmes und Watson gelöst und ein Haustier wieder mit seinem Besitzer vereint. Ich hatte die strategische und analytische Rolle übernommen und aus meiner Fülle von Ermittlungserfahrung geschöpft, um die Wahrscheinlichkeiten und Möglichkeiten Rustys Verbleib betreffend einzuschätzen und die Glaubwürdigkeit und Vertrauenswürdigkeit der Zeugen zu beurteilen. Meine Partnerin Molly – energiegeladen, willensstark und mit einer fantastischen natürlichen Begabung gesegnet – hatte sich als mein perfektes Gegenstück erwiesen, und durch unsere Teamarbeit hatten wir unseren Auftrag kompetent und professionell erfüllt.

Ich kniete mich hin und streichelte sanft Mollys Gesicht, da ich wusste, wie gern sie durch Berührungen unsere emotionale Bindung vertiefte.

»Kannst du es fassen, Molly?« Ich lächelte, als sie sachte an meiner Handfläche knabberte. »Wir haben tatsächlich unsere erste verschwundene Katze gefunden!«

Nachdem ich mich verstohlen umgesehen hatte, um sicherzugehen, dass wir allein waren, sprang ich in die Luft und schrie, so laut ich nur konnte: »JA!« Zuerst war Molly überrascht, doch dann hüpfte auch sie in die Höhe und begann, ihr ureigenes »JA!« herauszubellen. Wir tollten wie zwei verrückte Märzhasen über das Feld und bemerkten den heftigen Regen nicht, der eingesetzt hatte.

2. Auf der Erfolgsspur

Meine Fähigkeiten, Haustiere aufzuspüren, lassen sich wahrscheinlich auf den Sommer des Jahres 1989 zurückführen, als ich zur Polizei in Surrey ging. In meiner Anfangszeit als Streifenpolizist hatte ich mich daran gewöhnt, es mit allen möglichen Straftaten zu tun zu haben. Von Körperverletzung bis hin zu Brandstiftung und von Wilderei bis zu Taschendiebstahl war ich mit vielen bedrohlichen Situationen und widerwärtigen Charakteren konfrontiert worden. Doch als Berufsanfänger bekam ich auch einige der banaleren Vorfälle zugeteilt.

»Sie mögen doch Hunde, PC Butcher, da wird das hier ganz Ihr Fall sein«, sagte mein Vorgesetzter grinsend, als er mir an einem Herbstmorgen das Anzeigeformular aushändigte.

»Ein älteres Mütterchen mit einer entlaufenen Katze in Farnham. Total durchgeknallt. Glaubt, ihr Nachbar hätte sie geklaut.«

Er hatte recht, ich mochte Tiere sehr und hatte seit meiner Kindheit eine lange Reihe von Hunden, Katzen, Vögeln und Nagern besessen. Dennoch keimten in mir Zweifel auf, ob dieser Fall für die fast kaputtgesparte, überbeanspruchte »C«-Wache vorrangig war.

»Ist das nicht ein bisschen, äh, trivial?«, fragte ich.

»Im Gegenteil«, erwiderte mein Vorgesetzter. »Es ist wichtig, dass wir in der Gemeinde sichtbar sind, ob es sich um eine vermisste Katze oder einen davongelaufenen Hund handelt. Bringt die Bürger auf unsere Seite. Also ziehen Sie ab.«

Mir war es damals nicht klar, doch der Umgang mit diesen scheinbar nichtigen Problemen sollte mir später ungeheuer helfen. Den Stadtteil kennenzulernen und sich das Vertrauen der Anwohner zu sichern, war bei der Untersuchung schwerer Verbrechen oft entscheidend.

Irene, eine grauhaarige Endsiebzigerin, die über ihrem Kleid eine rüschenbesetzte Schürze trug, öffnete freundlich lächelnd die Haustür. Als ich ihr ins Wohnzimmer folgte, kam ich nicht umhin, die vielen überwiegend katzenförmigen Ornamente aus Plastik und Keramik zu bemerken, die eng gedrängt auf jedem Bord, Kaminsims und Fensterbrett standen. Die Kissen auf dem Sofa waren mit Kätzchen bestickt, und über ihrem Kamin befand sich eine Fotogalerie mit Katzen diverser Rassen und Jahrgänge, wahrscheinlich die, die ihr über die Jahre gehört hatten. Hier lebte eine hingebungsvolle Katzenliebhaberin, das stand fest.

»Die kommen frisch aus dem Ofen«, sagte sie und stellte eine Dose mit Bananenmuffins auf den Couchtisch. »Bedienen Sie sich doch, Lieber.«

Während ich mir den Kuchen schmecken ließ, befragte ich Irene über ihre vermisste Mieze, die, wie ich folgerte, seit über zwei Tagen ausgeblieben war. Ich bekam heraus, dass Irene regelmäßig Krach mit Cliff, ihrem unmittelbaren Nachbarn und Meistergärtner, hatte, der wie sie in Rente war und Anstoß daran genommen hatte, dass die kleine Polly sein Gemüsebeet als Durchgangsklo missbraucht hatte. Er schleuderte mit schöner Regelmäßigkeit Verwünschungen über den Zaun (und die Ärgernis erregende Substanz dazu). Das Verhältnis der beiden war inzwischen ausgesprochen angespannt.

»Ihr dreckiges Mistvieh hat SCHON WIEDER meine Zwiebeln ausgegraben!«, hatte er eines Morgens gebrüllt und wütend seinen dreckigen Spaten geschwungen.

»Sie gibt nur ihrer Natur nach, Sie alter Bock«, hatte sie scharf erwidert. »Und soll das nicht sogar gut für Ihren Boden sein?«

Als ihr Liebling Polly unerwartet stiften gegangen war, hatte Irene sofort Fremdeinwirkung gewittert, die Schuld auf Cliff geschoben und die Fehde neu entfacht.

»Wollen Sie sehen, wie Polly aussieht?«, fragte Irene und schob mir über den Couchtisch einen kleinen silbernen Bilderrahmen zu. Auf dem Foto sah mir eine wohlgenährte, rundgesichtige rötlichbraun-schwarze Katze mit grimmigen lindgrünen Augen entgegen.

»Donnerwetter, sie sieht aus, als könnte sie auf sich aufpassen«, staunte ich.

»Ja, sie teilt genauso viel aus, wie sie einsteckt«, grinste Irene, »aber sie hat auch eine weiche Seite und ist ungemein freundlich. Sie sitzt oft auf der Mauer vor meinem Haus und miaut die Kinder an, die auf dem Weg zur Schule sind.«

Als sie Pollys Bild im Geiste vor sich sah, erstarb das Lächeln der Frau, und sie starrte ausdruckslos zu Boden. Mir fiel auf, wie zerbrechlich und verletzlich sie wirkte, und ich verspürte Gewissensbisse, als ich mich an mein Gespräch mit meinem Vorgesetzten erinnerte. Für Irene war das nicht trivial.

»Ich sorge mich sehr um sie, Officer«, sagte sie und blickte verzweifelt zu mir auf.

»Keine Sorge«, tröstete ich sie. »Ich bin mir sicher, Sie finden sie wieder. Aber Sie müssen mir erklären, warum Sie Ihren Nachbarn eventuell für verantwortlich halten.«

Diese Frage munterte sie ein bisschen auf, und sie schilderte mir einen Zwischenfall, der sich am Anfang der Woche ereignet hatte. Sie und Cliff hatten einen neuen Streit begonnen. Sie hatte Anstoß an seiner großzügigen Dosierung von Schneckenkorn genommen (»Sie wollen nur meine Polly vergiften.«), und die Situation war so eskaliert, dass sie die Polizei gerufen hatte.

Ich verputzte meinen zweiten Bananenmuffin bis auf den letzten Krümel (an manchen Tagen schob ich ohne Pause eine Achtstundenschicht, weshalb Snacks immer willkommen waren), bevor ich einwilligte, ihrem Erzfeind einen Besuch abzustatten. Ich musste seine Version der Geschichte einholen.

Cliff hatte eindeutig nicht damit gerechnet, vor seiner Haustür einen Polizeibeamten vorzufinden. Sein Gesicht lief puterrot an, als ich ihm den Grund für meinen Besuch nannte, und er zog ein Taschentuch hervor, um sich die Schweißtröpfchen von der Stirn zu tupfen.

Im Haus gab er eine widersprüchliche Geschichte zum Besten, behauptete, dass Irene »verdammt nochmal überreagierte«, und dass er, auch wenn er von Pollys Toilettengewohnheiten keineswegs beeindruckt war, weder das Haustier noch seine Besitzerin bedroht hätte.

»Die Frau ist von ihrer verfluchten Katze besessen, Officer«, schimpfte er. »Erst neulich hat sie mich beschuldigt, sie vergiften zu wollen, dabei habe ich nur Schneckenkorn verstreut.«

Dann, nach sanften Überredungskünsten, erlaubte er mir, den Garten hinter seinem Haus abzusuchen, von dem sein gepflegtes Gemüsebeet mehr als die Hälfte beanspruchte. Ich nutzte die Gelegenheit, Cliffs Garage, sein Treibhaus und seinen Gartenschuppen gründlich zu untersuchen, während Farnhams Antwort auf Alan Titchmarsh von seinen preisgekrönten Artischocken schwärmte. Zu meiner Enttäuschung waren die einzigen Lebewesen, die ich antraf, Käfer, Spinnen und Asseln.

Doch als ich Zugang zu seinem Keller verlangte, dessen Tür direkt zum Garten führte, röteten sich seine Wangen wieder.

»Haben Sie einen Rechtsanspruch auf eine Durchsuchung?«, polterte er.

»Nein«, antwortete ich. »Aber wenn ich Sie wegen Verdachts auf Katzendiebstahl festnehmen würde, hätte ich die Befugnis, alles zu durchsuchen, was ich will. Also darf ich mich bitte kurz umsehen?«

»Na schön«, seufzte er, als ihm klar wurde, dass sich der Polizeineuling nicht abschrecken ließe. »Nur zu!«

Ich entriegelte die Kellertür, und – *schwups* – aus dem Dunkeln tapste eine zornig wirkende, schmutzverkrustete Katze mit Schildpattzeichnung. Sie sprang über ein Katzenklo, schoss zur Tür heraus und erklomm den Zaun, bevor sie in die Arme ihrer verzückten Besitzerin sprang.

Ich starrte den ausgekochten Katzenentführer an, der sich am Kopf kratzte und verlegen von einem Fuß auf den anderen trat.

»Möchten Sie mir das erklären, Cliff?«

»Sie hat auf meine Pastinaken gepinkelt, Officer«, rechtfertigte er sich. »Das hat das Fass zum Überlaufen gebracht, und diesem Katzenvieh musste eine Lektion erteilt werden.«

Weiter erklärte mir der alte Mann, dass er Polly nur ein paar Tage im Keller habe lassen wollen, und beteuerte immer wieder, dass er sie mit reichlich Futter und Wasser versorgt hatte.

»Ich kriege doch keinen Ärger, oder?«, fragte er ängstlich.

»Dieses Mal wahrscheinlich nicht«, antwortete ich. »Aber ich finde wirklich, sie hätten das besser handhaben können, Cliff. Ich werde mir alle Mühe geben, die Sache mit Irene zu klären, aber wenn wir im Revier auch nur noch einen Anruf bekommen – nur einen einzigen –, klopfe ich wieder an Ihrer Tür. Lassen Sie sich das gesagt sein.«

»Ich verstehe«, murmelte er. »Es wird nicht wieder vorkommen, ich verspreche es.«

Ich entriegelte die Gartentür und verabschiedete mich von ihm. Einen Augenblick später hörte ich eine Stimme über die Einfahrt hinter mir herbrüllen.

»Ich habe mich gefragt, Officer … hätten Sie und Ihre Kollegen gern eine Kiste King Edwards?«, rief Cliff. »Heute Morgen frisch geerntet.«

»Danke für das Angebot«, rief ich zurück. »Aber vielleicht würde sich Ihre Nachbarin darüber freuen. Sehen Sie es als Friedensangebot.«

In nur drei Jahren war ich zum Rang des Sergeant aufgestiegen, und mit wachsender Verantwortung konnte ich für konkrete Fälle und Vorkommnisse meinen eigenen Stab bestimmen. Das schloss, wie ich erfreut feststellte, eine enge Zusammenarbeit mit der Polizeihund-Abteilung ein. Meist zog ich die Hilfe von Deutschen Schäferhunden heran, wahrscheinlich die typischsten und am leichtesten erkennbaren aller Polizeihunde. Diese vielseitigen und belastbaren »Allzweckhunde« wurden dazu ausgebildet, unter den unterschiedlichsten Bedingungen zu arbeiten, ob es um das Verfolgen und Stellen von Tatverdächtigen ging (allein ihr einschüchterndes Bellen brachte oft schon den Erfolg), die Kontrolle großer Menschenmassen oder die Suche nach Vermissten. Einige der kleineren, agileren Deutschen Schäferhunde wurden auch in anderen fachspezifischen Funktionen eingesetzt: Leichensuchhunde wurden zum Beispiel abgerichtet, den Geruch verwesender Leichen aufzuspüren, und Waffensuchhunde wurden trainiert, versteckte Schusswaffen und Munition zu finden.

Einer meiner liebsten Polizeihunde war ein langhaariger Koloss mit dem Spitznamen Wolf, der in seinen fünf Dienstjahren einen hervorragenden Ruf erlangt hatte. Aufgrund seiner unglaublichen Kraft und Leistungsstärke ging eine bedrohliche Aura von ihm aus, die auch die härtesten Schurken in Angst und Schrecken versetzte.

»Gerate nie zwischen Wolf und seine Beute«, hatte mich ein Kollege einmal gewarnt, »denn er wird dir mit Freude ein großes

Stück aus dem Hintern beißen. Sein Biss ist schlimmer als sein Bellen, und das will was heißen.«

1992 hatte er mir eines Freitagabends geholfen, eine Gruppe Fallschirmjäger festzunehmen, die die kurze Fahrt von ihrer Garnison in Aldershot nach Farnham angetreten hatten, um Junggesellenabschied zu feiern. Nach einer bierseligen Kneipentour hatten sie einen Streit mit einem Imbisswagen-Besitzer vom Zaun gebrochen – anscheinend wegen der Qualität seiner Burger –, der zur Folge gehabt hatte, dass die volltrunkenen Soldaten das Fahrzeug mitsamt dem armen Kerl darin umkippten. Dann waren sie über diese grausame und feige Tat johlend in die Dunkelheit geflohen. Ein Zeuge hatte einen Notruf abgesetzt, und ich war mit Wolf und seinem Hundeführer Barry als Erster am Tatort eingetroffen.

Der Imbisswagen-Besitzer, ein kleiner, untersetzter Grieche aus Zypern, hatte es irgendwie geschafft, durch die Verkaufsluke herauszukriechen. Benommen und durcheinander kam er hervor. Seine lockigen Haare waren mit gesottenen Zwiebeln verfilzt, sein weißer Kittel von Saucenflecken à la Jackson Pollock übersät. Eine Kolonne aus Softgetränk-Dosen rollte über die Hauptstraße, von denen die meisten vergnügt von Passanten aufgesammelt und geöffnet wurden.

Unbeteiligten Zuschauern mag das ganze Schauspiel komisch vorgekommen sein, doch mir war nicht nach Lachen zumute. Für mich war das eine äußerst ernste Angelegenheit. Wäre es dem Mann nicht gelungen, der herumfliegenden Fritteuse auszuweichen, hätte er am Körper verheerende Verbrennungen davontragen können. Seine brutalen Peiniger mussten gefasst werden, und zwar schnell.

»Sie versuchen mich zu töten«, murmelte er, sichtlich erschüttert und aufgewühlt, während ich über Funk einen Krankenwagen rief. »Diese Soldaten, sie versuchen mich zu *töten*.«

»In welche Richtung sind sie gelaufen, Sir?«, fragte ich, worauf er müde in Richtung der nahegelegenen West Street deutete. Wolf, Barry und ich lieferten uns eine heiße Verfolgungsjagd und kamen gerade rechtzeitig, um zu sehen, wie ein halbes Dutzend Männer, alle mit ähnlich schlankem Körperbau und raspelkurzen Haaren, sportlich über eine gut dreieinhalb Meter hohe Backsteinmauer kletterten. Ohne Zweifel hatten sie das auf dem Hindernisparcours der Armee geübt, doch diesmal, bedauerlich für sie, fanden sie sich in einem umschlossenen Hof wieder. Sie saßen in der Falle.

»POLIZEI!«, brüllte ich, als wir uns der Mauer näherten. »Ihr steckt in ernsten Schwierigkeiten. Tut euch einen Gefallen und stellt euch.«

Auf der anderen Seite hörte ich fieberhaftes Flüstern, verbunden mit betrunkenem Prusten und Kichern.

»Okay«, rief ich. »Ihr müsst zurück über die Mauer klettern und euch freiwillig stellen, sonst schicke ich einen Polizeihund rüber.«

Bei der bloßen Erwähnung des Wortes »Hund« bäumte sich Wolf auf und knurrte, worauf Barry fest an der Leine zog, um den Riesenhund zurückzuhalten.

Plötzlich schleuderte einer der Soldaten einen Ziegelstein über die Mauer, der nur Zentimeter an meinem linken Ohr vorbeizischte, bevor er dumpf auf dem Gehsteig aufprallte. Es war höchste Zeit, meinen Trumpf auszuspielen. Ich nickte Barry feierlich zu, trat wie so oft zu diesen Gelegenheiten zurück und beobachtete die Interaktion zwischen Hund und Hundeführer. Wolfs Leine wurde gelockert, und er bekam ein spezielles Zeichen, das ihn veranlasste, wie verrückt zu bellen.

»Spring hoch«, kam das nächste Kommando, und als Wolf flink die Mauer hinaufkraxelte, versetzte Barry seinem Hinterteil einen Stoß, damit er sich auf den Hof herunterfallen lassen konnte.

Was folgte, war eine grauenerregende Kakofonie aus menschlichen Schreien und Hundeknurren, die einen zusammenzucken ließ, während Wolf die Verdächtigen auf seine unnachahmliche Art einschüchterte. Einer nach dem anderen kamen die vor Angst wie gelähmten Soldaten – die meisten von ihnen mit zerrissener Kleidung und Bissspuren – über die Mauer gepurzelt und bekamen sofort von den Polizeikollegen, die zur Verstärkung zum Tatort gekommen waren, Handschellen angelegt. Der Junggesellenabschied hatte zum Glück ein jähes und ernüchterndes Ende gefunden, und ein Aufenthalt in Polizeigewahrsam wartete auf sie. Darüber hinaus würde der unglückselige Imbisswagen-Besitzer wahrscheinlich in Zukunft irgendeine Form von Gerechtigkeit erfahren. Das gehört zum Service, wie wir gern sagen.

Während das Polizeifahrzeug davonbrauste, wies Barry Wolf an, wieder zurück zu uns über die Mauer zu springen, was er mit seiner gewohnten Folgebereitschaft tat. Seine Belohnung war eine zehnminütige Spieleinheit mit einem dicken Kautschuk-Frisbee auf einem Parkplatz, und ich musste lächeln, als ich zusah, wie er sich mühelos von einer geifernden, zähnefletschenden Bestie in ein verspieltes rehäugiges Hündchen verwandelte.

Als er seine wohlverdiente Herumtollerei beendet hatte, gab ich diesem unglaublichen Vierbeiner einen kräftigen Klaps auf den Hintern. Dieses hochqualifizierte Tier hatte seine Arbeit erledigt und uns geholfen, diese Idioten zu schnappen und einzusperren.

»Das hätten wir niemals ohne dich geschafft, Kumpel«, sagte ich lächelnd. »Niemals.«

Mit dem unvergleichlichen Wolf zu arbeiten war eine Ehre und ein Privileg. In meinen Augen war er nicht nur ein Polizeihund; er war ein unbezahlbares vollständiges Mitglied der Belegschaft, das *mit* uns arbeitete, nicht für uns.

Meine Rekrutierung zur Kripo in Surrey im Mai 1993 war ein unglaublich stolzer Moment für mich. Jahrelang hatte ich davon geträumt, Kriminalbeamter zu werden (der investigative Aspekt der Polizeiarbeit hatte mich schon immer fasziniert), und war überglücklich, als ich grünes Licht bekam, meine Uniform an den Nagel zu hängen und sie durch einen schicken blauen Anzug zu ersetzen.

Ich wurde damit beauftragt, die Einheit zur Verbrechensbekämpfung in Guildford anzuführen, die es in erster Linie mit Drogenbekämpfung zu tun hatte. Mitte der 1990er-Jahre hatte es einen großen Anstieg von Drogenmissbrauch gegeben, und viele Städte und Dörfer in Surrey wurden von harten Drogen wie Heroin, Kokain und Ecstasy überschwemmt. Beunruhigenderweise hatte die Grafschaft auch einen starken Anstieg harter Drogen erlebt, die gestreckt (oder »gepanscht«) wurden, um den Gewinn der Dealer zu maximieren. Meine Kollegen und ich beschlagnahmten regelmäßig Rauschgift, das mit billigeren Wirkstoffen gestreckt worden war, die von Waschpulver und Backnatron bis hin zu Ziegelmehl und Maisstärke reichten. Diese hochgefährliche, höchst unschöne Praktik gefährdete Hunderte von Leben, und ich machte es zu meinem persönlichen Kreuzzug, die Straßen von diesen rücksichtslosen Dealern zu befreien.

Jedes neue Mitglied meines Teams musste an einem einwöchigen Praktikum bei unserer Drogenrehabilitationseinheit teilnehmen. Ich wollte, dass sie aus erster Hand miterlebten, wie viel Schaden Drogenmissbrauch im Leben der Menschen anrichtete und wie hart andere Dienststellen arbeiteten, um die Nachfrage zu verringern. Außerdem sollten meine Beamten verstehen, wie wichtig ihre Rolle innerhalb der Drogenbekämpfungseinheit war.

»Es geht nicht nur darum, die Schuldigen zu schnappen und sie einzubuchten«, betonte ich in meinen regelmäßigen Motivationsappellen immer wieder. »Es geht darum, mit der Gemeinde zusammenzuarbeiten und etwas Konkretes zu bewirken.«

Ich hatte das große Glück, ein großartiges Team aus Kripobeamten zur Verfügung zu haben. Doch genauso entscheidend waren die speziell ausgebildeten Drogenspürhunde. Die überwiegende Mehrheit waren Cockerspaniels, deren angeborene Eigenschaften und Merkmale sich perfekt für diese ganz besondere Rolle anboten. Was diese fantastischen Hunde außer ihrer angeborenen Intelligenz, ihrem Gehorsam und ihrer Flinkheit von anderen Rassen unterschied, war ihr phänomenales Geruchssystem. Ihr Geruchssinn war zehn- bis hunderttausendmal stärker als der eines Menschen, was sie dazu befähigte, einer Fährte zu folgen oder einen speziellen Geruch zu entschlüsseln, der für die Nase eines Durchschnittsmannes oder einer Durchschnittsfrau nicht wahrnehmbar war.

Und nicht nur das: Ihre Befähigung zu suchen, war so ökonomisch und ihr Jagdtrieb so effektiv, dass sie in der Lage waren, großflächige oder schwer zugängliche Areale viel schneller abzudecken als ein Polizeibeamter. Ich kam zu der Erkenntnis, dass die hypersensible Nase eines Cockerspaniels eines der feinsten Instrumente in unserer Verbrechensbekämpfungseinheit war, wenn nicht sogar einer der wertvollsten Aktivposten der heutigen Polizeiarbeit.

Die Drogenspürhunde und ihre designierten Hundeführer unterzogen sich im Hauptquartier der Polizei von Surrey vier Monate lang einer umfangreichen Ausbildung, um ihr Tauglichkeitszeugnis zu erlangen. Der Hund durchlief ein intensives Geruchserkennungsprogramm und wurde ausgebildet, den spezifischen Geruch von Rauschgift zu identifizieren. Bei jedem erfolgreichen Fund wurden die Hunde mit Spieleinheiten mit ihren Lieblingsspielzeugen belohnt.

Ich trank in der Pause gern einen Tee mit den Hundeführern,

von denen mich die meisten bereitwillig mit Geschichten über die Heldentaten und Abenteuer ihrer Hunde unterhielten. Sie waren vernarrt in ihre vierbeinigen Begleiter und entwickelten oft eine enge und liebevolle Bindung zu ihnen, obwohl die Tiere eigentlich der Polizei gehörten. Tatsächlich war es wohlbekannt, dass die meisten Hundeführer ihre gesamte polizeiliche Laufbahn in der Hundesektion verbrachten.

Ich hatte stets eine große Schwäche für Cockerspaniels gehabt. Ich liebte ihr Temperament, ihre Loyalität und ihren Überschwang, und deshalb war es ein Vergnügen, bei der Kripo mit ihnen zu arbeiten. Ich setzte sie regelmäßig bei Drogenrazzien ein und staunte, wenn sie flink illegale Substanzen orteten und sich oft in die winzigsten, unzugänglichsten Lücken quetschten, um sie zu bergen. Anders als die »Allzweckhunde« waren diese Spürhunde nicht darauf abgerichtet, Aggression oder Drohverhalten zu zeigen, doch ihre Energie und ihr Eifer prädestinierten sie für diese Aufgabe.

Manche Hunde waren versierter als andere, hatte ich festgestellt, und oft einen ganz bestimmten Hundeführer angefordert, wenn ich wusste, dass er einen speziellen Spürhund dabeihatte. Ein typisches Beispiel war Rainbow, eine außergewöhnlich talentierte leberfarbene Cockerspaniel-Hündin mit bernsteinfarbenen Augen, die gewohnheitsmäßig jeden mit einem lustigen Popo-Rutschen begrüßte. Sie war der beste Spürhund bei der Polizei von Surrey, mit der höchsten Erfolgsquote, und arbeitete mit einem genialen Hundeführer namens John zusammen. Ich weiß noch, wie ich einmal mit offenem Mund dabei zusah, wie diese beeindruckende Hündin einen versteckten Vorrat an Amphetaminen fand, der in diverse Schichten Stanniolpapier eingewickelt, unter einer Matratze versteckt und – noch als zusätzliche Ablenkung – mit Chilipulver bestreut worden war. Der Täter hatte geglaubt, uns einen Schritt voraus zu sein, dabei jedoch Rainbows Können und Intellekt unterschätzt.

John und Rainbow hatten eine fantastische, enge Beziehung und eine fast telepathische Verbindung. Immer wenn ich eine wichtige Drogenrazzia koordinieren musste, forderte ich die Hilfe dieses erfahrenen Zweigespanns an und war ungeheuer frustriert, wenn sie aus welchem Grund auch immer nicht verfügbar waren.

»Tut mir leid, Detective Sergeant Butcher, aber sie sind an dem Tag für einen anderen Fall vorgemerkt«, informierte mich ein Inspektor dann, und mir wurde schwer ums Herz.

Genau das passierte im August 1994, als ich einen Tipp bekam, dass ein ortsansässiger Serientäter, ein zwielichtiger Typ namens Darren, mit harten Drogen dealte. Er war noch nicht lange aus dem Gefängnis entlassen und auf Bewährung draußen. Doch das hatte ihn offensichtlich nicht abgeschreckt. Wir vermuteten, dass er seine Lieferungen auch noch gepanscht hatte, da es in der Gegend immer mehr drogenbedingte Überdosen und Notfälle gab, wenn er seine Ware anbot.

»Er hat mehr verdammte Besucher als ein Buchmacher kurz vorm Pferderennen«, bemerkte ein Mitarbeiter aus meinem Überwachungsteam, der in den vorausgegangenen zwei Wochen Zeuge eines fließbandartigen Kommens und Gehens in Darrens Wohnung gewesen war und Dutzende Kleinkriminelle erkannt hatte.

Wie es schien, hatten wir es mit einer Ein-Mann-Verbrechens-welle zu tun, und ich war entschlossen, Darren aus dem Verkehr zu ziehen und wieder einzubuchten. Dass er auf Bewährung draußen war, hieß, dass er nach jeder Wiederholungstat ohne Wenn und Aber schnurstracks wieder in den Knast wandern würde.

Ich erstellte akribisch ausgearbeitete Pläne für eine frühmorgendliche Razzia in seiner Wohnung (er wohnte in einer heruntergekommenen Siedlung) und forderte natürlich die Unterstützung von John und Rainbow an. Doch kurz vor meiner Einsatzbesprechung um vier Uhr morgens mit meinem Durchsuchungsteam wurde ich informiert, dass John anderweitig gebraucht wurde. Er arbeitete auch mit einem Waffensuchhund, einem English Springer Spaniel namens Sparky, und sie waren zu einem Einsatz einer Sonderabteilung in Woking abgezogen worden. Zu behaupten, ich sei ernüchtert gewesen, wäre untertrieben. Trotzdem zog ich die Razzia wie geplant durch, musste aber ein Ersatzteam aus Hund und Führer berufen, das John und Rainbow meiner Meinung nach nicht das Wasser reichen konnte.

»POLIZEI ... BLEIBEN SIE, WO SIE SIND!«, brüllte meine Einsatztruppe, als sie sich an jenem Morgen gewaltsam Zugang zu Darrens Wohnung verschaffte. Als der Verdächtige seinen verschlafenen Auftritt hatte, fiel mir auf, dass er sich seit unserer letzten Begegnung, als er in Guildford im Staatsgericht auf der Anklagebank saß, nicht viel verändert hatte. Er war dünn und schlaksig, hatte blasse narbige Haut und schlaffes mausgraues Haar und trug seine übliche 24-Stunden-Uniform aus weißem T-Shirt und grauer Jogginghose.

»Guten Morgen, Darren«, begrüßte ich ihn freundlich, während er mich mit Verachtung beäugte. »Schön, Sie wiederzusehen. Wir würden uns gern umsehen, wenn Sie nichts dagegen haben.«

Ich ließ den Durchsuchungsbeschluss in seine schwitzige Hand fallen und gab den Befehl, mit der Durchsuchung zu beginnen. Die Wohnung war klamm und schmuddelig, mit sich ablösenden Tapeten, abgelatschten Teppichen und einem akuten Mangel an Möbeln. Wenn ihr Bewohner Drogengeld einstrich, wie wir vermuteten, gab er es ganz sicher nicht bei IKEA aus.

Obwohl wir die Wohnung auf den Kopf stellten, und trotz

größter Bemühungen des Ersatzspürhundes waren wir bis vormittags immer noch nicht auf die harten Drogen gestoßen. Alles, was wir gefunden hatten, war ein kleines Tütchen Marihuana (zum Eigengebrauch, behauptete Darren) sowie die üblichen Utensilien wie Waage, Folie und Rizla-Zigarettenpapier. Das alles lief auf ein Bagatelldelikt hinaus, was nicht mein gewünschtes Resultat war. Aber es ermöglichte mir, unseren Verdächtigen aufgrund einer sogenannten »Nebenbeschuldigung« festzunehmen. Das gab mir ein bisschen mehr Zeit, die Wohnung zu untersuchen und seinen Drogenvorrat zu finden.

Darren blieb locker.

»Ich sage Ihnen doch, Mr Butcher, hier ist nichts versteckt«, behauptete er schleppend und fuhr sich mit der Hand durch seine strähnigen Haare. »Ich bin jetzt auf dem Weg der Tugend. Ich will mir sogar eine anständige Arbeit suchen. Sie verschwenden Ihre Zeit.«

Als die Uhrzeiger auf Nachmittag vorrückten, war meine Frustration gestiegen. Suchaktionen waren hinsichtlich Zeit, Personal und Ressourcen ungeheuer aufwendig, und nach Stand der Dinge würde ich mich unangenehmen Fragen durch meinen knallharten Chief Superintendent stellen müssen. Doch aufgrund aller Informationen, die ich erhalten hatte, war ich weiterhin überzeugt, dass in diesen Räumlichkeiten harte Drogen versteckt waren; wir mussten sie nur finden.

Als ich den Einsatz schweren Herzens abbrechen wollte – den Großteil des Durchsuchungsteams, einschließlich den Spürhund und seinen Führer, hatte ich schon weggeschickt –, erwachte mein Funkgerät rauschend zum Leben: Jemand wollte mich unten auf dem Parkplatz treffen.

Als ich dort ankam, erblickte ich zu meiner großen Freude John, der an der Motorhaube seines Einsatzwagens lehnte, und Rainbow, die brav zu seinen Füßen saß.

»Der Einsatz mit Sparky war früher zu Ende als vorgesehen, Sarge, deshalb sind wir auf gut Glück vorbeigekommen, falls die Durchsuchung noch läuft«, erklärte er. »Können Sie unsere Hilfe noch brauchen?«

»Und ob«, antwortete ich grinsend und gab ihnen ein Zeichen, mir nach oben zu folgen.

Ich muss sagen, ich habe schon schönere Küchen gesehen als Darrens. Dieser lange, schmale Raum war vom Boden bis zur Decke schmutzverkrustet und mit vollen Abfalleimern und ungespülten Pfannen übersät. Vom Fensterbrett hing eine ausgetrocknete Graslilie, und darüber warf sich eine Dreiergruppe aus Schmeißfliegen bei dem verzweifelten Versuch, an die frische Luft zu kommen und die Freiheit wiederzuerlangen, gegen die schmuddeligen, gesprungenen Glasscheiben.

Mein Bauchgefühl riet mir, die Suche in der Küche wiederaufzunehmen. Also führte ich John und Rainbow hinein, wobei Letztere in dem vollen Bewusstsein, einen Auftrag erledigen zu müssen, ungeduldig an ihrer Leine zog. Der mit Handschellen gefesselte Darren und der festnehmende Beamte folgten ihnen; dass der Verdächtige der Durchsuchung beiwohnt, ist Standardverfahren.

»Okay, wir fangen auf Bodenhöhe an«, instruierte ich John, der seine Hündin intensiv ansah und ihr den Befehl »Rainbow, such!« gab. Mit seinem Glasgower Akzent klang »Rainbow« wie »Rambo«, was ich für diesen zähen und furchtlosen kleinen Spaniel ziemlich passend fand.

Während John systematisch jede Schranktür und jedes kleine Fach öffnete, schoss Rainbow wie ein Feuerwerkskörper hinein und schnupperte mit ihrer glänzend schwarzen Nase in jede Ecke, während sie heftig mit dem Schwanz wedelte. Sie war so begabt und intelligent, dass man ihr nicht jede Sekunde barsche

Kommandos geben musste; John beobachtete und überwachte sie nur, prüfte und deutete jedes verräterische Anzeichen sowie ihre aufschlussreiche Körpersprache. Ich beobachtete interessiert, wie sie sich mitunter aufgeregt um sich selbst drehte – als ob sie gelegentlich einen interessanten Hauch von etwas wahrnahm –, doch es war klar, dass sie den Jackpot noch nicht geknackt hatte.

Diesen tüchtigen kleinen Spaniel bei der Arbeit zu beobachten, schien Darren sehr zu verunsichern, der zunehmend zappelig und fahrig wurde.

»Ich hasse Hunde«, murmelte er und sah Rainbow wütend an, während sie unter dem Gefrier-Kühlschrank und um seine gammeligen Turnschuhe herumschnüffelte. »Und allergisch bin ich auch gegen sie. Sehen Sie nur, ich krieg schon Nesselausschlag.«

Ich ignorierte unseren Verdächtigen, der theatralisch sein Hosenbein hochkrempelte – seine Ablenkungsversuche machten auf mich keinen Eindruck –, und gab John ein Zeichen, die Taktik zu ändern und unseren Spürhund eine Stufe weiter oben einzusetzen.

Rainbow reagierte auf den Befehl ihres Hundeführers, indem sie athletisch auf die Melaminarbeitsfläche sprang. Um das Durcheinander aus schmutzigem Geschirr herumzunavigieren, erwies sich als schwierig (es war wie ein Geschirr-Hindernisparcours), und mir fiel auf, dass Darren sie nicht aus den Augen ließ. Ich sah ihn feixen, als Rainbows Pfoten auf der schmierigen Oberfläche wegrutschten, doch sein Lächeln schwand schon bald, als es sie plötzlich zum Herd zog.

Sie stellte sich auf die Hinterbeine, stieß ein schrilles Jaulen aus und kratzte fieberhaft mit den Pfoten an der Abzugshaube aus Edelstahl über der Herdplatte. Dann berührte sie sie bewusst mit ihrer Schnauze, während sie direkten Augenkontakt zu John aufnahm, der mir seinerseits einen wissenden Blick zuwarf. Dies war Rainbows eindeutiges Signal, das ihr in ihrer Ausbildung beigebracht worden war und das uns darauf hinwies, dort gründlicher zu suchen.

John löste die Schrauben der Abzugshaube, zog das Metall vorsichtig von der Wand und legte ein Rechteck aus dunkelblauen Kacheln frei.

»Was machen Sie da?«, kreischte Darren, der mit jeder Minute mehr schwitzte. »Sie haben kein Recht, meinen verdammten Küchenherd auseinanderzunehmen.«

»Sie werden ihn vielleicht eine Weile nicht brauchen, Darren«, antwortete ich. »Mit ein bisschen Glück gibt es für Sie wieder Gefängnisessen.«

Darren holte mit seinem linken Bein aus und kickte mit einer Reihe von Kraftausdrücken einen Mülleimer quer durch den Raum, während er von seinem festnehmenden Beamten zurückgehalten wurde.

Zu meiner Enttäuschung wiesen die Kacheln keine Risse oder Löcher auf, die darauf hinwiesen, dass sie manipuliert worden waren. Doch als ein Sonnenstrahl durchs Küchenfenster fiel, erhellte er einen kreisförmigen Abdruck auf einer der oberen Kacheln. Es sah aus wie der Rückstand eines Aufklebers oder eines Plastiksaugnapfs. Ich suchte die Küche ab und machte ein ausfransendes Geschirrtuch aus, das von einem runden Saugnapf-Haken am Gefrier-Kühlschrank herabhing. Mir fiel auf, wie vollkommen deplatziert es in dieser verdreckten Küche mit ihren Dutzenden ungespülten Tellern und anderem Geschirr wirkte.

»Der liebe Gott steckt im Detail«, hatte der Rat gelautet, den mir ein erfahrener, altgedienter Detective aus Yorkshire namens Andrew gegeben hatte, der mich mit allem vertraut gemacht hatte, als ich zum CID kam. »Du musst gründlich sein, Junge. Das ist alles, was von dir verlangt wird, und wenn du das bist, trägst du dazu bei, die Taugenichtse hinter Schloss und Riegel zu bringen, wo sie hingehören.«

Ich löste den Saugnapf-Haken, durchquerte mit angehaltenem Atem die Küche und setzte ihn vorsichtig auf die Kachel. *Ich hab dich!*

»Passt perfekt«, sagte John grinsend. »Wie beim Märchenprinzen mit Aschenputtels Schuh!«

Mithilfe des Saugnapfs zog ich sachte an der verdächtigen Kachel, die sich leicht loslösen ließ. Ich zog mir rasch ein Paar Silikonhandschuhe über und griff in den dunklen Hohlraum dahinter. Während ich im Mauerwerk herumtastete, spürte ich einen rechteckigen Metallgegenstand. Ich holte ihn vorsichtig heraus – es war eine alte, rostige Munitionsdose – und legte ihn vorsichtig auf die Arbeitsplatte. Darren fluchte leise, und eine muntere Rainbow vollführte mehrere Umdrehungen, bevor sie sich hinsetzte und John fixierte.

In der Dose – *Halleluja!* – steckten fest zusammengerollte Banknoten, die neben vier prall gefüllten Plastiktüten mit weißem Puder hineingezwängt worden waren. Ich holte ein Schnelltest-Set aus meiner Jackentasche und entnahm eine winzige Menge der Substanz, um sie in die kleine Ampulle zu füllen. In Sekundenschnelle hatte sich die Flüssigkeit dunkelorange gefärbt, ein eindeutiger Beweis, dass es sich bei dem Puder um Heroin handelte. Und als wäre dieses Resultat noch nicht gut genug, fand ich unter dem versteckten Geldbündel auch noch ein winziges Spiral-Notizbuch, das, wie ich beim raschen Durchblättern feststellte, Hunderte von Hand geschriebene Kontakte zu enthalten schien.

Darren wurde sofort wegen Besitzes harter Drogen mit dem Vorsatz, sie zu verkaufen, festgenommen und sollte bis zum Ende der Woche wieder hinter Gittern sitzen. Während er abgeführt wurde, machte er den lachhaften Versuch, auf mich einzuschlagen, und brüllte, er hätte diese Scheißmetalldose noch nie zuvor gesehen, und dass wir Scheißbullen ihn reingelegt hätten. Und was diesen scheißneugierigen Köter beträfe…

»Ich bin mir sicher, dass Sie die Dose noch nie gesehen haben, Darren«, sagte ich mit hochgezogenen Augenbrauen. »Aber warum ihre Fingerabdrücke überall auf dem Notizbuch sind, werden Sie vielleicht erklären müssen.«

Alles in allem war die Drogenrazzia für uns ein fantastischer Erfolg; das Viertel war nun von einer gefährlichen Bedrohung befreit, und wir hatten wahrscheinlich Hunderte von Überdosen verhindert, vielleicht sogar ein paar Todesfälle. Diese Razzia zeigte auch auf, wie wichtig die Rekrutierung erstklassiger Spürhunde war. Polizisten im Kampf gegen den Drogenhandel konnten stundenlang ein Haus durchsuchen – manchmal sogar tagelang – und aufgrund listiger Verstecke trotzdem keine Beweise finden. Doch vor der Spürnase eines erstklassigen Drogenhundes konnte man sie nicht verstecken, und es gab nicht viele Nasen, die besser waren als Rainbows.

Da Darren jetzt weg war, ergriff John die Gelegenheit, seiner Hündin ihre wohlverdiente Belohnung zu geben, eine Spielrunde im Treppenhaus mit ihrem Lieblingsspielzeug. Ich sah lächelnd zu, während er den alten, krummen Tennisball gegen die Wand warf, worauf Rainbow wie eine Akrobatin hochsprang und ihn mit dem Maul auffing.

»Braves Mädchen!« Er lachte, als sie mit trappelnden Pfoten die Treppe hoch- und runterflitzte.

Während ich dort stand und Zeuge dieser beeindruckenden Bindung zwischen Mensch und Hund wurde, überkam mich große Traurigkeit. Rainbow, wurde mir klar, erinnerte mich sehr an Tina, eine schwarz-weiße Mischlingshündin, die ich einige Jahre zuvor aus einem Tierheim der RSPCA (Royal Society for the Prevention of Cruelty to Animals) in Southampton geholt hatte. Vor ihrer Rettung war sie vernachlässigt und misshandelt worden, und man hatte sie an eine verrottende Teekommode gekettet vorgefunden. Durch diese Erlebnisse hatte sie viele Verhaltensprobleme entwickelt, doch nachdem ich sie mit Liebe, Fürsorge und Aufmerksamkeit überschüttet hatte, war sie zu einem ausgezeichneten Haustier geworden, zu einer lebhaften Spielkameradin und einer wunderbaren Gefährtin. Während meiner Zeit bei der uniformierten Polizei begleitete mich Tina ab und zu auf Nachtschichten und saß bei Observierungen oder Zivileinsätzen still auf dem Rücksitz. Ich war untröstlich, als sie starb (sie erlag 1990 einem Herzanfall), und während ich Rainbow beim Herumtollen auf der Treppe zusah, wurden all diese glücklichen Erinnerungen wieder wach.

Eine halbe Stunde später lag die Cockerspaniel-Hündin, die sich zwischen mich und John gezwängt hatte, in Darrens Wohnzimmer zusammengerollt auf dem Sofa. Während wir auf den Polizeifotografen warteten – nach Drogenrazzien eine verfahrensrechtliche Notwendigkeit –, unterhielten wir uns angeregt über die Spürhunde, mit denen er im Lauf der Jahre gearbeitet hatte. Ich hörte die Geschichten der Hundeführer für mein Leben gern, und sie genossen es, über ihre vierbeinigen Kollegen zu sprechen, und hatten oft interessante Geschichten zu erzählen. Ich war auch stets erpicht darauf, mir ihr Wissen und ihre Kompetenz zu eigen zu machen (das gesamte Konzept fesselte mich), und sie beantworteten bereitwillig meine Fragen, ob sie nun »Welcher Hund ist als Suchhund am besten geeignet?« oder »Wie viele Jahre kann ein Hund arbeiten?« lauteten.

Doch an jenem Tag hatte ich eine andere Frage an John.

»Ich hoffe, es stört Sie nicht, dass ich danach frage, aber Sie sind schon viel länger bei der Polizei als ich. Wie kommt es, dass Sie immer noch Constable sind? Wie kommt es, dass Sie nie eine Beförderung beantragt haben?«

Seine Antwort war auf den Punkt und kam von Herzen.

»Das ist ganz einfach«, antwortete er. »Hätte ich mich für eine Beförderung entschieden und wäre Sergeant geworden, hätte man mich höchstwahrscheinlich aus der Hundeabteilung abgezogen und ich hätte meine Hunde zurückgeben müssen. Und ich glaube nicht, dass ich das verkraftet hätte.«

John blickte auf die schlafende Hündin hinab, und ich nahm ein leichtes Zittern seiner Lippen wahr.

»Ich bete diese Hunde an, Sarge, ob es nun Rainbow ist oder Sparky, oder alle, die schon gegangen sind. Sie sind loyal, sie sind liebevoll und sie sind die besten Arbeitskameraden, die man sich wünschen kann. Warum sollte jemand, der bei klarem Verstand ist, sie verlassen wollen?«

Ein paar Jahre später wurde ich zum Detective Inspector befördert und zur Abteilung für Schwerverbrechen versetzt, die organisierte Kriminalität und Tötungsdelikte untersuchte. Leider brachte diese Rolle auch mit sich, dass ich an einer endlosen Reihe von Strategiesitzungen, Ausbildungslehrgängen und Seminaren teilnehmen musste, was mich von der praktischen Polizeiarbeit abhielt. Nach langem Überlegen und als ich merkte, dass meine Begeisterung für die Arbeit abgenommen hatte, traf ich im Frühjahr 2003 die Entscheidung aufzuhören. Ich war elf Jahre in der Royal Navy gewesen, vierzehn Jahre bei der Polizei (insgesamt fünfundzwanzig Jahre im Dienst der Königin), und hatte das Gefühl, dass es höchste Zeit für eine Veränderung war.

Ein weiterer Grund war mein Wunsch, meine eigene Detektei zu gründen. Während ich im Dienst der Polizei in Surrey gewesen war, hatte ich mit großen Unternehmen wie British Petroleum und British Airways zusammengearbeitet, die ich bei internen Betrugsermittlungen beraten hatte, und als BP mich einlud, auf Basis eines privaten Beratervertrags für sie zu arbeiten, gab mir das endlich die Motivation, mich selbstständig zu machen und mein eigenes Geschäft zu eröffnen. Auf diese Weise konnte ich einen Karriereweg verfolgen, der mich wirklich faszinierte, und ich würde viel mehr Zeit den Tätigkeiten widmen, die mir am meisten Spaß machten: Ermitteln und Verbrechen aufklären.

Doch vor meinem Weggang wollte ich unbedingt noch einen letzten Auftrag mit John und Rainbow ausführen. Ein paar Gauner waren so dreist gewesen, von den Außenanlagen der Kathedrale von Guildford die Flutlichtanlage zu stehlen, und ein paar Wochen später hatte ich einen Tipp bekommen, dass die Strahler in einer nahegelegenen Cannabis-Fabrik als Wärmelampen benutzt wurden. Natürlich griff ich gleich zum Hörer und rief John an.

»Ich habe einen tollen Auftrag für Sie und Rainbow«, sagte ich. »Wir treffen uns um 6 Uhr morgens an der Ridgemount Road.«

Unsere beherzte kleine Spürhündin brauchte nur dreißig Minuten, um dieses Drogen-Hauptquartier zu orten, das listig versteckt auf dem Dachboden eines verlassenen Gebäudes lag, und innerhalb einer Stunde hatten wir veranlasst, dass zweihundert Cannabis-Pflanzen beschlagnahmt und zur Polizeidienststelle von Guildford transportiert würden.

Da es ein strahlender und sonniger Morgen war, und da ich wusste, dass dies vielleicht das letzte Mal war, dass ich mein liebstes Hund-Hundeführer-Team sah, schlug ich einen Spaziergang auf den Cathedral Hill vor. Oben angekommen setzten John und ich uns auf eine wackelige alte Bank und blickten über die Straßen und Dächer von Guildford, während Rainbow über den Rasen rannte und nach Bienen und Schmeißfliegen schnappte.

»Es tut mir wirklich leid, dass Sie weggehen, Chef«, sagte John mit gesenktem Blick. »Ich denke, wir haben den Auftrag, diese Stadt drogenfrei zu halten, ziemlich gut erfüllt.«

»Den besten Spürhund in ganz Surrey zu haben, war eine große Hilfe, John«, antwortete ich. »Ich frage mich oft, wie viele erfolgreiche Funde sie hatte und wie viele Leben sie gerettet hat.«

»Unzählige«, sagte John, der Rainbow genau im Auge behielt. »Aber wenn sie von einer dieser verflixten Bienen gestochen wird, wird sie mir diese Woche nicht viel nützen.«

Er griff in seine Tasche, zog einen kahl werdenden Tennisball hervor und lupfte ihn den Hügel hinab, worauf Rainbow prompt ihre Bienenjagd aufgab und ihrem Lieblingsspielzeug nachjagte.

Plötzlich erwachte das Funkgerät meines Kollegen knackend zum Leben und übermittelte die dringende Bitte an ihn, zu einem Vorfall in Farnham zu kommen. Bei einem Raubüberfall auf eine Tankstelle dort war eine Schusswaffe eingesetzt worden, und obwohl der Verdächtige festgenommen worden war, gab es von der Waffe keine Spur. Johns zweiter Spürhund Sparky wurde sofort am Tatort gebraucht.

Rainbow, die das vertraute Knistern der Funkstörung wahrgenommen hatte, kam zu uns getänzelt und setzte sich stark hechelnd vor John, während ihre Augen in Erwartung eines neuen Einsatzes vor Freude funkelten.

»Tut mir leid, Mädchen, der ist nicht für dich.« Er lächelte und steckte sein Funkgerät zurück in seine Brusttasche, bevor er sie wieder anleinte.

»Tja, dann geh ich mal lieber, Chef«, sagte John und schüttelte mir die Hand. »Wir sehen uns bestimmt mal, oder?«

»Ganz bestimmt«, antwortete ich und kraulte den Nacken seiner Hündin. »Und setzen Sie die gute Arbeit fort, ja?«

Ich sah ihm nach, wie er, mit Rainbow dicht auf den Fersen, im Laufschritt den Hügel hinab zu seinem Einsatzwagen lief. Kurz darauf raste er in einem Mahlstrom aus Blaulicht und gellenden Sirenen über die Cathedral Chase Road davon.

Auch wenn ich voll Ungeduld meiner neuen Laufbahn als

Privatdetektiv entgegensah, wusste ich, dass ich dieses dynamische Duo schmerzlich vermissen würde. Als ich so auf dem Cathedral Hill stand und traurig darüber nachdachte, ahnte ich nicht, dass ich schon bald meinen eigenen vierbeinigen Komplizen haben sollte.

3. Vom Privatschnüffler zum Tierdetektiv

Als ich im Herbst 2003 meine eigene Privatdetektei eröffnete, hatte sich die Rolle des traditionellen Detektivs revolutioniert. Aufgrund technologischer Neuerungen waren die Zeiten vorbei, in denen zwielichtige Gestalten in Regenmänteln um Straßenecken spähten und durch Löcher in Zeitungen spionierten. Stattdessen war es wahrscheinlicher, Fachleute wie mich dabei zu beobachten, wie sie Filmmaterial aus Überwachungsfahrzeugen prüften oder die Online-Aktivitäten von Zielpersonen unter die Lupe nahmen. Natürlich waren altmodische, polizeiliche Nachweistechniken immer noch unverzichtbar: Die besten Privatdetektive waren fachkundige Problemlöser und kritische Denker und verfügten über hervorragenden juristischen Sachverstand, doch der Einzug des digitalen Zeitalters hatte die Branche von Grund auf verändert.

Meine Arbeit war niemals langweilig. In der einen Woche führte ich interne Ermittlungen für ein weltweit bekanntes Unternehmen durch, in der nächsten stellte ich Tausende von Pfund aus einer betrügerischen Geschäftstransaktion sicher. Ein andermal wurde ich damit beauftragt, den Lebenslauf eines überaus qualifizierten Stellenbewerbers zu überprüfen oder heimlich langfingrige Angestellte zu filmen. Die Nachfrage war sogar so hoch, dass ich einen Assistenten ausbilden musste, einen cleveren, ausgebufften Slowaken namens Stefan. Er kümmerte sich um die technischen Aspekte der Observierungen, während ich mich auf die Planung konzentrierte und die Kunden über unsere Ermittlungen auf dem Laufenden hielt.

Unser Arbeitsaufkommen wurde in der Regel von Firmenkunden dominiert, doch ich wurde auch von Privatkunden angeheuert, die tendenziell zu den wohlhabenderen Mitbürgern zählten. Es war normal, Anrufe von argwöhnischen Ehepartnern entgegenzunehmen, die mich beauftragten, ihre untreue bessere Hälfte zu beschatten (was schätzungsweise in fünfundneunzig Prozent der Fälle gerechtfertigt war), oder von verzweifelten Eltern, die mich baten, ihre fehlgeleiteten Sprösslinge ausfindig zu machen.

»Toby ist irgendwo in Thailand, und sein Leihwagen wurde in einem Graben gefunden. Er geht nicht ans Telefon und ist wahrscheinlich mit Drogen vollgepumpt«, informierte mich eines Morgens ein in London ansässiger Investmentbanker. »Ich habe keine Zeit für so was – ich bin mitten in einem Geschäftsabschluss. Könnten Sie herausfinden, wo er ist? Seine Mutter ist außer sich.«

Akribische Ermittlungen führten mich zu einer Hippie-Kommune in Chiang-Rai, wohin der Achtzehnjährige nach einem Autounfall verduftet war (er war im Ecstasy-Rausch unerlaubt gefahren und hatte den Wagen im Graben zurückgelassen). Nach umfassender Schadensbegrenzung und einer Menge Süßholzraspeln – normalerweise behandelten die örtlichen Behörden über die Stränge schlagende Briten mit Verachtung – begleitete ich ihn sicher zurück nach England, wo er mit seinem verärgerten Vater und seiner erleichterten Mutter wiedervereint wurde. Manchmal kam ich mir eher wie ein »Troubleshooter« als ein Privatdetektiv vor.

Mit der Zeit wurde ich nicht nur mit der Rettung ausgeflogener Teenager beauftragt. Viele meiner Kunden besaßen wertvolle Tiere – exotische Vögel, Jagdhunde oder vollblütige Rennpferde –, und immer, wenn sie verschwanden oder es Besitzstreitigkeiten gab, suchten sie meine Hilfe und Unterstützung.

Bei der Polizei hatte ich schon in einer Handvoll Tierverbrechen ermittelt, vor allem eine Serie von Viehvergiftungen und den Raub reinrassiger Hundewelpen aus einer Tierpension. Doch in den späten 2000ern schienen die Fälle, in denen Haustiere betroffen waren, drastisch anzusteigen, und Stefan und ich mussten immer mehr Zeit auf Ermittlungen verwenden, die vorsätzliche Diebstähle, Besitzstreitigkeiten und unlautere Transaktionen umfassten.

Zum Beispiel hatte sich ein begüterter Gutsbesitzer aus Berkshire bei uns gemeldet, als sein rachsüchtiger Verwalter – den er gerade entlassen hatte – das Alphatier seiner Jagdmeute gestohlen hatte. Dieser dominante English Foxhound namens Cassius hielt die anderen Hunde meisterhaft zusammen und hatte, da er der Hauptzuchtrüde war, einen Wiederverkaufswert in Höhe von 10 000 britischen Pfund. Der Gutsbesitzer war nicht scharf darauf, die Polizei einzuschalten (ich fragte nicht nach dem Grund), und bat stattdessen mich, meine Fühler auszustrecken.

Stefan folgte einen Tag lang der Freundin des Gutsverwalters und fand heraus, dass sie als Barkellnerin in einem Dorfpub arbeitete. Am Abend darauf stattete ich diesem Wirtshaus einen Besuch ab, während mein Kollege draußen herumschnüffelte; ich hatte kaum Zeit, an meinem Bier zu nippen, als unsere Zielperson hereinmarschierte, die aussah, als hätte sie in ihren Klamotten geschlafen. Kurz darauf bekam ich eine SMS von Stefan, der mich informierte, dass er den Hund an sich genommen hatte. Es stellte sich heraus, dass der Gutsverwalter in einem alten Wohnwagen hinter dem Pub hauste und Cassius an der Hinterachse festgebunden hatte.

Ich hielt diesem widerwärtigen Typ eine ordentliche Standpauke (»Sie haben großes Glück, dass Ihr ehemaliger Chef keine Anzeige erstatten will«, sagte ich), bevor ich nach draußen zu Stefan und Cassius ging. Zu meiner großen Belustigung verbrachte der Hund die gesamte Autofahrt nach Berkshire damit, an der Kopfstütze meines Kollegen zu kauen, was eine Tirade aus slowakischen Kraftausdrücken auslöste.

Dann war da noch der Fall der vermögenden Erbin, Lady Jemima, die ein wertvolles und hochgeachtetes Rennpferd namens Gold Runner besaß. Das zweijährige Hengstfohlen stand in einem Stall im Norden Yorkshires und wurde für ein stattliches Entgelt von einem dortigen Pferdetrainer betreut. Die Besitzerin war jedoch misstrauisch geworden, als dieses hochbegabte Pferd in einem Rennen nach dem anderen immer wieder am Ende des Feldes ins Ziel kam. Irgendetwas stimmte nicht – es handelte sich um einen erstklassigen Vollblüter, nicht um einen zweitklassigen Verlierer –, und Jemima bat mich, in der Sache zu ermitteln.

Was ich entdeckte, war ein wirres Netz aus Lügengespinsten. Anscheinend wurde Gold Runner vorsätzlich zu wenig trainiert und dann in Rennen gegen viel leistungsfähigere Pferde geschickt, um der Konkurrenz einen Vorteil zu verschaffen. Der Trainer hatte von seinen Kollegen Riesensummen an Schmiergeld dafür bekommen, um deren Chancen auf einen lukrativen ersten Platz zu erhöhen.

»Ich glaube nicht, dass mein Gaul fit genug sein wird, um am Samstag das Rennen zu machen. Ich denke, deiner wird spielend gewinnen«, hatte er augenzwinkernd gesagt, bevor er für seinen Schwindel ein paar Riesen in die Tasche gesteckt hatte.

Ich brauche wohl nicht zu betonen, dass Jemima entsetzt war, als ich ihr von meinen Ergebnissen berichtete, und sie feuerte ihren hinterlistigen, unaufrichtigen Trainer auf der Stelle. Gold Runner wurde sofort in einen Stall mit makellosem Ruf verlegt und gewann nach viel achtsamer Zuwendung und ordnungsgemäßem Training prompt das erste von vielen Pokalrennen.

Nachdem wir uns – wenn auch unbeabsichtigt – als *die* Detektei für Tierverbrechen etabliert hatten, beschloss ich, neben meiner Privatdetektei noch eine separate Firma mit einer eigenständigen Marke zu gründen. Am Montag, dem 3. Oktober 2005, wurde UK Pet Detectives geboren. Unsere Firma einen Tag vor dem Gedenktag des Heiligen Franziskus, dem Schutzheiligen der Tiere, zu eröffnen, war von mir ganz und gar beabsichtigt.

Meine erste Aufgabe bestand darin, zur Unterstützung unseres Teams einen zusätzlichen Mitarbeiter einzustellen und unseren neuen Service zu verbessern. Stefan, der zwar ein versierter Überwachungsexperte war, war kein großer Tierfreund und verfolgte viel lieber hinterhältige Betrüger als vermisste Schnauzer.

»Büroleiter(in) für neues Haustier-Detektei-Projekt in Cranleigh gesucht«, lautete die kleine Annonce, die ich in der Lokalzeitung aufgegeben hatte. Innerhalb einer Woche erhielt ich fast einhundert Bewerbungen, die ich auf ein halbes Dutzend hochkalibrige Kandidaten reduzieren konnte. Sam war die letzte Bewerberin in meiner engeren Auswahl, und innerhalb von Minuten wusste ich, dass sie die Richtige für den Posten war. Sie war eine echte englische Schönheit mit rotbraunen Haaren und frischem Teint, beantwortete all meine Fragen selbstbewusst und wirkte hochintelligent, geistreich und kompetent. Da sie zehn Jahre lang die hiesige Zweigstelle der RSPCA geleitet hatte, verfügte sie über umfangreiches Fachwissen, Kenntnisse über Tierverhalten und Tierwohl, und ihre Stärke war der Umgang mit Menschen. Ihre Herzlichkeit und Gelassenheit waren genau das, wonach ich suchte, und ich war begeistert, als sie mein Stellenangebot annahm. Was mich betraf, war der Verlust der RSPCA der Gewinn für UKPD.

Wir eröffneten unsere Zentrale auf der Bramble Hill Farm in

West Sussex. Dieses wunderschöne, 500 Morgen große Anwesen gehörte James, einem alten Freund von mir, der dort über dreißig Jahre lang Hunderte von Kühen und Schafen gezüchtet hatte; es gab dort auch einen kleinen Schießplatz und einige Stallungen. Der Ausbruch des virulenten BSE-Virus – allgemein als »Rinderwahnsinn« bekannt – hatte ihn jedoch gezwungen, seinen Viehbestand zu reduzieren; infolgedessen hatte er einen Großteil seines Landes an einen Alpaka-Züchter verpachtet und einige seiner vielen Wirtschaftsgebäude vermietet. Als er mir netterweise die Nutzung einer weitläufigen umgebauten Scheune für mein junges Unternehmen anbot, ergriff ich die Gelegenheit beim Schopf.

»Ich sag dir was, Colin«, hatte er gesagt, als wir in seiner Farmhausküche eine Flasche hausgemachten Apfelwein tranken. »Ich überlasse dir die Scheune mietfrei, wenn du den Sicherheitsdienst auf dem Anwesen übernimmst. Abgemacht?«

»Abgemacht«, hatte ich, ohne zu zögern, geantwortet.

Es war ein frischer Herbstmorgen, als Stefan, Sam und ich zum ersten Mal zu unserem neuen Hauptquartier fuhren und unser Transporter-Van unter Schreibtischen, Computern und Büroinventar nur so ächzte. James nahm sich Zeit, um uns auf dem Anwesen herumzuführen, und als wir auf seinem höchsten Punkt standen und unsere T-Shirts sich in der steifen Brise blähten, konnten wir nicht anders, als die Aussicht zu bestaunen. Samtig grüne Hügel wellten sich, so weit das Auge reichte, und wurden von bläulich-grauen Flüssen und Bächen durchschnitten. Beim Blick nach links sah man Birnen- und Apfelplantagen neben Feldern aus sich wiegendem Weidelgras. Blickte man nach rechts, sah man sommergrüne Wälder, die Weiden mit grasenden Alpakas umgaben. Ein Beispiel für eine der abwechslungsreichsten und vielfältigsten Landschaften, die man stundenlang betrachten kann.

Bramble Hill Farm war auch als Oase für die Tierwelt bekannt, erklärte James, der uns vorwarnte, dass Füchse, Kaninchen und Damwild in großen Sätzen am Büro vorbeispringen würden. Zudem war das Anwesen ein wahres Paradies für Angler und Vogelbeobachter, da es in seinen Flüssen von Forellen, Barschen und Flusskrebsen nur so wimmelte, während am Himmel eine Vielzahl an Raubvögeln, Finken und Grasmücken zu sehen war.

»Da ist auch ein alter Dachsbär, der durch den Garten streift«, sagte er. »Aber um den schlagt lieber einen weiten Bogen, er ist ein knurriger alter Zausel.«

Ich sah, dass Sam und Stefan sich angrinsten, und wusste genau warum; diese Beschreibung war nicht allzu weit von James selbst entfernt.

Abgesehen von der idyllischen Umgebung hatte unsere Zentrale auch viele praktische und logistische Vorteile. Die Nähe von Stallungen und Koppeln – mit robusten Schlössern und Videoüberwachung – bedeutete, dass UK Pet Detectives Tiere kurzzeitig aufnehmen und ihnen Notunterkünfte bieten konnte. Es würden unweigerlich Situationen eintreten, in denen wir uns tagelang um wiedergefundene Hunde oder Tiere kümmern müssten, und da würde die Farm die nötige Sicherheit, Unterkunft und Ungestörtheit bieten. In den meisten Fällen war die Inanspruchnahme kommerziell betriebener Stallungen oder Tierpensionen einfach zu riskant.

Unser Standort (das Anwesen erstreckte sich entlang der Grenzen zu Surrey, Hampshire und West Sussex) hätte nicht geeigneter sein können. Viele südöstliche Städte, Dörfer und Weiler, von denen die meisten über eine große Haustierpopulation verfügten, lagen ganz in der Nähe, und von London aus, wo viele meiner alten Stammkunden lebten und arbeiteten, waren wir mit einer Stunde Autofahrt zu erreichen.

Nach der Eingewöhnung in unseren neuen Räumlichkeiten

musste ich mich als Erstes mit der wichtigen Frage befassen, wie ich meine Zeit zwischen den zwei Firmen aufteilen wollte. Nach einigen Diskussionen mit Sam und Stefan einigten wir uns, dass wir einen Teil unserer Privatschnüffler-Dienste einstellen würden, wie zum Beispiel die Sicherheitsüberprüfung von Angestellten, die Zustellung gerichtlicher Schriftstücke und die Schuldeneintreibung von Summen unter 250 000 britischen Pfund. Ich würde alle meine aktuellen Fälle behalten, bis sie abgeschlossen waren, und für unsere Langzeitkunden der erste Ansprechpartner bleiben. Stefan würde alle neuen Privatdetektiv-Fälle übernehmen und bei gefährlicheren und komplizierteren Aufträgen gelegentlich von mir unterstützt werden. Unsere Recherchearbeit, die Kundenbetreuung und das Fallmanagement würden von Sam erledigt, die außerdem ihr umfangreiches Netzwerk aus Kontakten nutzen würde, um unser neues Haustier-Detektivbüro bekannt zu machen. Ich hingegen würde mich um alle Haustierdetektiv-Fälle kümmern, meine Zeit je zur Hälfte zwischen beiden Firmen aufteilen, und im Bedarfsfall zwischen ihnen hin und her wechseln.

Sam und ich legten sofort mit der UKPD-Arbeit los und konzentrierten uns auf vier verschiedene Bereiche: Hundediebstahl, verlorengegangene oder vermisste Katzen, Verbrechen an Pferden und betrügerische Tierrettungsstationen und Tierwohltätigkeitsorganisationen. Leider nahmen Letztere mit dem Trick, von gutherzigen Spendern Geld zu ergaunern, immer mehr überhand. Wir hatten etliche Berichte von betroffenen Einzelpersonen erhalten, die an diese Webseiten gespendet hatten, nur um festzustellen, dass ihr Geld von Betrügern kassiert worden war.

Sam fügte sich wunderbar in die Firma ein. Sie half UKPD dabei, in erschreckendem Tempo zu expandieren, sodass sich die Zahl der mit Haustieren zusammenhängenden Anrufe in unserem Büro innerhalb von neun Monaten verdreifachte. In den ersten fünf Jahren fanden wir unzählige entlaufene Hunde wieder: Das schloss Baxter mit ein, einen Englischen Springer Spaniel, der in einem dichten Waldgebiet von seinem Besitzer getrennt worden und von einem vorbeifahrenden Autofahrer gestohlen worden war, und Bertie, einen Jack Russell Terrier, der aus einem Mietstall entwendet worden war. Letzterer war einer der Hunde, die wir am zügigsten wiederfanden; er war kurz nach einer Lieferung durch eine örtliche Futtermittelfirma abhandengekommen, und Sam hatte ihren Charme eingesetzt, um der Firma den Namen des Fahrers zu entlocken. Dreißig Minuten später hatten wir Bertie aus dem Garten des bald darauf gefeuerten Angestellten zurückgeholt.

»Gute Arbeit, Sam«, hatte ich beifällig nickend gesagt, höchst beeindruckt von dem Effekt, den sie auf unsere Firma hatte.

Wir arbeiteten auch an einigen absonderlicheren Fällen, von denen einer durch den Anruf einer Dame aus Birmingham eingeleitet worden war, die uns im Internet aufgetan hatte.

»Mein Papagei ist gestohlen worden«, hatte sie gejammert und uns informiert, dass sie nach dem Verschwinden ihres geliebten Graupapageis nach einem Einbruch einen Tipp bekommen hätte, dass er sich knapp 130 Kilometer entfernt bei einer Adresse in Swindon befand.

»Aber Sie müssen unbedingt wissen«, hatte sie uns in breitem Birminghamer Akzent erklärt, »dass Pongo ein sprechender Papagei ist. Er ahmt Sachen nach. Ich habe ihm beigebracht, ›Up the Villa‹ zu rufen – ich bin ein großer Fußball-Fan, wissen Sie – und er schreit es den ganzen Tag, jeden Tag.«

Wie es schien, wünschte die Dame, dass wir von UKPD zu dem fraglichen Grundstück fuhren und lauschten, um Pongos charakteristischen Schrei zu identifizieren und seine Kidnapper hoffentlich in flagranti zu erwischen.

»Ich werde sehen, was ich tun kann«, sagte ich und fragte

mich, wie ich Stefan diesen versponnenen Auftrag nahebringen sollte.

Man kann getrost sagen, dass unser hauseigener Technik-Guru nicht gerade entzückt war, drei Stunden lang mit einem High-Tech-Überwachungsgerät bewaffnet unter einem Apartmentfenster in Wiltshire zu kauern und angestrengt zu lauschen, ob er den Fangesang von Pongo dem Papagei hörte. Durch die Gardine hatte er einen grauen Vogel ermitteln können, der auf seiner Stange hockte, jedoch kein einziges heiseres Krächzen ausgestoßen hatte, ganz zu schweigen von »Up the Villa«. Es handelte sich aller Wahrscheinlichkeit nach um eine Verwechslung.

Stefans Fahrt dorthin war tatsächlich ein fruchtloses Unterfangen gewesen. Am selben Nachmittag erhielt ich einen Anruf von einem Farmer in Worcester, dem, nachdem er unsere »VERMISSTER PAPAGEI«-Plakate gesehen hatte, klargeworden war, dass die »Renntaube«, die sich unter dem Dachvorsprung seiner Scheune ausruhte und höchst merkwürdige Slogans kreischte, etwas gänzlich Exotischeres war. Ein abgerissen aussehender Pongo wurde vorsichtig eingefangen und mit seiner überaus dankbaren Besitzerin wiedervereint.

Doch nicht jeder Fall konnte gelöst werden, und oft nicht durch unsere Schuld. In einem Winter erhielten wir einen Anruf von einem wahnsinnig aufgeregten Werbemanager, der in einem Studio im Londoner West End für ein berühmtes Modehaus ein protziges Fotoshooting veranstaltet hatte. Das Hauptrequisit war Montgomery, ein eineinhalb Meter langer Albino-Königspython, der – zum Entsetzen aller – irgendwie aus seinem Terrarium ausgebrochen war, wo man ihn über Nacht gelassen hatte.

»Wir wissen nicht, wo das verdammte Vieh ist, und sind total in Schockstarre«, rief der panische Manager, bevor er mich um Hilfe anflehte.

Innerhalb einer Stunde standen Stefan und ich auf der Matte, nachdem wir während der Fahrt mit einem Reptilienexperten gesprochen hatten. Er hatte mir erklärt, wie Königspythons ihre Beute fingen: In ihrem natürlichen Lebensraum rollten sie sich in Erdlöchern zusammen, um Spitzmäuse, Rennmäuse und Kaninchen zu fangen, wenn sie nach Hause kamen.

»Ich empfehle Ihnen, in allen Küchen oder Toiletten nachzusehen, weil er wahrscheinlich direkt eine Wasserquelle ansteuert«, sagte er und riet mir, dass ich Rohre und Mauerhohlräume überprüfen und einen Klempner-Notdienst hinzuziehen sollte, was ich auch tat.

Als Stefan, der Klempner und ich am Studio ankamen, fanden wir zwanzig verängstigte Angestellte vor, die auf dem Gehweg vor dem Gebäude fröstelten und sich weigerten, an ihre Arbeitsplätze zurückzukehren, bevor Montgomery wieder eingefangen wurde. Mit dem leeren Terrarium der Schlange steuerten wir drei schnurstracks auf die Betriebskantine zu, die die offensichtlichste erste Anlaufstelle zu sein schien. Wir bauten gerade unsere Suchausrüstung auf und montierten das Spülbecken ab, als ein Wachmann hereingestiefelt kam.

»Tut mir leid, meine Herren, aber ich fürchte, Sie müssen wieder gehen«, sagte er streng.

»Was meinen Sie?«, antwortete ich. »Sie wissen schon, dass hier eine Schlange ausgebrochen ist?«

»Befehl von ganz oben, fürchte ich. Der Kunde hat anscheinend Angst, dass die Nachricht durchsickert, und will vor der Werbekampagne jede schlechte Publicity vermeiden. Wenn Sie also bitte das Gebäude verlassen könnten? Die Rechnung können Sie uns per Post schicken.«

Wir stritten uns ein paar Minuten mit ihm herum (»Was ist denn schlimmer: dass sich die Sache rumspricht, oder die Schlange?«, hatte ich ungläubig gefragt), aber vergebens.

Ich habe nie erfahren, was mit Montgomery der Pythonschlange passiert ist. Ich hoffe, dass sie an jenem Tag gerettet wurde und man ihr ohne großes Aufsehen ein neues Zuhause gesucht hat. Das wäre natürlich das beste Szenario gewesen; über das schlimmste Szenario wagte ich gar nicht nachzudenken.

Ob wir es mit einer in der Falle sitzenden Pythonschlange oder einem verlorengegangenen Pudel zu tun hatten, wir von UKPD bemühten uns, Kunden und Zeugen mit Respekt zu behandeln und ihre Fälle ernst zu nehmen. Tatsächlich beschrieben wir uns am liebsten als »die Privatdetektei, die sich auf die Ermittlung des Verbleibs gestohlener und verschwundener Haustiere spezialisiert hat«.

Doch dank eines gewissen Hollywood-Films mit dem kanadischen Komiker Jim Carrey nahm *uns* nicht jeder ernst. Seine Darbietung in *Ace Ventura: Ein tierischer Detektiv* (1994) mag eine komödiantische Glanzleistung gewesen sein (die Geschichte eines gestohlenen Delfins spielte weltweit über 100 Millionen US-Dollar ein und brachte Carrey über Nacht internationalen Starruhm), doch seine tölpelhafte Figur und hirnverbrannten Heldentaten taten meiner Firma gar keinen Gefallen. Wenn es um vermisste Haustiere ging, war die Durchführung von Haus-zu-Haus-Ermittlungen alltäglich, und ich konnte nicht mehr zählen, wie oft ich vor einer Haustür mit Hohn und Spott begrüßt wurde.

»Was, Sie sind ein *Tierdetektiv*?«, spottete ein zynischer Nachbar, als ich mich vorstellte. »Sie meinen wie Ace Ventura?«

»Soll das ein Witz sein?«, fragte ein anderer und unterdrückte ein Kichern, als er meine UKPD-Uniform sah. »Ich wusste nicht, dass Leute wie Sie im wahren Leben existieren.«

Ich hatte immer gehofft, dass unsere geschäftsmäßige Herangehensweise und professionelle Markenbildung uns und auch anderen in der Branche dabei helfen würden, uns von dem Stigma abzugrenzen, das die Rolle von Jim Carrey unserem Beruf eingebrockt hatte, und mögliche Vorurteile zu überwinden. Anfangs fiel es einigen Leuten sehr schwer, uns ernst zu nehmen. Doch als sich unser guter Ruf herumsprach, wuchs auch unsere Glaubwürdigkeit, und wir ließen alle sarkastischen Anspielungen auf Ace Ventura von uns abperlen. Im Polizeidienst hatten wir einen Leitspruch gehabt, der von den funkelnden Silberknöpfen an unseren blauen Sergejacken inspiriert worden war. Wenn jüngeren Beamten das Leben schwergemacht wurde, sagten die erfahreneren Polizisten zu ihnen: »Lasst es einfach von euren Knöpfen abprallen«, was bedeutete: Ignoriert die Schwarzmaler und nehmt es nicht persönlich. Es war ein großartiger Rat, den ich oft beherzigte.

Im Verlauf des Jahres 2012 fuhren wir von Pet Detectives fort, verschiedene mit Hunden im Zusammenhang stehende Vorfälle zu bearbeiten, doch sie wurden zusehends schlimmer und verstörender. Wir wurden von einem bekannten Prominenten angeheuert, um nach seinem schwarzen Labrador zu suchen, der, wie er befürchtete, von einer rachsüchtigen Verwandten gestohlen worden war. Um den Sachverhalt zu klären, reiste ich in den Norden Englands zu ihm nach Hause und kam in Anbetracht aller Beweise, die ich gesammelt hatte, zu dem Schluss, dass der arme Hund ein vorzeitiges, unangemessenes und womöglich leidvolles Ende genommen hatte. Als ich dem Besitzer die schlechte Nachricht überbrachte, sank er in einen Sessel und löste sich vor Verzweiflung, sein Haustier nie wiederzusehen, in Tränen auf.

»Warum sollte sie meinen Hund töten? Er war mein bester Freund«, schluchzte er.

Es war eine wirklich erschütternde Erfahrung, und als ich nach Hause fuhr, tat er mir furchtbar leid.

Wir wurden auch in einen zutiefst verstörenden Fall verwickelt, in dem es um einen gestohlenen English Springer Spaniel aus Tewkesbury ging, den wir bis zu einem illegalen Hunde-

Massenzuchtbetrieb in Südengland zurückverfolgten. Während der Ermittlungen hatten wir das Gelände, eine heruntergekommene Scheune, streng überwacht und mit Entsetzen festgestellt, dass diese Hunde unter verheerenden Bedingungen gehalten wurden und so gut wie kein Futter, Licht oder Bewegungsfreiheit hatten. Und als wäre das nicht schon erschütternd genug gewesen, hörten wir oft ein gequältes Wimmern und mitleiderregendes Gebell, das nach einem krachenden Schuss plötzlich erstarb. Dass Menschen solche Grausamkeiten begehen konnten, brach mir schier das Herz und bedrückte mich noch tagelang.

Bald war auch unsere eigene Sicherheit gefährdet. Diese monströsen Hundehändler waren für Gewalt- und Gefährdungsdelikte bekannt, und nachdem wir diesen Fall übernommen und die Informationen an die Polizei weitergegeben hatten, galten wir als Hauptangriffsziele. So wurde in den frühen Morgenstunden die Windschutzscheibe meines Wagens zertrümmert, Stefan wurde auf der Straße von einer Bande Schläger verfolgt, und Sam erlitt ein Trauma, als sie per Post Drohbriefe erhielt. Mir gab es endgültig den Rest, als mich ein Anrufer mit einer unterdrückten Nummer fragte, ob ich in letzter Zeit meine Bremsen kontrolliert hätte.

»Das war's, ich hab's satt«, seufzte ich, während ich eine weitere bösartige Nachricht vom Anrufbeantworter löschte. »Mit solchen Kriminellen will ich nichts mehr zu tun haben.«

Dass wir diese verabscheuenswerten Hundediebe unter die Lupe genommen hatten, belastete mein Unternehmen und meine hart arbeitenden Angestellten, und ich machte mir Sorgen, dass einer von ihnen zu Schaden kommen könnte. Es war Zeit für einen Strategiewechsel. Von nun an würden alle Hundediebstahl-Fälle einer rigorosen Gefährdungseinschätzung unterzogen. Die meisten Fälle würden wir weiterbearbeiten, doch alle, die wir für hochriskant befanden, würden an die Polizei weitergeleitet. Wir würden die Behörden unterstützen, aber nicht mehr allein gegen die brutalsten Hundediebe vorgehen. Dadurch bliebe Stefan mehr Zeit für die Privatdetektiv-Kunden, und Sam und ich könnten unseren Schwerpunkt von Hunden auf Katzen verlagern.

Auch wenn UKPD beim Auffinden verlorengegangener oder gestohlener Hunde unglaubliche Erfolge erzielt hatte, war unser Vermögen, Katzen aufzuspüren, vergleichsweise enttäuschend gewesen. In allen Fällen, die wir übernommen hatten, wurden etwa dreißig Prozent der Katzen wohlbehalten aufgefunden; meist waren diese Haustiere jedoch weniger als achtundvierzig Stunden vermisst gewesen, was oft hieß, dass das Suchgebiet begrenzter und überschaubarer war.

Eine besonders denkwürdige Ermittlung, die eine Frau namens Suzie und einen Kater mit dem Namen Oscar zum Gegenstand hatte, sollte eine tiefgreifende Wirkung auf mich und grundlegende Auswirkungen auf meine Firma haben. Im April 2012 hatte ich eines Morgens auf der Bramble Hill Farm die Hühner gefüttert, als mein Handy in meiner Manteltasche brummte. Die Anruferin berichtete mir verzweifelt, dass ihr neun Monate alter Kater – eine graubraune Burmilla-Kreuzung – in ihrem winzigen Dörfchen in Hampshire verschwunden war. Nachdem sie erfolglos nach ihm gesucht hatten, hatte ihr eine Nachbarin vorgeschlagen, meine Agentur anzurufen. In meiner ganzen Zeit als Tierdetektiv hatte ich selten jemanden gehört, der mich so verzweifelt um Hilfe bat.

»Oscar ist mein Ein und Alles«, hatte Suzie geschluchzt. »Ich bin krank vor Sorge, Mr Butcher. Ich habe kaum ein Auge zugemacht, und ich muss herausfinden, was mit ihm passiert ist.«

Oscar, erklärte sie mir, war eine Hauskatze, die sich noch nie nach draußen getraut hatte. Es stellte sich heraus, dass Suzies Ehemann vor zehn Tagen abends, bevor er ins Bett ging, das Küchenfenster einen Spalt geöffnet hatte, damit die Kochdünste abziehen konnten, dann aber vergessen hatte, es wieder zu schließen. Am nächsten Morgen war Oscar nicht wie sonst die Treppe hinaufgetapst gekommen, um wie gewohnt mit ihnen zu kuscheln, und als Suzie nachgesehen hatte, war ihr das offene Fenster aufgefallen. Obwohl sie das ganze Dorf gründlich abgesucht und umfangreiche Ermittlungen von Haus zu Haus angestellt hatten, hatte ihn seitdem niemand mehr gesehen.

In der Regel nahm ich keine Fälle an, in denen die Katze schon zehn Tage und länger vermisst wurde. Die Wahrscheinlichkeit, sie wiederzufinden, war zu diesem Zeitpunkt erheblich verringert, und ich hatte nicht vor, meinen Auftraggebern Hoffnungen auf eine oft aussichtslose Sache zu machen (oder dafür Rechnungen zu schreiben). Doch die Stimme der Frau klang so traurig, dass ich mich gezwungen sah, ihr zu helfen, und um sieben Uhr am nächsten Morgen vor ihrer Haustür stand und klopfte.

Suzie, eine Enddreißigerin mit freundlichem Gesicht und braunen Wuschellocken, wohnte mit ihrem Ehemann Mike in dem malerischen Dorf East Meon. Bei einer Tasse Earl Grey beantwortete sie meine Fragen zu Oscar. Meine Herangehensweise an Ermittlungen, wenn es um vermisste Haustiere ging, war akribisch und forensisch – genau wie früher, als ich für die Polizei in Surrey Vermisstenfälle gelöst hatte, d.h., ich trug so viel über den Charakter, die Gesundheit und die Gewohnheiten des Tieres zusammen, wie ich konnte. Das ermöglichte mir, ein detailliertes Verhaltensprofil zu erstellen, und gewährleistete, dass ich keine wertvolle Zeit vergeudete, indem ich am falschen Ort oder zur falschen Tageszeit suchte.

Doch je länger Suzie und ich uns unterhielten, desto klarer wurde mir das wahre Ausmaß ihrer Verzweiflung. Mit leiser, zitternder Stimme erklärte sie mir, dass sie kurz hintereinander zwei persönliche Tragödien erlebt hatte. Die erste war der Verlust ihres Vaters gewesen, der bei einem Autounfall mit Fahrerflucht ums Leben gekommen war, und die zweite der Verlust ihrer Mutter, die sich nie vom Tod ihres Mannes erholt und fünf Monate später einen tödlichen Herzinfarkt erlitten hatte. Suzie war nicht nur völlig am Boden zerstört, sondern seelisch krank geworden. Sie arbeitete von zu Hause aus als Grafikdesignerin und ertappte sich oft dabei, wie sie untätig auf den leeren Computerbildschirm starrte, obwohl der Abgabetermin näher rückte, wie ihre Gedanken abschweiften und ihre Stimmung sich verdüsterte. Aus Sorge um seine Frau hatte Mike alles versucht, um sie aufzuheitern, und sich den Kopf zerbrochen, was das geeignete Heilmittel sein könnte.

»Und dann kam er nach der Arbeit mit einem Katzenbaby nach Hause.« Suzie lächelte und löste ein Foto von Oscar von ihrer Küchenpinnwand, bevor sie es mir reichte. »Natürlich kann nichts die Leere des Verlusts meiner Eltern füllen, aber er dachte, ich hätte vielleicht gern einen kleinen Gefährten.«

»Er ist eine Schönheit«, sagte ich, während ich Oscars riesengroße mintgrüne Augen betrachtete.

Da Suzie noch nie eine Katze gehabt hatte, war sie skeptisch gewesen, doch als Oscar mit seinem braungesprenkelten Fell und den schneeweißen Schnurrhaaren ankam, war sie hingerissen. Als sie ihn aus seiner Transporttasche gehoben hatte, hatte er sofort zu schnurren begonnen, die Vorderpfoten gehoben und Suzie sacht an den Ärmeln ihrer Strickjacke berührt.

Ihr neuer kleiner Freund saß auf ihrem Schoß, wenn sie tippte, rieb sich an ihren Fußknöcheln, wenn sie das Mittagessen zubereitete, und rollte sich nachts neben ihr zusammen wie ein großes flauschiges Komma. Wenn sie ein seelisches Tief hatte, schien ihr Katzenkumpel das zu merken und rieb seinen Kopf fester an ihrem Hals oder schnurrte lauter. Er hatte auch die Angewohnheit, sich unmotiviert auf ihre Hausschuhe zu stürzen und an ihren Zehen zu knabbern, woraufhin sie Kicheranfälle bekam. Zu Mikes großer Freude waren Suzie und Oscar bald unzertrennlich geworden.

»Das klingt, als wäre er ein wunderbarer Kater«, sagte ich, worauf meine Auftraggeberin traurig nickte.

Nachdem ich die nötigen Informationen eingeholt hatte, bereitete ich mich auf den Beginn der Suche vor. Suzie willigte ein, zu Hause zu bleiben – sie war erschöpft, da zehn Tage vergeblichen Suchens ihren Tribut gefordert hatten –, und ich versprach ihr, sie über wichtige Entwicklungen auf dem Laufenden zu halten.

»Danke, Colin«, sagte sie und hielt die Tränen zurück, als sie mir ein Bündel »KATER VERMISST«-Flugblätter in die Hand drückte, die sie selbst hergestellt hatte. »Ich will nur meinen Oscar zurück.«

4. Der Katalysator für eine Veränderung

Diesen verschwundenen Kater zu finden war vorrangig, und als ich zurück in den strahlenden April-Sonnenschein trat, beschloss ich, in Suzies Garten mit der Suche zu beginnen. Der Höhenunterschied von zwei Metern zwischen Küchenfenster und Terrasse hatte es Oscar unmöglich gemacht, zurück ins Haus zu springen; meine Erfahrung mit ähnlichen Fällen sagte mir, dass er auf der Suche nach Sicherheit, Schutz und Wärme vermutlich ganz in der Nähe Zuflucht gesucht hatte. Da es keine bestätigten Sichtungen gab, war es sehr wahrscheinlich, dass er versehentlich irgendwo eingeschlossen worden war und in irgendeinem Nebengebäude festsaß.

Mit der Hilfe zuvorkommender Nachbarn und Ladenbesitzer verschaffte ich mir Zugang zu so vielen Gärten, Schuppen und Garagen wie möglich. Das erwies sich als sehr zeitaufwendig, da viele der aus Naturstein gebauten, reetgedeckten Häuschen in diesem vornehmen Dorf über lange, sich schlängelnde Zufahrten verfügten, die sich durch große, weitläufige Gärten fädelten. Was noch frustrierender war: Wenn ich endlich die Haustür erreicht hatte, musste ich oft feststellen, dass die Bewohner nicht da waren, was bedeutete, dass ein potenzielles Versteck unter Verschluss blieb.

Bis zum Nachmittag hatte ich kein Glück gehabt. Es gab einfach keine Spur von Oscar, und, während die Zeit verstrich, schwanden meine Hoffnungen, ihn zu finden. Wenn eine Katze über einen so langen Zeitraum fortgeblieben war, zählte jede Minute, wie ich nur allzu gut wusste. Ich musste mich auf ein schwieriges Gespräch mit Suzie einstellen.

Doch ein bestimmtes Grundstück interessierte mich immer noch. Dieses riesige umgebaute Bauernhaus nahm das größte Grundstück in East Meon ein und wies nach Osten einen Swimmingpool, nach Westen einen Tennisplatz und – passenderweise – nach hinten einen geräumigen Schuppen auf.

Ich hatte das Haus an jenem Morgen schon zweimal aufgesucht, doch zu beiden Gelegenheiten war die Einfahrt leer gewesen und auf mein Klopfen hatte niemand reagiert. Doch als ich mich etwa um vier Uhr zu Suzie auf die Socken machte, fiel mir ein sportlicher blauer BMW auf, der in der Einfahrt parkte. Ich trabte den gepflasterten Zufahrtsweg hinauf, betätigte den glänzenden Türklopfer aus Messing und drückte die Daumen. Nach etwa einer Minute öffnete sich knarrend die Tür, und ich stand einer blonden Frau in den Fünfzigern mit Skinny Jeans und einer Lederjacke gegenüber.

»Guten Tag«, begrüßte ich sie lächelnd, stellte mich vor und hielt ein Flugblatt hoch. »Ich suche nach einem vermissten Kater, Oscar, und habe mich gefragt, ob ich kurz in Ihrem Schuppen nachsehen dürfte.«

Die Dame fixierte mich mit eisigem Blick.

»Das ist ein Poolhaus und kein Schuppen«, antwortete sie mit geschliffenem Akzent. »Aber Sie brauchen so oder so da nicht reinzugehen. Ich habe im Dorf die vielen Aushänge gesehen und es schon selbst abgesucht. Da drin ist kein Kater, das kann ich Ihnen versichern.«

Das überzeugte mich nicht. Dreißig Jahre Erfahrung bei der Polizei und als Privatdetektiv hatten mich mit großer sozialer Kompetenz ausgestattet, und mein integrierter Lügendetektor piepste jetzt wie verrückt. Die Frau hatte beim Gespräch mit mir dem Schuppen den Rücken zugewandt, mir Informationen geliefert, um die ich nicht gebeten hatte, und, was am entscheidendsten war, genau in dem Moment den Blickkontakt abgebrochen, in dem sie von der angeblichen Durchsuchung sprach. Ich war überzeugt, dass sie seit Wochen nicht mehr in der Nähe des Schuppens gewesen war, was mich nur noch entschlossener machte, mir Zutritt zu verschaffen.

»Ich würde wirklich gern kurz nachsehen, wenn Sie nichts dagegen haben ...«, bat ich sie höflich.

Die Frau verschränkte defensiv die Arme und schüttelte langsam den Kopf.

»Es dauert nur fünf Minuten, versprochen«, fügte ich hastig hinzu und ließ ein freundliches Lächeln aufblitzen. »Oscars Besitzerin ist verzweifelt und muss einfach wissen, was mit ihm passiert ist, so oder so. Ich wäre Ihnen sehr dankbar.«

Ihre eisige Ablehnung schien für einen Moment zu schmelzen, und mit einem schicksalsergebenen Seufzer verschwand sie im Hausflur und tauchte mit einem vom Zeigefinger baumelnden silbernen Schlüssel wieder auf.

»Aber ich komme mit«, sagte sie und hob die Augenbrauen. »Und Sie machen lieber so schnell, wie Sie sagen.«

Sie schloss den Schuppen auf und führte mich, wenn auch widerstrebend, hinein. Rechts, von einem Sonnenstrahl erleuchtet, stand eine riesige Plastikbox voller Poolzubehör: Luftmatratzen, aus denen die Luft herausgelassen war, Gummiringe, Schnorchel und Schwimmflossen. In einem Metallregal auf der dunkleren, linken Seite des Schuppens – Verzeihung, des *Poolhauses* – lagerten einige Terrakotta-Blumentöpfe und locker gestapelte Blumenampeln, letztere durch blassgrüne Jute-Einlagen getrennt.

»Wie Sie sehen«, sagte die Frau und verwandelte sich in ihr eisiges Ich zurück, »hier drin ist keine Katze.«

Plötzlich registrierte ich aus den Augenwinkeln, dass eine der Blumenampeln leicht schwankte. Dann hörte ich ein leises Rascheln, begleitet von einem schwachen Miauen. In Sekundenschnelle wurde eine winzige Pfote aus dem Drahtkorb herausgestreckt, worauf Mrs Eisschrank schockiert nach Luft schnappte. Auf den ersten Blick schien das Fell schwarz zu sein, und mir wurde schon schwer ums Herz, doch als das Tier aus seiner dunklen Ecke herausgeklettert kam, waren das markante Fell und die riesigen grünen Augen unverkennbar: *Oscar.*

Ausgemergelt und ungepflegt schwankte er ein paar Schritte auf mich zu und brach zu meinen Füßen zusammen. Ich hob ihn behutsam hoch und verließ, ohne ein einziges Wort mit der Frau zu wechseln, der die Sache wahrscheinlich extrem peinlich war, mit Oscar in den Armen den Garten. Von einem halbherzigen Kratzen an meiner Fleecejacke einmal abgesehen, leistete der Kater wenig Widerstand. Der arme Kerl war viel zu schwach, um sich vor Fremden zu fürchten.

Ich lief zu meinem Wagen, legte das zitternde Katerchen auf den Beifahrersitz und wischte liebevoll die Spinnweben aus seinem verfilzten Fell. Während ich langsam zu Suzie fuhr, informierte ich sie telefonisch, dass ich ihren Kater gefunden hatte, betonte jedoch, dass wir ihn auf der Stelle zum Tierarzt bringen mussten. Sie wartete an der Eingangspforte auf uns, die Hände ängstlich an die Brust gepresst.

»Mein Oscar!«, stieß sie hervor, als sie die Beifahrertür öffnete.

Für sie war sowohl der beste als auch der schlimmste Fall eingetreten. Obwohl sie ganz und gar selig war, ihr geliebtes Tier lebendig wiederzusehen (vermutlich hatte er überlebt, indem er das Kondenswasser von den Schuppenfenstern geleckt hatte), war sie außerordentlich erschüttert über sein hinfälliges, skelettartiges Aussehen. Sein schwindelnd hohes Fieber, seine knochentrockene Nase und sein gläserner Blick bestätigten, dass wir es mit einem sehr kranken Kater zu tun hatten, der dringend ärztliche Behandlung benötigte.

Suzie hob Oscar liebevoll vom Autositz, als wäre er aus Porzellan, und nahm ihn zärtlich auf den Schoß. Während der zwanzigminütigen Fahrt zur Tierarztpraxis hielt sie den Kopf gesenkt, und als ich an einer Ampel hielt, sah ich Tränen über ihre Wangen laufen. Mit Ausnahme der Wegbeschreibung zum Tierarzt sagte sie kaum ein Wort.

Ich setzte sie an der Praxis ab, wo eine besorgte Tierarzthelferin bereits am Eingang wartete, und parkte in der Nähe. Im Gebäude traf ich Suzie allein an, die mitten in einer Reihe aus blauen Plastikstühlen saß.

»Oscar wird jetzt vom Tierarzt untersucht«, sagte sie. »Es wird etwa eine halbe Stunde dauern.«

»Soll ich bei Ihnen bleiben?«, fragte ich.

»Das ist sehr freundlich«, antwortete sie, »aber Mike ist schon auf dem Weg.«

Wenige Minuten später kam Suzies Ehemann in den Empfangsbereich gestürzt, was ich zum Anlass nahm, die beiden in Ruhe zu lassen. Ich verabschiedete mich und brach nach Sussex auf.

Mein Kopf hämmerte, während ich nach Hause fuhr. Ich war wütend auf die Frau, die ihren Schuppen nicht abgesucht hatte, und stinksauer auf mich selbst, weil ich Oscar nicht früher gefunden hatte. Ich war am Boden zerstört, weil ich nicht mehr für Suzie hatte tun können; sie so aufgelöst zu sehen, war schon schwer genug gewesen, aber zu ahnen, dass es noch schlimmer kommen würde, machte mich ganz hilflos.

Verdammt ... wäre ich doch nur früher zu ihm vorgedrungen, sagte ich zu mir und schlug frustriert mit der Hand aufs Lenkrad.

Am nächsten Morgen rief mich Suzie mit den neuesten Informationen an. Der Tierarzt hatte massive Dehydration diagnostiziert

(Oscar hatte über fünfzig Prozent seines Körpergewichts verloren), und dies, verbunden mit seiner Unterernährung, hatte zu erheblichen Organschäden geführt. Aufgrund meiner Erfahrungen beim Wiederauffinden eingeschlossener Katzen wusste ich, dass Oscar überlebt hatte, indem er Körperzellen abgebaut hatte, ein Prozess, der Katabolismus genannt wird und eine enorme Belastung für Leber und Nieren darstellt.

Auch wenn der Zustand des in der Praxis sedierten Katers stabil blieb, bestand seine einzige Chance, langfristig zu überleben, in einer zügigen Verlegung in eine Spezialklinik in London. Der Tierarzt konnte jedoch nicht garantieren, dass dieses Vorgehen helfen würde oder ob der angeschlagene Oscar die zweistündige Fahrt überhaupt überstehen würde. Doch Suzie war fest entschlossen.

»Es wird mich ein Vermögen kosten, Colin, aber er ist es mir wert«, sagte sie. »Ich verspreche, Sie auf dem Laufenden zu halten.«

Als sie mich an jenem Wochenende zum zweiten Mal anrief, verriet mir ihre zitternde Stimme alles, was ich wissen musste. Oscars Zustand hatte sich über Nacht verschlechtert – seine Nieren hatten zu versagen begonnen –, und sie war in die Praxis gerufen worden, um die Entscheidung zu treffen, die jeder Tierfreund fürchtet. Während er zusammengerollt auf ihrem Schoß lag, war ihr geliebter Oscar eingeschläfert worden, und das wunderbare Band zwischen ihnen war zerrissen.

Ich bemühte mich, Suzie die richtigen Dinge zu sagen – dass sie die richtige Entscheidung getroffen hatte, dass sie bei ihm gewesen war, als er gestorben war, dass sie ihm ein schönes Leben geschenkt hatte –, doch keine Binsenweisheit konnte nur annähernd ihren übermächtigen Schmerz lindern. Ich spürte, dass Oscars verfrühter Tod auch das tiefsitzende Trauma ihres jüngsten schmerzlichen Verlusts erneut hervorgebracht hatte. Das Bild meines Bruders David blitzte vor mir auf, und ich war furchtbar traurig, dass Suzie in so kurzer Zeit so viel Schmerz erlitten hatte. Als seine Frau vor Trauer kein Wort mehr herausbrachte, übernahm Mike das Gespräch.

»Es war nicht das Happy End, das sie sich gewünscht hat, Colin, aber Suzie ist Ihnen für Ihre Hilfe sehr dankbar«, sagte er. »Hätten Sie Oscar nicht gefunden, hätte sie sich nicht richtig von ihm verabschieden können.«

Ich legte auf, lehnte mich auf meinem Stuhl zurück und sah aus dem Fenster. Die saftigen Wiesen auf der Bramble Hill Farm waren mit Gänseblümchen, Klee und Butterblumen gesprenkelt. Jenseits davon schimmerte der Wey-und-Arun-Kanal wie ein Silberband am Horizont. Am Himmel kreiste ein einsamer Bussard um die Baumkronen, bereit, seine Beute zu schlagen.

Dieses ländliche Idyll erfüllte mich sonst immer mit Trost und Freude. Es war ein Segen, mein Hauptquartier hier zu haben, doch dieses Mal verspürte ich nur Frustration und Traurigkeit. So wie ich es sah, hatte Suzie ihr Vertrauen in mich gesetzt, und ich hatte sie trotz größter Bemühungen enttäuscht. Wäre meine Taktik effektiver und strategischer gewesen, hätte der arme Oscar Stunden früher gefunden werden können, was vielleicht den entscheidenden Unterschied hätte machen können. Ich hatte viel zu lange gebraucht, um alle Gärten zu durchkämmen; ich musste eine effizientere Suchmethode finden, ohne die Qualität meiner Arbeit zu beeinträchtigen.

Das darfst du nicht wieder zulassen, Colin, sagte ich mir selbst. *Etwas muss sich ändern.*

Deshalb schwor ich mir an jenem Sonntagmorgen im Frühling etwas. Es war Zeit, meine langjährige Idee in die Tat umzusetzen. Es war Zeit, mein bahnbrechendes Konzept ein für alle Mal auf den Prüfstand zu stellen.

Es war Zeit, mir endlich einen Katzenspürhund zu suchen.

Doch um auf kurze Sicht mehr Katzen finden zu können, beschloss ich, dass wir von UKPD damit beginnen mussten, das Verhalten von Katzen viel detaillierter zu analysieren. Sam, die genau wusste, wie tief bestürzt ich nach Oscars Fall gewesen war, stimmte vollkommen mit mir überein.

»Jetzt, wo wir nicht mehr so viele Hundediebstähle bearbeiten, besteht kein Grund, warum wir nicht mehr unserer Ressourcen Katzen widmen sollten«, sagte sie an einem Freitagnachmittag, als wir uns im Red-Lion-Pub in Shamley Green einen Wochenend-Drink genehmigten.

»Doch der einzige Weg, effektiver zu werden, besteht darin, Nägel mit Köpfen zu machen«, fügte sie hinzu. »Wir müssen mit den Katzen auf Du und Du sein. Wir müssen beobachten, was sie anstellen, wohin sie gehen, mit wem sie interagieren, warum sie weglaufen.«

Meine Kollegin lag goldrichtig. Unsere Ergebnisse hatten zu wünschen übriggelassen, und wir konnten sicherlich mehr tun, um die Denkweise von Katzen zu verstehen und ihr Bewegungsprofil nachzuvollziehen. Im Laufe des Abends heckten wir einen Plan aus, eine weitgreifende Strategie, die darauf abzielte, uns mit so viel Wissen und Informationen auszustatten wie möglich.

»Nennen wir es das Red-Lion-Projekt«, schlug Sam grinsend vor, als wir darauf anstießen.

In den nächsten Wochen vertieften wir uns in zahlreiche Bücher über Katzenverhalten, studierten Unmengen an wissenschaftlichen Arbeiten und sahen uns eine Fülle von Filmen und Dokumentationen an. Derweil hielt Stefan die Privatdetektiv-Seite meines Geschäfts am Laufen.

Diese Initiative, beschlossen wir, sollte ein innovatives, bahnbrechendes Experiment darstellen. Um uns mit echten Erkenntnissen über das Verhalten von Katzen auszustatten, wollten wir ein paar hilfsbereite Katzenbesitzer ausfindig machen und mit ihrer Einwilligung kleine GPS-Peilsender an den Halsbändern ihrer Haustiere anbringen. Dann würden wir die Daten auswerten, um einigen relevanten Fragen nachzugehen: Wohin gingen Katzen, wenn sie ihr Zuhause verließen, und was stellten sie an?

Zuallererst mussten wir einen geeigneten Ort für unser Forschungsprojekt auswählen.

»Warum machen wir es nicht hier, in Shamley Green?«, fragte Sam und nippte an ihrem Chardonnay.

»Ja, warum nicht?«, erwiderte ich. »Es wäre perfekt dafür.«

Der Ort war durch und durch englisch und verfügte über eine riesige Dorfwiese, ein saftig-grünes Cricket-Spielfeld und eine Vielzahl von originellen Geschäften und Restaurants, darunter das berühmte Speckledy Hen Café. Ausschlaggebend war jedoch, dass er auch eine ungewöhnlich hohe Dichte an Katzen aufwies, was mir schon bei früheren Ermittlungen aufgefallen war. Wohin ich auch blickte, hatte ich Katzen gesehen, die aus Fenstern schauten, auf Türschwellen saßen oder über den Gehsteig spazierten.

Der nächste Schritt bestand in der Rekrutierung Freiwilliger, weshalb Sam und ich Aushänge in Schaufenstern machten, Handzettel an Privathaushalte verteilten und Nachrichten auf örtlichen Social-Media-Webseiten posteten.

»Haben Sie eine Katze?«, lauteten sie. »Wir von UK Pet Detectives bemühen uns um ein besseres Verständnis von Katzenverhalten, und würden uns freuen, wenn SIE mitmachen würden …«

Zehn Interessenten nahmen Kontakt zu uns auf, die wir auf drei reduzierten. Wir wählten bewusst größere Katzen aus, die die GPS-Geräte problemlos an ihren Halsbändern tragen konnten: Monty, eine gutmütige silberne Maine-Coon-Katze; Shamley, eine getigerte Katze, die schon seit zehn Jahren im Dorf lebte; und Branson, ein langhaariger rötlichbrauner Kater, der nach einem erfolgreichen Unternehmer benannt war, der einst in der Nähe gewohnt hatte. Dieses leichtgewichtige Katerchen war klein und kompakt, aber trotzdem zu massig, um zu einer kleineren Rasse wie Siam oder Devon Rex zu gehören.

»Hoffen wir, dass sich der ganze Aufwand lohnt«, sagte Sam am ersten Tag lächelnd und drückte die Daumen, während wir zu den Häusern der Besitzer aufbrachen, um ihnen zu zeigen, wie man die Katzen-Peilsender anbrachte. Wenn alles nach Plan lief, würden wir nützliche und wertvolle Informationen gewinnen.

Damals war uns jedoch nicht klar, dass wir unwissentlich die drei faulsten Katzen in Shamley Green ausgewählt hatten. Etwa eine Woche später – und zu unserer großen Enttäuschung – ergab die Datenanalyse, die wir in der UKPD-Zentrale vornahmen, dass diese bummeligen Katzen sich kaum von der Stelle bewegt hatten. Shamley, die aktivste von den dreien, tapste jeden Morgen bis zum unteren Ende des Gartens, wo sie stundenlang auf dem Schuppendach saß, sich sonnte und ihr Revier bewachte. Nachdem sie im Nachbargarten ihren Darm entleert hatte, kehrte sie zum Mittagessen in die heimische Küche zurück, machte auf dem Sofa ein Nickerchen und wiederholte diesen Fressen-Koten-Schlafen-Zyklus am Nachmittag. Hinsichtlich des Forschungsziels war dieses Inaktivitätsniveau höchst unbefriedigend.

Doch dann landeten wir einen Glückstreffer. Der Herausgeber eines lokalen Hochglanzmagazins, *The Guildford*, hatte in einer Regionalzeitung einen Artikel über UKPD gelesen und bat uns um ein Interview. Ich willigte ein, aber nur unter der Bedingung, dass wir, um mehr Teilnehmer anzulocken, unser Red-Lion-Projekt erwähnen dürften. Der Artikel erzielte die gewünschte Wirkung, denn nur wenige Tage nach der Veröffentlichung war es uns gelungen, ein Dutzend mehr Freiwillige zu werben.

»Wir würden wahnsinnig gern mitmachen«, sagte ein ortsansässiger Schullehrer, der uns auf den Beitrag hin angerufen hatte. »Unsere kleine Sheba ist fast nie im Haus, und es wäre faszinierend zu erfahren, was sie so anstellt.«

Einige Dorfbewohner erlaubten uns netterweise, in ihren Häusern und Gärten Kameras aufzustellen, um das Kommen und Gehen ihrer Katzen zu dokumentieren, und auch im Dorf installierte ich einige ebenerdige, bewegungsempfindliche »Feldkameras«, um die streunenden Katzen zu erfassen.

Endlich gelang es uns, einige fantastische Daten zu sammeln. Unsere neue Katzengruppe war unendlich lebhafter, und als Sam und ich das Filmmaterial auswerteten und die GPS-Bewegungsprofile analysierten, konnten wir einige erstaunliche Informationen zusammentragen. Wir lernten unheimlich viel über das tagtägliche Verhalten von Katzen, über ihre Gewohnheiten und ihren Aktionsradius, und, was entscheidend war, über die Umstände, die sie dazu veranlassten abzuwandern oder zu verschwinden. Einige Katzen, stellten wir fest, reagierten nachteilig auf Veränderungen im Haushalt – die Geburt eines neues Babys vielleicht oder auch nur die Renovierung eines Zimmers – und andere wurden von einer aggressiven übergriffigen Katze aus ihrem gewohnten Revier vertrieben.

Erstaunlicherweise stellten Sam und ich auch fest, dass einige der Katzen in Shamley Green sich eine geniale Lösung hatten einfallen lassen, um Konflikte zu vermeiden; sie führten praktisch die Teilzeitnutzung ihres Reviers ein. Wir beobachteten, dass für gewöhnlich eine dominantere Katze während der Tagesstunden einen bestimmten Bereich patrouillierte und nach Einbruch der Dunkelheit eine unterwürfigere Katze übernahm. Mithilfe unserer Ausrüstung konnten wir zum Beispiel einen American Bobtail namens George verfolgen, der vom Morgen bis zum Nachmittag eine ruhige Sackgasse durchstreifte, seine Duftmarke an Bäumen und Zäunen hinterließ und sich unter den Vogelhäuschen herumdrückte. Einige Stunden, nachdem George das Gebiet verlassen hatte, erschien eine magere männliche Siamkatze namens Skog (eine sogenannte Chocolate-Point-Katze, mit einer markanten braunen Nase), um dasselbe Territorium zu patrouillieren, unter Hecken herumzuschleichen und sich in Gärten versteckt zu halten. Dann sahen wir, wie er nervös an Georges Markierungspunkten schnupperte – und seine eigene einzigartige Duftsignatur hinzufügte, bevor er kurz vor Sonnenaufgang verschwand. Indem sie ritualhaft ihren eigenen charakteristischen Duft ausschieden, machten diese Kater ihre Identität und ihr Bewegungsprofil publik, und sie »posteten« auch Hinweise bezüglich ihrer Gesundheit, ihres Alters und ihrer Ernährungsweise.

»Das ist wie Social Media für Katzen«, sagte ich grinsend, als wir uns dieses aufschlussreiche Filmmaterial ansahen.

»Haha … das ist eine interessante Betrachtungsweise«, sagte Sam, ebenfalls grinsend.

Einige der bemerkenswertesten Filmausschnitte aus Katzenperspektive erfassten die Aktivitäten sogenannter »Eindringling«-Katzen, die sich gewohnheitsmäßig auf benachbarte Grundstücke schlichen, um nach Futter und einem Unterschlupf zu suchen. Wir beobachteten gespannt, wie ein bestimmter Kater, ein dicker blauer Britisch Kurzhaar namens Norman, jeden Morgen, den Blick auf das Nachbarhaus gegenüber gerichtet, am Ende seiner Einfahrt saß. Das Ehepaar fuhr jeden Tag um halb sieben zur Arbeit, und kaum waren sie abgefahren, spazierte Norman schon über die Straße, betrat durch eine Katzenklappe die Küche, klaute eine Portion Katzenfutter und tapste durch ihr Haus, als würde es ihm gehören. Etwa eine halbe Stunde, bevor das Paar nach Hause kam, kam er zur Hintertür wieder heraus, schlenderte zurück über die Straße und schloss sich wieder seiner »Stammfamilie« an. Beide Familien waren überrascht, aber auch belustigt, als ich ihnen dieses aufschlussreiche Filmmaterial vorspielte.

»Dieser Frechdachs«, bemerkte Normans Besitzer. »Kein Wunder, dass er so dick ist.« Der Kater setzte seine Routine unvermindert fort, auch wenn ich folgerte, dass einige zusätzliche Katzenfutter-Lieferungen den Besitzer gewechselt haben.

Doch nicht alle Katzen-»Eindringlinge« waren so gutmütig. Wenige Wochen nach Beginn unseres Red-Lion-Projekts wurden wir auf einen leicht ungepflegten, langhaarigen grauweißen Kater aufmerksam, der in eine Vielzahl von Häusern eindrang. Er hatte die verräterische Muskelkraft und den stolzierenden Gang eines unkastrierten Katers und inszenierte sich als echte Bedrohung, während er sich im Dorf als der Boss aufspielte. Er verschaffte sich rücksichtslos durch Katzenklappen oder offene Fenster Zugang zu fremden Häusern und ging dazu über, den dort wohnenden Katzen aufzulauern, ihr Futter zu verschlingen und obendrein noch seinen Urin an die Wände zu spritzen, um sein Revier zu markieren. Er war von so kräftiger Statur, dass Sam und ich ihn Titan tauften.

Einmal schloss eine bedauernswerte Familie diesen Respekt einflößenden Kater nichtsahnend in ihrer Waschküche ein, da sie ihre Katzenklappe versehentlich so verstellt hatten, dass er zwar noch hineinkam, aber nicht mehr heraus. Als die Familie spätabends von einem Tagesausflug nach Hause kam, sah sie sich mit einem demolierten Raum und einer wütenden Katze konfrontiert. Titan hatte das nicht gut aufgenommen und war Amok gelaufen; eine Jalousie hing schief vom Fenster herab, der Inhalt eines Wäschekorbs war zerfetzt, und der Raum stank nach ranzigem Katzenpipi. Sie konnten ihm die Tür gar nicht schnell genug öffnen und atmeten erleichtert auf, als Titan in die Nacht floh.

Eine andere arme Familie, die aufs Sofa gekuschelt *Findet Nemo* schaute, war entsetzt, als ein testosterongetriebener Titan ihr Wohnzimmer stürmte, durch den Raum raste und auf dem Kaminvorleger ihre heißgeliebte reinrassige Perserkatze zu schänden versuchte. Beide Katzen fauchten, Fellbüschel flogen, und der Vater trug bei dem Versuch, Titan wegzuzerren, eine schlimme Kratzwunde davon. Eltern und Kinder trugen ein Trauma davon, genau wie das Objekt seiner Lust. Tatsächlich verschwand diese Katze bald darauf (eine häufige Reaktion auf einen solchen Schock und solche Bedrängnis), kehrte jedoch zum Glück wenige Tage später nach Hause zurück.

Trotz seiner destruktiven und dominanten Tendenzen gewann ich diesen schurkischen Tunichtgut im Laufe der Zeit seltsam lieb. Es machte mir Spaß, seine Patrouillen durchs Dorf zu verfolgen (über die bewegungssensiblen Kameras konnte ich oft seinen Aufenthaltsort genau bestimmen), und ich machte mir oft Gedanken über ihn. Hatte Titan schon immer in freier Wildbahn gelebt? Oder war er ein Streuner, der einmal ein Zuhause gehabt oder der vielleicht sogar noch immer irgendwo einen Besitzer hatte? Da ich Letzteres vermutete, beschloss ich, der Sache nachzugehen.

Zunächst einmal hing ich hoffnungsvoll, dass irgendein Katzenbesitzer ihn erkennen würde, in der Gegend Dutzende von »KENNEN SIE DIESEN KATER«-Plakate auf. Dann, um ein umfassendes Profil unseres Katzeneindringlings zu erstellen, befragte ich alle Nachbarn, die ihn gesehen hatten, und analysierte das Filmmaterial unserer Kameras. Ich fand heraus, dass er fünf verschiedene Haushalte besuchte, wo es überall Katzen gab, mit denen er kämpfen, sich paaren oder – was sehr selten war – Umgang pflegen konnte. Doch es gab nur ein Grundstück, das er tagtäglich besuchte, einen gepflegten Bungalow, der Valerie gehörte, einer freundlichen Frau Ende sechzig. Sie war eine engagierte Katzenfreundin, besaß eine betagte männliche Burma-Katze namens Max und hatte eine Zuneigung zu der kräftigen grauen Mieze entwickelt, die regelmäßig auf einen Imbiss oder ein Nickerchen vorbeischaute.

»Komischerweise hatte ich nie Probleme mit ihm«, sagte sie, als ich ihr Titans Verhalten schilderte. »Er kommt mir hier immer ziemlich ruhig vor, und Max ist zu altersschwach, um ihm Ärger zu bereiten. Ich würde sogar sagen, dass sie wirklich gut miteinander auskommen. Wenn er will, kann er ein ganz schöner Softie sein.«

Valerie hatte sich tatsächlich in den jungen Titan verliebt und wünschte sich sehnlichst, ihn als eigenes Haustier anzunehmen. Ich brachte ihr jedoch schonend bei, dass ich es als meine Pflicht ansah nachzuforschen, wo er herkam. Das würde mir vielleicht ermöglichen, ihn seinem rechtmäßigen Eigentümer zuzuführen (wenn er wirklich einen hatte) und seinem Leben Stabilität zurückzugeben. Zudem musste er lieber heute als morgen kastriert werden; streunende oder wildlebende Katzen waren anfälliger für Krankheiten, und alle Tiere, mit denen er gerauft oder sich gepaart hatte, waren einem ernsten Infektionsrisiko ausgesetzt. Der »Schnitt« würde auch die aggressiven Tendenzen verringern, die eine Handvoll Anwohner verängstigt hatten.

In Anbetracht dessen erlaubte Valerie mir, eines Abends in ihrer Küche eine tiergerechte Katzenfalle (im Prinzip ein großer, luftiger, mit Kunststoff beschichteter Käfig mit etwas Futter als Köder) aufzustellen, damit ich ihn mühelos in Schach halten konnte. Dann wollte ich ihn zum Gesundheitscheck beim Tierarzt bringen und gleich nachprüfen lassen, ob er mit einem Mikrochip versehen war.

Am nächsten Morgen um acht Uhr rief Valerie mich an.

»Ich glaube, Sie müssen vorbeikommen, Colin«, flüsterte sie. »Ich habe einen übellaunigen Kater in meiner Küche.«

Der eingesperrte Titan war über meinen Anblick nicht sonderlich erfreut, fauchte wütend und schwenkte seinen Flaschenbürstenschwanz hin und her, als ich ihm näher kam. Zum Glück gelang es mir, ihn mit einer Handvoll Katzen-Leckerlis und beschwichtigenden Worten zu beruhigen, sodass ich ihn in eine viel bequemere Tragetasche umladen konnte.

Gerade als ich zum Tierarzt losfahren wollte, bekam ich einen Anruf von Sam, die vor Kurzem ins Büro gekommen war. Eine Frau namens Mrs Lewis hatte am Abend zuvor eine Nachricht auf unserem Anrufbeantworter hinterlassen, die besagte, dass sie an einer Anschlagtafel meinen Aushang gesehen habe und dass Titan angeblich ihr gehöre.

»Sie sagt, sein richtiger Name sei Milo«, erklärte Sam, »und dass er schätzungsweise vor sechs Monaten aus Bramley verschwunden sei.«

Das Dorf lag nur eine zehnminütige Autofahrt von Shamley Green entfernt, und ich kannte es gut.

»In Ordnung«, antwortete ich. »Ich setze den dicken Brocken beim Tierarzt ab und fahre gleich zu ihr weiter.«

Mrs Lewis, etwa Mitte dreißig und zweifache Mutter, begrüßte mich an der Haustür und führte mich in ihre Küche. Dort wühlte sie in einer Schublade und kramte ein Foto von einem kräftigen grauen Kater hervor (es war zweifelsohne Titan), bevor sie mir erzählte, wie aufgelöst die Kinder gewesen waren, als er verschwunden war, und dass sie die Hoffnung schon aufgegeben hatten, ihn jemals wiederzusehen. Sie erklärte mir auch, dass sein Verschwinden mit dem Ereignis zusammengefallen war, dass eine ihrer drei Katzen (die Titan geschwängert hatte) einen Wurf aus sechs Kätzchen zur Welt gebracht hatte.

»Ich glaube, er hatte einfach zu viele Frauen und zu viele Kinder.« Sie lächelte. »Es war, als hätte er sich gesagt: *Okay, das wird mir zu viel, ich packe meine Sachen und bin weg…*«

»Das ist sogar ein klassischer Trigger für einen Kater zu verschwinden«, bestätigte ich und erklärte ihr, dass Katzen überaus empfindlich auf Veränderungen ihrer Umgebung reagierten, und dass die ganze Aufregung und Unruhe im Haus Grund für ihn gewesen sein können, in ein neues Revier abzuwandern. Daraufhin erklärte mir Mrs Lewis, dass der Großteil der Kätzchen seitdem ein neues Zuhause bekommen hatte und die älteste »Frau« unlängst verstorben sei.

»Ich will nur sagen, dass es hier in letzter Zeit wieder viel leiser und ruhiger ist«, sagte sie. »Deshalb hätten wir Milo gern wieder zurück.«

Ich gab Mrs Lewis ein paar Ratschläge: Zuallererst war es höchste Zeit, den Kater kastrieren zu lassen (viele seiner Verhaltensprobleme waren auf seinen »intakten« Zustand zurückzuführen), und zweitens sollte sie die Anzahl der Katzen im Haus reduzieren, weil dieser Faktor wahrscheinlich sein Verschwinden getriggert hatte.

Titan, alias Milo, wurde bald mit seiner hocherfreuten Familie wiedervereint, was eine faszinierende Ermittlung zu einem befriedigenden Abschluss brachte und endlich die Fragen beantwortete, die mich seit Wochen beschäftigt hatten. Obwohl er keine wildlebende Katze war, war dieser Kater auch kein typischer Streuner, da er nicht ausgesetzt worden war und eigentlich ein Zuhause hatte. Ich betrachtete ihn lieber als »ausgewilderte« Katze, insofern, als er zuvor glücklich und zufrieden bei Menschen gelebt hatte, jedoch im Anschluss an einen spezifischen Trigger aus seinem eigenen Revier vertrieben worden war. Daraufhin hatte er sich entschlossen, seinen häuslichen Lebensstil gegen ein Nomadenleben einzutauschen, und Shamley Green als seinen neuen »Sitz« ausgewählt, da das dortige Überangebot an Häusern von Katzenbesitzern ihm reichlich Futter, Weibchen und Kampfmöglichkeiten garantierte.

Ich verabschiedete mich von Titan und fuhr zurück zur Bramble Hill Farm. Obwohl ich mich über die Zusammenführung mit seiner Familie freute, fragte ich mich unwillkürlich, wie lange dieser eigensinnige, wanderlustige Kater dortbleiben würde.

Im Großen und Ganzen hatte sich das Red-Lion-Projekt als unglaublich lohnend erwiesen. Daten von unschätzbarem Wert, die unsere Peilsender und Kameras erfasst hatten, hatten uns zu neuen Erkenntnissen über das Verhalten von Katzen befähigt – über ihre Geheimnisse, wenn man so will – und neues Licht auf das Problem der Katzenabwanderung geworfen. Mit diesem neuen Wissen war es uns bei UK Pet Detectives möglich, mehr Fälle abhandengekommener und vermisster Katzen anzunehmen, und unsere Erfolgsquote stieg auf über sechzig Prozent an. Für mich war das immer noch nicht genug (ich konnte unsere gelegentlichen Misserfolge nicht ertragen), und ich wusste, dass ich noch einen Gang höher schalten musste.

5. Ein Pionierprojekt

Die Saat meiner Katzenspürhund-Idee war während meiner Jugendzeit im England der Siebzigerjahre gesät worden. Nachdem ich meine Kindheit in Malaysia und Singapur verbracht hatte (mein Vater war Ingenieuroffizier in der Royal Navy), war meine Familie, als ich zwölf Jahre alt war, nach Großbritannien zurückgekehrt und hatte sich zunächst in der kleinen Stadt Cheltenham in Gloucestershire niedergelassen, bevor sie nach Fareham in Hampshire zog. Meine Leidenschaft für die freie Natur war in den Regenwäldern des Fernen Ostens genährt worden und bestand fort, als wir nach England zogen. Ob ich nun den Cotswold Way erforschte oder die Südküste ablief, die Beobachtung der heimatlichen Natur und Tierwelt bereitete mir große Freude.

Meine Eltern und Großeltern waren ebenfalls große Liebhaber der Naturforschung und unterstützten mein Hobby aktiv. An Weihnachten und zu meinem Geburtstag überreichten sie mir wunderschön illustrierte Nachschlagewerke wie die *Hamlyn Animal Encyclopaedia* und David Attenboroughs *Zoo Quest*-Serie. Ich verschlang sie alle Seite um Seite und saugte Fakten und Zahlen über Stammgebiete und Biotope, Sinnesorgane und Kommunikation, Fortbewegung und Migration in mich auf. Meine Wissbegier war grenzenlos, und ich brachte regelmäßig Getier mit nach Hause, das ich bei meinen Exkursionen gefangen hatte, wie zum Beispiel Molche, Echsen, Ringelnattern und Blindschleichen.

»Du hattest sie jetzt zwei Tage, Sohn, bring sie nun besser zurück«, legte mir mein Vater unweigerlich nahe, wenn sich ein Sortiment aus Amphibien in selbst gebauten Vivarien wand. »Sie gehören in die freie Natur, Sohn, nicht in dein Schlafzimmer.«

Mein älterer Bruder David und ich verbrachten einen Großteil unserer Schulferien oben auf Cleeve Hill Common, einem Schafzuchtgebiet, das hoch über Cheltenham lag. Dort arbeitete ein sehr guter Freund meines Großvaters, Alec, ein selbst ernannter »Bauer« Ende sechzig, der auf das Land der anderen Bauern und ihren Viehbestand aufpasste. Da er wusste, wie naturverbunden wir waren, erlaubte Alec meinem Bruder und mir oft, ihn zu begleiten, und fuhr uns in einem verbeulten flaschengrünen Austin Gipsy, dessen beiges Segeltuchdach er je nach Wetter zugezogen oder geöffnet hatte, nach Cleeve Hill hinauf. Das jeepartige Gefährt roch markant nach Hund, Schafen und Pfeifentabak; Alecs Tabak hatte einen penetranten honigsüßen Kiefernzapfengeruch, und wenn David und ich nach Hause kamen, rochen wir oft danach.

Hinten im Jeep hüpften ein paar schwarz-weiße Collies herum, die geschicktesten und traditionellsten Hütehunde, die Alec beim Einpferchen der Tiere halfen und sie aus gefährlichen Situationen retteten. Manchmal bekam Alec zum Beispiel einen Anruf, dass ein Schaf in einen Steinbruch gefallen war oder mit dem Bein in einem Viehgitter festhing, und dann warf er hastig den Gipsy an.

»Einsatzbereit, Jungs?«, fragte er dann, und Adrenalin durchströmte uns, als wir uns auf den Beifahrersitz quetschten. »Ein dummer alter Schafbock ist in einem Zauntritt stecken geblieben, deshalb müssen wir hin und ihn befreien.«

Ich verehrte Alec wie einen Helden. Sein Wissen über die Region war unübertroffen (er kannte jeden Berg, jedes Tal und jeden Feldweg), und niemand kannte sich so gut mit Collies aus wie er. Er liebte diese Hunde abgöttisch (er sprach so zärtlich mit ihnen, als seien es seine Söhne), und sie zahlten es ihm mit äußerstem Vertrauen und ihrer Treue zurück und reagierten brav auf jeden Ruf und Befehl. Alec forderte seine Hunde aufs Äußerste, liebte sie jedoch auch innig; das war eine Dynamik, die mich wirklich faszinierte.

Im Laufe meiner Kindheit hatte eine Prozession aus Haustieren den Butcher-Haushalt durchlaufen, darunter eine Vielzahl an Hunden, Katzen, Hamstern und Mäusen. (Letztere wurden ohne das Wissen meiner Eltern ins Haus geschmuggelt und in meiner Sockenschublade versteckt, von wo aus sie ärgerlich oft entkamen.) Mum und Dad hatten ein großes Faible für Shih Tzus, und wenn ich abends aus der Schule kam, traf ich oft einen weiteren süßen jungen Hund mit goldenem Fell an, der im Garten hinterm Haus herumtollte und erst am Nachmittag von unserer örtlichen Zweigstelle der RSPCA abgeholt worden war. Meine Eltern nahmen immer Hunde aus dem Tierheim bei sich auf (für sie war das eine Prinzipienfrage) und wären nie zu einem Züchter oder in eine Tierhandlung gegangen.

»Jeder Hund verdient eine zweite Chance«, sagte Mum immer, während sie den neuesten Familienzuwachs hochhob und ihn liebevoll an sich drückte.

Ein solcher kleiner Hund war Gemini, ein silberweißer Shih Tzu, der so intelligent war, dass er all seine Lieblingsspielzeuge beim Namen kannte. Er kam auch glänzend mit unserer Katze aus – Mitzy, eine selbstbewusste und unglaublich anhängliche zwei Jahre alte Katze mit Schildpattmuster –, und die zwei felligen Freunde kuschelten sich oft in Geminis flauschigem Hundebett zusammen. Mitzy war ein bezauberndes kleines Ding, mit salbeigrünen Augen und einem markanten schneeweißen, schwarz-orange gefleckten Fell. Zwischen ihren vielen Nickerchen (wie viele Katzen schlief sie bis zu sechzehn Stunden am

Tag) folgte sie mir im Haus überallhin und miaute flehentlich, damit ich mit ihr spielte. Ich kam ihrer Bitte nur allzu gern nach; sie zog mich eindeutig meinen drei Geschwistern vor, und Mum und Dad waren oft zu sehr damit beschäftigt, unser altes viktorianisches Haus zu renovieren, um mit einer Katzenminze-Maus die Treppe hoch und runter zu rennen.

Doch an einem frostigen Samstag im November löste sich Mitzy in Luft auf. Wir fanden es merkwürdig, dass sie nicht zum Mittagessen auftauchte (sie fraß für ihr Leben gern und hatte zum Beweis einen rundlichen kleinen Bauch), und als es am nächsten Morgen immer noch keine Spur von ihr gab, wuchsen unsere Befürchtungen allmählich. David und ich organisierten einen Familiensuchtrupp, durchkämmten unseren Garten, durchstöberten Hecken, und als das vergebens war, klopften wir bei den Nachbarn an. Wir verbrachten den gesamten Sonntagabend damit, mit Farbstiften Plakate mit der Aufschrift »KATZE VERMISST« zu malen und sie an Laternenmasten und Baumstämmen anzubringen.

»Keine Sorge, Jungs, sie kommt bestimmt von selbst zurück«, beruhigte uns meine Mutter, doch als die Stunden zu Tagen wurden (und die Außentemperaturen sanken), schwand meine Hoffnung. Gemini schien die graue Wolke ebenfalls zu spüren, die über unserem Haus hing; unser Hund kam uns gestresster und unruhiger vor als sonst. Er lief planlos durchs Haus, blieb gelegentlich stehen, um zu kratzen, und sah traurig zu uns auf.

»Armer Gemini«, jammerte ich und umarmte ihn fest. »Er vermisst Mitzy genauso sehr wie wir.«

Am folgenden Donnerstag, fast eine Woche nach dem Verschwinden unserer Katze, saß die ganze Familie im Wohnzimmer und sah sich *Top of the Pops* an, die Lieblingssendung meiner Schwester Lynn. Gemini hockte in der Ecke und kratzte winselnd auf dem Teppich.

»Ich wünschte, er würde damit aufhören«, brummte meine Mum. »Wir haben den Teppich erst vor einem Monat verlegt, und er ist jetzt schon abgewetzt.«

Während eine langhaarige, in Leder gekleidete Frau ihren neuesten Hit schmetterte, wurde ich auf ein Geräusch vom anderen Ende des Raumes aufmerksam.

»Hey, ich bin mir sicher, dass ich gerade ein Miauen gehört habe«, sagte ich und setzte mich kerzengerade auf. »Mach mal leiser, Dad.«

Wir lauschten angestrengt, hörten aber nichts.

»Das war bestimmt Suzi Quatro, die einen hohen Ton singt«, sagte Dad grinsend und drehte den Fernseher wieder laut.

Augenblicke später ertönte ein weiteres lautes, markantes Miauen aus der Ecke des Wohnzimmers, und mir ging ein Licht auf. Unser schlauer Shih Tzu mit seinem überragenden Geruchs- und Hörsinn zeigte an, dass unsere Katze sich dort unten befand, daher auch das ständige Jammern und Kratzen. Der arme Hund hatte wahrscheinlich schon tagelang versucht, uns darauf aufmerksam zu machen, und wir hatten die Zeichen einfach nicht richtig gedeutet.

»MITZY IST UNTER DEN DIELEN!«, kreischte ich und rannte in die Ecke. »Deshalb hat sich Gemini so seltsam aufgeführt.«

Mum sprang vom Sofa auf, stemmte die Hände in die Hüften und funkelte meinen Vater wütend an.

»Das ist *deine* Schuld, du Blödmann«, zischte sie.

»Was meinst du?«, erwiderte mein Dad bestürzt.

»Du hast doch letztes Wochenende den Küchenboden rausgerissen, oder? Die Katze muss sich dort reingeschlichen haben, als du nicht aufgepasst hast.«

Am Wochenende zuvor hatte mein Vater tatsächlich ein paar morsche Wasserrohre ausgewechselt, und Mitzy war offenbar in das Loch geschlüpft, bevor er die Holzdielen wieder festgenagelt hatte.

»Aber ich war fast die ganze Zeit in der Küche«, verteidigte sich Dad ein wenig kleinlaut. »Und mir wäre doch sicher aufgefallen, wenn …«

»Offensichtlich nicht, Geoff«, erwiderte meine Mum ungehalten. »Jetzt hol besser deinen Werkzeugkasten. Das arme kleine Ding muss wieder das Tageslicht sehen.«

Die nächste Stunde verlief chaotisch, während wir hörten, wie die aufgeregte Mitzy in verschiedene Richtungen flitzte, und ihre unterirdischen Bewegungen von Gemini genau verfolgt wurden, dessen Ohren nach Norden zeigten und seine Schnauze nach Süden. Mein Vater, mit einem Zimmermannshammer bewaffnet, riss die Teppiche heraus und stemmte die Dielen hoch, während David und ich mit Taschenlampen durch die Lücken leuchteten und unsere Katze mit »Mitzy, kss-kss-kss … Mitzy, kss-kss-kss« anzulocken versuchten. Während sich all das abspielte, hielt meine Mum mein kleines Brüderchen im Arm und sah entsetzt zu, wie ihr Haus auseinandergerissen wurde.

Doch dann zeigte Gemini mit einem Knurren an, dass Mitzy unter dem unteren Klo in einer Sackgasse gelandet war. Während unser Hund sich aufgeregt um die eigene Achse drehte, hebelte Dad vorsichtig eine Holzdiele hoch, und nach ein paar angespannten Momenten kam eine verdatterte, ramponierte kleine Katze herausgekrochen, vollkommen verdreckt und mit einem deutlich schlankeren Bäuchlein. Der vergnügte Freudenschrei meines Bruders Rian gefolgt von schallendem Gelächter sagte alles. Gemini hatte Mitzy gefunden, und unsere graue Wolke hatte sich gelichtet.

Diese Erfahrung hinterließ bei mir einen bleibenden Eindruck. Dabei zuzuschauen, wie mein schlauer Hund meine geliebte Katze fand, war eines der verblüffendsten Erlebnisse, die ich je gehabt hatte, und hatte, was ich damals nicht ahnte, eine großartige Idee in mein Unterbewusstsein gepflanzt. Es sollte weitere vier Jahrzehnte dauern, bis ich in der Lage war, ihr wahres Potenzial in vollem Umfang zu erforschen.

Als wir uns dem Winter 2014 näherten, fühlte ich, dass die Zeit gekommen war, die zweite Phase meines Katzenspürhund-Plans zu starten. Ein spezialisierter Spürhund würde nicht nur unser Red-Lion-Projekt ergänzen, sondern auch mein Team vervollständigen, unseren Service verbessern und – was am allerwichtigsten war – unsere Chancen erhöhen, diese vermissten Tiere zu finden. Dies wiederum würde ihren Besitzern Freude und Erleichterung bringen und hoffentlich tragische Ausgänge wie bei dem armen Oscar in Hampshire vermeiden, dessen Fall mich immer noch verfolgte. Ich war vollkommen überzeugt, dass es eine realisierbare Idee war; wenn man einem Polizeihund beibringen konnte, eine spezielle Droge oder Waffe zu erkennen, sah ich keinen Grund, warum man einen Spürhund nicht darauf abrichten konnte, den Geruch einer bestimmten Katze zu isolieren. Meiner Meinung nach war das möglich.

Ich machte mir aber keine Illusionen; ich wusste, dass ich das Projekt nicht allein durchführen konnte und dabei fachkundige Hilfe bräuchte. Ein guter Freund hatte mir einmal den Rat gegeben, dass man, damit eine großartige Idee funktionieren kann, »zuerst das nötige Wissen und dann die nötigen Kontakte« braucht, und mit dieser einfachen Gleichung im Sinn stellte ich mich der Aufgabe, unterstützt und assistiert von der stets hilfsbereiten Sam. Obwohl ich in Bezug auf Hunde einen unendlichen Erfahrungsschatz hatte (ich hatte mein Leben lang welche besessen und eine ganze Reihe von ihnen aus dem Tierheim geholt und erzogen), war mir klar, dass mir die Sachkenntnis in der Wissenschaft des Hundeverhaltens und der Geruchserkennung fehlte.

Im gesamten Jahr 2014 studierte ich diese Fachgebiete heißhungrig, las Hunderte von wissenschaftlichen Büchern und Arbeiten (der amerikanische Hundeexperte Roger Caras war einer meiner Lieblingsautoren) und sah mir im Fernsehen und auf YouTube unzählige Dokumentationen an, darunter auch die des berühmten britischen Naturforschers Desmond Morris.

Ich lernte zum Beispiel alles über die Entwicklung des Geruchssystems der Hunde, las mit Interesse, dass afrikanische Wildhunde sich ein krankes oder wehrloses Kudo oder Impala herausgreifen und es meilenweit jagen. Wenn das Tier es zurück in die Sicherheit der Herde schafft, folgen die Hunde ihm, indem sie sich auf seine spezifische Duftsignatur konzentrieren, wodurch sie sicherstellen, dass sie keine wertvolle Energie verschwenden, indem das falsche Tier jagen.

Ich erfuhr auch, dass die Reihe von Duftdrüsen, die am Kopf, den Pfoten und dem Schwanz einer Katze sitzen, einzigartige Pheromone verströmen. Diese Forschungsarbeit verlieh meiner großen Idee mehr Gewicht und machte mich motivierter denn je, sie voranzubringen. Sam und ich diskutierten stundenlang über unsere neuen Erkenntnisse, was uns viele Denkanstöße gab.

»Stell dir nur vor, Colin, wenn alles nach Plan verläuft, könntest du den ersten Katzenspürhund in ganz Großbritannien haben«, sagte sie einmal zu mir. »Wie genial wäre das denn?«

Zunächst einmal machte ich mir auch mein Adressbuch und meine Kundenliste zunutze, um herauszufinden, ob es in der Gegend irgendjemanden gab, der mir dabei helfen konnte, einen spezialisierten Hund zu finden und zu trainieren (oder mich auf jemanden hinzuweisen, der es könnte), und um Meinungen bezüglich meiner Idee einzuholen. Womit ich jedoch nicht gerechnet hatte, war, gegen eine Mauer aus Gleichgültigkeit, Negativität und regelrechter Feindseligkeit zu rennen.

Einer meiner Kontakte brachte mich netterweise mit einer

Jagdhund-Züchterin aus Petersfield in Kontakt. Doch als ich sie besuchte, um meine Idee mit ihr durchzusprechen (recht vage, da ich nicht wollte, dass mir jemand zuvorkam), fertigte sie mich so kurz ab, wie ich es noch nie erlebt hatte.

»Ich glaube nicht, dass das *jemals* funktionieren könnte«, höhnte sie. »Und wenn es eine so gute Idee wäre, glauben Sie nicht, dass ein etablierter Hundetrainer es schon lange gemacht hätte?«

Okay, vielleicht ist es noch nie gemacht worden, dachte ich, als ich wütend zurück zu meinem Wagen lief, *aber das heißt nicht, dass es nicht geht.*

Und nicht nur das. Hundetrainer reagierten nicht auf meine Anrufe und E-Mails, und ein Funktionär des Kennel Club unterstellte mir rüde, dass ich nicht die Kompetenz besäße, ein Projekt solcher Größenordnung durchzuführen. Ein anderer Experte hatte große Freude daran, mir zu sagen, dass Spürhunde besser dazu ausgestattet seien, nach Menschen zu suchen als nach Katzen, da Menschen schwerfälliger und daher leichter zu verfolgen seien.

»Katzen sind Jäger, Mr Butcher, deshalb schleichen sie auf leisen Pfoten durch die Gegend und hinterlassen keine Abdrücke«, sagte er und schüttelte herablassend den Kopf. »Und da sie ein Fell haben, verlieren sie nicht so viele Hautschuppen wie wir. Aus diesen Gründen sind Katzen sehr schwer aufzuspüren.«

»Bei allem Respekt, das sehe ich anders«, antwortete ich und biss mir auf die Zunge.

Derselbe Typ zweifelte auch an, dass ein Spürhund in der Lage wäre, in einer Gruppe aus Hunderten Tieren eine bestimmte Katze zu lokalisieren, da er der Meinung war, dass sie alle »gleich rochen«. Doch meine umfangreiche Lektüre und Recherche – nebst den Ergebnissen meines Red-Lion-Projekts in Shamley Green – hatten mich schon anderweitig überzeugt.

Später in jenem Sommer unterhielt ich mich auf einer Landwirtschaftsschau in Sussex mit einem Organisator von Hundewettbewerben, einem bekanntermaßen aufgeblasenen alten Burschen, der auch Schussfestigkeitsprüfungen für Jagdhunde organisierte. Nachdem ich ihm meine Idee erläutert hatte, sah er mich ungläubig an.

»Wovon zum Teufel sprechen Sie?«, fuhr er mich an. »Hunde *jagen* Katzen, sie spüren sie verdammt nochmal nicht *auf*. Ich glaube, dass Sie Ihre Zeit verschwenden und meine noch dazu. Und jetzt, wenn Sie nichts dagegen haben, muss ich einen Pokal überreichen…« Damit stapfte er davon und grummelte etwas, das verdächtig nach »verfluchte Zeitverschwender« klang.

Ich kontaktierte sogar das Hunde-Ausbildungszentrum der Polizei in Surrey in Guildford, weil ich hoffte, dass man dort vielleicht an einem PR-freundlichen Gemeinschaftsprojekt interessiert wäre. Ich würde für die Spezialausbildung des Spürhundes aufkommen (ich hatte schon ein kleines Budget für mein Katzenspürhund-Projekt abgezweigt), und die Polizei könnte den Ruhm für das Ergebnis einheimsen. Doch der Sergeant am Telefon lachte mich aus.

»Ich kann nicht behaupten, dass verschwundene Katzen für uns Priorität haben«, sagte er und verbarg nur mit Mühe seine Belustigung. »Deshalb glaube ich wirklich nicht, dass wir an dem Projekt interessiert wären.«

Diese süffisante Antwort hätte mich nicht überraschen sollen; Polizeibeamte können ziemlich zynisch sein, und der Sergeant war wahrscheinlich zu sehr in seinen Gewohnheiten festgefahren, um zu erkennen, inwiefern das Projekt seiner Hundeabteilung hätte Nutzen bringen können. Seiner Meinung nach war ich ein verblendeter Tierdetektiv, der für irgendeine hirnverbrannte Idee warb, die dem beruflichen Ansehen seiner Abteilung Schaden zufügen könnte. Vielleicht hatte der Fluch des Ace Ventura wieder zugeschlagen.

Als ich zurück nach Cranleigh fuhr, war ich etwas entmutigt, aber nicht geschlagen.

Zu Hause wartete an jenem Abend Sarah auf mich, die sich auf eine unweigerliche Schimpftirade gefasst machte. Wir hatten uns im September 2012 kennengelernt, als sie als Gebietsleiterin für einen Haushaltswaren-Händler gearbeitet hatte. Eines Tages hatte ich kurz in der Guildforder Filiale hereingeschaut, um mir einen neuen Wok zu kaufen, und war nicht umhingekommen, die gepflegte und attraktive Blondine zu bemerken, die mit einem Klemmbrett in der Hand in der Nähe der Kasse stand. Sarah und ich waren ins Plaudern gekommen, ich hatte sie frech auf einen Drink eingeladen, und schon nach wenigen Monaten war sie zu mir ins nahegelegene Dorf Cranleigh gezogen.

Für mich ganz untypisch, waren zu dem Zeitpunkt in meinem Haus keine Tiere herumgestromert. Ich trauerte immer noch um meine drei geliebten ehemaligen Tierheimhunde (einen Schäferhund namens Tess und meine zwei Rottweiler Max und Jay), die ich innerhalb von achtzehn Monaten verloren hatte, und hatte beschlossen, als Hundebesitzer eine längere Pause einzulegen. Nach drei herzzerreißenden Besuchen beim Tierarzt kurz hintereinander war ich emotional angeschlagen.

Als Teil meines Aufgabengebiets bei UK Pet Detectives nahm ich jedoch zeitweise Tiere in Pflege. Das waren ausnahmslos wiederaufgefundene, gestohlene Hunde, deren Besitzer unauffindbar waren, oder herrenlose Katzen, die auf ein neues Zuhause warteten. Während eines solchen Zwischenaufenthalts (als ich Bracken, dem English Springer Spaniel, vorübergehend Zuflucht geboten hatte) stellte ich fest, dass Sarah nicht die weltgrößte Hundefreundin war und Katzen viel lieber mochte. Meine Freundin, eine ordnungsliebende, penible Hausfrau und stets wie aus dem Ei gepellt, konnte Hunde nicht besonders gut leiden.

»Igitt, Colin, überall ist Dreck verteilt…«, hatte sie gejammert, als Bracken und ich von einem Spaziergang im nassen Wald zurückkamen und im Hausflur eine Spur aus schlammigen Pfoten- und Fußabdrücken hinterließen.

»Und in der Küche liegen überall Hundehaare!«, hatte sie ausgerufen. »Das ist *ekelhaft*…«

Auch wenn Sarah von Anfang an über meine Katzenspürhund-Pläne Bescheid gewusst hatte, glaube ich, dass sie innerlich daran gezweifelt hatte, dass sie je verwirklicht würden, und deshalb insgeheim sehr erleichtert gewesen war. Doch an jenem Abend – während ich nach der Brüskierung durch die Polizei von Surrey meine Wunden leckte – verbarg sie ihre Gefühle gut.

»Egal, wohin ich mich wende, es gibt nur Rückschläge, Sarah«, jammerte ich, sackte auf dem Ledersofa zusammen und schenkte mir ein großes Glas Chablis ein. »Ich gebe mir alle Mühe, die Sache voranzutreiben, und stoße nur auf Skepsis und Engstirnigkeit. Es ist verdammt entmutigend. Alle wollen mir weismachen, dass die Idee verrückt ist und ich meine Zeit verschwende, aber ich weiß, dass es machbar ist.«

»Du willst doch nicht das Handtuch werfen, Colin?«, fragte sie, obwohl sie ganz genau wusste, dass ich nicht der Typ war, der schnell aufgab.

»Auf keinen Fall. Im Gegenteil, es macht mich nur noch entschlossener«, antwortete ich. »Ich muss nur jemanden finden, der an mich und an meine Idee glaubt. Es muss dort draußen jemanden geben.«

Und diesen Menschen gab es auch, vor allem in Gestalt einer Hundefreundin namens Anna.

Obwohl mein »Haustier-Projekt« viel von meiner Freizeit auffraß, musste ich trotzdem noch mein Detektivbüro leiten, wo ich weiterhin mit Tieren zusammenhängende Fälle und Straftaten bearbeitete. Eines Nachmittags erhielt ich einen Anruf von einer Frau, die mich fragte, ob ich den verdächtigen Tod ihres Welsh Terriers Molly untersuchen könnte. Anna, eine geschätzte Hundetrainerin und -expertin mit einer wöchentlichen Radioshow, war aus der Londoner Innenstadt ins ländliche Shropshire gezogen, um Molly, der sie treu ergeben war, eine bessere Lebensqualität zu ermöglichen. Bei der Hündin war wenige Monate zuvor Krebs diagnostiziert worden, und Anna hatte das Gefühl, dass die frischere Luft und die ruhigere Umgebung der Gesundheit ihres Vierbeiners förderlich sein und vielleicht sogar sein Leben verlängern könnte.

Wenige Wochen, nachdem sie ihr kleines Cottage bezogen hatte, war Anna gebeten worden, an einer wichtigen Konferenz in Brüssel teilzunehmen. Wegen Mollys schlechter Gesundheit widerstrebte es ihr, sie in einer Hundepension unterzubringen, und bat stattdessen eine ortsansässige Hundeausführerin, an dem Wochenende auf sie aufzupassen. Jill, die betreffende Frau, arbeitete auch als Teilzeitgärtnerin, und sie und Anna hatten sich seit ihrer Ankunft im Dorf angefreundet.

»Du kannst ruhig bei Molly im Cottage übernachten«, hatte meine Auftraggeberin vorgeschlagen. »Sie weiß die schönen Seiten des Lebens zu schätzen und würde sich sehr über deine Gesellschaft freuen.«

Anna machte sich die ganze Konferenz hindurch Sorgen (sie wich ihrer Hündin nur sehr selten von der Seite) und konnte es nicht abwarten, an jenem Sonntag wieder nach Hause zu fliegen. Doch bei ihrer Rückkehr war Jill nirgends zu sehen. Und nicht nur das, als Molly angelaufen kam, um ihr Frauchen zu begrüßen, schien sie nicht sie selbst zu sein. Sie bewegte sich unglaublich schwerfällig und lethargisch, als würde sie durch Sirup waten, und ihr Schwanz hing schlaff herunter. Anna, die zutiefst betroffen war, konnte Jill telefonisch nicht erreichen, spürte sie aber letztendlich im Gartenzentrum auf.

»Tut mir leid, Anna, ich habe vergessen, es dir zu sagen ... Molly ist vom Sofa gefallen und hat sich den Rücken angeschlagen«, sagte die Hundeausführerin recht nonchalant und behauptete dann, dass sie aufgrund eines Notfalls in ihrer Familie an jenem Nachmittag nicht im Cottage hatte sein können.

In den nächsten achtundvierzig Stunden verschlechterte sich Mollys Zustand zusehends. Anna brachte sie zum Tierarzt, der einen harten Schlag auf ihren unteren Rücken diagnostizierte, was zu einer Dislokation des Schwanzes und der Hüfte geführt hatte. Die kleine Hündin bekam Schmerzmittel verabreicht, doch ihre Gesundheit verschlechterte sich rasch, sodass sie zwei Wochen später leider starb. Der Tierarzt konnte nicht sicher sagen, ob sie ihrer Krebserkrankung oder ihren Verletzungen erlegen war (oder aufgrund einer Kombination von beidem), doch Anna war so oder so am Boden zerstört.

»Colin, ich weiß, dass es Molly nicht zurückbringt, aber ich möchte, dass Sie die Wahrheit herausfinden«, sagte sie, und ihre Stimme brach. »Ich muss wissen, was wirklich mit ihr passiert ist, während ich weg war.«

Es sollte sich als lange, komplizierte Ermittlung erweisen, die die Analyse von SMS, Videoüberwachung und eine forensische Untersuchung des Cottage umfasste. Schon bald wurde offenkundig, dass Jill Molly betreffend mehrfach gelogen hatte. Die Geschichte vom Sofasturz war höchst unglaubwürdig (das Möbelstück war viel zu niedrig, um sich dabei ernsthaft verletzen zu können), und unter Berücksichtigung der Aussagen des Tierarztes lautete die logischste Erklärung für Mollys Verletzung, dass sie die Treppe hinuntergeworfen oder getreten worden war. Der Hauptverdächtige war ein Freund von Jill, ein Mann aus dem Ort, der sich Zugang zu Annas Cottage verschafft hatte, während sie weg war. Leider gelang es mir nicht, sein genaues Motiv festzustellen, doch Anhaltspunkte wiesen auf Verhaltensauffälligkeiten hin, und bestimmtes forensisches Material legte nahe, dass er die grausame Tat begangen hatte.

Auch wenn es nicht genügend Beweise für eine zivil- oder strafrechtliche Verfolgung gab, war meine Auftraggeberin zufrieden, Antworten auf ihre Fragen erhalten zu haben und so zu einer Art Abschluss gekommen zu sein.

»Ich muss nur versuchen, die schlimmen Gedanken auszublenden, Colin, und mich an den guten Zeiten festhalten«, sagte Anna traurig. »Ich werde Molly nie vergessen – sie war meine beste Freundin –, doch jetzt habe ich das Gefühl, sie endlich in Frieden ruhen lassen zu können.«

Im Anschluss daran freundeten Anna und ich uns fest an. Ich war gern mit ihr zusammen (ich liebte ihren unerschöpflichen Vorrat an Hundeanekdoten), und als sie zurück nach London zog, trafen wir uns regelmäßig auf einen Kaffee. Während eines solchen Treffens in einem Café in Notting Hill brachte ich dann auch das Katzenspürhund-Thema zur Sprache.

»Hör zu, Anna, ich habe da eine Idee«, sagte ich. »Alle anderen scheinen zu glauben, dass es eine Art Hirngespinst ist und ich total verrückt bin, aber ich würde wirklich gern deine Meinung hören.«

Meine Freundin fand die Idee nicht nur fantastisch, sondern war auch zuversichtlich, dass sie eine Organisation kannte, die mir helfen könnte. Sie hatte einmal eine PR-Strategie für eine in Milton Keynes ansässige Wohltätigkeitsorganisation namens Medical Detection Dogs (MDD) ausgearbeitet, deren Mitarbeiter mit spezialisierten Spürhunden Pionierarbeit leisteten und etliche Notfall-Assistenzhunde ausgebildet hatten. Diese unglaublichen Tiere setzen ihre hochempfindlichen Nasen ein, um winzige Veränderungen im persönlichen Geruch eines Menschen wahrzunehmen, was sie dazu befähigt, bestimmte Warnsignale zu erkennen. Wenn einer dieser Hunde zum Beispiel einem Diabetes-Kranken vom Typ 1 zugeteilt wurde, wurde er darauf trainiert, alarmierend hohe oder niedrige Blutzuckerwerte zu wittern und den Patienten auf diesen medizinischen Notfall aufmerksam zu machen, indem er an ihm hochsprang, ihn leckte oder beides. Ähnlich ausgebildete Hunde halfen Menschen mit der Addison-Krankheit, einer Hormonstörung, oder mit schweren Lebensmittelallergien.

»Diese Hunde sind fabelhaft, Colin«, bemerkte Anna. »Und sie verändern nicht nur Leben, sie retten sie.«

Nach Auskunft meiner Freundin führte MDD außerdem Versuche mit medizinischen Spürhunden durch. Erstaunlicherweise wurden diese Tiere darauf geschult, bestimmte Krebssorten anhand von Atem- und Urinproben und Hautabstrichen allein am Geruch zu erkennen, in der Hoffnung, dass sie eines Tages bei klinischen Vorsorgeuntersuchungen helfen könnten. Für diese innovative Forschung hatte die Wohltätigkeitsorganisation Gebrauchshunde verschiedener Rassen rekrutiert, die exzellente Nasen und einen natürlichen Jagdinstinkt hatten (wie zum Beispiel Labradore und Cockerspaniels), und für deren Ausbildung zwischen sechs und acht Monate vorgesehen waren. Alle Tiere waren privat bei Mitarbeitern oder freiwilligen Pflegefamilien untergebracht (niemals in Zwingern) und wurden verhätschelt und umsorgt wie Familienmitglieder.

»MDD könnte genau das sein, was du suchst«, sagte Anna. »Ich kann dir natürlich nichts versprechen, aber ein Treffen kann ich arrangieren.«

Am Mittwoch, dem 25. September 2015, traf ich mich mit Dr. Claire Guest und Rob Harris, den treibenden Kräften hinter Medical Detection Dogs. Claire, eine angesehene Wissenschaftlerin auf dem Gebiet Geruchserkennung und Tierverhalten, war die Geschäftsführerin der Wohltätigkeitsorganisation. Rob, der Spezialist, der damals das Projekt mit den medizinischen Spürhunden leitete, war ein ebenso angesehener Experte auf dem Feld Hundegeruchssinn. Damals hatte er schon eine Menge Hunde dafür ausgebildet, alles Mögliche aufzuspüren, von SIM-Karten, die ins Gefängnis geschmuggelt wurden, über Holzfäule in historischen Gebäuden und Wanzenbefall in Hotels bis hin zu illegal gehandeltem Elfenbein.

»Es geht darum, das natürliche Verhalten eines Hundes zu einer spezifischen Fertigkeit zu vervollkommnen«, sagte Rob, als ich ihn über sein beeindruckendes Karriere-Portfolio ausfragte. »Aber das Großartige ist«, fügte er hinzu, »dass die Mehrzahl dieser Hunde ihre Arbeit nicht als lästige Pflicht ansieht. Sie sehen es als ein fantastisches Versteckspiel, das sie wahnsinnig gern spielen und wofür sie auch noch belohnt werden.«

Die beiden hörten mir aufmerksam zu, als ich ihnen, mit Anna zur moralischen Unterstützung an meiner Seite, meine Idee präsentierte. Als ich fertig war und das PowerPoint-Präsentationsprogramm beendete, sahen sie einander an und nickten.

»Ich denke, das ist auf jeden Fall etwas, wobei wir Ihnen helfen könnten«, sagte Claire. »Es ist ein großartiger Plan, Colin, und kann, wenn er ordnungsgemäß durchgeführt wird, möglicherweise bahnbrechend werden.«

Es brauchte jedes Fünkchen Zurückhaltung, nicht die Faust in die Luft zu recken und »*Jawoll!*« zu rufen, wie ich es immer tat, wenn der FC Chelsea im Stamford-Bridge-Stadion ein Tor schoss. Ich konnte nicht glauben, was ich hörte. Es war ein Heureka-Moment für mich. Am liebsten wäre ich aufgesprungen und durchs Zimmer getanzt, und es kostete mich größte Anstrengung, sitzen zu bleiben.

»Das ist eine richtig tolle Herausforderung«, fuhr Claire fort.

»Und da ich selbst sehr tierlieb bin, bewundere ich die Beweg-
gründe, die dahinterstehen. Ein Hund, der Katzen aufspürt...
was sollte einem daran nicht gefallen?«

Sie erklärte mir auch, dass sie, wenn alles nach Plan verliefe,
erwägen würden, beim Labortraining des Hundes einen ihrer
Kontakte mit einzubeziehen: Astrid, eine Expertin aus Chile,
die auf den Abgleich von Gerüchen spezialisiert war. Sie sagten
mir, dass diese Frau gerade einen Spezialauftrag für die deutsche
Polizei abgeschlossen hatte, der mit der Ausbildung von Spürhunden einherging, die Tatorte konkreten Straftätern zuord-
nen sollten. Wenn zum Beispiel ein Einbrecher eine Bank aus-
raubt und dabei einen Handschuh verliert, wird das Beweisstück
von einem Beamten sichergestellt, in einer kontrollierten Umgebung aufbewahrt und dem Hund präsentiert. Das Tier ist dann
bei der Gegenüberstellung zugegen und setzt sich, wenn es eine
Geruchsübereinstimmung feststellt, vor dem betreffenden Tatverdächtigen hin. Auch wenn diese Methode keinen eindeutigen
Schuldbeweis liefern kann, ist sie doch zu einem wesentlichen
Bestandteil der Beweisführung geworden.

»Astrid ist erstaunlich gut auf ihrem Fachgebiet; ich würde sogar sagen, sie ist eine der Besten auf der ganzen Welt«, sagte Rob
lächelnd. »Sie würde bestimmt sehr gern mit uns zusammenarbeiten.«

Das klang wie Musik in meinen Ohren. Wie in Astrids Trai-
ningstechnik würde auch von meinem spezialisierten Spürhund erwartet werden, dass er einmalige Gerüche differenzieren
konnte. Jede Suche würde das Wiedererkennen des einmaligen
individuellen Geruchs einer Katze erfordern, anders als zum Beispiel bei Drogenspürhunden, die in der Regel tagtäglich denselben Betäubungsmitteln ausgesetzt wurden. In Anbetracht dessen
hatte ich das Gefühl, dass sich Astrids Expertenwissen als unverzichtbar erweisen würde.

Als wir unser Meeting zum Abschluss brachten, hätte ich mich am liebsten gekniffen. Dank Annas Vermittlung hatte ich endlich großartige Menschen getroffen, die mit anpackten und wirklich an meine Idee glaubten. Ich hatte mich auf Anhieb mit einer Gruppe zukunftsweisender Experten verständigt, die bereit waren, mir dabei zu helfen, Grenzen zu sprengen und Hürden zu überwinden, um etwas Neues und Innovatives zu schaffen.

»Dann sind wir uns also einig?«, fragte ich vorsichtig.

»Ja, ich denke schon«, antwortete Claire. »Gehen wir's an.«

Jetzt, wo ich mich mit MDD zusammengetan hatte – und sich damit der besagte »Nötiges Wissen, nötige Kontakte«-Kreis geschlossen hatte –, war es an der Zeit, eine wichtige Entscheidung zu treffen. Wir mussten die ideale Hunderasse für unser Projekt festlegen. Im Laufe der Jahre war ich mit Gebrauchshunden aller Art in Berührung gekommen, und das nicht nur als Polizist oder Tierdetektiv, sondern auch bei Besuchen diverser Hundeleistungswettbewerbe, Treibjagden und Landwirtschaftsschauen im Südosten Englands. Ich hatte stets Besitzern und Züchtern Löcher in den Bauch gefragt, um mir nach und nach ein Bild von meinem ultimativen Gebrauchshund machen zu können, ob ich nun auf einer Jagd in Hampshire mit dem Besitzer eines Labradors plauderte oder auf dem Flughafen Heathrow den Führer eines English Springer Spaniels ausquetschte.

Meine Recherche basierte auf zwei Säulen. Erstens: Welcher Hund wäre aus meiner Sicht der leistungsfähigste und effizienteste? Und zweitens – und ganz entscheidend: Welcher Hund wäre in den Augen einer verlorengegangenen (und eventuell traumatisierten) Katze der beste?

Als künftiger Führer dieses Hundes und in meiner Funktion als Tierdetektiv war es für mich unerlässlich, einen Hund zu finden, der einen natürlichen Suchinstinkt besaß. Claire hatte einen

Vizla vorgeschlagen, einen ungarischen Vorstehhund mit unglaublichen Fähigkeiten im Luftwittern, den ich jedoch für zu groß hielt. Unser Hund musste so klein sein, dass er sich in enge Räume quetschen konnte. Außerdem benötigte er genügend Energie und Ausdauer, um sich auf langwierige, zeitaufwendige Einsätze einzulassen, die oft mit Reisen verbunden waren.

Ein weiterer entscheidender Faktor war Gelehrsamkeit. Wenn diesem Hund bei MDD hochtechnische Fähigkeiten beigebracht werden sollten, war es unerlässlich, dass er sehr aufgeweckt, intelligent und geistig rege war. In puncto Persönlichkeit musste unsere ideale Rasse außerdem ein umgängliches und fügsames Temperament haben, um problemlos mit verschiedenen Menschentypen in vielen unterschiedlichen Situationen und Szenarien zu interagieren.

In puncto Katzenperspektive (und ohne darauf hinzuweisen, was sogar ein Blinder sieht) war das Letzte, was wir gebrauchen konnten, ein allzu lauter Hund oder ein Tier, das die Katzen verängstigen und dazu veranlassen würde, Reißaus zu nehmen oder sich zu verkriechen. Aus diesem Grund war es unerlässlich, dass wir einen eher leisen Hund fanden, der noch keine schlechten Erfahrungen mit Katzen hatte. Meiner Erfahrung nach ahmten alle Welpen, die erlebten, wie erwachsene Hunde Katzen anknurrten und anbellten, dieses Verhalten ausnahmslos nach und erlernten es, sodass es praktisch unmöglich war, ihnen diese Reaktion wieder abzutrainieren.

Um das alles zusammenzufassen: Ich musste berücksichtigen, wie der Hund aussah (möglichst klein, um nicht zu dominant oder einschüchternd zu wirken); wie viel Lärm er machte (eher leise, ohne jede Neigung, bei Aufregung Tiere oder Menschen anzubellen); und wie seine Persönlichkeit war (ausgeglichen, ohne aggressive Tendenzen).

»Tja, damit sind Deutsche Schäferhunde, Rottweiler und Bluthunde aus dem Rennen.« Sam lächelte, als ich eines Morgens im Büro die verschiedenen Optionen abwägte.

Schließlich gelang es mir, die Suche auf drei Rassen einzugrenzen: der Labrador, der Gebrauchs-English-Springer-Spaniel und der Gebrauchscocker. Doch für welchen würde ich mich letztlich entscheiden? Während Sam auf ihrer Schreibtischplatte mit den Zeigefingern einen kleinen Trommelwirbel machte, fällte ich meine Entscheidung.

»Es wird der …«, sagte ich und legte wie ein Show-Moderator vor einer großen Enthüllung eine dramatische Pause ein, »der Gebrauchscocker.«

»Hervorragende Entscheidung«, antwortete meine Kollegin, die, genau wie ich, ein Riesenfan dieser aufgeweckten und anhänglichen Tiere war.

Gebrauchscocker waren die naheliegende Wahl, und je öfter ich sie im Einsatz gesehen hatte, umso überzeugter war ich davon, dass sie für die Rolle perfekt waren. Sie waren kompakte und agile Tiere mit Charakterstärke und Ausdauer, verkörpert von meiner Polizeispürhund-Favoritin Rainbow. Auch bei Federwildjagden hatte ich ihre fantastischen Fähigkeiten erlebt, wenn diese Jagdhunde geschickt Fasane und Rebhühner aufspürten und apportierten. Persönliche Voreingenommenheit spielte auch mit hinein, da sowohl meine Schwester Lynn als auch mein Bruder Rian Cockerspaniels als Haustiere gehabt hatten (allerdings die vom »Ausstellungstyp«) und ich diese Rasse unglaublich liebgewonnen hatte. Abgesehen von ihrem guten Aussehen waren sie ungeheuer schlau, sehr taktil und hervorragende Problemlöser.

»Und was für ein Geschlecht, Colin?«, fragte Sam.

»Eindeutig weiblich«, antwortete ich.

Im Rahmen meiner Recherchen hatte ich Dutzende Hundeführer gefragt, warum sie sich für einen Rüden oder eine Hündin entschieden hatten, und im Allgemeinen schien es, dass Cocker-spaniel-Weibchen länger lebten und nach der Ausbildung weniger Probleme machten als ihre männlichen Pendants. Diese beiden Faktoren hatten bei meiner Entscheidung den Ausschlag gegeben.

»Und ein kupierter oder unkupierter Schwanz?«, fragte meine Assistentin.

Dieses Verfahren, bei dem Teile des Schwanzes eines Hundes entfernt wurden (manchmal aus rein kosmetischen Gründen), war seit dem 2006 erlassenen Tierschutzgesetz verboten. Einige Ausnahmen blieben jedoch noch bestehen, normalerweise Nutzhunde betreffend, deren wedelnde Schwänze sich im Gestrüpp verhaken und zerfetzt werden konnten und dadurch anfälliger für Verletzungen und Infektionen waren. Doch meine Meinung dazu war unumstößlich.

»Unkupiert, Sam«, sagte ich, da ich überzeugt war, dass ich diese Hündin nie zum Aufstöbern von Jagdwild benutzen oder wissentlich in Gebieten einsetzen würde, wo sie sich verletzen konnte.

Und so hatte ich fast alles auf meiner Spürhund-»Wunschliste« abgehakt: Gebrauchscocker, weiblich, unkupierter Schwanz – doch eine wichtige Bedingung blieb noch, eine Grundvoraussetzung, über die ich eine entschiedene Meinung hatte. Es war ein Thema, das ich bei unserem ersten richtigen Planungstreffen bei MDD anschnitt, das im November 2015 stattfand. Claire, Rob und ich hatten über die Eigenschaften von Gebrauchscockern diskutiert (Gott sei Dank waren sie mit meiner Wahl voll und ganz einverstanden) sowie über die Trainingsmethoden, die wir einsetzen würden, sobald der richtige Hund gefunden war. Wir wollten gerade eine Kaffeepause einlegen, als ich beschloss, die Bombe platzen zu lassen.

»Ich weiß, es ist viel verlangt, Leute«, sagte ich vorsichtig,

»aber wenn es um die Anschaffung unseres Katzenspürhunds geht, würde ich ihn wirklich gern aus dem Tierheim holen.«

Meine Kollegen brauchten einen Moment, um das zu verdauen.

»Aus dem Tierheim?«, fragte Rob und zog eine Augenbraue hoch. »Hältst du das wirklich für eine gute Idee?«

»Absolut«, antwortete ich. »Für mich ist das vor allem eine Prinzipienfrage, etwas, das ich einfach tun muss. Lasst mich euch den Grund dafür erklären …«

6. Eine bemerkenswerte Rettung

Meine Hingabe an Tiere in Not hat ihre Wurzeln im Fernen Osten. Auf den innerstädtischen Straßen von Malaysia und Singapur, wo ich meine frühe Kindheit verbrachte, wimmelte es von herrenlosen Tieren, von denen der Großteil sein Leben damit verbrachte, nach Essbarem zu suchen, miteinander zu raufen oder in der brütenden Hitze nach Schatten zu suchen. Mein Bruder David und ich waren bezaubert von diesen abgemagerten, verwahrlosten Straßenhunden und schmuggelten aus unserer Speisekammer oft Essbares für sie hinaus, indem wir uns an meiner Mutter vorbeischlichen und heimlich Fisch- und Hähnchenreste entwendeten. Dann rannten wir nach draußen, um die Leckereien an die Hunde zu verfüttern, und quietschten vor Entzücken, wenn sie heißhungrig jeden einzelnen Bissen verschlangen.

Von Zeit zu Zeit jedoch, wenn die Straßen von Streunern völlig übervölkert waren, tauchte der gefürchtete Hundetransporter auf. Dutzende Vierbeiner wurden unbarmherzig von der Straße aufgegriffen, in das Fahrzeug geworfen und verschwanden auf Nimmerwiedersehen. Das mit ansehen zu müssen, brach uns das Herz – vor allem, wenn einer unserer Lieblingshunde betroffen war. Deshalb nahmen David und ich die Sache oft selbst in die Hand. Immer wenn wir erfuhren, dass die »Hundemörder« in der Stadt waren, stopften wir uns die Taschen mit gestohlenen Häppchen voll und lockten unsere felligen Freunde von der Gefahr weg.

»Kommt mit, ihr trägen Kläffer!«, schrien wir dann, flitzten in unseren Shorts und Flip-Flops durch die engen Gassen und verstreuten Reisbällchen und Speckschwarten wie Hänsel und Gretel. Damals wünschte ich, ich hätte alle Straßenstreuner retten können (mein Beschützerinstinkt war stark ausgeprägt), doch meine Eltern erlaubten David und mir, nur einen der Hunde zu behalten, eine bezaubernde reisfarbene Mischlingshündin mit wolfsähnlichen Ohren. Wir nannten sie Honey, und sie wurde zu unserem heißgeliebten Familienhund.

In den späten 1960er-Jahren hatten die Singapurer und Malaysier die Vorstellung noch nicht verinnerlicht, dass man Tiere retten oder ihnen ein neues Zuhause geben konnte. Wenn ein Hund seine Aufgabe nicht mehr erfüllen konnte, ob als Wach- oder als Hütehund, wurde er als überflüssig angesehen und oft auf der Straße ausgesetzt. Während der Regenzeit hatten mein Vater und ich einmal den vergeblichen Versuch gemacht, Hundewelpen in einem Sack aus einem drei Meter tiefen Gully vor dem Ertrinken zu retten, und ich erinnere mich lebhaft, wie wir hilflos zusahen, als die armen Tiere im Flutwasser fortgespült wurden.

»Wir konnten nichts dagegen tun, Colin«, sagte mein Vater damals, während mir heiße Tränen der Wut über die Wangen liefen. Da auch er Hunde über alles liebte, muss dieser erbarmungswürdige Anblick auch ihn sehr verstört haben.

»Es ist einfach nicht *fair*, Daddy!«, hatte ich geweint, während er mich, den Arm väterlich um meine Schultern gelegt, weglotste.

Ich weiß noch, wie ich zu Hause auf mein Bett sank und einen ganz persönlichen Schwur ablegte. Jetzt und in Zukunft würde ich alles tun, um ungewollten Tieren zu helfen, und *nie und nimmer* ein Haustier kaufen, wenn ich stattdessen eins retten könnte.

Im Büro bei Medical Detection Dogs in Milton Keynes erklärte ich nun Claire und Rob meine langgehegten, tief verwurzelten Prinzipien. Alle Hunde, die ich oder meine Familie besessen hatten, waren aus dem Tierheim gewesen, erzählte ich ihnen, und dass ich nicht vorhätte, von diesem Grundsatz abzuweichen. Bei der Gelegenheit erklärte ich ihnen auch gleich, dass ich durch meine Arbeit bei der Polizei und als Tierdetektiv viel zu vielen ausgesetzten und vernachlässigten Tieren begegnet war, deren Anblick nie aufgehört hatte, mich zu quälen. Andererseits war ich auch mit Dutzenden großartiger Tierheime und Rettungsstationen in Berührung gekommen, die sich aufopferungsvoll dafür einsetzten, ungewollten Tieren ein neues Zuhause zu suchen, und hatte mich ihrer Sache auf ewig verschrieben.

»Ich weiß, das kommt ein bisschen plötzlich, Leute«, sagte ich, »aber ich hoffe, dass ihr meinen Standpunkt versteht.«

»Vollkommen, Colin, und gegen deine Überzeugungen ist nichts einzuwenden«, antwortete Rob. »Ich bin gern bereit, einen Hund aus dem Heim zu suchen«, fügte er hinzu. »Aber das könnte unsere Suche nach dem richtigen Tier viel langwieriger und riskanter machen. Aber hey, versuchen wir's.«

Also nahmen Rob und ich die Sache in Angriff. Er kontaktierte seine vielen Freunde und Partner in der Welt der Hunde, während auch ich meine Fühler ausstreckte, den Kontakt mit Tierheimen suchte und ehemalige UKPD-Kunden darauf ansprach, ob sie von geeigneten Tieren wussten. Einer von ihnen, eine Frau, deren gestohlene Fellnase ich in Farnham wiedergefunden hatte, machte mich auf Willow aufmerksam, ein elf Monate altes Gebrauchscocker-Weibchen aus Schottland. Seine Familie konnte sich nicht mehr um es kümmern. Die Angaben über die Hündin waren spärlich, aber vielversprechend; allem Anschein nach war sie fit, freundlich und hatte keine erkennbaren Probleme mit Katzen.

Rein zufällig musste Rob in derselben Woche sowieso in den Norden reisen und willigte ein, bei Willow vorbeizuschauen. Doch die hochgeschraubten Erwartungen, die ich gehegt hatte, wurden zunichte gemacht, als er mir telefonisch einen Lagebericht gab.

»Es tut mir leid, Colin«, seufzte er, »aber sie ist nicht das, wonach du suchst.«

Rob schilderte mir, wie die arme Willow, sobald er durch die Tür kam, in die entgegengesetzte Richtung getürmt war und sich unter dem Küchentisch versteckt hatte. Trotz aller Bemühungen, sie hervorzulocken, hatte sich das ängstliche kleine Ding nicht vom Fleck gerührt.

»Wir brauchen einen Hund, der auf den Tisch klettern will, statt sich darunter zu verstecken, Rob«, sagte ich, während ich Willow traurig von der Liste strich.

Unsere Suche ging zügig weiter, doch ohne jeden Erfolg. In einem Zeitraum von zwölf Wochen evaluierten Rob und ich ein halbes Dutzend anderer Spaniels aus Tierheimen, von denen die meisten zwar auf dem Papier erhebliches Potenzial zeigten, sich jedoch letztlich als ungeeignet erwiesen. Entweder hatten sie das falsche Temperament (zu schüchtern, zu reizbar oder zu träge) oder sie reagierten zu feindselig auf Katzen und andere Tiere.

Im Laufe der Zeit begann ich, ernsthaft an meinem Urteilsvermögen zu zweifeln. Mein Herzensprojekt, in das ich so viel Zeit, Überlegungen und Aufwand investiert hatte, schien in einer Sackgasse gelandet zu sein.

»Einen Heimhund zu suchen funktioniert nicht«, klagte ich eines Abends Sarah mein Leid, nachdem ich wieder einmal von einem erfolglosen Hundebesuch zurückgekehrt war. »Um fair zu sein, Rob hat mich vorgewarnt, dass es nicht einfach würde. Vielleicht ist es an der Zeit, realistisch zu werden und meine Optionen ein wenig zu erweitern.«

»Vielleicht hast du recht, Colin«, antwortete sie und blickte einen Moment von ihrer *Marie Claire* auf. »Wenn du nicht aufpasst, könntest du sonst ewig warten.«

Ich berief eilends eine Sitzung mit Claire und Rob ein, um ihnen – wenn auch widerwillig – vorzuschlagen, unsere Suche auf seriöse Züchter auszuweiten. Wenn nötig könnte das kleine Budget, das ich für das Projekt abgezweigt hatte, dazu verwendet werden, uns die richtige Hündin zu beschaffen, selbst wenn sie nicht wie erhofft aus dem Tierheim käme.

Innerhalb weniger Tage hatte Rob einen Hinweis auf Sasha erhalten, eine wunderschöne hellbraune Hündin, deren in Carlisle ansässige Züchterin einen Überschuss an Gebrauchscockern hatte. Anders als unsere vorherigen Kandidatinnen hatte das Tier den ersten Test mit links bestanden, und der nächste Schritt wäre eine intensive einwöchige Eignungsprüfung gewesen. Alle Anzeichen deuteten darauf hin, dass Sasha unsere perfekte Hündin war, und meine Aufregung war dementsprechend groß.

Am Montag darauf, an dem die Prüfung beginnen sollte, kam ich zur MDD-Zentrale, wo mich Rob kreidebleich am Eingang begrüßte.

»Schlechte Nachrichten«, sagte er. »Sasha kommt nicht.«

Die Züchterin hatte ihr Angebot im letzten Moment zurückzogen, weil ihrer Hündin beim Autofahren immer schlecht würde, was sie leider »vergessen« habe, uns mitzuteilen. Ich bezweifelte stark, dass dies der wahre Grund war; ich ging davon aus, dass die Züchterin einen besseren Preis für ihre Hündin erzielt hatte oder uns irgendeinen Schwindel über Sashas Vergangenheit aufgetischt hatte, der hätte herauskommen können.

Wir standen wieder ganz am Anfang. Ich war erledigt, hatte jedoch nicht vor aufzugeben, sondern war entschlossener denn je, die Sache zum Erfolg zu führen. Da ich über zehn Jahre lang mein eigenes Geschäft geführt und eine Vielzahl von Projekten geleitet hatte, hatte ich gelernt, mit Verzögerungen und Rückschlägen zu rechnen und damit umzugehen. Die Erfahrung hatte mich gelehrt, dass Erfolg schlicht und einfach eine Frage des Einsatzes war.

Später an jenem Tag machte ich auf der Farm einen langen Spaziergang, um wieder einen klaren Kopf zu bekommen und meine Batterien aufzuladen.

Da draußen MUSS es eine Hündin geben, dachte ich, während ich über den Treidelweg am Kanal entlangschlenderte. *Ich muss sie nur finden.*

Wenige Wochen später, als ich im New Forest nach einem vermissten Labrador suchte, klingelte mein Handy. Es war Rob, der etwas fröhlicher klang als in letzter Zeit.

»Kurze Frage, Colin … Du hast die Tierheimhund-Idee nicht ganz aufgegeben, oder?«

»Nein, natürlich nicht. Das war immer mein Plan A, Rob.«

»Ich bin gerade online und habe einen Hund gesehen, der mir wirklich gefällt.«

»Wo denn online?«

»Auf Gumtree.«

»Auf *Gumtree?!*«

Im Laufe der Jahre war die Kauf- und Verkauf-Webseite zu einer beliebten Internet-Börse für Tiere geworden, und einer von Robs Kollegen hatte ihn auf eine schwarze Gebrauchs-cocker-Hündin aufmerksam gemacht, die dort als »zu verschenken« angeboten wurde. Sie war etwa zehn Monate alt und hatte in ihrem kurzen Leben schon drei Besitzer gehabt, von denen sich offenbar alle abgemüht hatten, mit ihrem unkontrollierbaren Verhalten klarzukommen. Eine stressgeplagte alleinerziehende Mutter aus den East Midlands hatte sich nicht mehr zu helfen gewusst und sie auf der Gumtree-Webseite gepostet.

BRAUCHT EIN GUTES ZUHAUSE, hatte die Anzeige lapidar gelautet. BESITZERIN KOMMT NICHT MIT IHR KLAR.

»Entschuldige, wenn ich negativ klinge, Rob, aber ...«

»Colin, ich weiß genau, was du sagen willst. Diese Hündin klingt nach Ärger. Aber warte erstmal ab. Ich fahre heute Nachmittag hin, um sie mir anzusehen, und rufe dich später an.«

»Wie heißt sie?«

»Molly. Sie heißt Molly.«

Molly. Genau wie die liebe verstorbene Hündin meiner Freundin Anna. *Das ist ein gutes Omen*, dachte ich bei mir und fühlte mich davon getröstet, dass Tierfreunde oft diese spirituellen Verbindungen zueinander haben.

»Okay, zuerst die schlechte Nachricht«, sagte Rob, als er mich wie versprochen anrief, um mir zu berichten. Ich ließ die Schultern hängen und machte mich auf eine weitere Enttäuschung gefasst.

»Molly ist wahnsinnig anstrengend. Sie ist ausgehungert nach Liebe und Zuwendung und leidet unter Trennungsangst. Sie bellt wie verrückt, wenn sie frustriert ist. Sie schnappt den Leuten das Essen vom Teller und stiehlt Leckerlis aus ihren Taschen. Und sie ist eine der eigensinnigsten, launischsten und dickköpfigsten Hündinnen, die ich je getroffen habe.«

»Und die gute Nachricht?«, erwiderte ich niedergeschlagen.

»Ich glaube, wir haben unsere Hündin gefunden, Colin.«

Mir fehlen nur selten die Worte, doch nun war ich sprachlos.

»Ja, du hast mich richtig verstanden«, sagte Rob lachend. »Molly ist fantastisch. Blitzgescheit. Voller Energie. Sprudelt über vor Selbstvertrauen. Sie ist genau das, wonach wir suchen.«

Ich rieb mir nachdenklich die Stirn und versuchte, Robs Freudenbotschaft zu verdauen.

»Versteh mich nicht falsch, Colin, sie ist eine Hündin, die unglaublich viel Training brauchen wird, aber ich glaube wirklich, dass sie für die Aufgabe perfekt sein könnte.«

»Das ist die beste Nachricht, die ich seit Ewigkeiten gehört habe«, sagte ich und erlaubte mir ein Lächeln.

»Aber eins muss ich noch mit dir besprechen«, fügte Rob hinzu. »Ich habe lange darüber nachgedacht. Wenn wir Molly nehmen und zu MDD bringen, wäre es nur fair, wenn du einwilligen würdest, sie nach Beendigung ihrer Ausbildung als deinen Hund anzunehmen, und zwar unabhängig vom Ergebnis oder ihrer Eignung für die Funktion.«

»Okay«, sagte ich. Mir schwirrte der Kopf, während ich versuchte, meine Gedanken zu ordnen und diese unerwartete Entwicklung zu verdauen. Es klang, als hätte die arme Molly im Leben einen erbärmlichen Start gehabt, und sie einfach abzuschieben, wenn sie den Anforderungen nicht gerecht wurde, wäre ziemlich herzlos. Sie »blind« anzunehmen wäre jedoch riskant, wenn man alles bedachte, was Rob gerade über sie gesagt hatte; es war überhaupt nicht garantiert, dass wir gut zueinander passen würden, aber ich war bereit, das Risiko einzugehen. Als Erwachsener hatte ich schon vielen »Problem«-Tieren mit schwieriger Vergangenheit Zuflucht gewährt; deshalb war ich mir ziemlich sicher, dass ich mit all der Liebe und Fürsorge, die ich aufbringen konnte, in der Lage wäre, Molly das dauerhafte und stabile Zuhause zu bieten, nach dem sie sich sehnte, ohne Rücksicht darauf, ob sie nun meine Katzenspürhündin würde oder nicht. Deshalb brauchte ich nicht lange zu überlegen.

»Klar, ich übernehme sie«, sagte ich und stellte mir Sarah und mich inmitten einer Menagerie aus adoptierten Spaniels vor, von denen keiner die Fähigkeit besaß, vermisste Katzen zu finden.

Also sicherte sich Rob Molly, regelte die Formalitäten und arrangierte ihren Transport ins MDD-Zentrum. Da mein Haus in West Sussex zweieinhalb Stunden entfernt war (zu weit weg, um täglich zu pendeln, erst recht mit einem Hund im Schlepptau), würde Molly bei einer Pflegefamilie vor Ort untergebracht. Die strikte Kein-Zwinger-Politik der Wohltätigkeitsorganisation besagte, dass alle Hunde in der Ausbildung vorübergehend in einem liebevollen Zuhause untergebracht wurden; das würde dazu beitragen, dass sie sich so sicher und gut aufgehoben fühlten wie möglich, was letztlich dem gesamten Lernprozess dienen würde.

»Wir wissen zwar nicht viel über Mollys Vergangenheit, aber dass sie schon durch mehrere Hände gegangen ist, muss sich auf ihr Wohlbefinden ausgewirkt haben«, sagte Rob. »Deshalb ist es sehr wichtig, dass sie sich sicher und angenommen fühlt.«

Diese Pflegefamilien, erfuhr ich zu meiner Beruhigung, waren äußerst erfahren in Hundebetreuung und gingen ihre Rolle mit großer Professionalität an. Ihnen war von Beginn an klar, dass die Unterbringung nur vorübergehend war (es konnten Wochen oder Monate sein, je nach Dauer des Trainingsprogramms), und sie folgten strikt den Empfehlungen und Anweisungen von MDD. Obwohl von ihnen erwartet wurde, einen hohen Standard an Betreuung und Aufmerksamkeit zu bieten, wurde den Pflegefamilien davon abgeraten, eine enge Bindung zu diesen Arbeitshunden aufzubauen, da sie anschließend an den endgültigen Besitzer oder Hauptführer abgegeben wurden. Daraus folgerte ich, dass viele dieser Betreuer Mitarbeiter von MDD waren, die den Vorteil genossen, am Abend und an den Wochenenden einen Hund zu haben und ihn tagsüber im Trainingszentrum abgeben zu können.

Sobald Molly sich bei MDD eingewöhnt und sich bei der Pflegefamilie eingelebt hatte, wollte ich zu ihr nach Milton Keynes fahren. Unterdessen mailte mir Rob ein Digitalfoto von ihr, das er bei ihrer ersten Begegnung aufgenommen hatte. Ihr Wuschelkopf aus zerzausten schwarzen Zottelhaaren und ihr mürrischer herausfordernder Blick in die Kamera brachten mich zum Schmunzeln.

»Hast du das gesehen?«, fragte ich grinsend, als ich das Foto später am Abend Sarah zeigte. »Sie sieht aus wie ein Mitglied von Black Sabbath.«

»Ein bisschen ungepflegt, findest du nicht?«, antwortete sie mit hochgezogenen Augenbrauen.

Bezeichnenderweise lud ich mir Mollys Foto sofort als Bildschirmschoner hoch. Immer, wenn mein Blick darauf fiel oder wenn ich es Freunden oder meiner Familie zeigte, wurde mir innerlich ganz kribbelig und warm. Diese Hündin gab mir ein gutes Gefühl, und ich konnte es kaum erwarten, sie zu treffen.

Als ich Molly zum ersten Mal zu sehen bekam, rannte sie auf dem Gelände der Zentrale von Medical Detection Dogs herum und fing Tennisbälle auf, die ihr Mitarbeiter aus verschiedenen Richtungen zuwarfen. Wie sie sprintete und zum Sprung ansetzte, um diese pelzigen lindgrünen Kugeln zu fangen, war ein wunderschöner Anblick, und ohne diese Hündin überhaupt zu kennen, empfand ich schon ausgeprägten Stolz auf sie.

»Sieh dir nur ihre Konzentrationsfähigkeit an, Colin. Einfach phänomenal«, schwärmte Rob, der sie genau wie ich von Weitem bewundert hatte. »Und ihr Energieniveau … Tja, es sprengt die Skala.«

Eine halbe Stunde später führte er mich in einen Portakabin-Mobilraum, wo ich Molly endlich persönlich treffen würde. Untypischerweise war ich sehr nervös. Ich fühlte mich wie vor dem letzten Auswahlgespräch im Bewerbungsmarathon um einen hochdotierten Job, und während die Minuten verstrichen, fing mein Kopf an zu pochen und mein Herz klopfte. Molly und ich *mussten* irgendeine Verbindung zueinander spüren, ansonsten liefen wir Gefahr, dass das ganze Projekt in die Hose ginge.

Plötzlich öffnete sich knarrend die Tür, und Molly kam hereingeschossen, gefolgt von Robs Kollegin Astrid, die vor Kurzem von ihrem Einsatz in Deutschland zurückgekehrt war. Ich war sofort beeindruckt von den aufgeweckten, funkelnden Augen und der selbstsicheren Art, wie Molly ihre glänzend schwarze Nase hochtrug. Seit dem Black-Sabbath-Foto war sie beim Hundefrisör gewesen (ihr Fell war gestutzt, gekämmt und glänzte) und wirkte kerngesund und glücklich.

»Sie ist wirklich *fantastisch*, Colin«, bemerkte Astrid mit ihrem spanisch klingenden Akzent. Wie sich herausstellte, hatte sie sich bereits mit Molly beschäftigt, im Trainingslabor ein paar einfache Übungen mit ihr gemacht und war jetzt schon bezaubert von ihr.

»Sagen Sie mir unbedingt Bescheid, falls Sie sie doch nicht wollen«, sagte sie augenzwinkernd. »Ich würde sie Ihnen mit Kusshand abnehmen.«

Als Nächstes begann Molly, im Mobilraum herumzuflitzen, in jeder verstaubten Ecke zu schnuppern, jeden Zentimeter des Raumes unter die Lupe zu nehmen und jeden Menschen zu beschnüffeln. Als sie mich erblickte, der ich mich zögernd auf einen Bürostuhl gesetzt hatte, hielt sie kurz inne und legte neugierig den Kopf schief.

Wer sind Sie denn, Mister?, schien sie zu fragen. *Warum sind Sie hier? Was genau können Sie mir geben, hm?*

»Hey, sieh dir das an, Colin.« Rob lächelte. »Ich glaube wirklich, Molly versucht dich einzuschätzen.«

Ich rief sie bewusst nicht zu mir und ging auch nicht in die Hocke, um sie zu begrüßen. Ich weiß, wie scharfsichtig Hunde bezüglich menschlichen Verhaltens sein können, und wollte kein Gefühl von Unsicherheit oder Nervosität auf sie übertragen. Stattdessen rührte ich mich nicht vom Fleck, blieb objektiv und hielt ihrem Blick stand, während mir eine Vielzahl von Gedanken durch den Kopf wirbelte.

Nun ja, junge Dame, dachte ich. *Was denkst du? Glaubst du, wir können zusammenarbeiten? Bist du für eine fantastische Reise bereit?*

Rob und Astrid amüsierten sich köstlich über dieses gegenseitige auf den Zahn Fühlen.

»Ich weiß nicht, wer von euch als Erster zuckt«, gluckste die Chilenin. »Es ist wie in einem Italo-Western.«

Tatsächlich war es Molly, die die Pattsituation überwand. Sie kam langsam zu mir, stupste mich mit der Schnauze sanft am Oberschenkel und sprang zu meinem großen Erstaunen flink auf meinen Schoß.

Ja, ich glaube, ich mag diesen Typen, schien die Kernaussage zu sein. Sie schob ihren Po in eine bequemere Position. *Ich glaube, mit dem kann ich arbeiten…*

Ich drückte sie an mich, kraulte ihr den Nacken und warf einen Blick zu Rob und Astrid, die wie stolze Eltern strahlten.

»Ich glaube, Molly hat sich entschieden«, sagte ich lächelnd, während sie sich zu den beiden drehte. »Und ich auch, denke ich.«

Endlich hatte ich meine Hündin. Ich wusste einfach, dass sie die Richtige war, und war sehr erleichtert. Ein langer Gewaltmarsch, der mich emotional erschöpft hatte, lag hinter mir. Während der letzten zwei Jahre war kaum ein Tag vergangen, an dem ich mich nicht mit meinem Projekt beschäftigt hatte, und meine Besessenheit hatte sowohl meine Firma als auch mein Privatleben schwer belastet. Einige meiner Detektei-Klienten hatten ihre Konten bei mir gelöscht und sich beschwert, weil sie mich nie erreichten. Es hatte auch zahllose Wochenenden gegeben, an denen Sarah allein zu Hause gehockt war, während ich mich mit diversen Hundeexperten traf. Oftmals war ich unglaublich mürrisch nach Cranleigh zurückgekehrt, weil mir wieder jemand erklärt hatte, dass meine Idee nicht durchführbar war. Es ehrte Sarah, dass sie mich so sehr unterstützt und sich meine Nörgeleien und Granteleien mit Engelsgeduld angehört hatte.

Doch an dem Tag, als ich Molly traf, kam ich überglücklich nach Hause.

»Du errätst es nie, Sarah, aber ich habe meinen Hund gefunden«, verkündete ich strahlend, drückte sie fest und gab ihr einen fetten Kuss auf die Wange. »Die Suche ist endlich vorbei. Molly ist fantastisch, und wenn alles gut geht, wird sie eines Tages hier bei uns wohnen ...«

»Das ist großartig. Das freut mich *sehr*«, antwortete sie nicht ganz überzeugend.

An jenem Abend legte ich großen Wert darauf, Anna anzurufen. Sie hatte meine Fortschritte genauestens verfolgt und wusste alles über die Prüfungen und Irrungen und Wirrungen, mit denen ich konfrontiert gewesen war. Außerdem fand ich, dass ich meiner Freundin eine Menge schuldete, da sie mich überhaupt erst mit Claire und Rob bekannt gemacht hatte.

»Du wirst es nicht glauben, Anna«, sagte ich. »Molly ist perfekt. Sie übersteigt meine kühnsten Träume.«

»Ich freue mich sehr für dich, Colin«, antwortete sie. »Und ich weiß, dass MDD das fabelhaft machen wird. Sie hätten nie im Leben eingewilligt, Molly auszubilden, wenn sie sie nicht für die richtige Hündin halten würden.«

In der nächsten halben Stunde sprachen wir nur über Molly, über ihre Gesundheit und ihr Wohlergehen. Annas Fachkenntnisse waren unübertroffen, und sie gab mir viele unbezahlbare Ratschläge und Orientierungshilfen, zum Beispiel was die richtige Ernährung für Arbeitshunde betraf und wie man mit Trennungsangst bei Hunden umging. Als ich auflegte, hatte ich eine lange Liste der Dinge zusammengetragen, die ich beachten, sowie aller Themen, mit denen ich mich vertraut machen musste.

Endlich, dachte ich und lehnte mich in meinem Bürostuhl zurück. *Endlich kommen wir voran ...*

Während der Dauer ihrer Ausbildung (der geplante zeitliche Rahmen betrug sechs Monate) würde Molly bei MDD in Milton Keynes bleiben und abends und an den Wochenenden weiterhin bei ihrer Pflegefamilie wohnen. Unter der fachkundigen Anleitung von Rob und Astrid würde sie lernen, wie man Gerüche abgleicht, indem man sie einer Menge verschiedener Gerüche aussetzte, die sie unterscheiden lernen musste. Was mich betraf, so durfte ich Molly regelmäßig besuchen, um ihr beim Einsatz zuzusehen, woraufhin Rob mir einen Fortschrittsbericht geben würde. Ich würde auch die Gelegenheit erhalten, gemeinsame Zeit mit ihr zu verbringen (viel mit ihr spazieren gehen, reden und mit dem Tennisball spielen), um meine Hündin besser kennenzulernen.

Molly erbrachte bravouröse Leistungen und gewöhnte sich sehr gut an ihr Trainingsprogramm. Doch binnen weniger Monate entwickelte sie, wenn sie nicht bei MDD war, besorgniserregende Verhaltensprobleme. Seit ihrer Ankunft hatte Molly eine sehr enge Bindung zu Astrid geknüpft (vielleicht eine zu enge, wie mir aufgefallen war) und litt, wie sich herausstellte, unter massiver Trennungsangst, als die Chilenin die Wohltätigkeitsorganisation verließ, um anderen Projekten nachzugehen. Während die MDD-Fachleute im Zentrum in der Lage waren, mit Mollys Verdrießlichkeit klarzukommen, sah sich ihre Pflegefamilie mit riesigen Problemen konfrontiert. Da Molly eine sehr eigensinnige Hündin war, bog sie sich Regeln zurecht, nahm sich Freiheiten heraus (sprang aufs Sofa, stahl Essen vom Tisch und ignorierte Befehle) und legte denselben Ungehorsam an den Tag, der ihre Vorbesitzerin dazu getrieben hatte, sie auf Gumtree anzubieten. Diese Regression, das war uns allen klar, musste eingedämmt werden, bevor sie das gesamte Projekt gefährdete.

»Eine ungezogene, undisziplinierte Molly wird unmöglich im

Außendienst arbeiten können«, sagte ich zu Rob. »Das muss im Keim erstickt werden, und zwar schnell.«

Ein Hundeverhaltensexperte mit dem treffenden Namen Mark Doggett, der auf Vertragsbasis für MDD arbeitete, wurde herangezogen, um Mollys Verhalten zu korrigieren, und so wurde sie, um ihr Leben wieder mehr ins Gleichgewicht zu bringen, aus der Pflegefamilie genommen und in Marks Vollzeitpflege übergeben. Sie würde bei ihm und seinen zwei Haushunden in den West Midlands wohnen, wo er ihr beibringen würde, ihr Verhalten anzupassen und weit von allen Ablenkungen entfernt strikte Grenzen einzuhalten. Ihr Geruchsabgleichstraining würde Mark unter der Anleitung von MDD dort fortsetzen und dabei im Wesentlichen auf den ausgezeichneten Grundlagen aufbauen, die Rob und Astrid schon gelegt hatten.

Diese intensive Einzeltherapie würde wenigstens drei Monate dauern, was bedeutete, dass die endgültige Übergabe an mich verschoben werden musste. Auch wenn ich über diese Entwicklung tief enttäuscht war, stimmte ich damit überein, dass es der richtige Weg war, und war bereit, mich in Geduld zu üben. Ich hatte so lange auf die Verwirklichung des Projekts gewartet, dass ich jetzt nichts übers Knie brechen wollte.

Mollys Verlegung zu einem weiteren Betreuer war alles andere als ideal, doch als ich zum ersten Mal sah, wie Mark mit ihr interagierte, war ich überzeugt, dass sie in guten Händen war. Er konnte sich nicht nur hervorragend in Molly hineinversetzen, sondern wirkte auch sehr beruhigend auf sie, sodass ich nachvollziehen konnte, warum die Experten von MDD ihm diese Aufgabe übertragen hatten.

Mark ermutigte mich dazu, ihn regelmäßig in seinem Haus in Birmingham zu besuchen (ich schaute oft nach Besprechungen mit Claire und Rob bei ihm vorbei), und er sah es gern, wenn ich Molly zu langen Spaziergängen mitnahm, nur wir beide, Herr und Hündin. Ich genoss jeden Moment, den wir zusammen verbrachten, und jeder Abschied fiel mir unglaublich schwer.

Anfänglich schienen Marks Fortschritte mit Molly sehr langsam voranzugehen, und seine Wochenberichte bestanden aus einer Litanei an Problemen.

»Ich versuche genau festzulegen, welche Aspekte Mollys Ungehorsam fördern, damit ich gegen ihr negatives Verhalten angehen kann«, sagte er mir während eines Telefongesprächs und erklärte mir, dass er ein auf Belohnungen basierendes System anwandte, um sie zu positivem Verhalten zu ermutigen. So befahl er Molly zum Beispiel während der Spieleinheiten mit Marks Haushunden, so lange zu warten, bis sie an der Reihe war, was ihr ungeheuer schwerfiel. Doch wenn sie gehorchte und ihre Verspieltheit und Ungeduld im Zaum hielt, wurde sie zur Belohnung mit dem Tennisball bespaßt.

Auch das Befolgen von Regeln und Vorschriften im Haus war von höchster Wichtigkeit, um ihr Verhalten wieder etwas anständiger und disziplinierter zu machen. So durfte sie zum Beispiel weder das Elternschlafzimmer noch die obere Etage betreten, oder gar die Küche, wenn dort gegessen oder Essen zubereitet wurde.

Zum Glück bestätigte Mark während des zweiten Monats, dass meine kleine Cockerspaniel-Hündin endlich fantastische Fortschritte machte; sie sprach gut auf ihr Verhaltenstraining an und erzielte – zu meiner großen Erleichterung – in ihren Geruchsabgleichsstunden weiterhin ausgezeichnete Ergebnisse.

Dieser Durchbruch bedeutete, dass Claire und Rob von MDD mit Freude einen Termin für die große Übergabe festsetzten: Freitag, den 23. Dezember 2016. Doch bevor ich Molly für immer mit nach Hause nehmen durfte, mussten wir uns beide in Milton Keynes einem zweiwöchigen gemeinsamen Intensivtraining unterziehen. Diese vierzehn Tage würden buchstäblich über Top oder Flop entscheiden und waren alles andere als nur reine Formsache. Wenn Molly und ich nicht unter Beweis stellten, dass wir erfolgreich zusammenarbeiten konnten, bliebe uns das MDD-Gütesiegel verwehrt, was wiederum mein Projekt gefährden würde.

Während dieses entscheidenden Zeitraums von zwei Wochen fingen wir jeden Morgen pünktlich um neun Uhr an und verbrachten eine Menge Zeit an verschiedenen Orten in der Nähe des Trainingszentrums. Dort führte mir Mark oder Rob sorgfältig Mollys komplizierte Geruchserkennungstechniken vor und brachte mir darüber hinaus bei, wie man Suchaktionen simulierte, indem man verschiedene Geruchsproben in vielen unterschiedlichen Außenumgebungen versteckte. Die Schwierigkeit der Aufgaben steigerte sich schrittweise; zu Beginn der zwei Wochen gaben wir Molly zum Beispiel den Auftrag, in einem kleinen Garten eine einzelne Geruchsprobe aufzuspüren, doch gegen Ende des Programms versteckten wir den Zielgeruch zusammen mit zwei kontrastierenden Proben, die Molly ignorieren sollte, auf dem großen Hof eines Bauerngehöfts. Sie führte alle Aufgaben mit Leichtigkeit aus, und während sie souverän auf meine Befehle hörte, wuchs mein Selbstvertrauen. Immerhin wurde nicht nur Molly geprüft; auch ich stand ständig unter Beobachtung und wurde bewertet.

»Was hast du deiner Meinung nach diesmal falsch gemacht, Colin?«, fragte Mark mich oft, während er mir über die Schulter sah. Es war eine ungeheuer intensive Zeit.

Nach jeder Trainingseinheit – und während Molly eine wohlverdiente Verschnaufpause genoss – setzte ich mich mit Rob oder Mark hin, um Theorie zu büffeln. Sie gaben ihr Know-how an mich weiter und erweiterten mein Wissen, indem sie mir zum Beispiel erklärten, wie Geruchsprofile durch Meteorologie und Topografie beeinflusst werden konnten, oder indem sie mir kurz die Feinheiten des Geruchssystems des Gebrauchscockers darlegten. Wir deckten eine breite Themenpalette ab, darunter auch den korrekten Einsatz der Stimme bei Sucheinsätzen, die Verwendung bestimmter Spiele und die Vorteile eines Belohnungssystems.

Im Laufe der zwei Wochen, als Molly langsam klar wurde, dass dieser Colin in ihrem Leben eine wichtige Rolle spielen würde, wurde das Verhältnis zwischen meiner Spürhund-Anwärterin und mir sogar noch enger. Das MDD-Team fühlte sich durch die tiefe Bindung, die wir zueinander aufgebaut hatten, sehr ermutigt. Unsere gegenseitige Zuneigung war nicht zu übersehen, und die Mitarbeiter waren begeistert, uns so harmonisch zusammenarbeiten zu sehen. Es war, als hätten sich Molly und ich zu einem typischen Schnüffler-Duo entwickelt (man denke an Cagney & Lacey oder Morse und Lewis), und alle freuten sich zu sehen, dass meine neue Freundin und ich uns so gut verstanden.

»Eure Teamarbeit ist herausragend, Colin«, sagte Mark, während wir eines Morgens für eine weitere Übungsstunde zu einem nahegelegenen Wald fuhren und Molly voller Ungeduld in ihrer Hundebox saß. »Dieses tiefe Verständnis füreinander war immer der entscheidende Punkt, doch nach allem, was ich sehe, habt ihr es geschafft.«

Am Ende jedes Trainingstags fuhren Molly und ich in die Cotswolds zu meinen Eltern, die nur eine vierzigminütige Autofahrt vom Zentrum entfernt wohnten. Sie hatten eingewilligt, dass ich während der zwei Wochen von Montag bis Freitag bei ihnen wohnen konnte, und waren sehr gespannt darauf, den neuesten Zuwachs im Hause Butcher kennenzulernen.

Wow, das ist aufregend, schien Molly zu sagen, als wir nach unserem ersten ganzen gemeinsamen Tag bei MDD losfuhren. *Wohin fahren wir? Wen treffen wir?*

Wie ich erwartet hatte, ließ Molly bei meinen Eltern ihren

ganzen Charme spielen, doch sie kannten einen schwierigen Hund, wenn sie einen sahen.

»Meine Güte, die hat ja reichlich Energie«, bemerkte meine Mutter mit anbetungswürdigem Understatement, während Molly in heißer Verfolgung eines fabrikneuen Tennisballs über Tisch und Bänke sprang. »Weiß Sarah, worauf sie sich eingelassen hat?«

»Klar«, behauptete ich mit einem nervösen Lächeln.

Am Ende der ersten Woche waren meine Eltern erschöpft. Molly hatte mit dem Umgebungswechsel zu kämpfen gehabt und sich als ziemlich pflegeaufwendig erwiesen; und der Küchenboden war von schwarzen Hundehaaren übersät. Doch da sie selbst große Tierfreunde waren, war ihnen das egal.

An einem bitterkalten Freitagabend, nach der Hälfte unserer zwei Trainingswochen, nahm ich Molly zum ersten Mal mit zu mir nach Cranleigh. Vor ihrer Ankunft hatte ich im Haus ein paar notwendige Anpassungen vorgenommen, um es so hundefreundlich wie möglich zu gestalten. Ich funktionierte unsere Waschküche im Erdgeschoss zu Mollys eigener Höhle um, zu einem Ort, an den sie sich zurückziehen konnte, wenn sie Ruhe brauchte und allein sein wollte. Dann hatte ich gegen Sarahs Widerstand (»Sie braucht doch sicherlich nur *einen* Schlafplatz, Colin?«) in den wärmsten Teilen des Hauses diverse luxuriöse Hundebetten platziert. Zudem hatte ich Massen von Mollys Lieblingsfutter bestellt (inklusive Leckerlis aus grober Blutwurst, Trockenfleisch, Hotdog-Würstchen und Cheddar-Käse) und nach einem Besuch in der örtlichen Tierhandlung meinen Vorrat an Hundespielzeugen aufgestockt.

Da ich während Mollys Eingewöhnungsphase unbedingt so viel Zeit wie möglich mit ihr verbringen wollte, hatte ich auch meinen Arbeitsablauf vorsichtig angepasst und alle Termine und Ermittlungen abgesagt, die es erforderlich gemacht hätten, länger als ein paar Stunden von Zuhause weg zu sein. Außerdem entschloss ich mich, für die Dauer von sechs Monaten keinen Auslandsurlaub mehr zu planen, da ich in dieser entscheidenden Phase ihres Lebens nur sehr ungern von Molly getrennt gewesen wäre. Das kam bei Sarah überhaupt nicht gut an, die sich in den vier Jahren zuvor fast den ganzen Februar lang an meiner Seite in der ostkaribischen Villa gemeinsamer Freunde entspannt hatte.

Ich brauche wohl nicht zu betonen, dass meine Freundin nicht allzu begeistert war, als sie an jenem Freitagabend im Dezember von der Arbeit nach Hause kam. Molly und ich hatten in der ländlichen Gegend in Buckinghamshire den ganzen Tag lang ein Suchtraining absolviert; wir waren durch Bäche gewatet und unter Hecken gekrochen, sodass wir beide klatschnass waren und streng rochen. Ich stopfte gerade den klammen Inhalt meiner Sporttasche in die Waschmaschine, als ich hörte, wie sich Sarahs Schlüssel im Schloss drehte und ihre Stöckelschuhe durch den Flur klapperten.

»Oh Gott, hier *stinkt's* vielleicht!«, rief sie aus, während sie in der Tür stand und in ihrem marineblauen Business-Kostüm und ihrer cremefarbenen Bluse wie immer wie aus dem Ei gepellt aussah.

»Hallo, Schatz«, begrüßte ich sie grinsend und deutete auf die schlammbespritzte Molly, die platt auf meinem Regenmantel lag. »Sieh nur, wer da ist!«

Ich trat zu meiner Freundin, um sie auf die Wange zu küssen, doch sie wich entsetzt zurück.

»Wie seht *ihr* denn aus?«, fragte sie. »Ihr seid ja total verdreckt. Und verrate mir bitte … Was zum Teufel ist das für ein Geruch?«

»Das ist nur nasser Hund, Liebling. Das vergeht, wenn Molly wieder trocken ist. Versprochen.«

»Diese Töle braucht ein Bad. Sie stinkt«, verkündete sie und sah zuerst Molly und dann mich wütend an. »Genau wie du.«

Sie legte ihre Handtasche auf dem Küchenstuhl ab, um ihre

Jacke aufzuhängen. Blitzschnell steckte Racker Molly ihre feuchte Schnauze in die Tasche, durchstöberte sie und zog eine Geldbörse und ein Päckchen Taschentücher heraus. Dann machte sie sich vergnügt daran, die Tempos zu zerfetzen.

»Dieser Hund ist doch angeblich abgerichtet!«, rief meine entsetzte Freundin und zerrte ihre Handtasche vom Stuhl.

»Sie ist nur ein bisschen neugierig, sonst nichts«, antwortete ich kleinlaut, während Sarah aus der Küche stolzierte und die Tür hinter sich zuknallte.

Molly legte den Kopf schief und blinzelte mich mit traurigen Augen an.

Was habe ich falsch gemacht? Warum mag die Frau mich nicht?

»Keine Sorge, Molls«, flüsterte ich und sammelte die von Sabber durchnässten Papiertaschentücher auf. »Das ist alles neu für Sarah. Es ist nicht persönlich gemeint. Sie braucht nur ein bisschen Zeit, um sich an dich zu gewöhnen. Aber einen Rat kann ich dir geben: Mach einen Bogen um Damenhandtaschen, ja?«

Ich tätschelte ihr liebevoll den Kopf, worauf sie im Gegenzug meine Handfläche beschnupperte.

»Aber jetzt, kleines Fräulein, geht's in die Badewanne«, sagte ich. »Sarah hat recht. Du stinkst wirklich.«

In jener Nacht kam ich kaum zur Ruhe. Immer wenn ich versuchte, ins Bett zu gehen und eine Mütze Schlaf zu kriegen, winselte Molly unentwegt und schien sehr angespannt und ängstlich zu sein. Das MDD-Team hatte mich schon darauf vorbereitet und mir geraten, meiner Hündin sehr viel Liebe – und eine Menge Freiraum – zu geben, während sie sich langsam in ihrer neuen Umgebung eingewöhnte.

»Erlaub ihr, eine Bindung zu dir einzugehen, Colin, denn das will sie unbedingt«, hatte Rob gesagt. »Mach alles, damit sie sich sicher und geborgen fühlt.«

Zum Schluss schleppte ich meine Bettdecke zu Mollys Lager, um die ganze Nacht bei ihr bleiben zu können. Ich lag still neben ihrem Hundebett und beruhigte und tröstete sie, bis sie sich zusammenrollte und die Augen schloss.

In der Woche darauf durfte ich Molly endlich auf Dauer mit nach Hause nehmen. Sie und ich hatten unsere zweiwöchige Prüfung mit Bravour bestanden (manchmal war mir die Ausbildung so rigoros vorgekommen wie mein Luftfahrzeugsbesatzungstraining bei der Royal Navy), und sie war so weit, in meine Obhut übergeben zu werden. Bei MDD, wo an diesem Nachmittag zufällig die alljährliche Betriebsfeier stattfand, herrschte emsige Weihnachtsstimmung, und als Molly und ich uns voller Zuneigung von der ganzen Belegschaft verabschiedeten, die Molly mit Hundeleckerlis und mich mit Mince Pies überhäufte, floss die ein oder andere Träne. Dabei blieb meine Hündin mir die ganze Zeit wie ein anhängliches Kleinkind auf den Fersen.

Ich weiche dir nicht von der Seite, Herrchen, schien sie damit zu sagen. *Ich bleibe hier bei dir…*

Dann machten wir einen Umweg zu Claires Büro. Sie hatte von Anfang bis Ende eine wesentliche Rolle gespielt, es ermöglicht, dass das gesamte Projekt in ihrem voll ausgelasteten Zentrum stattfinden konnte, und mir erlaubt, mit ihrem unglaublichen betriebsinternen Team zusammenzuarbeiten. Sie hatte auch entscheidend dabei mitgewirkt, den Kontakt zu Astrid herzustellen; diese zukunftsweisende Geruchsabgleichsexpertin war für Mollys einzigartiges Ausbildungsprogramm von zentraler Bedeutung gewesen, indem sie bei einem Gebrauchscocker gewissenhaft dieselben wissenschaftlichen Techniken angewandt hatte wie bei den Spürhunden der deutschen Polizei.

»Es war mir eine große Ehre mitzuhelfen«, sagte Claire strahlend. »Du hast da einen äußerst ungewöhnlichen Hund.«

Als sie das sagte, hielt Molly ihr zum Abschied die Pfote hin, und ich sah mit ziemlicher Sicherheit, dass meine Kollegin ein Tränchen verdrückte.

»Auf Wiedersehen, Molly.« Sie lächelte, als wir aus ihrem Büro hinausgingen. »Ich wünsche euch alles Glück der Welt.«

Draußen entdeckte ich Rob und Mark, die plaudernd am Rande des großen Hundeplatzes standen, der in den vergangenen neun Monaten zu Mollys Lieblingsspielplatz geworden war. Als wir auf sie zugeschlendert kamen, winkten sie uns zu und lachten, als Molly unter einer nahegelegenen Hecke verschwand und mit einem schimmligen alten Tennisball zwischen den Zähnen wiederauftauchte.

»Wenn ich mir Wimbledon anschaue, werde ich immer an dich denken, Molly«, sagte Rob grinsend und sah sie mit einer Mischung aus Stolz und Zuneigung an, während ich mit einem Kloß im Hals dabeistand.

»Ihr wart fantastisch«, sagte ich und umarmte sie beide, während ich mich mannhaft bemühte, das Zittern in meiner Stimme zu verbergen. »Ihr habt Himmel und Hölle in Bewegung gesetzt, und ohne euch hätte ich das nie geschafft.«

Ihr geballtes Wissen und ihre Erfahrung hatten das Projekt vorwärtsgetrieben, und ich würde auf ewig in ihrer Schuld stehen.

»Du hast da eine außergewöhnliche Hündin«, antwortete Mark und hockte sich hin, um Molly innig zu umarmen. »Sie ist was ganz Besonderes.«

»Danke, dass du an uns geglaubt hast, Colin«, fügte Rob hinzu. »Es war mir ein Vergnügen, mit euch beiden zu arbeiten.«

Wenige Minuten später fuhr ich vom Parkplatz, und als ich noch einen langen letzten Blick auf dieses herausragende Exzellenzzentrum warf, erinnerte ich mich an die Ereignisse des vergangenen Frühlings zurück. Molly und ich waren hier getrennt angekommen, voll Unsicherheit, was uns die Zukunft bringen würde, und jetzt fuhren wir als Team zusammen fort und begaben uns gemeinsam auf ein einzigartiges Abenteuer.

Während der Fahrt zurück nach Cranleigh verstummte mein Autotelefon so gut wie nie, so viele Leute wollten mir gratulieren, ob es nun Sam war, die mich aus dem UKPD-Büro anrief, mein Vater aus den Cotswolds oder mein Sohn Sam aus seiner Studentenbude in Manchester. So viele Freunde und Verwandte hatten Mollys Fortschritte verfolgt und freuten sich riesig, dass sie ihren Abschluss mit Auszeichnung gemacht hatte und nach Hause kam.

Als wir durch die Chiltern Hills fuhren, rief Sarah an, um die Details unseres Weihnachtsurlaubs endgültig abzuklären. Wir hatten geplant, uns mit meinen Eltern und Geschwistern (und ihren diversen Spaniels) in einem wunderschönen hundefreundlichen Hotel zu treffen, dem Lygon Arms im ländlichen Worcestershire.

»Ich wollte im Hausflur Mollys Sachen zusammensuchen«, sagte sie. »Aber wenn du glaubst, dass wir mit den vielen Hundehaaren mit meinem Wagen fahren, irrst du dich gewaltig.«

Dass sie den Rufnamen meiner Hündin in den Mund nahm, statt nur von »ihr« zu reden, hielt ich für eine vielversprechende Entwicklung, doch ich machte mir keine Illusionen: Sarah brauchte noch viel Überzeugungsarbeit.

Als der Himmel sich verdunkelte, gerieten wir in starken Urlaubsverkehr, und der Wagen kam zum Stehen. Da nichts darauf hindeutete, dass es bald weiterginge, schaltete ich den Motor aus, sah in den Rückspiegel und fing an, mit Molly zu reden. Ich sprach gut zwanzig Minuten mit ihr, während sie mich durch die Rückwand ihrer Transportbox ansah und ab und zu mit dem Schwanz an die Seiten klopfte.

Ich erzählte ihr, wie sehr ihr Weihnachten in den Cotswolds gefallen würde, und dass die ganze Familie Butcher sich wahnsinnig darauf freute, sie kennenzulernen. Ich sagte ihr, dass ich sie an Neujahr mit zur Zentrale von Pet Detectives nehmen würde – auf die herrliche Bramble Hill Farm –, wo sie auf den Wiesen spielen, durch den Wald tollen und massenhaft Übungssuchen absolvieren könnte. Und während wir darauf warteten, dass der Stau sich auflöste, erzählte ich ihr von einigen Hunden, die ich in meinem Leben gekannt und geliebt hatte: die herrenlosen Straßenhunde aus Singapur; die katzensuchende Gemini; meine beste Freundin Tina; und zuletzt, schmerzlich vermisst, Tess, Max und Jay.

»Aber jetzt habe ich *dich*.« Ich lächelte, während ich Mollys Bild im Spiegel ansah, die aufmerksam den Kopf schief legte. »Du hast so hart gearbeitet, meine Hübsche, und mich wahnsinnig stolz gemacht. Und denk nur … in wenigen Wochen haben wir vielleicht schon unsere erste vermisste Katze gefunden. Wie fantastisch wäre *das* denn?«

Klopf-klopf-klopf-klopf machte ihr Schwanz, der an ihre Box schlug, wie ein hündischer Morsecode.

Wenige Minuten später löste sich der Stau auf, und wir setzten unsere Reise nach Süden fort. Molly und ich fuhren nach Hause.

7. Talent und Drill
auf Bramble Hill

Molly für immer bei mir zu haben, war das schönste Gefühl auf der Welt. Wir hatten im Lygon Arms ein idyllisches Weihnachtsfest verbracht, wo meine Hündin vom Personal, von den Gästen und von der ganzen Familie Butcher gefeiert und umsorgt worden war, was sie außergewöhnlich gut verkraftet hatte. Doch am Neujahrstag schloss ich meine Haustür in Cranleigh doch mit einer gewissen Erleichterung auf. Jetzt, wo die Feierlichkeiten fast vorüber waren, war es an der Zeit, meiner neuen kleinen Hausgenossin meine volle Aufmerksamkeit zu widmen.

»Trautes Heim, Glück allein, Molls«, sagte ich zu ihr, als sie durch den Flur lief und die Fußleisten beschnupperte.

»Pass auf, dass sie die Wände nicht schmutzig macht, Colin«, sagte Sarah kühl, bevor sie ins Schlafzimmer ging, um ihren Koffer auszupacken. »Ach ja, und wisch ihr die Füße ab.«

»Molly hat *Pfoten* und keine Füße«, antwortete ich.

»Wie dem auch sei, sie müssen gesäubert werden, sonst verdreckt sie den Teppich.«

Ich sah meine traurig aussehende Hündin an, die Sarahs Abneigung eindeutig spürte.

Ich habe mir die Pfoten vor der Tür abgewischt, Herrchen... schien sie zu sagen. *Ich gebe mir wirklich Mühe, versprochen...*

An jenem Tag begleitete uns auch mein zwanzigjähriger Sohn Sam, der sich entschlossen hatte, die letzte Woche seiner Ferien bei mir zu verbringen, bevor er zurück zur Universität von Manchester fuhr. Er hatte Molly zum ersten Mal im vorigen Herbst bei Medical Detection Dogs gesehen (es war Liebe auf den ersten Blick gewesen) und war gern bereit, bei uns zu bleiben und ihr bei der Eingewöhnung zu helfen. Der Dezember war für meine kleine Cockerspaniel-Hündin ein unruhiger Monat gewesen (sie war zwischen drei Grafschaften hin und her gependelt, hatte an vielen verschiedenen Orten übernachtet und zahllose neue Gesichter gesehen), und es war an der Zeit, ihr die dringend benötigte Beständigkeit zu geben.

Sarah musste wieder arbeiten (sie war spürbar erleichtert, dem mit Molly verbundenen Chaos zu entkommen), während Sam und ich zu Hause blieben, um unsere Hündin bei der Eingewöhnung zu unterstützen. Mein Sohn war ein Geschenk des Himmels und verbrachte den Großteil der Woche damit, in der Küche mit ihr zu schwatzen oder im Garten mit ihr Fangen zu spielen, was ihre Nervosität verminderte und ihr dabei half, sich so sicher und geborgen zu fühlen wie möglich. Er und ich waren seit Jahren unseren Haustieren treu ergeben gewesen (»Sorge zuerst für die, die nicht für sich selbst sorgen können« hatte ein langjähriges väterliches Mantra von mir gelautet), und es freute mich sehr, dass meine Tierliebe auch auf ihn abgefärbt hatte.

In den ersten Tagen wich mir Molly nur sehr ungern von der Seite, was in Anbetracht der Umwälzungen, die sie erfahren hatte, kaum überraschend war. Für ein herrenloses Tier, das einen ganzen Rattenschwanz von Besitzern gehabt hatte (gefolgt von einer langen Zeit bei MDD), war Trennungsangst die wahrscheinlichste Konsequenz. Diese Unsicherheit manifestierte sich in diversen Erscheinungsformen. Wenn ich sie morgens begrüßte, knabberte sie an meiner Handfläche wie ein Welpe, der von seiner Mutter gesäugt wird, was ihre Art war, Nähe zu mir herzustellen und unsere Bindung zu stärken. Indem ich ihr das erlaubte, gab ich ihr zu verstehen, dass ich immer für sie da sein würde und sie, anders als ihre Vorbesitzer, niemals verlassen würde.

Zudem stellte ich fest, dass sie mir permanent durchs Haus folgte, aufgeregt aufsprang, wenn ich den Raum verlassen wollte, und kurz darauf wie aus dem Nichts hinter mir auftauchte. Zu diesem Zeitpunkt konnte ich nicht viel mehr tun als zu versuchen, sie zu beruhigen. Ich hockte mich hin, wobei ich abrupte Bewegungen vermied, und streichelte sie, statt die Arme um sie zu legen. (Wie viele Hunde hatte sie nicht gern das Gefühl, erdrückt zu werden.)

»Molly, Süße, ich geh nur schnell in den Flur, um die Post reinzuholen«, sagte ich mit gedämpfter Stimme. »Ich bin in Nullkommanichts wieder da, versprochen.«

Trotzdem tapste sie immer hinter mir her, mit liebeskrankem Blick, und in diesen ersten zwei Wochen akzeptierte ich es einfach und ließ sie mir überallhin folgen. Danach verbrachte ich jedoch eine Menge Zeit damit, Molly beizubringen, dass es nichts Negatives war, wenn ich den Raum verließ. Wenn ich zum Beispiel vorhatte, kurz aus meinem Arbeitszimmer zu gehen, um mir einen Kaffee zu machen, und Molly Meter entfernt in ihrem Hundebett lag, machte ich sie ruhig auf mich aufmerksam, erteilte ihr den Befehl »Bleib« und belohnte sie mit ein paar Leckerlis, bevor ich langsam die Tür öffnete. Innerhalb weniger Tage fiel der Groschen, und ihre Nachstellungen hörten auf. Ihr wurde schnell klar, dass ich sie nicht für immer verließ, und sie darauf zählen konnte, dass ich wiederkam. Damit sie sich mir die ganze Zeit nahe fühlen konnte, hängte ich zudem über jedes ihrer Betten eine meiner Fleecejacken oder Sweatshirts, da ich der Überzeugung war, dass sie sich durch meinen Geruch geborgen fühlen würde.

Grundsätzlich hing unser zukünftiger Erfolg als Team – sowohl als Haustier und Besitzer als auch als Privatschnüffler-Kollegen – davon ab, dass Molly mir vertraute und verstand, dass ich sie nicht im Stich lassen würde. Ich wusste nicht viel über Mollys Vergangenheit, hatte aber genügend Kenntnisse über Hunde, um mir im Klaren darüber zu sein, dass sie sich immer noch verletzlich fühlte und durch traumatische Erinnerungen emotionale Narben davongetragen hatte. Wenn ich zum Beispiel bemerkte, dass sie bei einer plötzlichen Bewegung in der Küche zusammenzuckte oder dass sie zitterte, wenn die Garagentür zuknallte, ging ich zu ihr und beruhigte sie. Ich konnte nur vermuten, dass jemand sie geschlagen oder in einen Schuppen oder eine Scheune gesperrt hatte.

»Ist ja gut«, flüsterte ich ihr leise zu und hielt ihren Kopf sanft in meinen Händen. »Bei mir bist du sicher, Molly, und ich werde immer für dich da sein. Immer.«

Da ich Erfahrungen mit Heimtieren hatte, wusste ich, dass Hunde zwar »im Augenblick lebten«, es in manchen Fällen aber lange dauern konnte, bis ein misshandeltes Tier seine schmerzhaften Erfahrungen vergaß. Meiner Meinung nach bestand die beste Methode, damit umzugehen, darin, meinen Hunden grenzenlose, bedingungslose Liebe und Zuneigung zu schenken, damit sie diese positiven Erfahrungen sammeln und so die schlechten vergessen konnten.

Um sie zu beschäftigen, führte ich außerdem im Haus regelmäßige Spieleinheiten ein, wobei ich Marks Rat befolgte, ihre Spielzeuge in zwei Kisten zu packen. Die erste Kiste enthielt Mollys Trostspielzeug, das sie an ihrem Liegeplatz behalten und mit dem sie jederzeit spielen durfte. (Besonders lieb gewann sie eine quietschende Ratte, die sie überall im Haus herumschleppte.) Die zweite Kiste jedoch enthielt Colins Spielzeug und wurde außer Mollys Reichweite ganz oben auf dem Gefrier-Kühlschrank aufbewahrt. Diese Sachen durften nur zu meinen Bedingungen benutzt werden, und meine Hündin bekam die strenge Anweisung, sie nicht mit Beschlag zu belegen, sie fortzuschleppen oder sie zu malträtieren. Sie saß oft in der Küche und winselte traurig nach oben, doch ich musste hart bleiben.

»Es geht darum, ihr Disziplin anzuerziehen«, sagte mir Mark damals. »Molly ist sehr eigensinnig und muss lernen, was verboten ist.«

Während ihres Aufenthalts bei MDD hatte Mark Molly eine lange Liste einzigartiger Hundekommandos beigebracht, einige für den tagtäglichen Gebrauch, einige auf die Arbeit bezogen, die mein Sohn Sam und ich lernen und anwenden mussten. Mark hatte individuell für sie einen ganz neuen Wortschatz angefertigt, um gegen den Ungehorsam anzugehen, den sie im Haus ihrer Pflegefamilie an den Tag gelegt hatte. Dort hatte sie unverfroren Standardanweisungen wie »Sitz« und »Platz« ignoriert (und absichtlich das Gegenteil getan) und eine besorgniserregende Aversion gegen das Wort »Nein« entwickelt. Letzteres war zweifellos durch die nachgiebigen Erziehungstechniken ihrer Betreuer entstanden, in Kombination damit, dass diese raffinierte kleine Töle gelernt hatte, sie um den kleinen Finger zu wickeln.

Wenn sie zum Beispiel hochsprang, um ein Hobknob von einem Teller zu stibitzen, hatten ihre Betreuer sie mit einem scharfen »Nein« gerügt, jedoch nach fünfminütigem Scharren und Winseln nachgegeben und den Keks freiwillig hergegeben. Natürlich hatte Molly bald begonnen, dieses vermeintlich negative Kommando mit einem positiven Ergebnis zu assoziieren; für sie hieß »Nein« im Grunde »Ja«.

Deshalb hatte Mark beschlossen, vor der großen Übergabe Mollys gesamtes Kommandosystem neu zu konfigurieren, indem er ganz neue Worte in ihrem Gehirn verankerte und zahlreiche andere tilgte. Deshalb wurde »Nein« durch »M-m« ersetzt; »Sitz«

wurde zu »Bleib«; »Hopp« bedeutete »Spring hoch«; und »Ab« hieß alle vier Pfoten auf den Boden. Zusätzlich hatte er ein paar Arbeitsbefehle für sie maßgeschneidert, die bei Übungssuchen und richtigen Suchaktionen eingesetzt werden sollten.

Sam und ich verbrachten Stunden damit, diese neuen Worte und Ausdrücke mit Molly zu üben.

»M-m«, sagte ich und drohte ihr mit dem Finger, wenn sie auf einen Stuhl springen wollte, und wenn sie merkte, dass ich es ernst meinte, setzte sie sich kleinlaut wieder hin.

In dieser Anfangszeit telefonierte ich oft mit Mark, da mir sehr daran gelegen war, Mollys Gewohnheiten und Verhaltensweisen zu verstehen. Dazu gehörte auch eine Eigenart, die sie im Haus entwickelt hatte, kurz nachdem Sam an die Uni zurückgekehrt war. Abends entspannten Sarah und ich uns meist im Wohnzimmer, indem wir lasen, uns einen Film ansahen oder unsere E-Mails checkten. Doch sobald wir es uns auf dem Sofa gemütlich machten, spürte Molly, dass sie nicht mehr im Mittelpunkt stand. Beleidigt ging sie dazu über, immer wieder durchs Haus zu laufen, indem sie sich auf einen zweiminütigen Rundgang begab, der sie um die Rückenlehne des Sofas führte, an der Wohnzimmerwand entlang, um den Esstisch herum, am großen Bücherschrank vorbei, vor den Fernseher, am Kamin entlang, hinter Sarahs Sessel und schließlich wieder zu mir zurück.

Molly machte etwa zwanzig Runden und manövrierte die Ecken wie ein Lewis Hamilton in Hundegestalt, bis sie so außer Atem war, dass sie sich auf ihren Hundeplatz plumpsen ließ. Sobald sie wieder zu Atem kam, begann sie den Parcours wieder ganz von vorn und ließ sich trotz aller Bemühungen meinerseits weder beschwichtigen noch ablenken.

»Wie zum Teufel soll ich mich auf den Film konzentrieren?«, murrte Sarah eines Samstagabends, als Molly uns zum fünfzehnten Mal hechelnd die Sicht auf den Fernsehbildschirm versperrte. »Das treibt mich in den Wahnsinn, Colin. Kannst du nichts dagegen unternehmen?«

Mein Vorschlag, den Fernseher oben an die Wand zu montieren, brachte mir einen eisigen Blick ein.

»Okay«, sagte ich kleinlaut. »Ich habe schon verstanden. Überlass das mir.«

Am Montag darauf rief ich die Mark-Doggett-Hotline an.

»Molly sucht Aufmerksamkeit – und vielleicht vermisst sie auch Sam –, aber es gibt Methoden, um diese Grand-Prix-Rundstrecke zu stoppen«, sagte mein Lehrmeister für hündisches Verhalten, bevor er einen präzisen Schlachtplan entwarf.

An den nächsten Abenden sollte ich mich statt aufs Sofa, wo sie mich umkreisen würde wie die Indianer General Custer, mit dem Rücken an die Heizung im Wohnzimmer oder an die Wand im Esszimmer setzen. Meine ausgestreckten Beine würden für sie eine Hürde darstellen, die ihren Fluss stören, sie aus dem Konzept bringen und es mir ermöglichen würde, sie ein paar Minuten mit einem Spielzeug abzulenken. Marks Rat, ihre Lieblingssnacks aus Trockenfleisch an ihrem »Parcours« entlang zu verstecken, um ihr repetitives Verhalten zu stoppen, funktionierte ebenfalls prima. Sie ließ sich schon bald von dem Geruch ablenken, suchte nach dem Snack und wurde, wenn sie erfolgreich war, von meiner Wenigkeit über den grünen Klee gelobt. Schon bald ließ die Intensität der Runden nach, bis sie ganz zum Erliegen kamen.

»Dem Himmel sei Dank«, seufzte Sarah eines Abends erleichtert, nachdem wir uns zum ersten Mal seit Wochen ungestört einen ganzen Film angesehen hatten.

Wenn ich eine eigensinnige Hündin wie Molly in Schach halten wollte, musste ich strenge Hausregeln einführen. Ich wusste, dass ich nur Ärger provozieren würde, wenn ich keine Vorschriften festlegte und keine Rahmenbedingungen setzte.

Nach langen Überlegungen und nach Rücksprache mit Mark beschloss ich, ihr die Freiheit zu lassen, mit Ausnahme einiger verbotener Zonen fast überall im Haus herumzulaufen. Sie durfte weder unsere beiden Bäder betreten – es sei denn, ich badete sie nach dem Spazierengehen – noch das große Schlafzimmer und das Gästezimmer. Ich verbrachte Stunden damit, ihr anzutrainieren, diese Grenzen anzuerkennen, und machte sie sogar sichtbarer, indem ich die Teppichleisten aus Metall mit zwei Finger breitem silbergrauem Klebeband markierte.

»M-m, Moll-yyyy...«, ermahnte ich sie bei jedem Versuch, gegen die Regel zu verstoßen. »*M-mmmm.*«

Doch da ich es mit Molly zu tun hatte, versuchte sie permanent – und ganz im Wortsinn –, die Grenze zu überschreiten. Manchmal sah ich sie einen Meter von unserem Schlafzimmer entfernt auf der erlaubten Seite des Klebebands im Flur herumlungern. Dann, wenn sie sich von mir unbeobachtet wähnte, streckte sie langsam die Pfote aus, bis sie Checkpoint Colin berührte, und schob sich allmählich nach vorn.

»Moll-yyyy«, schimpfte ich sie dann, worauf sie die Pfote sofort zurückzog, als wäre sie an einer Sprungfeder befestigt. Doch schon kurz darauf nahm ich aus den Augenwinkeln wahr, wie sich ihre lange schwarze Schnauze vorsichtig auf die Schwelle zubewegte.

»MOLL-YYYY...«

Es war ein ständiger Willenskampf, und manchmal brauchte es ungeheure Anstrengung, die Oberhand zu behalten. Ihr dabei zuzusehen, wie sie diese Grenzen ununterbrochen austestete, war sehr unterhaltsam. Sie war ein willensstarker junger Frechdachs, doch wenn ich bei echten Suchaktionen für ihre Sicherheit sorgen wollte, musste sie mir gehorchen und meine Kommandos verstehen. »Nein« hieß »Nein« (oder in Mollys Fall, »M-m« hieß »M-m«).

Auf unser gemütliches Ledersofa zu springen war ebenfalls tabu, doch das hielt Molly nicht davon ab, es darauf ankommen zu lassen. Manchmal nutzte sie die dunklen Winterabende aus, vor allem wenn meine Leselampe die einzige Lichtquelle war, um verstohlen und von mir unbemerkt auf das Sofa zu kriechen. Wenn ich fünf Minuten später einen Blick nach links warf, sah ich neben mir ein Paar Knopfaugen funkeln.

»He, runter da, du Frechdachs!«, sagte ich dann lachend und schubste sie sachte wieder herunter.

Wenn ich im Fernsehen Fußball sah, musste ich besonders aufpassen, denn immer wenn ich abgelenkt war (vielleicht ein Tor von Chelsea bejubelte oder mit einer umstrittenen Elfmeterentscheidung haderte), kletterte Molly aufs Sofa. Sie war ein kleiner Schlaufuchs und Meisterin im Problemlösen, und ihre Gewieftheit kannte keine Grenzen.

Besonders streng war ich, was die häuslichen Essgewohnheiten meiner Hunde betraf. Wenn Molly abends gefressen hatte, wurde sie eine halbe Stunde Gassi geführt; im Anschluss daran machte sie es sich in ihrem Hundebett im Wohnzimmer gemütlich, während Sarah und ich unser Abendessen zubereiteten. Wie bei allen anderen Hunden, die ich gehabt hatte, erlaubte ich ihr unter keinen Umständen, mir beim Essen zuzusehen, und lehnte es strikt ab, sie mit Resten von meinem Teller zu füttern. Für mich war das ein grundlegendes Tabu. Meine Erfahrung und meine Recherchen hatten mich gelehrt, dass Verhaltensmuster bei Hunden oft auf »Chaining« zurückzuführen waren (wenn ihre Gehirne eine Reihe von Ereignissen mit einem positiven Ergebnis verknüpften, was sich oft nachteilig auswirken konnte).

Wenn man seinem Hund zum Beispiel regelmäßig erlaubt, einem beim Kochen und beim Essen zuzusehen und die ungegessenen Speckscheiben vom Teller zu fressen, wird er sich ohne Ausnahme darauf konditionieren, die Reihenfolge aus Kochdüften, dem Pfannengeklapper, dem Tischdecken und dem Zusehen beim Essen mit einer leckeren Belohnung gleichzusetzen. Folglich wird der Hund einem am Tisch keine Ruhe mehr lassen und in irgendeiner Form betteln. Das ist natürlich alles andere als ideal, vor allem wenn man Gäste hat oder ein romantisches Dinner mit der besseren Hälfte plant.

Da ich es mir mit Sarah nicht verderben wollte, tat ich alles, um Molly zu Hause unter Kontrolle zu halten.

»Molly war so schön ruhig, findest du nicht?«, sagte Sarah, nachdem ich ein romantisches dreigängiges Menü gezaubert hatte, während meine Hündin nach dem Fressen und ihrem Spaziergang zufrieden auf ihrem Platz döste. Vielleicht war meine Partnerin nach den Erdbeeren und dem Champagner verliebter als sonst, denn ich war mir sicher, einen Hauch von Zuneigung wahrgenommen zu haben.

Es lässt sich nicht leugnen, dass Mollys erste Wochen zu Hause ziemlich anstrengend waren. Kaum hatte ich ein Verhaltensmerkmal behoben, manifestierte sich schon ein neues – es war wie ein Hundeproblem-Karussell –, und ich telefonierte regelmäßig mit dem armen Mark oder mit meiner guten Freundin Anna und bat um Rat und Orientierungshilfe.

Schon bald wurden wir mit einer weiteren Hürde konfrontiert, die es zu überwinden galt. Molly hatte nur begrenzte Erfahrung mit Stadtgebieten (ich vermutete, dass sie ihre ersten Monate in Küchen und Garagen eingesperrt verbracht hatte, bevor sie an MDD im ländlichen Buckinghamshire übergeben wurde) und musste sich an belebte öffentliche Orte gewöhnen. Da mir klar war, dass das nicht einfach würde, ging ich die Sache Schritt für Schritt an, indem ich Molly zunächst nur zu kleinen Spaziergängen an der Hauptstraße von Cranleigh mitnahm und mich dann langsam zu längeren Ausflügen ins Stadtzentrum von Guildford steigerte. Ich recherchierte alle hundefreundlichen Örtlichkeiten in der Gegend und brachte Molly mit vielen unterschiedlichen Geschäften, Cafés und Restaurants in Berührung, bei denen uns ein freundlicher Empfang garantiert wäre.

Anfangs war Molly von den vielen neuen visuellen Eindrücken, Geräuschen und Gerüchen vollkommen überflutet worden und sprang herum wie ein hyperaktiver Knirps im Haribo-Rausch. Sie veranstaltete in jedem Restaurant, das wir besuchten, Chaos, indem sie wie verrückt losstürmte, um jeden neuen Gast zu begrüßen, der durch die Tür kam, wobei sie ihre Leine um meine Beine wickelte und mir fast die Blutzufuhr abschnürte. Ich stellte auch fest, dass sie eine Aversion gegen Bars und Kneipen hatte. Manchmal weigerte sie sich, bestimmte Lokale auch nur zu betreten, während sie zu anderen Gelegenheiten an mir klebte wie eine Klette und oft in Panik geriet, wenn sie mich aus den Augen verlor. Ich schilderte Mark meine Sorgen, und wir kamen zu dem Schluss, dass einer von Mollys Besitzerwechseln in einem Pub stattgefunden haben musste. Das muss eine zutiefst traumatische Erfahrung für sie gewesen sein (vielleicht kam sie mit einem Besitzer hin und ging mit einem anderen wieder), und ich war fest entschlossen, ihr bei der Überwindung dieses Traumas zu helfen. Ich musste ihr klarmachen, dass sie immer Brief und Siegel darauf geben konnte, dass ich zurückkam, auch wenn es Gelegenheiten gab, bei denen ich sie allein lassen musste.

Mark und ich entwickelten eine Strategie, sie so vielen Pubs wie möglich auszusetzen und bestimmte Entspannungstechniken anzuwenden, sobald sie dort war. Während unserer ersten Besuche passte Molly wie ein Schießhund auf mich auf und verfolgte jede meiner Bewegungen. Doch mit der Zeit entspannte sie sich, und es dauerte nicht lange, bis sie es eine ganze Minute aushielt, ohne zu kontrollieren, wo ich war.

Doch manche Ausflüge verliefen erfolgreicher als andere.

Eines Sonntagnachmittags beschlossen Sarah und ich, uns mit Molly im Schlepptau in ein hundefreundliches Pub, The Wisborough, bei uns in der Gegend zu wagen. Während wir beide einen Happen aßen, saß Molly, deren Leine zur Sicherheit um Sarahs Stuhlbein gewickelt war, artig unter dem Tisch. Als wir uns unseren Nachtisch schmecken ließen – Sorbet für mich, Käsekuchen für Sarah –, setzten sich andere Gäste, die einen großen, hübschen Irish Setter bei sich hatten, an einen Tisch am anderen Ende des offenen Essbereichs. Was wir nicht wissen konnten: Sie hatten zur Beschäftigung für ihren Hund ein eiförmiges, mit Leckerlis gefülltes Plastikspielzeug mitgebracht.

Dann, genau in dem Moment, als Sarah aufstand, um zur Toilette zu gehen, nahm ich einen wichtigen Anruf von einem Kunden entgegen. Molly, die sofort blickte, dass ich abgelenkt war, nutzte die Gelegenheit, um quer durch das Pub zu stürmen und sich das tolle Hundespielzeug zu schnappen, das sie von Weitem erspäht hatte. Sarahs Stuhl zerrte sie hinter sich her, dessen Beine laut über den Boden schrammten. Doch durch Mollys schwarzes Fell (in Kombination mit dem Schummerlicht im Pub) wirkte das Ganze wie eine Szene mit fliegenden Möbeln aus *Poltergeist*.

»Andy, ich rufe Sie zurück«, zischte ich in mein Handy.

Mit ihrer Beute fest im Maul kam Molly zurückgestürmt – wobei sie ein paar Biergläser umkippte – und ließ das Spielzeug vor meinen Füßen fallen, was unter den Gästen lautes Gelächter auslöste. Der Wirt war alles andere als begeistert und tauchte kurz darauf mit Eimer und Wischlappen auf, während er sich über unkontrollierbare Hunde und ihre verantwortungslosen Besitzer beschwerte.

»*Böses Mädchen*, Molly«, rügte ich sie und errötete bis unter die Haarwurzeln, bevor ich das Spielzeug dem verdutzten Irish Setter zurückbrachte.

An einem frischen und frostigen Nachmittag besuchte Molly zum ersten Mal die Bramble Hill Farm.

»Etwas sagt mir, dass es dir hier sehr gut gefallen wird, Molly«, sagte ich und fixierte sie im Rückspiegel, als wir uns dem Gehöft aus Sandstein näherten. Sobald ich sie aus ihrer Hundebox befreit hatte, raste sie über die Einfahrt, wobei sie in alle Richtungen Kies versprengte, bevor sie Kurs auf die große Wiese gegenüber dem Hof nahm. Sie umrundete sie einmal im freudigen Galopp, sprang über gefrorene Pfützen, atmete gierig die kalte Luft ein und scheuchte ein Nebelkrähenpaar auf, das seinen Unmut über die unerwünschte Störung krächzend zum Ausdruck brachte. Ich sah ihr von der Terrasse aus Yorkstone-Platten zu und schmunzelte zufrieden. Für die folgenden Monate war geplant, dass Molly und ich Stunde um Stunde auf Bramble Hill verbringen würden, und sie wirkte jetzt schon so, als gehörte sie hierher.

Auf mein Kommando »Molly, komm« kam sie mit einer Miene, die *Wow, Herrchen, das macht SPASS!* ausdrückte, zu mir zurückgeflitzt, worauf ich sie wieder anleinte und ihr ihr Trainingsgeschirr anlegte.

»Gehen wir auf Erkundungstour«, sagte ich, schnipste ihr die Eiskristalle von den Pfoten und wischte die Wassertröpfchen von ihren Barthaaren. Dann lief ich auf dem 200-Hektar-Anwesen mit ihr weiter. Mir war daran gelegen, meine Hündin mit den vielfältigen Wildtiergerüchen vertraut zu machen, da sie sie in Zukunft bei ihren Suchaktionen von Katzengerüchen unterscheiden musste. Deshalb war unsere erste Anlaufstelle ein Feld, das als Fox Cover, also Fuchsdeckung, bekannt war; der Name ging auf den dortigen Fuchsbau zurück, in dem in den wärmeren Monaten eine Fähe ihren Nachwuchs aufzog. Molly beschnüffelte ihn ausgiebig, steckte ihre Schnauze in das breite Eingangsloch und nahm zweifellos den schwachen Geruch der Fuchswelpen und der Beute aus der vorangegangenen Saison auf. Dann schlenderten wir zu einem Labyrinth aus Kaninchenbauten, die Molly mit Interesse untersuchte und beschnupperte, bevor wir zu einem dichten Waldgebiet weitergingen. Durch unser Erscheinen schlugen wir die dort beheimateten Fasane und Waldschnepfen in die Flucht, die in ein Dickicht aus Weißbirken flogen.

Als die Sonne langsam unterging und die Wolken begannen, über den Himmel zu jagen, führte ich Molly an meinen Lieblingsplatz auf der Bramble Hill Farm. Shepherd's Rest war eine kleine Anhöhe genau in der Mitte des Anwesens, die aufgrund der zwei uralten, mächtigen Eichen leicht erkennbar war, die seit Jahrhunderten für die Gegend von großer Bedeutung waren. Mit seiner ruhigen und friedlichen Atmosphäre und der Panoramaaussicht über das Tal war dieser Ort meine kleine Oase geworden, mein ganz persönlicher Zufluchtsort, den ich aufsuchte, um den Kopf auszulüften und auf andere Gedanken zu kommen.

Ich setzte mich auf eine große flache Baumwurzel und lehnte mich mit dem Rücken an den Baumstamm. Molly, die inzwischen müde aussah, kam zu mir getrottet, ließ sich neben mir hinplumpsen und lehnte sich schutzsuchend an mich, als der leichte Winterwind schärfer wehte. Gute zehn Minuten lang genossen wir still den herrlichen Ausblick, bis eine plötzliche Bewegung Molly aufspringen ließ. Ich spürte, wie sich ihre Muskeln anspannten und ihr Herz schneller schlug, als drei Rehe aus der Deckung hervorbrachen und über einen Fußweg liefen, um auf dem saftigen nassen Gras zu äsen.

Ich legte beruhigend den Arm um ihren warmen kleinen Körper, zog sie fester an mich und sah zwei freundliche braune Augen zu mir aufblicken.

»Ist das nicht schön, Molls?«, sagte ich, als mich eine Welle aus Gefühlen überrollte. Hier saß ich nun, an meinem Lieblingsplatz, mit meiner ersehnten Hündin, und (zumindest in dem Moment) frei von allen Sorgen. Klar, es hatte Tage gegeben, an denen Molly überaus fordernd gewesen war. Seit ihrem Einzug hatte sie vielerlei Kleidungsstücke und Wohntextilien ruiniert und im Haus ein paar Unfälle verursacht, wenn auch nichts dabei gewesen war, was nicht hätte gereinigt oder ersetzt werden können. Doch insgesamt hatte sie mit ihrem Geruchsabgleichstraining ausgezeichnete Fortschritte gemacht, und die guten Tage überwogen die schlechten bei Weitem.

Auch wenn Molly und ich noch einen langen Weg vor uns hatten, bis wir uns wirklich als Team bezeichnen konnten, sah die Zukunft sehr verheißungsvoll aus. Es konnte nur noch besser werden. Im Großen und Ganzen war die Tatsache, Molly bei mir zu haben, wunderschön.

Mitte Januar 2017 begann Mollys zweite Phase der praktischen Ausbildung, diesmal mit mir als Hundeführer. Wenn meine Hündin und ich vermisste Katzen finden und ihren verzweifelten Haltern echte Hoffnung geben wollten, musste ich absolut sicher sein, dass Molly in Bestform war, bevor sie zum Einsatz kam, und bevor ich den alles entscheidenden »Machbarkeitsnachweis« erhalten würde. Ich saß stundenlang im Büro und erarbeitete ein abwechslungsreiches Programm aus Eignungstests, Geschicklichkeitsübungen und fingierten Suchläufen für sie, wovon wir vieles schon von Mark und Astrid bei MDD kannten.

»Du musst bei diesen Suchübungen erfinderisch und ideenreich sein, Colin«, hatte Mark mir damals eingebläut. »Und du darfst nie vergessen, wie schlau sie ist.«

Dann erklärte er mir, dass Molly, um die Probe zu finden, alles daransetzen würde, meine Spur zu verfolgen; um das zu verhindern, müsste ich entweder kreuz und quer laufen, während ich sie deponierte, oder jemanden bitten, sie für mich zu verstecken. Doch bevor wir mit diesen Übungssuchen beginnen konnten, musste ich mir ein paar echte Katzenhaarproben besorgen. Zu Anfang hatte ich ein paar Freunde und Nachbarn, die Katzen besaßen, darum gebeten, doch Klinken zu putzen, um an Haarbüschel aus Katzenbetten zu kommen. Doch das erwies sich schon bald als sehr zeitaufwendig.

Es war Sam, die sich entschloss, bei Battersea Dogs and Cats Home in Südlondon anzurufen. Diese weltberühmte Tierrettungsstelle beherbergte nicht nur Unmengen an Katzen unterschiedlichster Rassen (wir brauchten Proben einer so großen Bandbreite wie möglich), sondern schien auch gern bereit zu sein, mir meinen recht ungewöhnlichen Wunsch zu erfüllen.

»Wir helfen Ihnen gern, Colin«, sagte der Leiter des Tierheims lächelnd, als Molly und ich eines Morgens in seinem betriebsamen Zentrum ankamen. Der offene, modern wirkende Eingangsbereich führte zu einem großen kreisförmigen Empfangstresen, und mit den Regalen voller Hundespielzeug, die überall standen, war es das reinste Hundeparadies. Die Mitarbeiter konnten nicht fassen, wie katzenfreundlich Molly war, und gaben zu, noch nie einen Hund getroffen zu haben, der keinerlei Neigung verspürte, Katzen zu verbellen oder zu jagen. Auch das Katzenspürhund-Projekt faszinierte sie, vor allem der Geruchserkennungsprozess; doch auch der Hintergrund des Projekts beeindruckte sie.

»Wenn Molly verschwundene Katzen findet, landen weniger von ihnen in diversen Notlagen bei uns«, sagte der Tierheimleiter. Er erklärte mir, dass einige ihrer Katzen außerhalb des Londoner Stadtgebiets aufgegriffen worden waren und es aufgrund fehlender Mikrochips unwahrscheinlich war, dass sie je wieder mit ihren Haltern vereint würden.

Molly und ich warteten geduldig am Empfang, während die Mitarbeiter (mit sterilen Handschuhen, um eine Kreuzkontamination zu vermeiden) einige ihrer Samtpfoten aufsuchten, um die

Proben einzusammeln. Dabei rieben sie den Katzen sanft mit einem Stück Stoff übers Gesicht, um so viele Haare und Gerüche wie möglich aufzunehmen. Danach wurden die Plastiktüten versiegelt und beschriftet. Tüte A war die »Zielprobe«, die ich später in zwei Teile aufteilen würde, um die Hälfte davon zu verstecken und die andere Molly als Quellenprobe zu präsentieren. Tüte B war die »Umgebungs«-Probe, die es Molly ermöglichen würde, den Geruch der vermissten Katze von den Hintergrundgerüchen zu unterscheiden, die zum Zuhause der Katze gehörten.

»Ich kann Ihnen gar nicht sagen, wie sehr ich das zu schätzen weiß«, sagte ich, als der Heimleiter mit einem Schuhkarton, in dem sich Plastiktüten stapelten, wiederauftauchte. Ich steckte eine großzügige Spende in die Sammelbüchse und kaufte ein halbes Dutzend Second-Hand-Katzenkörbe. Das war das Mindeste, was ich für diese Armee aus Tierfreunden tun konnte.

Auf Bramble Hill beugte sich der Winter allmählich dem Frühling, und Mutter Natur schien sich gähnend zu strecken und langsam zu erwachen. Der reifbedeckte Boden wurde weicher, die kahlen Zweige bekamen Knospen, und die Lichtungen wurden zu einem weißgelben Meer aus Schneeglöckchen und Krokussen. Auf dem Gehöft gab es jede Menge Ecken, Winkel und Schlupflöcher – von vermoderten Holzstämmen und Bruchsteinmauern bis hin zu ausgedienten Heuscheunen und verlassenen Stallungen –, und am nächsten Morgen bat ich Sam, irgendwo auf diesem weitläufigen Anwesen eine »Zielprobe« zu verstecken. Ich nannte das »Blindsuche«, da weder Molly noch ich eine Ahnung hatten, wo die Probe versteckt war, und wir als Team eng zusammenarbeiten mussten, um sie zu finden.

Dann war es an der Zeit, Molly an die entsprechende A-Probe heranzuführen, die in ein sterilisiertes Marmeladenglas umgefüllt worden war, damit Molly den Geruchsabgleich durchführen konnte. Ich befreite sie aus ihrer Box, kontrollierte meine Körpersprache, senkte die Stimme und wählte meine Worte sorgfältig, um ihr zu vermitteln, dass jetzt Arbeiten angesagt war und nicht Spielen. Ich legte ihr ihre »Arbeitsuniform«, ein knallgelbes reflektierendes Geschirr, an, steckte ihre Blutwurst-Leckerlis in meinen Utility-Gürtel und ging vor ihr tief in die Hocke.

Ich drehte vorsichtig den Deckel des Marmeladenglases ab und erteilte ihr den spezifischen Befehl, den Mark und Astrid mir bei Medical Detection Dogs beigebracht hatten.

»Toma«, sagte ich, was das Signal für Molly war, den Geruch einzuatmen. Sie steckte ihre Nase in das Glas mit der Probe und schnupperte und schnüffelte ein paar Sekunden, um das Aroma in ihr fein abgestimmtes Geruchssystem hineinzulassen. Diese Übung hatte sie in der MDD-Zentrale schon Hunderte Male durchgeführt, doch nach ihrem eifrigen Schwanzwedeln zu urteilen, schien sie begeistert darüber, wieder im Einsatz zu sein.

Dann erteilte ich ihr mit klarer Stimme das Kommando »Such ... such!« und ließ sie von der Leine.

Innerhalb von fünfzehn Minuten hatte Molly ein Gebiet von der Größe eines Fußballfeldes abgesucht. Dann, am Eingang eines kleinen Gartenschuppens, warf sie sich plötzlich zu Boden und führte ihr »Ablegen« aus, ihr typisches »Gefunden«-Signal, das man ihr bei MDD beigebracht hatte.

Ich hab meinen Auftrag erfüllt, Herrchen ... schien sie zu sagen, den Blick auf mich gerichtet.

»Hervorragende Arbeit, Molly«, lobte ich sie, und meine euphorische Körpersprache veranlasste sie zu meterhohen Luftsprüngen (ich nannte das ihre »Supersprünge«). Sobald sie ihre hochverdiente Belohnung verschlungen hatte, gab es eine ausgedehnte Spielrunde mit ihrem Lieblingstennisball, der mit jedem Tag kahler wurde.

Jede Arbeitseinheit auf dem Gehöft wurde zu einer Lernerfahrung für uns beide. Jede Suche hatte einen anderen Zweck – ein kniffligeres Versteck vielleicht, oder andere Wetterbedingungen –, und langsam, aber sicher steigerte ich ihre Intensität und Dauer.

Ich begann auch, richtige Katzen zu verwenden. Bevor ich Molly in echten Fällen einsetzen konnte, musste ich ganz sicher sein, dass Molly sich in ihrer Gegenwart angemessen verhielt und entsprechend gelassen, ruhig und unaufdringlich blieb.

»Hättest du was dagegen, wenn ich mir Pepper ein paar Stunden ausleihen würde?«, fragte ich oft Freunde und versicherte ihnen, dass ihre Katzen bei mir sicher und wohlbehalten wären und zu keinem Zeitpunkt aus ihrer Box gelassen würden. Dann versteckte ich die Mieze in einem Stall oder einer Heuscheune, damit die dynamische Molly sie zu gegebener Zeit aufspüren konnte.

Viele dieser Suchaktionen hielt ich mit einer GoPro-Actionkamera fest, die ich an der Brust festgeschnallt mit mir trug, während ich mich bemühte, mit Molly Schritt zu halten. Danach analysierte ich das Filmmaterial, wobei ich mich sowohl auf das konzentrierte, was gut gelaufen war, als auch auf alle Patzer (meinerseits und von Seiten meiner Hündin), die in Zukunft vermieden werden konnten. Dann mailte ich die Videoclips an Mark von Medical Detection Dogs, um seine Meinung einzuholen; ab und zu fuhr ich auch im Nachgang nach Milton Keynes, wo er die Suchkompetenz von Team Molly im direkten Kontakt auswertete und alle Fehler auszubügeln versuchte. Dieses Ausmaß an Kontrolle konnte ungeheuer einschüchternd sein; manchmal kam ich mir vor wie ein Teilnehmer der Tanzshow *Let's Dance*, der auf Schritt und Tritt von den Experten aus der Jury beurteilt und kritisiert wird.

Mollys Erfolgsquote war phänomenal. Es wird mir unvergesslich bleiben, wie sie einmal eine Katzenhaarprobe ganz unten in einem hohlen Obstbaum fand, wohin sie gefallen war, nachdem ich sie viel höher versteckt hatte, und in den seltenen Fällen, in denen ihr der Geruchsabgleich nicht vollständig gelang, war es im Allgemeinen meine Schuld. Einmal verwechselte ich aus Versehen die Proben, während ich ein andermal das Marmeladenglas nicht richtig sterilisiert hatte, wodurch ich Molly praktisch zwei verschiedenen Katzengerüchen aussetzte. Wenn ich einen Fehler gemacht hatte, erkannte ich das immer daran, dass Molly sich mit einem seltsamen Winseln vor mich setzte, als wollte sie sagen: *Komm schon, Herrchen, reiß dich zusammen…*

Durch diese gemeinsamen Erfahrungen entwickelte sich zwischen Molly und mir ein echtes Zusammengehörigkeitsgefühl, und das unverzichtbare Band des Vertrauens wurde langsam stärker. Ich hatte schon immer dem Teamwork zwischen Mensch und Hund nacheifern wollen, das ich in meiner Vergangenheit miterlebt hatte, ob es bei Alec, dem Bauern, war, der auf Cleeve Hill seine Collies koordinierte, oder bei John, dem Hundeführer, der für die Polizei von Surrey Rainbow zum Einsatz brachte. Beide Männer hatten mir gezeigt, wie man mit einem Arbeitshund eine Beziehung aufbaute und eine Bindung einging; sie hatten die Freude und Befriedigung verbildlicht, die man dadurch erlangen kann, indem man das Beste aus einem Tier herausholt und seine natürlichen Begabungen maximiert. Ihr Erfolg beruhte auf Teamarbeit und bedingungslosem Vertrauen.

Seit meinen windgepeitschten Vormittagen auf Cleeve Hill waren vierzig Jahre vergangen, doch Alecs Ratschläge hatten sich tief in mein Gedächtnis eingebrannt.

»Die Liebe, das Vertrauen und die Treue eines Tieres bekommt man nicht umsonst oder ohne Aufwand geschenkt, junger Mann«, hatte er mir in seinem schleppenden Gloucester-Tonfall gesagt. »Man muss sie sich verdienen.«

Als Molly sowohl im Haus als auch im Freien an Selbstvertrauen gewann, beschloss ich, sie zu ein paar ausgewählten Arbeitseinsätzen mitzunehmen (so was wie eine Reihe aus »Bring-deinen-Hund-mit-zur-Arbeit«-Tagen). Ich wählte geeignete hundefreundliche Orte aus, um mich mit meinen Privatdetektei-Kunden zu treffen, die ich im Voraus informierte, dass sie mich, wenn sie meine Ermittlungsdienste weiter in Anspruch nehmen wollten, in den meisten Fällen mit einer hübschen Cockerspaniel-Hündin im Schlepptau antreffen würden. Die meisten von ihnen waren sehr kulant und supernett zu Molly, obwohl mich ein paar bestimmt für völlig durchgeknallt hielten.

Molly wurde zu einem nützlichen Aktivposten, einer schlauen Assistentin und zu meinem vierbeinigen Dr. Watson. Wenn ich zum Beispiel ein bestimmtes Haus oder Büro observieren oder ein Wohnviertel inspizieren musste, war es viel einfacher, nicht aufzufallen, wenn ich lässig gekleidet einen Hund an der Leine führte. Als Privatschnüffler musste man mit dem Umfeld verschmelzen und so wirken, als gehörte man dorthin, und mit einem niedlichen Hund war es weniger wahrscheinlich, Argwohn zu erregen. Manchmal fingen tierliebe Ganoven sogar ein Gespräch mit mir an.

»Wie heißt die kleine Lady denn, Kumpel?«, fragten sie und kamen zu uns geschlendert, um Molly freundlich den Kopf zu tätscheln, während ich verstohlen mein Aufnahmegerät versteckte. »Gut erzogen, wie?«

Ja, hätte ich am liebsten gesagt. *So gut, dass ich auch das kleinste Detail Ihrer krummen Geschäfte mitgehört habe, Sir …*

Mollys Gegenwart half mir fraglos dabei, Hindernisse zu überwinden und Menschen aus der Reserve zu locken. Ein Paradebeispiel dafür war ein Auftrag in einer Scheidungssache, den ich angenommen hatte. Eine Anwaltskanzlei hatte mich im Auftrag ihres Klienten gebeten, mir einen sogenannten »Wohnbeleg«

für eine Immobilie in Chelsea zu verschaffen. Ein Mandant von ihnen wollte die happige finanzielle Unterstützung anfechten, die er seiner Ex-Frau Olivia zahlen musste, da er den Verdacht hegte, dass sie mit einem wohlhabenden neuen Partner zusammengezogen war und das zusätzliche Haushaltseinkommen nicht bei der Steuerbehörde angab. Sie hingegen behauptete, dass James, ihr Mitbewohner, nur ihr »Untermieter« sei. Mein Auftrag lautete, die Wahrheit ans Licht zu bringen.

Ich stellte das Haus auftragsgemäß unter Beobachtung. Ich konnte zwar keinen Untermieter ausfindig machen, ermittelte jedoch schnell, dass Olivia eine Studentin beschäftigte, die ihren Rauhaarzwergteckel Sherbet jeden Morgen im Burton Court Park ausführte. Genau um 8.30 Uhr, stellte ich fest, band die junge Frau den Hund gewissenhaft an einem Geländer an, holte sich einen Espresso von einem Erfrischungswagen, setzte sich auf eine Holzbank und gönnte sich eine zehnminütige Verschnaufpause.

Eines Morgens saßen Molly und ich rein zufällig am anderen Ende ein und derselben Bank, während die junge Frau an ihrem Kaffee nippte. Ich brauchte nur darauf zu warten, dass meine Hündin in Aktion trat. Sie konnte einem Meet & Greet einfach nicht widerstehen, und es dauerte nicht lange, bis sie zum anderen Ende der Bank tapste, um Hallo zu sagen.

Braves Mädchen, dachte ich, als ich sah, wie sie die Studentin mit der Schnauze am Bein anstupste. Die junge Frau fing an, ein Riesenbohei um sie zu machen, und erzählte mir, dass Cockerspaniels ihre Lieblingshunde wären. Dann band sie Sherbet los und ging ihres Weges. Am nächsten Tag unterhielten wir uns netter, und am Tag darauf noch mehr, und bis zum Ende der Woche hatte ich in Erfahrung gebracht, dass ihre Chefin mit einem wohlhabenden Hedgefondsmanager zusammenlebte, der oft geschäftlich nach Dubai jettete. Er war so vermögend, erzählte mir die Studentin, dass er sogar die Wohnungsmiete bezahlte, genau wie die Gehälter der drei Hausangestellten.

Meine parallel dazu ablaufenden Nachforschungen offenbarten, dass James ein ziemlich raffinierter und hinterhältiger Bursche war; er parkte seinen funkelnagelneuen Aston Martin in einer Nachbarstraße, zog Anzugjacke und Schlips aus, wenn er die kurze Strecke zum Haus zurücklegte, und betrat das Grundstück über einen privaten Hof dahinter. In der Woche darauf verschaffte ich mir zum Beweis das Filmmaterial einer Überwachungskamera, das ich auf einen USB-Stick kopierte und mit einem vollständigen Bericht an Henry, den Auftraggeber, schickte. Am nächsten Tag rief er mich ganz aufgeregt an.

»Ich kann es nicht fassen«, rief er. »Wir hatten drei Wochen lang eine andere Privatdetektei auf den Fall angesetzt, die nichts finden konnte. Wie haben Sie das geschafft?«

»Ich habe eine großartige Partnerin«, antwortete ich. »Sie ist die Beste in der Branche.«

»Wer sie auch ist, sie ist ein absoluter Star. Richten Sie ihr meinen herzlichen Dank aus?«

»Natürlich.« Ich tätschelte Molly lächelnd den Kopf.

Molly half mir auch bei meiner allgemeinen Detektivarbeit und diente mir oft als Tarnung, wenn ich eine betrügerische Tierstiftung oder eine nachlässig betriebene Tierpension untersuchte. Sie begleitete mich auch zu ein paar Suchaufträgen nach vermissten Katzen, die abhandenkamen, wenn die Temperaturen anstiegen und sich mehr Haustiere ins Freie wagten. Aber ich forderte sie nicht zu Geruchsabgleichen auf und entschloss mich, bei meinen Auftraggebern noch nicht für ihre besonderen Fähigkeiten zu werben, da wir auf Bramble Hill noch mitten in unserem Kompetenztraining steckten und noch viel zu verinnerlichen und zu verfeinern hatten.

Im Wesentlichen musste ich immer noch Mollys sichere Parameter feststellen, oder – wie ich es manchmal nannte – ihren »operativen Gefechtsrahmen«, ein Begriff, mit dem ich während meiner Fliegerei bei der Royal Navy vertraut geworden war. Wie effektiv wäre meine Hündin, wenn sie in bebauten Gebieten suchte, im Gegensatz zu freiem Gelände? Konnte sie bei Nässe oder Schnee suchen? Wie viele Pausen würde sie brauchen, und wie lang? Diese und andere Faktoren konnten sich auf ihre Fähigkeit auswirken, den Geruch einer vermissten Katze zu finden und abzugleichen.

Aber eins wusste ich ganz sicher: Mollys einzigartiges Talent konnte nur zum Einsatz gebracht werden, wenn sowohl sie als auch ich so weit waren. Innerhalb weniger Wochen war das wahrhaftig der Fall, und Molly und ich sollten unsere erste richtige Suche erleben und an jenem bedeutsamen Februarnachmittag mit Erfolg Rusty ausfindig machen.

8. Phillip, Holly und Racker Molly

Als Molly sechs Wochen bei uns in Cranleigh gelebt hatte, musste sich Sarah der harten Realität stellen: Diese muntere Cockerspaniel-Hündin war nicht nur eine verrückte Idee meinerseits, sondern zu einer festen Größe geworden, und auf einmal waren wir zu dritt. Diese Umwälzung war für meine bessere Hälfte nicht leicht gewesen. Wie viele veränderungsresistente Heimtiere konnte Molly anstrengend und renitent sein, und ich konnte es Sarah nicht verübeln, wenn sie sich vernachlässigt fühlte. Seit Weihnachten waren unsere romantischen Abende, Wochenendtrips und Auslandsreisen auf Eis gelegt, während meine Hündin meine gesamte Aufmerksamkeit verlangte und meine Freizeit in Beschlag genommen hatte.

Andererseits wusste Sarah meine Liebe zu Molly – genau wie meine langjährige Leidenschaft für das Katzenspürhund-Projekt – zu schätzen und hatte deshalb bemerkenswerte Geduld und Nachsicht an den Tag gelegt. Zweifellos hatte sie dabei oft mit den Zähnen geknirscht oder sich auf die Lippen gebissen, da sie selbst als Erste zugeben würde, dass sie mit Hunden nichts am Hut hatte. Sarah machte nicht einmal viel Aufhebens, als Molly die Absätze ihrer brandneuen Stiefel anknabberte, sondern übergab mir nur stillschweigend die Rechnung für das Ersatzpaar.

»Ich weiß, dass das schwer für dich war, Sarah, und dass ich dich oft vor den Kopf gestoßen habe«, sagte ich zu ihr, als wir eines Abends auf dem Sofa kuschelten, während Molly auf dem Perserteppich lag und an ihrem Lieblingsspielzeug herumkaute. »Das ist die Untertreibung des Jahres«, antwortete meine Freundin mit einem ironischen Lächeln.

»Aber ich finde wirklich, dass Mollys Verhalten sich verbessert, Schatz. Sie wird viel ruhiger, und die Anfangsschwierigkeiten scheinen sich langsam zu legen.«

»Mmmm ... vielleicht ...«

Ich verwuschelte liebevoll ihr langes blondes Haar.

»Man weiß nie, eines Tages können wir sie vielleicht bei meinen Eltern absetzen und in dieses Hotel in den Cotswolds fahren, das dir so gefällt.«

»Das wäre schön.« Sarah nickte. Doch ihr Lächeln ging in eine Grimasse über, als Molly plötzlich einen Batzen aus halb gekautem Gras hochwürgte und auf den Teppich spuckte. (Am Tag zuvor hatte meine Partnerin ein ähnliches Gesicht gezogen, als sie ein aufrechtstehendes pechschwarzes Hundehaar in ihrem Thunfisch Niçoise gefunden und den Teller wie ein Frisbee in die Spülmaschine geschleudert hatte.)

»Molly, das ist pfui«, sagte ich stirnrunzelnd und schaufelte mithilfe einer zusammengerollten Zeitung die schleimig-grüne Schweinerei auf. Sarah seufzte nur kopfschüttelnd. Molly blickte zu uns beiden auf und fragte sich wahrscheinlich, was die ganze Aufregung sollte.

Es gab keinen Zweifel, dass meine Hündin immer noch eine gewisse Frostigkeit vonseiten der anderen Frau im Haus verspürte. Während die Wochen ins Land zogen, hatte ich mit Interesse beobachtet, wie Molly – in der Regel vergeblich – versuchte, sich bei Sarah einzuschmeicheln, indem sie ihr durchs gesamte Haus folgte oder sie mit wehmütigem Blick fixierte, um so vielleicht die Pattsituation aufzulösen.

Na schön, Tante, ich weiß ja, dass ich von dir nicht die gleiche Aufmerk-

samkeit kriegen werde wie von Herrchen, schien sie mit großen Kulleraugen zu sagen, *aber wie kannst du einen Hund wie mich nicht mögen?*

Als Chef einer der führenden britischen Tierdetektiv-Agenturen war ich daran gewöhnt, eine Vielzahl von Medienanfragen zu bekommen. Ich wurde oft von Nachrichtensendern über mein Metier befragt oder um eine Stellungnahme zu aktuellen Problemen gebeten, die mit Haustieren zu tun hatten – die Zunahme illegaler Hunde-Massenzuchtbetriebe zum Beispiel, oder die zur Landplage gewordenen Hundediebstähle. Sam und ich sorgten gelegentlich dafür, dass in der Lokalpresse und in Tiermagazinen über unsere erfolgreichsten Fälle berichtet wurde, die neben den Artikeln auch Fotos von freudestrahlenden Besitzern druckten, die ihre kürzlich geretteten Fellnasen herzten. Das war für alle ein Gewinn: fünfzehn Minuten Ruhm für meine Klienten und ihre Haustiere, Wohlfühl-Content für die jeweiligen Medien und fantastische PR für meine Dienstleistung.

Auch Radio- und Fernsehsender klopften bei mir an, und Anfang 2017 erhielt ich eine Anfrage, in der ITV-Sendung *This Morning* aufzutreten. 1988 erstmals ausgestrahlt, ist sie eine der langlebigsten und erfolgreichsten Tagesfernsehsendungen Großbritanniens – eine Chance, die ich mir auf keinen Fall entgehen lassen konnte.

»Wir bringen einen Beitrag über den Anstieg von Hundediebstählen in Großbritannien, Colin«, erklärte mir die Programmleiterin, »und wir wären sehr an der Meinung und den Einblicken eines echten Tierdetektivs interessiert.«

Die Moderatoren Phillip Schofield und Holly Willoughby würden mich auf dem *This Morning*-Sofa interviewen, und dann gäbe es eine Live-Schaltung zu Hayley, einer ehemaligen Klientin von mir, deren Chihuahua-Hündin im vorigen Oktober gestohlen worden war. Dank akribischer Ermittlungen seitens UKPD war Mouse (aufgrund ihrer Größe so benannt) schließlich gefunden worden – wenn auch in sehr schlechtem Zustand.

»Klingt toll«, antwortete ich. »Ich komme sehr gern.«

Sam, die auf der Bramble Hill Farm fraglos am Fernseher kleben würde, willigte ein, sich um Molly zu kümmern, während ich in London war, und ich fing an, mich auf meinen Primetime-Plausch mit Phillip und Holly zu freuen.

Doch am Vorabend – nicht lange, nachdem ich mit Molly von einer sehr matschigen Übungssuche zurückgekehrt war – rief die Programmleiterin noch einmal an. Es stellte sich heraus, dass einer der *This Morning*-Gäste, irgendein Schauspieler oder Sänger, sie versetzt hatte. Um die entstandene Lücke zu füllen, hatten sie daher beschlossen, dem Hundediebstahl-Feature mehr Zeit einzuräumen.

»Wir geben Ihnen die doppelte Sendezeit. Deshalb haben wir uns gefragt, ob Sie vielleicht Ihre Hündin Molly mitbringen möchten«, sagte sie. »Ich habe gehört, dass sie was Besonderes ist – sie spürt Katzen auf, nicht wahr? –, und unsere Zuschauer würden sie ganz sicher *lieben*.«

Ich war ziemlich perplex und drückste erst einmal herum, bevor ich mich entschied. Auch wenn Mollys bahnbrechendes Wiederauffinden von Rusty aufgrund von Mundpropaganda Wellen geschlagen hatte, war mir wirklich nicht klar gewesen, dass sich die Nachricht von ihrem einzigartigen Talent weiterverbreitet hatte. Meine Absicht war gewesen, Molly einstweilen gegen die Medien abzuschirmen, da ich gern noch mehr erfolgreiche Suchaktionen vorzuweisen gehabt hätte und meine Hündin noch viel zu lernen hatte. Doch obwohl ich mich so bedeckt hielt, hatte ich Anfragen von furchtlosen Lokalreportern ausschlagen müssen, denen Gerüchte über einen in Surrey ansässigen Tierdetektiv und seine unglaubliche gerettete Cockerspaniel-Hündin zu Ohren gekommen waren. Manche hatten von unserer Partnerschaft Wind bekommen, als Medical Detection Dogs während Mollys Ausbildung in Milton Keynes Aufrufe an die Einheimischen lanciert hatte, Katzenhaarproben zu spenden, woraufhin die Schreiberlinge tiefer gegraben hatten.

»Was denken Sie, Colin?« Die Programmleiterin ließ nicht locker. »Wäre das möglich? Der Regisseur muss in den nächsten Minuten Bescheid bekommen …«

»Na schön, einverstanden«, sagte ich vielleicht wider besseres Wissen.

»Keine Sorge«, sagte sie. »Wir hatten schon viele Tiere und Haustiere in der Sendung. Wir sind echte Profis.«

Sobald ich aufgelegt hatte, beförderte ich Molly sofort in die Badewanne. Wenn sie Phillip und Holly traf, durfte sie nicht nach Ententeich stinken.

Am nächsten Tag kamen wir in aller Frühe in den ITV-Studios in South Bank an und wurden schnurstracks in den Aufenthaltsraum von *This Morning* geführt. Ich holte mir einen Kaffee und kam schon bald mit einem anderen Gast ins Gespräch, einem führenden Herzchirurgen, der von Molly total begeistert war und von ihrer Geschichte bezaubert zu sein schien. Nach zehn Minuten hatten jedoch eine Blindenhündin namens Luna und ihr Führer den Aufenthaltsraum betreten (die Sendung hatte offenbar schon seit Monaten die Fortschritte des Labradoodle-Welpen verfolgt), und das kleine Schätzchen wollte mit Molly spielen. Das war das Letzte, was ich gebrauchen konnte. Ich hatte vorgehabt, Molly vollkommen ruhig zu halten, bevor wir live auf Sendung gingen, und dieser kleine Hund fing an, sie aufzuputschen.

»Ich finde, wir sollten sie getrennt halten«, schlug ich Lunas Hundeführer vor, als die beiden sich anbellten. »Sie werden ein bisschen zu aufgeregt, nicht?«

Zum Glück war es für Luna bald an der Zeit, ins Studio zu gehen. Zurück blieben eine aufgedrehte Cockerspaniel-Hündin und ein sehr gestresster Besitzer.

Fünf Minuten später führte uns ein Mitglied des Produktionsteams in das Ausweichstudio, das nahezu identisch mit dem Haupt-Set von *This Morning* war. Es wurde bei technischen Pannen als Reserve genutzt sowie als Warteraum für Gäste, bevor sie an der Reihe waren. Auch wenn es hier viel ruhiger war als in dem beengenden Aufenthaltsraum, schwand jede Hoffnung darauf, Molly zu beruhigen, als ein junger Laufbursche mit einer Schachtel voller Hundespielzeug hereingehüpft kam. Er meinte es bestimmt nur gut, doch mir wurde schwer ums Herz.

»Mir … mir … mir wäre es lieber, wenn Sie ihr die nicht zeigen würden. Das wird sie überstimulieren, sie wird ausflippen …«, stammelte ich und verstummte, als mir klar wurde, dass der Schaden bereits angerichtet war. Mollys überempfindliche Nase hatte sofort den vertrauten Geruch biegsamer Gummi-Knochen und flauschiger Tennisbälle wahrgenommen und war jetzt auf Spaß und Spiel programmiert.

»Keine Sorge, hier ist Platz genug zum Spielen«, sagte der Laufbursche grinsend, der meine Grimasse ignorierte und unbekümmert einen Ball quer durch den Raum warf. »Wir hatten schon massenhaft Hunde hier drin.«

Molly jaulte aufgeregt und sauste auf ihre Beute zu, kam jedoch am Ende der Leine abrupt zum Stillstand. Dann vollführte sie einen comichaften Sprint auf der Stelle und zerrte an der Leine, um an den jungfräulichen Tennisball zu gelangen, der wenige Meter entfernt lag. Ich musste Molly langsam zurück zum Sofa einholen, als wollte ich einen Riesenfisch an Land ziehen.

»Ganz schön lebhaft, was?«, nickte der Laufbursche, als ich ihm einen vernichtenden Blick zuwarf.

Genau in dem Moment kam der Aufnahmeleiter herein, gefolgt von einem Kameramann, der mit einer *Pssst*-Geste den Zeigefinger vor die Lippen hielt. Mir wurde ein Kameraobjektiv ins Gesicht gehalten, während aus dem angrenzenden Studio ein Audio-Feed dröhnte.

»Nach der Pause lernen wir einen echten Tierdetektiv und seine Hündin Molly kennen, die dazu ausgebildet wurde, Katzen aufzuspüren«, verkündete die bekannte Stimme von Phillip Schofield. *This Morning*-Zuschauer von Penrith bis Penzance werden dann miterlebt haben, wie die Kamera einen Schwenk auf einen Mann in den Fünfzigern mit schweißnasser Stirn und eingefrorenem Lächeln machte, der verzweifelt versuchte, einen durchgeknallten Cockerspaniel im Zaum zu halten. Es war ein unglücklicher Start unseres Star-Auftritts im Primetime-Fernsehen, und – glauben Sie mir – es sollte nur noch schlimmer werden.

»Zeit für Sie, kurz mit dem Moderatorenteam zu plaudern und sich auf dem Sofa zu entspannen.« Der Aufnahmeleiter lächelte und bedeutete uns, ihm zu folgen.

Meine Hündin ist alles andere als »entspannt«, hätte ich am liebsten gesagt. *Dank Ihres Laufburschen da drüben ist sie total aufgekratzt ...*

Holly Willoughby war bezaubernd und schien sich aufrichtig über unseren Besuch zu freuen. Sie selbst liebte auch Hunde, erzählte mir alles über Benny, ihre Französische Bulldogge, und dankte mir ausdrücklich dafür, dass ich Molly so spontan mitgebracht hatte. Phillip hingegen kam mir nicht ganz so herzlich vor. Zugegeben, Molly blieb weiterhin nervös und aufgedreht (sie war immer noch scharf auf das Spielzeug im anderen Studio), und ich wirkte vermutlich leicht gestresst, doch er sah nur schweigend und mit versteinerter Miene zu, während ich mit seiner Co-Moderatorin plauderte. Aufgrund seiner jahrelangen Erfahrung wusste er zweifellos ganz genau, wann er es mit einem schwierigen Hund zu tun hatte. Ich versuchte die ganze Zeit über, Molly zu beruhigen, indem ich ihr den Nacken kraulte und ihre seidenweichen Ohren streichelte, doch das kleine Biest wollte nichts davon wissen.

Die Werbepause war zu Ende, der vertraute *This Morning*-Jingle ertönte, und wir waren auf Sendung und strahlten in die Wohnzimmer von Millionen Haushalten in Großbritannien. Phillip und Holly stellten mich als »echten Tier-Detektiv« vor und gingen dazu über, mich über den Anstieg von Hundediebstählen auszufragen und sich zu erkundigen, wie ihre Zuschauer ihre Vierbeiner am besten schützen könnten. Ich riet vom Gassigehen in der Abenddämmerung ab – meiner Erfahrung nach wurden viele Hunde zu dieser Tageszeit gestohlen – und wies darauf hin, dass man sein Tier im Auto oder in der Innenstadt niemals allein lassen sollte. Außerdem betonte ich, wie wichtig es ist, mit seinem Hund einen sicheren Rückruf zu trainieren, und empfahl, besonders wachsam zu sein, falls es in der Gegend eine Diebstahlserie geben sollte, die die Rasse des eigenen Hundes betraf.

»… und wenden Sie sich immer als Erstes an die Polizei, wenn Sie überzeugt sind, dass ein Diebstahl vorliegt«, fügte ich hinzu. »Sie ist verpflichtet, diesen Fällen nachzugehen.«

Dann fragten sie mich über Mollys Fähigkeit, Katzen aufzustöbern, aus. Ich antwortete so kurz und prägnant wie möglich, doch es fiel mir schwer, konzentriert zu bleiben, da Molly aufgedreht und mit weit aufgerissenen Augen permanent an der Leine zog.

»Worauf hat sie es denn abgesehen?«, fragte Phillip beunruhigt, als Molly laut winselte.

»Auf das Hundespielzeug nebenan«, antwortete ich mit zusammengebissenen Zähnen.

»Wenn Sie wollen, können Sie sie von der Leine lassen«, schlug Holly vor. »Sie darf ruhig spielen gehen.«

»Oh nein, sie würde nicht zurückkommen«, sagte ich nervös lächelnd. »Sie würde sich auf Nimmerwiedersehen in den Studios verlaufen.«

Wahrscheinlich hielten sie mich für melodramatisch, aber sie konnten ja nicht ahnen, dass ich Molly nur selten aus den Augen ließ (außer von mir wurde Molly nur von Sarah, meinem Sohn Sam und meiner Kollegin Sam Gassi geführt), und die Vorstellung, dass sie in den höhlenartigen South-Bank-Studios Amok laufen könnte, erfüllte mich mit Schrecken.

Als wir unbeirrt mit dem Interview weitermachten, während die widerspenstige Molly auf das blaue L-förmige Sofa zu klettern versuchte, nahm ich hinter den Kulissen eine gewisse Unruhe wahr. Anscheinend war der Regisseur besorgt, dass ich Mollys Leine zu straff hielt (was wirklich nicht der Fall war), und befürchtete, dass dies eine Lawine aus Zuschauerbeschwerden lostreten könnte. Ich kann nur vermuten, dass Phillip über seinen Ohrhörer die Anweisung erhielt, mir Molly abzunehmen, denn er sprang plötzlich vom Sofa auf und schnappte sich ihre Leine.

»Macht ihr zwei nur weiter, ich kümmere mich um Molly«, sagte er lächelnd, bevor er mit ihr vom Set und aus meiner Sichtlinie verschwand. Mein Beschützerinstinkt meldete sich prompt, und für einen Sekundenbruchteil erwog ich, hinter Phillip herzulaufen und meinen Hund zurückzuverlangen. Doch dann wurde mir klar, dass ich mich mitten in einer Live-Übertragung befand und mir nichts anderes übrigblieb, als die Nerven zu behalten und weiterzumachen. Doch hinter der ruhigen Fassade war ich panisch.

Wo ist mein Hund?, rief eine Stimme in meinem Kopf. *Wo zum Teufel ist mein Hund?* Das Blut gefror mir in den Adern, als ich mir vorstellte, dass Phillip versehentlich die Leine loslassen könnte und meine geliebte Cockerspaniel-Hündin sich in dem Labyrinth aus Fluren verlaufen oder in einem leeren Studio festsitzen könnte.

Nach ein paar qualvollen Minuten – inzwischen schwitzte ich aus allen Poren – sah ich, wie ein schwarzer Fellblitz zurück ins Studio schoss und unter das Sofa hechtete. Ein recht erschöpft wirkender Phillip folgte ihr und setzte sich wieder neben Holly. *Puh!*, dachte ich. *Molly ist in Sicherheit.*

»…und jetzt schalten wir zu einer ehemaligen Kundin von Colin, deren Hündin zielgerichtet gestohlen wurde«, verkündete Phillip, während Aufnahmen von Hayley, die in ihrem Haus in Hampshire mit ihrer winzigen Chihuahua-Hündin auf dem Schoß ins Studio gesendet wurden. Sie beschrieb gefühlvoll und wortgewandt die traumatischen Ereignisse, in deren Verlauf die arme Mouse auf Bestellung aus einer Tierpension entwendet worden war, und erklärte, wie wir von UK Pet Detectives dabei geholfen hatten, sie wieder mit ihrer Hündin zusammenzuführen, indem wir die Diebe ermittelten und schließlich den Kontakt zu ihnen herstellten. Es war ein furchtbar verstörender Fall, der darauf hinausgelaufen war, dass meine Klientin Mouse von den Tätern hatte zurückkaufen müssen, die damit drohten, sie auf einem Flohmarkt zu verkaufen. Das kleine Schätzchen war ausgemergelt und kaum wiederzuerkennen gewesen, als wir es zurückbekamen, und hatte zudem noch eine Schwanz- und Kieferfraktur erlitten. Als Hayley Mouse in diesem erbarmungswürdigen Zustand sah, war sie in Tränen ausgebrochen.

Doch während Hayley würdevoll der ganzen Nation diese entsetzliche Geschichte erzählte, musste sie das zu einer Begleitmusik aus Grunzen und Schnauben tun, da Molly geräuschvoll das *This Morning*-Sofa von unten erkundete. Als sei das noch nicht peinlich genug, steuerte meine Hündin schnurstracks auf Holly zu und fing an, am Saum ihres langen lachsrosa Rocks zu schnüffeln.

Die blonde Moderatorin brach in Gelächter aus.

»Sie leckt an meinen Füßen!«, rief sie aus und verzog das Gesicht, während Hayley – die keine Ahnung hatte, was vor sich ging – total konsterniert aussah.

»Sie mag Sie«, sagte ich und bereute sofort, wie dümmlich das geklungen haben musste.

Molly sprang aufs Sofa und kletterte, die Leine hinter sich herschleifend, über die Rückenlehne. Dann drückte sie sich hinter Phillip und Holly herum und schlug ihnen mit ihrem langen schwarzen Schwanz in den Nacken, während sie versuchten, vom Teleprompter abzulesen. Und klar, die Studiohelfer und Kameraleute mögen laut gelacht haben, doch ich wäre am liebsten im Boden versunken. Molly war als ein äußerst professioneller, hochqualifizierter Spürhund angepriesen worden, und jetzt führte sie sich auf wie ein undisziplinierter Hosenmatz und ging in die Annalen von »Pleiten, Pech und Pannen« ein.

»Ehrlich, zu Hause macht sie das nicht«, sagte ich kleinlaut, bezweifelte jedoch, dass irgendwer im Studio mir glaubte.

»So stiehlt man anderen die Show«, sagte Phillip süffisant, bevor er unweigerlich das Interview beendete. »Vielen Dank, Colin, es war schön, Sie kennenzulernen«, fügte er noch hinzu, doch ich war mir nicht so sicher, dass er es ernst meinte.

Auf der Fahrt aus der Hauptstadt heraus, während Molly hinten im Wagen tief und fest schlief und sich mein Blutdruck langsam wieder normalisierte, rief ich Sarah an. Aus meiner Freisprecheinrichtung ertönte ein lautes Kichern.

»Sag mir die Wahrheit, Sarah. Es war eine Katastrophe, nicht?«, fragte ich.

»Überhaupt nicht«, widersprach sie, als sie erst einmal mit dem Lachen aufgehört hatte. »Das war großes Kino, Colin. Molly war urkomisch, und ich wette, die Zuschauer waren begeistert.«

»Bist du dir da sicher?«

»Klar. Es war wie *Morecambe and Wise* in ihrer Glanzzeit. Molly war die Lustige, für Slapstick Zuständige, und du der Ernste und Geradlinige. Ehrlich, es war eine Sternstunde des Fernsehens.«

Die restliche Heimfahrt verbrachte ich damit, über diesen bizarren Vormittag nachzudenken und – sosehr es mich auch schmerzte – mein Urteilsvermögen infrage zu stellen. Rückblickend kam ich zu dem Schluss, dass ich Molly wahrscheinlich hätte zu Hause lassen und vom Rampenlicht fernhalten sollen. Vermutlich wollte ich wie ein stolzer Vater mit ihr angeben, doch dabei hatte ich nicht berücksichtigt, dass sie in ihrem tiefsten Inneren noch eine erregbare gerettete junge Hündin war und naturgemäß einen Hang zu Dummheiten hatte. Wie viele Haustiere würde sie niemals die Regeln und Vorschriften eines Live-Fernsehstudios einhalten, und es war unfair von mir gewesen, mehr von ihr zu erwarten.

»Tut mir sehr leid, Molls«, grummelte ich, während aus ihrer Box ein Schnarchen ertönte.

Doch wenige Stunden später stellte sich heraus, dass Sarah mit ihrem Urteil ins Schwarze getroffen hatte. Mollys Eskapaden waren bei den *This Morning*-Zuschauern super angekommen und hatten sich zu meiner Überraschung auch im Internet rasend schnell verbreitet. Filmaufnahmen davon, wie meine Hündin Chaos anrichtete, waren auf dem YouTube-Kanal der Show sowie auf der Webseite der *Sun* hochgeladen worden, wobei sich Letztere mit dem Werbeslogan »Sie leckt an meinen Füßen« hervortat.

Am selben Abend sahen Sarah und ich uns das Interview noch einmal an (wobei ich zugegebenermaßen die meiste Zeit peinlich berührt durch meine Finger lugte). Molly lag mir auf dem Teppich ausgestreckt zu Füßen, nachdem sie einen langen, belebenden Waldspaziergang genossen und sich einen Napf mit ihrem Lieblingsfressen hatte schmecken lassen.

»Einmal eine Diva, immer eine Diva, Molly«, sagte ich zu ihr, als sie mit ihren braunen Penelope-Cruz-Augen zu mir aufblickte und fragend die Augenbraue hob, so als wollte sie sagen: *Ich kann nichts dafür, wenn die Leute mich lieben…*

Als wir weiter Fernsehen sahen, stellte ich mit Interesse fest, dass meine Hündin langsam, aber sicher versuchte, sich an Sarah anzukuscheln. Die Haltung meiner Freundin zu ihr schwankte immer noch zwischen Toleranz und Ambivalenz, doch Molly war nicht bereit, ihre Charmeoffensive aufzugeben. Ich konnte mir ein Lächeln nicht verkneifen, als ich beobachtete, wie sie ihr Kinn auf Sarahs linke Socke legte, den Kopf an ihren Knöchel lehnte und sich dabei so dicht wie möglich an sie heranschob, bis Sarah es bemerkte und verdrießlich ihre Beine wegzog.

»Merk dir meine Worte, eines Tages werdet ihr zwei auf diesem Sofa kuscheln«, sagte ich grinsend.

»Auf keinen Fall«, sagte Sarah mürrisch. »Das überlasse ich alles dir. Nein danke, ich habe lieber keine Hundehaare auf meiner Hose.«

Molly tapste leicht resigniert zu mir zurück und rollte sich auf dem Teppich zusammen.

Nicht aufgeben, Süße, hätte ich am liebsten zu ihr gesagt. *Du wirst sie irgendwann bekehren, ich weiß es einfach…*

Mir war es wichtig, dass wir unseren guten Lauf, was die Suchaktionen betraf, nicht verloren, da es sowohl Mollys als auch mein Selbstvertrauen stärken würde. Als Sam wenige Wochen später einen Anruf wegen einer vermissten Katze in East Sussex entgegennahm, war ich also erpicht darauf, der Sache nachzugehen.

Die betreffende Kundin, Cat Jarvis, arbeitete als Pressesprecherin für Cats Protection, eine namhafte Katzen-Wohltätigkeitsorganisation, und hatte in solch blinder Panik bei uns im Büro angerufen, dass sie kaum sprechen konnte. Irgendwann hatte Sam es geschafft zu ergründen, dass Phoenix, ein wunderschöner reinrassiger Bengalkater, vor vier Tagen spurlos verschwunden war. Jedes Jahr im März gab es einen Anstieg solcher Fälle; die Abende wurden heller, was bedeutete, dass Kater wie Phoenix länger im Freien blieben.

»Er ist irgendwo eingesperrt, ich weiß es«, jammerte Cat, »und ich habe solche Angst, dass er nicht überleben wird.«

Zum Glück hatte ich an jenem Morgen keine anderen Ermittlungen geplant und konnte der Sache als Notfall Priorität einräumen. Eine durchschnittliche Woche bei uns beinhaltete gewöhnlich etwa zwanzig neue Anfragen; einige waren dringend, was ich »Eil«-Ermittlungen nenne, während andere in die Kategorie langwieriger oder »Dauerbrenner«-Fälle fielen. Normalerweise versuchte ich, sechs Ermittlungen parallel durchzuführen und meine Zeit danach auf jede einzelne zu verteilen, wie und wann es nötig war. Dabei hielt ich mir jedoch immer Zeit frei, um auf Notfall-Anrufe wie Cats sofort reagieren zu können. Darüber hinaus musste ich gewährleisten, dass Stefan mich über die Fortschritte unserer Privatdetektiv-Fälle auf dem Laufenden hielt, von denen sich viele monatelang hinzogen. Das bedeutete, dass ich oft sechs Tage in der Woche arbeitete, was nicht gerade ideal war.

Sam, Molly und ich fuhren die kurze Strecke zum Haus unserer Auftraggeberin, die, als sie uns die Tür öffnete, meiner Kollegin schluchzend in die Arme fiel. Wir waren den Umgang mit traumatisierten Tierhaltern gewohnt, doch die Frau war total verzweifelt. Sie war verstört, derangiert und leichenblass; der Verlust ihres Katers hatte sie schwer getroffen.

Da dies einer der eiligen Fälle war, hatte ich noch keine Gelegenheit gehabt, von der Besitzerin Hintergrundinformationen zu erhalten. In einer Idealsituation hätte ich ein dreißigminütiges Telefongespräch mit der Kundin geführt, um Details über die Gesundheit, die Ernährung, das Temperament, die täglichen Aktivitäten und das Verhalten des Tieres gegenüber anderen Haustieren und Menschen zu erfahren. Diese Tatsachenfeststellung hilft mir gewöhnlich bei der Entscheidung, ob ich einen Fall annehme oder nicht, sowie bei der Auswahl der bestmöglichen Strategie. In diesem Fall jedoch bedeutete der fehlende Kontext, dass wir unvorbereitet an den Fall herangingen, was durchaus nicht meine bevorzugte Methode ist; doch wenn Phoenix in einem Gebäude gefangen war (wie seine Besitzerin vermutete), mussten wir ihn so bald wie möglich ausfindig machen.

Aufgrund von Cats Gemütszustand wurde mir klar, dass wir zuerst ihr Trauma angehen mussten, bevor wir ihr aussagekräftige Details über Phoenix und die Umstände seines Verschwindens abringen konnten. Bei solchen Gelegenheiten kam meine polizeiliche Erfahrung zum Tragen. Als Polizeikommissar in den 1990er-Jahren in Surrey hatte ich gemeinsam mit einem Kollegen eine Opferschutz-Initiative entwickelt, die die Ausbildung spezialisierter Beamter als Traumaberater ermöglichte. Dabei erlernten sie den mitfühlenden Umgang mit verzweifelten Personen – zum Beispiel mit den Eltern eines vermissten Kindes –, während sie ihnen behutsam Informationen entlockten, die bei den Ermittlungen helfen würden. Die Einstellung hochqualifizierter Fachkräfte zur Ausübung dieser heiklen Funktion entlastete die Kripobeamten und erlaubte es ihnen, sich auf das Verbrechen selbst zu konzentrieren. Die Initiative war sogar so erfolgreich, dass sie auch bei der Polizei in anderen Grafschaften eingeführt wurde.

Wenige Jahre später und im Rahmen meiner Arbeit bei UKPD erschien es mir logisch, verzweifelten Katzenbesitzern die gleiche Unterstützung und Beratung anzubieten. Im Laufe der Zeit hatte ich gelernt, dass es manchen menschlichen Gehirnen schwerfiel, zwischen dem Trauma eines vermissten Kindes und dem eines vermissten Haustieres zu unterscheiden, und aus diesem Grund setzte ich genau die gleichen Beratungstechniken ein. Ich gab meinen Klienten die Möglichkeit, ihrem Schmerz und ihren Ängsten Ausdruck zu verleihen, und wenn sie mir ihr Herz ausgeschüttet hatten, wurden sie bald ruhiger und rationaler. Dann stellte ich ihnen vorsichtig und diplomatisch die Fragen, die es mir erlaubten, mir ein Bild vom Charakter und von den Neigungen des Tieres zu machen, und die Suche zu koordinieren. Sobald sie ihre Gefühle wieder unter Kontrolle hatten, bekam ich diese Informationen meist aus ihnen heraus.

Der einzige Nachteil dieses personenzentrierten Ansatzes bestand darin, dass die Klienten ihre Hoffnungen und Ängste oft auf mich übertrugen, was den Druck auf mich erhöhte, Ergebnisse zu liefern.

»Ich zähle darauf, dass Sie diesen Alptraum beenden. Sie sind meine letzte Rettung«, lautete oft die Reaktion.

Genau das geschah mit Cat, die sich im Wohnzimmer ihrer Doppelhaushälfte aus den Dreißigerjahren ausweinte und mich anflehte, Phoenix zu finden. Der Schock, ihren Kater verloren zu haben, hatte sie nahezu handlungsunfähig gemacht, sodass sie, anders als die meisten meiner Klienten, nicht die Kraft aufgebracht hatte, das Naheliegende zu tun. Ihre Erkundigungen in der Nachbarschaft, ihre Plakat-Aktionen und ihr Einsatz der sozialen Medien waren recht planlos verlaufen.

»Mir scheint, wir müssen ganz von vorn anfangen«, flüsterte ich Sam zu.

An jenem Morgen beschloss ich, eine sogenannte Feuerrad-Strategie anzuwenden, d.h., von innen zu beginnen und spiralförmig nach außen zu gehen. Ich googelte auf meinem iPad eine Landkarte, markierte darauf Cats Haus, kartierte Phoenix' vermutliches Revier und identifizierte die Gärten und Nebengebäude in diesem Einzugsbereich. Außerdem nahm ich für Molly eine Probe von Phoenix' Geruch (unser Paradestück, wie ich hoffte), um die Chancen, ihn wiederzufinden, zu maximieren. Meine fragile Klientin, die Arme, hatte sich in Tränen aufgelöst, als sie mir die mit Haaren übersäte Decke ihres Haustieres übergeben hatte.

Gegen meinen Rat – ich hatte ihr dringend empfohlen, im Haus zu bleiben – bestand Cat darauf, uns auf der Suche im Dorf zu begleiten. (»Dann fühle ich mich ihm näher«, hatte sie gesagt.) Unsere erste Aufgabe bestand darin, von Tür zu Tür zu gehen und nachzufragen. Wir zeigten den Nachbarn ein Foto von Phoenix – ein fantastisch aussehender Kater mit markanten marmorierten graubraunen Markierungen –, bevor wir sie über seinen Verbleib befragten und so ein Verhaltensmuster festzulegen versuchten. Genau wie damals als Streifenpolizist in Farnham versuchte ich, mit so vielen Nachbarn und Zeugen wie möglich zu sprechen.

»Wann haben Sie ihn zum letzten Mal gesehen?«, fragte ich. »Sehen Sie ihn regelmäßig? Und zu welcher Tageszeit ungefähr? Hat er in Ihrem Garten einen Lieblingsplatz? Haben Sie ihn mit anderen Katzen gesehen?«

Eine Haustür wurde von einer jungen Frau im Morgenmantel geöffnet, die einen Blick auf mich warf, dann einen auf Molly, und vor Schreck nach Luft schnappte.

»Du meine Güte!«, rief sie, bevor sie zum Fuß der Treppe rannte. »Kinder, steht auf, ihr werdet nicht glauben, wer an der Tür ist.«

Neben ihrer Mutter erschienen zwei verschlafene Kinder im Schlafanzug und rieben sich die Augen. Allerdings waren sie schnell hellwach, als sie den Hund in der Tür sahen.

»*Das ist ja Molly!*«, kreischten sie im Chor. »*Molly, der Frechdachs!*«

Die zwei Kurzen und ihre Mutter gehörten zu den Millionen von Zuschauern, die erst vor wenigen Wochen Mollys Abenteuer in *This Morning* gesehen hatten. Ich erlaubte ihnen, sie ein paar Minuten zu streicheln. Die freudige Reaktion der Kinder war rührend mitanzusehen, und Molly genoss die Aufmerksamkeit in vollen Zügen. Wie es schien, war ihr Promi-Status am Wachsen.

»Du wirst dich daran gewöhnen müssen, die zweite Geige zu spielen, Colin«, sagte Sam lachend. »Molly ist jetzt der Star.«

Als die Fan-Verehrung abgeflaut war, und die Kinder in ihr Zimmer zurückgegangen waren, fragten wir nach Phoenix.

»Oh, ich kenne diesen Kater. Er ist ein prachtvoller kleiner Bursche«, sagte die Frau. »Er kriecht normalerweise unter meine Ligusterhecke und bleibt dort etwa eine Stunde lang sitzen, aber ich fürchte, ich habe ihn seit dem Wochenende nicht mehr gesehen.«

Andere Nachbarn wussten Ähnliches zu berichten. Er saß oft auf dem Zaun von Nummer 12, um die Futterstelle für die Vögel zu beobachten, und sonnte sich auf der Terrasse von Nummer 23, war jedoch in letzter Zeit nicht gesehen worden. Diese Informationen, in Kombination mit der Tatsache, dass Molly in keinem der Gärten einen Geruch wahrgenommen hatte, der stark genug gewesen wäre, vermittelte mir den Eindruck, dass eines von drei Ereignissen eingetreten war. Phoenix war entweder eingeschlossen, als blinder Passagier mitgenommen worden oder ums Leben gekommen. Um Cats willen hoffte ich von ganzem Herzen, dass es nicht Letzteres war.

Nach einer kurzen Mittagspause mit einer Cornish Pasty zum Mitnehmen für die Menschen und einer Handvoll Hundekekse für die Spaniel-Hündin nahmen wir die Suche wieder auf. Ich führte Molly Phoenix' Geruch noch einmal zu und, als wir über eine breite belaubte Allee schlenderten, bemerkte, dass sie ein bisschen aufgeregt wurde. Sie lief schneller und wedelte heftiger mit dem Schwanz, als wir an einem riesigen eingezäunten und abgesperrten Grundstück mit einem riesengroßen karreeförmigen Garten vorbeikamen, in dessen Einfahrt zwei Angeberautos standen.

Beim Anblick dieses Hauses blitzte das Bild von Oscar vor mir auf, dem verängstigten und abgemagerten Kater, den ich im Gartenschuppen eines ähnlichen Hauses kauernd gefunden hatte und der – was mir das Herz zerrissen hatte – kurz darauf gestorben war. Da ich ihn meiner Meinung nach nicht schnell genug geortet hatte, hatte ich mir eine Teilschuld daran gegeben, und in der Folge hatten meine Versäumnisse als Katalysator dafür gedient, nach einer Katzenspürhündin wie Molly zu suchen. Dass ich nun genau mit dieser Hündin zusammenarbeitete, um eine Katze in Gefahr zu retten, erschien mir sowohl surreal als auch befriedigend.

Das ist genau *der Grund, warum ich jetzt Molly habe*, sagte ich mir. *Noch einen Fall wie den von Oscar stehe ich nicht durch. Ich muss in diesen Garten rein, und zwar dalli ...*

Während meine Hündin mit jeder Sekunde aufgeregter wurde – sie hatte eindeutig den Geruch in der Nase –, marschierte ich zu dem großen schwarzen Tor des Grundstücks und drückte auf die Türklingel. Keine Reaktion. Ich klingelte wieder und wieder; immer noch keine Antwort. Erst als ich mich gute zwanzig Sekunden gegen die Türklingel lehnte, ertönte endlich knisternd eine Stimme durch die Gegensprechanlage.

»Hören Sie bitte mit dem Klingeln auf«, blaffte eine Frau mit breitem Manchester-Akzent. »Die Bewohner sind momentan nicht zu Hause.«

»Entschuldigen Sie. Ich glaube, es gibt ein Problem mit Ihrer Klingel, aber wir suchen nach einer verschwundenen Katze, und ein Nachbar hat gesehen, dass sie in Ihren Garten gelaufen ist.«

Ich bin nicht stolz darauf, aber ich muss mir oft kleine Notlügen ausdenken, um mir Zutritt zu verschaffen.

»Ich wünschte, ich könnte Ihnen helfen, Lieber, aber ich darf niemanden reinlassen. Ich fürchte, ich muss Sie bitten, noch einmal wiederzukommen, wenn die Besitzer zu Hause sind.«

Ein Nein ließ ich nicht gelten. Ich würde auf keinen Fall weggehen, bevor ich diesen Garten durchsucht hatte. Molly zeigte an, dass sich Phoenix ganz in der Nähe befand, und wenn er irgendwo eingeschlossen war, mussten wir ihn so schnell wie möglich finden.

Ich musste diese Frau irgendwie ans Tor bekommen. Es war niemals einfach, jemanden über eine Gegensprechanlage zu rühren. Noch einmal drückte ich zwanzig Sekunden auf die Klingel.

»Hören Sie jetzt *bitte* mit dem verdammten Klingeln auf?«, schrie sie. »Sie können nicht reinkommen. Ich sagte es Ihnen doch schon.«

»Ich fasse die Klingel gar nicht an«, log ich über das permanente Summen hinwegbrüllend. »Wie ich schon sagte, sie klemmt anscheinend. Sie muss wahrscheinlich repariert werden.«

»Himmelherrgott, warten Sie draußen«, hörte ich noch, bevor sich die Gegensprechanlage knackend ausschaltete.

Mein heimtückischer Plan hatte funktioniert. Die Haustür öffnete sich, und eine kleine, dunkelhaarige Frau in weißer Kochuniform trat heraus. Die Privatköchin der Hausbesitzer, nahm ich an.

»Ach wissen Sie, ich glaube, ich habe den Schaden schon behoben«, behauptete ich, als sie mit verwunderter Miene auf uns zukam. »Das hier war in den Klingelknopf geklemmt«, flunkerte ich und zeigte ihr einen kleinen Metallring, den ich zufällig auf dem Gehsteig gefunden hatte. »Garstige Gören, was? Aber wie ich bereits sagte…«

Und bevor die kleine Köchin die Chance hatte, wieder davonzutrippeln, ergötzte ich sie mit der Geschichte des armen Phoenix und seiner verstörten Besitzerin und erklärte ihr, dass

Molly (die inzwischen vor Frustration jaulte) eine mögliche Geruchsspur aufgespürt hatte. Irgendwie gelang es mir, sie zu beschwatzen – ihr mitfühlendes Nicken legte nahe, dass sie selbst ein Katzenfan war –, sodass sie schließlich das Tor entriegelte.

»Aber machen Sie lieber schnell«, sagte sie. »Meine Arbeitgeber haben eine Kreuzfahrt gemacht und kommen heute Abend zurück. Wenn die das spitzkriegen, schmeißen sie mich raus.«

»Danke«, antwortete ich. »Sie sind ein Schatz.«

Als ich Molly von der Leine ließ, schoss sie wie eine Kanonenkugel über den Rasen. Sie vollführte einen akrobatischen Sprung und atmete prüfend die Luft ein, um die Geruchsquelle einschätzen zu können. Mein Herz klopfte, als sie einen Schwenk zur westlichen Seite des Gartens machte und zu der mit Ziegeln gemauerten Garage stürmte. Ich hatte sie nur selten so fokussiert erlebt. Das war Molly auf einer Mission.

Bitte lass Phoenix da drin sein, sagte ich mir, während ich in ihrem Windschatten folgte. *Und lass ihn bitte noch am Leben sein.*

Als ich das riesige Doppelgaragentor hochzog, das zum Glück unverschlossen war, schlug mir ein Lufthauch ins Gesicht, der den penetranten Geruch von Katzenpipi mit sich brachte. In einer Tausendstelsekunde hatte sich Molly zitternd flach hingelegt, was kein Wunder war, doch mit bloßem Auge waren keinerlei Hinweise auf Phoenix zu erkennen. Dass die Garage vom Boden bis zur Decke voll mit Gerümpel stand, machte es auch nicht besser. Während Molly stumm und regungslos liegen blieb, genau wie sie es gelernt hatte, begann ich vorsichtig, die schwankenden Möbelstücke wegzuräumen. Dabei ging ich sehr behutsam vor, da ich Angst hatte, dass das ganze Gebilde geräuschvoll in sich zusammenfallen würde wie bei einem gigantischen Geschicklichkeitsspiel. Während ich allmählich etwas Platz schaffte, musste ich ein Vakuum aus Katzengeruch freigesetzt haben, denn plötzlich schob sich Molly zum hinteren Teil der Garage und legte sich noch einmal mit Nachdruck ab. Diesmal wackelte sie auch mit dem Po und scharrte mit den Pfoten, was gewöhnlich ein todsicheres Zeichen der Gewissheit war.

Ich bin absolut sicher, dass die Katze hier ist, sagte mir meine Hündin. *Einhundertprozentig …*

Mit Cat an meiner Seite und Sam und der Köchin als Zuschauer kroch ich langsam auf sie zu, räumte eine alte verstaubte Golftasche beiseite, und – siehe da! – dahinter saß Phoenix. Dass er defensiv aufsprang, einen Katzenbuckel machte und mich wütend anfauchte, verriet mir, dass er gesund und munter war.

Die Freudenschreie seiner Besitzerin müssen im ganzen Städtchen zu hören gewesen sein.

Danach standen wir vier plaudernd und lachend zwischen dem ganzen Garagengerümpel, während Phoenix sich restlos erleichtert in Cats Arme kuschelte. Derweil drehte sich Molly hechelnd und quietschend in engen Kreisen, fast als wollte sie feiern. Das Einzige, was bei dieser Volksfestatmosphäre noch fehlte, waren ein Feuerwerk, ein Rummelplatz und eine Blaskapelle.

Motivierende Erfolge wie diese machten mir bewusst, warum ich Molly ursprünglich ausgebildet hatte: um Katzenleben zu retten, um verzweifelten Tierhaltern zu helfen, die kaum noch klar denken konnten, und um sie letztlich wieder mit ihren verschwundenen Haustieren zusammenzuführen. Das war von Anfang an mein Hauptanliegen gewesen, und zu sehen, wie meine Idee Früchte trug, war einfach großartig.

Die Kunde von den Heldentaten meiner brillanten Katzenspürhündin verbreitete sich wie ein Lauffeuer. Die Berichterstattung der Lokalpresse war von überregionalen Zeitungen aufgenommen worden, und schon bald wurden wir beide zu Crufts eingeladen, der weltberühmten Hundeausstellung und Leistungsschau. Man hatte uns gebeten, Medical Detection Dogs zu repräsentieren, was natürlich eine Ehre war, wenn man bedenkt, was Claire, Rob und Mark alles für uns getan hatten. Zudem würden wir die VIP-Gäste von Natural Instinct, einem bekannten Hundefutter-Hersteller, sein.

»Wir freuen uns sehr, dass Sie beide kommen«, schwärmte die Pressesprecherin mit dem vornehmen Akzent, die mich anrief, um unsere dreitägige Teilnahme im Birminghamer National Exhibition Centre zu bestätigen. Sie war von unserer Geschichte entzückt (»... eine herrenlose Hündin, die zur besten Freundin der Katzen geworden ist ... wie *wunderbar!*«) und informierte mich, dass sie schon Dutzende Interviewanfragen von Print- und Rundfunkmedien bekommen hatten, sowohl national als auch international, von denen viele durch unseren Auftritt bei *This Morning* motiviert waren.

»Sogar Channel 4 hat sich heute Morgen gemeldet ... Sie wollen Molly auf der Bramble Hill Farm filmen und fragen sich, ob Sie an einem Live-Gespräch auf dem Sofa mit Clare Balding teilnehmen möchten.«

Bei dieser Frage blitzte kurz das Bild von Molly vor mir auf, wie sie Holly Willoughbys Fußknöchel vollsabberte. Aber Crufts wäre eine ganz andere Nummer. Ich hatte viel aus meiner Erfahrung bei ITV gelernt, und diesmal würde ich dafür sorgen, dass Molly und ich auf das Medieninteresse viel besser vorbereitet wären.

»Wir sind dabei«, antwortete ich der Pressesprecherin. »Das wäre eine große Ehre.«

Am Tag der Sendung reisten Molly und ich nach Norden nach Birmingham, wo wir uns mit meiner guten Freundin Anna trafen. Aufgrund ihrer langjährigen Erfahrung mit Hunde-PR und Hundesendungen hatte sie mir vorgeschlagen, eine Presseerklärung aufzusetzen, die Mollys Weg vom herrenlosen Vierbeiner zum Spürhund detailliert beschrieb – einschließlich ihrer genialen Rettung von Rusty und Phoenix. Diese Informationen würden dann vor der Sendung an die Medien verteilt werden. Da wir nicht allen Interviewanfragen nachkommen konnten und ich Molly nur ungern überanstrengen und überfordern wollte, war das eine gute Methode, alle auf dem Laufenden zu halten.

Infolgedessen war der Medienrummel um Molly unglaublich, die wie ein Promi behandelt wurde. Die Reporter wollten meine charismatische kleine Spaniel-Hündin genauso gern treffen wie einige der Ausstellungshunde, und immer wenn wir die Messehalle betraten, wurden wir von Leuten angehalten, die um Selfies, Fotos oder Kuscheleinheiten baten. (Natürlich mit Molly, nicht mit mir; ich drückte mich meist wie ein Bodyguard im Hintergrund herum.) Sie liebte all die Aufmerksamkeit und Bewunderung sehr.

»Was für ein schlaues, *schlaues* kleines Mädchen«, gurrte eine in Tweed gekleidete Schottin, die ihr sanft den Kopf streichelte. »Zu Hause in Dundee habe ich drei Perserkatzen, und ich wäre untröstlich, wenn eine davon verschwände. Deshalb mach weiter so, Molly, Süße.«

Es war zur besten Sendezeit um 20 Uhr, am ersten Tag von Crufts, als wir Clare Balding auf dem Sofa gegenübersaßen. Sie wollte ein Interview mit mir und Claire Guest, der Geschäftsführerin und Mitbegründerin von MDD, führen. Ich war wild entschlossen, dass sich Molly diesmal benehmen würde, da ich mir vor Augen hielt, dass wir live an ein Publikum von Millionen von Hundeliebhabern in Großbritannien und auf der ganzen Welt übertragen würden.

Ich war sowieso schon ein Riesenfan von Clare, die eine talentierte Schriftstellerin und eine hervorragende Fernsehmoderatorin ist, und erlebte sie als sehr herzlich und freundlich. Sie machte vor der Sendung viel Aufhebens um Molly und war äußerst belustigt, als Molly versuchte, ihr einen Teil des Essens zu klauen, das die Crew hinter dem Sofa für sie versteckt hatte.

»Ich hatte so gut wie keine Pause und bin am Verhungern«, sagte sie grinsend und ließ sich ihr Sandwich schmecken, während Molly mit traurigen Augen zu ihr aufsah.

»Hier, iss eine Kleinigkeit, Vielfraß«, fügte ich hinzu und gab Molly eine Handvoll der Trockenfleisch-Happen, die sie am liebsten verdrückte. »Und lass die Pfoten von Clares Essen.«

Doch zwanzig Minuten vor der Übertragung wurde meine Hündin besorgniserregend lebhaft, und mir brach der kalte Schweiß aus. Zum Glück stand mir die Hilfe eines Experten zur Verfügung. Das restliche Team von Medical Detection Dogs – Rob und Mark eingeschlossen – hatte den Messestand verlassen, um bei dem Interview zuzusehen, sodass Mark ein paar einfache Beruhigungstechniken anwenden konnte.

»Führ sie von den Menschenmassen weg, Colin, und sprich ganz ruhig mit ihr. Das sollte ihr beim Abbau ihrer Nervosität helfen. Vergiss nicht, dass sie wahrscheinlich auch deine Anspannung spürt, deshalb musst du cool bleiben.«

Ich hätte mir kein besseres Interview wünschen können. Clare war so professionell wie immer (sie hatte sich eindeutig über Spürhunde schlau gemacht), und Molly benahm sich durchweg tadellos, kuschelte sich auf dem Sofa an mich und beäugte neugierig die Massen von Crufts-Besuchern, die sich um das provisorische Studio herum angesammelt hatten. Während die Sendung an ein weltweites Publikum ausgestrahlt wurde, erzählte ich von Mollys Anfängen als herrenlose Hündin, erklärte, wie ich diesem benachteiligten Tier eine neue Chance auf Glück gegeben hatte, und wie sie es mir gedankt hatte, indem sie mir ihre Liebe, Loyalität und Gesellschaft schenkte. Dadurch, dass ich meine Zeit, meine Geduld und mein Engagement investiert hatte, war Molly nicht nur in ein Spürhund-Ausnahmetalent verwandelt worden, sondern auch in ein vielgeliebtes Haustier. Clare nahm mir durchgehend die Befangenheit; ja, es fühlte sich eher wie ein Gespräch zwischen Freunden an als wie ein Interview.

»Jetzt wollen wir diese fantastische Hündin in Aktion sehen«, sagte sie und gab damit das Stichwort für den kurzen Film, der wenige Wochen zuvor auf der Bramble Hill Farm aufgenommen worden war. Auf einem Monitor sah ich in dem kurzen Clip, wie Molly die Geruchsprobe einer Katze aufnimmt und prompt zu einer verlassenen Scheune rast, um dort die Mieze meiner Nachbarn in ihrer Tragetasche zu lokalisieren, genau wie es ihr beigebracht worden war.

»Wow«, flüsterte Clare. »So was habe ich noch nie gesehen.«

Ich schaute zu Rob und Mark herüber, die beide vor Stolz strahlten.

Ich wusste *genau*, wie sie sich fühlten. Unsere Molly war ein Superstar.

9. Bringt Buffy zurück

Als Tierdetektiv habe ich Hunderte Fälle von Hundediebstahl bearbeitet. Diese Verbrechen sind in den letzten zehn Jahren in Großbritannien leider zu einem Riesenproblem geworden, vor allem aufgrund der wachsenden Popularität wertvoller »Designerhunde« in Kombination mit den immer ausgeklügelteren Methoden, die von den erbarmungslosen Dieben genutzt werden. Durch Dognapping kann man riesige finanzielle Gewinne erzielen, ob durch Erpressung von Lösegeld von traumatisierten Besitzern, den zielgerichteten Diebstahl eines jungen Hundes für Zuchtzwecke oder das Stehlen von Haustieren aus reiner Bosheit oder im Rahmen eines eskalierenden Eigentumsstreits. Es ist ein abscheuliches, herzloses Verbrechen.

Nach Ende des Jahres 2016, als Molly und ich uns zusammengetan hatten, nahm ich weiterhin gelegentlich Aufträge, verschwundene Hunde zu finden, an. Ich ging dabei jedoch sehr selektiv vor und willigte nur ein, meine Dienste zur Verfügung zu stellen, wenn ich mir sicher war, dass sowohl meine Sicherheit als auch die meines Hundes und meines Personals nicht gefährdet würde. Einer dieser Fälle wird mir für immer im Gedächtnis bleiben.

Im April 2017 kontaktierte mich eine Sri-Lankerin namens Renu, die mich informierte, dass ihr siebzehn Wochen altes Haustier aus ihrem Haus im nördlichen Londoner Vorort Willesden Green gestohlen worden war. Buffy, ein wunderschöner weißer Welpe mit goldenen Ohren (eine seltene, als Coton de Tuléar bekannte Kreuzung), war an einem Freitagabend geraubt worden, während Renu mit ihrem Ehemann Sachin und ihren beiden Söhnen Harry und Freddie in einem Restaurant vor Ort zu Abend gegessen hatte.

Als sie gegen zweiundzwanzig Uhr nach Hause gekommen waren, hatte Sachin festgestellt, dass sein blauer BMW 5er nicht mehr in der Einfahrt stand.

»Renu, der Wagen ist weg«, hatte er gesagt. »Sie müssen drin gewesen sein, um die Schlüssel zu holen.«

»Oh mein Gott ... oh mein Gott ... BUFFY!«, hatte seine Frau entsetzt gerufen.

Sie war ums Haus herumgerannt, wo sie sich mit einer klaffenden Terrassentür konfrontiert sah, durch die sich die Räuber gewaltsam Zugang zum Wohnzimmer verschafft hatten. Dort entdeckte sie eine unheilverheißend leere Hundeliege, auf der Buffy zufrieden geschlummert hatte, als sie ins Restaurant aufgebrochen waren. Trotz einer panischen Suche im ganzen Haus war sie unauffindbar, schien jedoch regelrecht verfolgt worden zu sein; die arme kleine Hündin hatte sich vor Panik eingemacht, als sie in die obere Etage geflohen war, wo ein Einzelbett von den Dieben umgekippt worden war, unter dem sie sich wahrscheinlich versteckt hatte. Die kaltherzigen Einbrecher hatten nicht nur das gesamte Haus durchwühlt und Geld, Handtaschen und Schmuck mitgehen lassen (ebenso wie den Wagen natürlich), sondern aller Wahrscheinlichkeit nach auch noch einen unschuldigen Welpen verschleppt.

Die Familie war völlig am Boden zerstört. Die süße, liebenswerte Buffy hatte großen Raum in ihrem Leben eingenommen. Für Renu und Sachin war sie fast wie ein drittes Kind gewesen und für die Jungs wie ein Geschwisterchen, und die Vorstellung, dass sie mutterseelenallein, in großer Gefahr oder nicht mehr am

Leben war, war für sie unerträglich. Zu allem Übel war die Reaktion der Metropolitan Police nicht gerade ermutigend ausgefallen. Die Beamten, die am nächsten Tag am Tatort eintrafen, hatten ziemlich abschätzig auf die Idee reagiert, dass die Einbrecher die Hündin gestohlen hatten.

»Wahrscheinlich ist sie nur weggelaufen«, hatten sie achselzuckend erklärt und Buffys Verschwinden mit genauso wenig Anteilnahme behandelt wie Renus verschwundene Handtaschen. »Warten Sie ein paar Tage, dann taucht sie in irgendeinem Nachbargarten wieder auf.«

Dass Buffy ein empfindsames Lebewesen war, spielte für sie keine Rolle, und sie hatten nicht die Absicht, alle Hebel in Bewegung zu setzen, um sie zu finden.

»Aber sie ist so wehrlos und so abhängig von mir«, hatte Renu weinend gesagt, jedoch nur wenig Mitgefühl geerntet.

Zum Glück hatten sich Freunde und Nachbarn um sie geschart, die in den sozialen Medien eine »Bringt Buffy zurück«-Kampagne gestartet hatten: Sie hatten alle Angaben über sie auf der »Dog Lost«-Webseite registriert und der Familie beim Aufhängen von Plakaten und beim Flugblätter-Verteilen geholfen. Renus Not erregte sogar die Aufmerksamkeit des *Evening Standard*: AM BODEN ZERSTÖRTE MUTTER SETZT NACH WELPENKLAU BELOHNUNG AUS lautete die Schlagzeile.

Durch diese Publicity wurde die dringend benötigte Aufmerksamkeit erzielt, was zu zahlreichen Meldungen eines »fluffigen« weißen Hundes« in der Gegend um Willesden Green führte. Leider erwies sich keiner dieser Vierbeiner als Buffy, was für Renu eine Qual war: Mit jedem vielversprechenden Hinweis stiegen ihre Hoffnungen, nur um grausam zerstört zu werden, sobald sich herausstellte, dass es sich bei diesen Hunden um Doppelgänger handelte.

Aus Wochen wurden Monate, und Anfang Mai hatte die Familie

1. Molly und ich – das perfekte Tierdetektiv-Duo

2. Erste Begegnung mit Molly bei Medical Detection Dogs (MDD)

3. Sam und ich in der Tierdetektiv-Zentrale

4. Molly entspannt sich nach einer Trainingssuche bei MDD mit einer der von ihr gefundenen Katzen

5. Der geniale Mark Doggett mit der ersten Katze, die Molly während ihrer Ausbildung bei MDD fand

6. Molly stand das Training bei allen Wetterverhältnissen durch, sogar im Winter

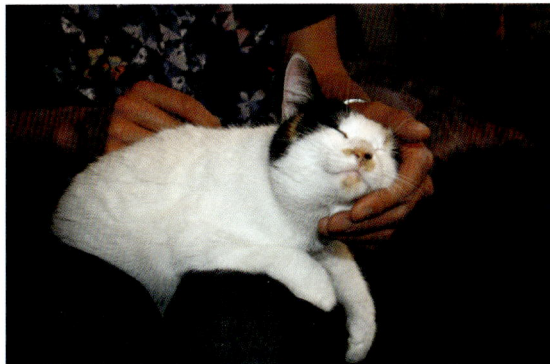

7. Rusty, kurz nach
der Rettung mit seinem
Besitzer vereint

8. Titan alias Milo, der sechs Monate
vermisst wurde, zurück bei seiner
Familie

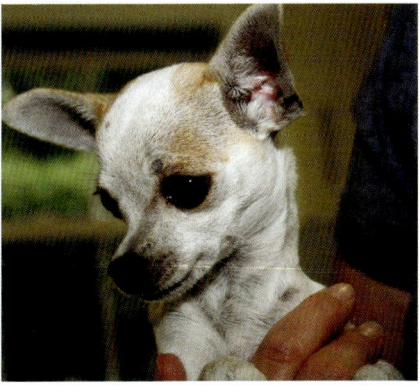

9. Mouse, wenige Tage
nach ihrem Auffinden

10. Die fluffige Buffy vor dem Diebstahl

11. Buffy, nachdem sie wiedergefunden wurde

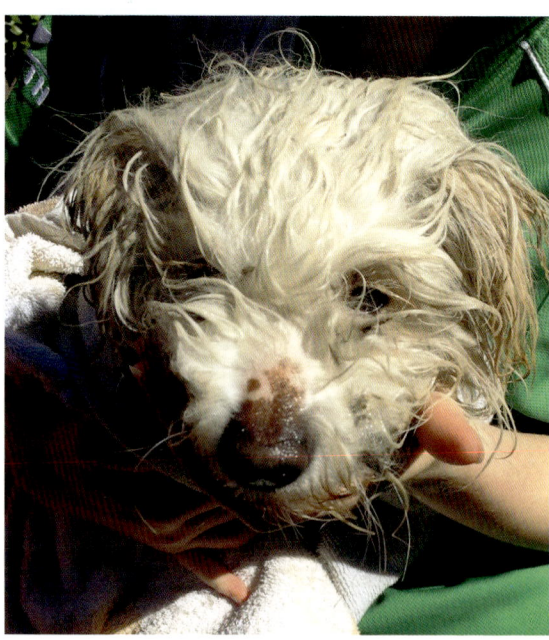

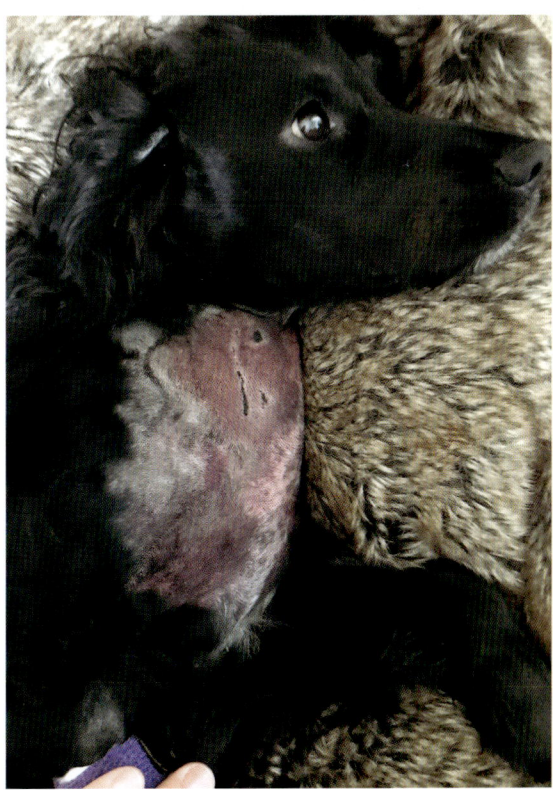

12. Molly zeigt an, dass sie Chester gefunden hat

13. Mollys entzündete Brust nach dem Schlangenbiss

14. Newton mit seiner Halterin, kurz nachdem er wiedergefunden wurde

15. Newton zwei Wochen nach seiner Bergung, nun sauber und vorzeigbar

16. Snuggles, ganz aufmerksam, wieder zu Hause nach ihrer Genesung

17. Molly signalisiert stolz, dass sie eine vermisste Katze aufgespürt hat

18. Tom auf dem Wege der Genesung, er hat noch Metallstifte im gebrochenen Hinterlauf

19. Sarah und Molly, zu guter Letzt dicke Freunde

20. Die von Molly in Hampstead Heath ausgegrabenen Schätze

21. Columbus wieder zu Hause nach seinem Martyrium

langsam alle Hoffnung verloren, ihre geliebte kleine Fellnase jemals wiederzusehen. Doch bei einem Gespräch mit Buffys Züchterin hatte Renu zufällig erfahren, dass es noch eine andere Möglichkeit gab, der man nachgehen konnte.

»Der Hund meiner Freundin ist von einem Tierdetektiv wiedergefunden worden, der in der Nähe von Guildford wohnt«, hatte sie gesagt. »Warum kontaktieren Sie ihn nicht? Sie haben doch nichts zu verlieren.«

»Was? Sie meinen wie Ace Ventura?«, hatte Renu skeptisch geantwortet. »Dies ist das wahre Leben, und kein Hollywood-Film ...«

Doch die Sache muss ihr keine Ruhe gelassen haben, denn innerhalb von Stunden hatte sie meine Webseite aufgerufen und mich telefonisch kontaktiert.

Am Nachmittag darauf klopfte ich mit Molly im Schlepptau an Renus Tür. Renu, eine elegante, dunkelhaarige Enddreißigerin, küsste mich auf beide Wangen und knuddelte Molly, bevor sie uns in ihr helles und luftiges Wohnzimmer führte. Auf dem Sofa saßen ihre Söhne Harry und Freddie in ihren Schuluniformen. Als meine Hündin mit ihrem typischen breiten, rosazüngigen Lächeln hereingetrottet kam, begannen ihre Augen zu leuchten.

»Ach, die ist ja *süüüüüüß*«, schwärmte Harry, der Ältere von beiden, und hielt Molly seine Hand zum Beschnuppern hin, während sein kleiner Bruder neben ihm kicherte.

»Ich mach euch einen Vorschlag, Jungs. Wollt ihr nicht zum Toben mit ihr den Garten gehen?«, fragte ich lächelnd und zwinkerte Renu verschwörerisch zu. »Sie muss sich immer die Beine vertreten, wenn sie länger im Auto war.«

»Wirklich? Dürfen wir?«, fragte Harry zaghaft.

»Natürlich«, antwortete ich und warf ihnen Mollys Lieblingstennisball zu.

Die Jungs sollten nicht wissen, dass ich Molly aus einem bestimmten Grund dabeihatte. Während unseres Telefongesprächs hatte Renu mir offenbart, wie eng die emotionale Bindung ihrer Söhne zu Buffy gewesen war und wie viel Kummer ihr Verschwinden ihnen bereitet hatte. Ihr jüngerer Sohn Freddie hatte besonders negativ reagiert; das ging so weit, dass seine Mutter ihm hatte versprechen müssen, Buffy nicht durch einen anderen Hund zu ersetzen. Der würde bloß ebenfalls von »bösen Männern« gestohlen werden, hatte er erklärt, und dann würde er sich wieder »todtraurig und einsam« fühlen. Seine Verzweiflung hatte seiner Mutter das Herz gebrochen, und ihre Hoffnung war, dass ein bisschen Hundetherapie durch einen süßen Cockerspaniel den Heilungsprozess unterstützen würde.

Als ich zusah, wie Harry und Freddie hinter Molly her durch den Garten rannten, erinnerte mich das sofort an mich und meinen Bruder David im gleichen Alter, als wir übermütig mit unserem Familienhund herumtollten. Mein Bruder und ich wären am Boden zerstört gewesen, wenn unser heißgeliebter Vierbeiner uns auf so grausame Weise genommen worden wäre, und diese zwei armen Jungs taten mir sehr leid. Dass sie eine solche Qual durchleben mussten, fand ich schrecklich ungerecht.

Als ihre Söhne außer Hörweite waren, konnten Renu und ich uns ernsteren Fragen widmen. Sie schilderte mir noch einmal die Umstände von Buffys Verschwinden und unterdrückte ihr Schluchzen, während sie sich erneut mit den schrecklichen Erinnerungen an diesen verhängnisvollen Tag auseinandersetzte.

»Das ist das Schlimmste, was mir *jemals* passiert ist, Colin«, sagte sie kopfschüttelnd. »Dass die Diebe den Wagen und meinen Schmuck gestohlen haben, ist mir ehrlich gesagt egal, das lässt sich ersetzen, aber dass sie meine Buffy mitgenommen haben, verkrafte ich nicht. Meine wunderschöne kleine Hündin. Mein geliebtes Baby. Wer tut so etwas?«

»Hier ist ein Taschentuch«, flüsterte ich ihr zu, als sie das Gesicht verzog und ihr die Tränen über die Wangen strömten. Im Laufe der Jahre hatte ich schon viele verzweifelte Hundebesitzer getröstet, doch ihr Leid und ihren Schmerz mitanzusehen wurde niemals einfacher. Diese arme Frau war völlig fertig.

»Ich weiß, dass es Leute gibt, die finden, dass ich überreagiere, und die sagen werden: ›Es ist doch nur ein Hund‹«, fuhr sie fort. »Aber die haben selbst keine Tiere. Sie glauben, dass bedingungslose Liebe Menschen vorbehalten ist. Sie verstehen es einfach nicht.«

Renu offenbarte mir auch, dass Buffys Verschwinden bei ihr lähmende Angstattacken und Depressionen ausgelöst hatte; sie sei nur noch ein Schatten der unbeschwerten Frau, die sie einst gewesen war, und das Zusammenleben mit ihr sei, wie sie selbst zugab, in letzter Zeit ein »absoluter Alptraum«.

»Die Ungewissheit zerreißt mich einfach, Colin«, sagte sie und biss sich auf die Lippe. »Buffy geht mir nicht aus dem Kopf. Ist sie allein? Muss sie leiden? Ist sie tot? Sie ist an jedem Tag das Erste und das Letzte, woran ich denke, und ich werde keine Ruhe finden, bis ich weiß, was mit ihr passiert ist.«

Ich hörte ein Bellen aus dem Garten und verrenkte mir den Hals, um mich zu vergewissern, dass es Molly gut ging. Harry hielt kichernd den Ball in die Höhe, um seinen vierbeinigen Spielgefährten zu foppen, doch Freddie lehnte mit gesenktem Kopf und tief in den Taschen vergrabenen Händen an der Hauswand. Der jüngere Bruder tat mir wahnsinnig leid. Ich wusste genau, was in ihm vorging, und in dem Moment beschloss ich, den Fall anzunehmen. Seit Mollys Ankunft hatte sich UKPD vorrangig auf vermisste Katzen konzentriert, doch Buffys Fall hatte mich berührt. Der Diebstahl der jungen Hündin tat jedem einzelnen Mitglied dieser reizenden Familie weh, und ich hielt mich für ihre beste Chance, sie jemals wiederzusehen.

Doch ich musste aufpassen, Renus Erwartungen nicht zu hoch zu schrauben. Buffy war seit über drei Monaten verschwunden, und die Chancen, sie zu finden, verringerten sich mit jedem Tag. Ich wusste auch, dass die Ermittlungen äußerst schwierig würden und ich ab und zu auch mal Glück bräuchte. Auf der Haben-Seite stand jedoch, dass ich als Polizeibeamter in Hundert Einbruchsfällen erfolgreich ermittelt hatte (ich konnte die ganze Palette meines detektivischen Könnens zum Einsatz bringen, um Buffy aufzuspüren), und dass meine Erfolgsquote beim Wiederauffinden gestohlener Hunde hervorragend war. Zudem hatte ich auch noch meine furchtlose vierbeinige Assistentin an meiner Seite. Molly war zwar nicht zum Abgleich von Hundegerüchen ausgebildet, brachte aber hervorragende Fähigkeiten mit, mir beim Suchen im Gelände zu helfen, und würde wie schon so viele Male zuvor bei Überwachungsaktionen als Lockvogel dienen.

»Ich sehe in Molly den Watson meines Sherlock und den Lewis meines Morse«, scherzte ich, was Renu ein kleines Lächeln entlockte. »Und eins steht fest: Wir werden tun, was wir können, um Buffy heimzuholen.«

Am nächsten Tag druckte ich Fotos des vermissten Hundes sowie einen Stoß Visitenkarten mit meinen Kontaktdaten aus. Ich würde für jede Ermittlung eine andere Prepaid-Handynummer benutzen, ein Verfahren, das ich ursprünglich im Privatschnüffler-Zweig meiner Firma eingeführt hatte, jedoch inzwischen auch als Tierdetektiv anwandte. In der Vergangenheit war leider nicht jeder Anruf, den ich bekommen hatte, hilfreich oder gutgemeint gewesen. Manchmal hatte der Anrufer Drohungen gegen mich oder das Tier ausgestoßen, nach dem ich suchte – vor allem, wenn ich einen Hundediebstahl aufklären wollte. Daher war es sinnvoll, eine zeitlich begrenzte SIM-Karte zu benutzen, die nach dem Auffinden des vermissten Tieres vernichtet würde.

Meine erste Aufgabe bestand darin, so sicher wie möglich festzustellen, dass Buffy nicht doch während des Einbruchs entkommen war. Zu diesem Zweck durchstreifte ich die Straßen von Willesden Green und sprach mit so vielen Anwohnern wie möglich, wobei ich mich besonders auf die Leute konzentrierte, die ihre Hunde ausführten. Die stets freundliche Molly dabeizuhaben, erleichterte mir diese Aufgabe unendlich. Sie eignete sich hervorragend, um das Eis zu brechen, sodass ich etliche nützliche Gespräche führen konnte. Es stellte sich heraus, dass keiner der Gassigeher die unverwechselbare kleine Hündin gesehen hatte, weder am Abend des Einbruchs noch seither. Ein unmittelbarer Nachbar der Familie, ein Mann mit Barbour Jacke und einem betagten Airedale Terrier, war besonders entgegenkommend.

»Ich führe meinen Jerry jeden Abend zwischen neun und elf Uhr aus und spaziere direkt am Haus der Frau vorbei«, sagte er. »Es ist fast so, als wäre ich auf Wachpatrouille. Ich spaziere stets zur gleichen Zeit dieselbe Straße auf und ab und bin mir ziemlich sicher, dass ich den kleinen Hund hätte herumlaufen sehen.«

»Danke«, sagte ich, während Molly und Jerry sich mit den Nasen anstupsten. »Sie haben mir wirklich sehr geholfen.«

Seine Zeugenaussage – sowie die Tatsache, dass dieser unverwechselbare Hund nirgends gesehen worden war – überzeugte mich, dass die Diebe den Tatort mit Buffy im Schlepptau verlassen hatten. Und während ich mir ein Bild von dem Verbrechen machte und ein Täterprofil erstellte, kam mir allmählich der Verdacht, dass es sich um einen geplanten und professionellen Diebstahl gehandelt hatte und nicht um eine improvisierte spontane Aktion. Vielleicht hatten die Täter das Objekt wochenlang ausspioniert, und da sie wussten, dass die Familie freitags oft ausging, an jenem Abend gezielt Sachins Wagen anvisiert. Doch als sie im Haus Buffy vorgefunden hatten und ihnen klargeworden war, dass sie einer teuren Rasse angehörte, hatten sie auch sie mitgehen lassen. Ich fragte mich, ob diese hübsche kleine Hündin zusammen mit den Handtaschen und dem Schmuck spontan als Geschenk für die Frau oder Freundin eines Bandenmitglieds gestohlen worden war; es kam mir ziemlich merkwürdig vor, dass die iPads und Laptops links liegengelassen worden waren.

Aufgrund fehlender forensischer Beweise am Tatort und da der gestohlene BMW nicht auffindbar war, hatte die Met Police ihre Ermittlungen stufenweise heruntergeschraubt. Doch obwohl schon so viel Zeit verstrichen war, war ich nicht bereit, so leicht aufzugeben, und beabsichtigte, diesen Fall mit der Sorgfalt und Gewissenhaftigkeit anzugehen, die er verdiente. Da ich so viele Details wie möglich erfahren wollte, fuhr ich eines Morgens nach Nordlondon, um mich mit Renus Mann zu treffen, der mir beim Tea for Two seine Version des Geschehens erzählte. Molly saß brav neben mir und zuckte jedes Mal, wenn ein neuer Kunde eintrat und das Glöckchen an der Tür bimmelte, nervös zusammen.

»Ich hätte Ihnen gegenüber erwähnen sollen, dass der Benzintank des Wagens so gut wie leer war, als er gestohlen wurde«, sagte Sachin. »Die Einbrecher mussten ihn bestimmt sofort volltanken.«

»Trinken Sie Ihren Tee aus«, antwortete ich, von dieser wertvollen Information wachgerüttelt. »Wir gehen auf Tankstellentour.«

Mit Sachin auf dem Beifahrersitz und Molly in ihrer Hundebox klapperte ich in einem Einzugsbereich von acht Kilometern eine Handvoll Tankstellen ab. Räuber und Gauner zahlten selten für Benzin, und ich bat die Geschäftsführer nachzuprüfen, ob am Tag des Einbruchs bei ihnen irgendwelche Fälle von Tankbetrug (auch Tanken & Türmen genannt) mit einem blauen BMW vorgekommen waren.

»Wissen Sie, ich glaube, ja…«, sagte einer von ihnen, während er einen Kalender im DIN A4-Format durchblätterte und beim fraglichen Datum innehielt. »Ja, ich erinnere mich gut. Sie haben vollgetankt und sind davongebraust. Drei dunkelhaarige Jungs. Einer hat getankt, zwei andere saßen im Wagen. Ich habe die Bilder der Videoüberwachung noch, wenn Sie einen Blick darauf werfen wollen?«

»Aber unbedingt«, sagte ich.

Aus dem Bildmaterial ergaben sich zwei wichtige Ermittlungsansätze. Erstens: Die Nummernschilder waren eilig entfernt und durch Fälschungen ersetzt worden. Dies – zusammen mit der Tatsache, dass sie das Fahrzeug vollgetankt hatten – deutete darauf hin, dass die Diebe beabsichtigten, den Wagen in absehbarer Zeit selbst zu nutzen. Zweitens: Die Bilder zeigten drei junge Männer, vielleicht so um die zwanzig, die in meinen Augen aussahen, als stammten sie aus dem Mittelmeerraum oder aus Osteuropa.

Das Netz um unsere Täter zog sich zusammen, und ich konnte nur hoffen und beten, dass der BMW bald wiederauftauchen würde. Erst dann, glaubte ich, würde ich der Lösung des Falles und der Klärung von Buffys Schicksal näher kommen.

Während ich weiterhin Bilder der vermissten Hündin in Umlauf brachte und die Ohren offenhielt, vergingen etwa vierzehn Tage ohne bedeutende Hinweise oder Entwicklungen. Leider gab es einen weiteren unerträglichen Verwechslungsfall, bei dem ein Hund, der Buffys Beschreibung entsprach (und scheinbar den gleichen Namen trug), von einem Passanten in einem Park im Norden Londons gesehen worden war. Am nächsten Tag war ich der Sache mit Molly und Sam im Schlepptau nachgegangen, doch es stellte sich schnell heraus – verzeihen Sie mir das Wortspiel –, wo der Hund begraben lag. Dieser Vierbeiner war nicht nur viel älter und dicker (er sah eher aus wie ein Malteser), sondern wir hörten auch, wie sein Herrchen ihm »Poppy… hierher, Poppy« hinterherrief, als er an uns vorbeigeflitzt war.

»Vielleicht klingt Poppy ein *kleines bisschen* wie Buffy«, sagte Sam achselzuckend.

»Ja, aber nur, wenn man Ohrenklappen trägt.« Ich seufzte. »Es ist Zeit, Renu die schlechte Nachricht zu überbringen.«

Unsere Klientin war verständlicherweise niedergeschlagen, als ich sie anrief, da sie in diesem Fall sehr optimistisch gewesen war. Doch es schien, als hätte auch sie Neuigkeiten.

»Sie werden es nicht glauben, Colin, aber Sachins BMW ist gefunden worden«, sagte sie und erklärte mir, dass der Wagen nach einem Unfall verlassen in Stoke Newington aufgefunden und zur Autoverwahrstelle der Met Police abgeschleppt worden war. Polizeibeamte hatten ihn auf forensische Beweise überprüft, waren jedoch zu dem Schluss gekommen, dass es nichts von Bedeutung gab.

»Von Rechts wegen gehört er jetzt unserer Autoversicherung«, fügte Renu hinzu. »Aber sie haben eingewilligt, dass wir den Wagen noch einmal untersuchen können, wenn wir wollen, bevor er versteigert wird.«

»Das sind *fantastische* Neuigkeiten«, antwortete ich. »Ich bin schon auf dem Weg.«

Sam nahm Molly mit nach Hause nach Sussex, und ich traf mich mit Sachin bei der Autoverwahrstelle, wo wir uns einem zusammengewürfelten Haufen aus Gaunern und Gestrandeten anschlossen, die Schlange standen, um ihre Fahrzeuge zurückzubekommen. Es war nicht gerade der angenehmste Ort. Die kugelsicheren Fenster und die »KEINE BELEIDIGUNGEN ODER KÖRPERLICHE MISSHANDLUNGEN DES PERSONALS«-Aushänge sprachen Bände, und wohin man auch blickte, gab es Streitereien und Handgemenge. Sachins Augen wurden groß, als ein Bursche ganz vorn in der Schlange für zu high befunden wurde, um sein Suzuki-Motorrad abzuholen, und schreiend und um sich tretend von zwei Beamten im Polizeigriff abgeführt wurde.

Schließlich wurden wir durch ein Drehkreuz auf den Abstellplatz selbst geführt. Er war wie ein riesiger entlegener Auto-Supermarkt mit reihenweise konfiszierten Fahrzeugen, vom protzigen Sportwagen bis hin zu Totalschäden. Sachins BMW fiel eindeutig in die letztere Kategorie. Der Wagen war nur noch ein übel zugerichteter Metallmurks (der Zusammenstoß musste bei hoher Geschwindigkeit erfolgt sein) und konnte, wie ich annahm, nur in Einzelteilen verscherbelt werden.

Während Sachin sich mit dem Beamten unterhielt, begann ich, das Innere des Wagens zu durchsuchen. Im Laufe meiner vierzehn Jahre als Polizeibeamter hatte ich viele gestohlene Autos durchsucht, und jede Durchsuchung hatte zur Entdeckung eines äußerst wichtigen Beweismittels geführt, das die Ermittlungen vorangebracht hatte. Man musste sehr gründlich vorgehen und die Durchsuchung in vier Phasen aufteilen: Kofferraum, Motorhaube, Karosserie und Innenbereich.

Als ich den Kofferraum öffnete, stellte ich überrascht fest, dass er zwei neue Räder (wahrscheinlich gestohlen) und einen Kanister enthielt. Ich konnte nur vermuten, dass die Diebe es nicht hatten riskieren wollen, mit dem Wagen noch weitere Tankstellen anzusteuern, und sich deshalb entschieden hatten, Benzin von anderen Wagen abzusaugen. Die zwei Reserveräder legten nahe, dass die Räuber erwogen hatten, den Wagen in absehbarer Zukunft zu behalten.

Doch beim Absuchen der Motorhaube, der Karosserie und des vorderen Innenbereichs hatte ich kein Glück. Anscheinend hatte ich es mit einer professionellen Ganovenbande zu tun, die großen Aufwand betrieb, um keine forensischen Beweise zu hinterlassen, die Rückschlüsse auf ihre Identität zuließen.

Schließlich setzte ich mich auf die Rückbank und sah mich genau um. Immer noch nichts.

Komm schon, Colin, sieh genauer hin, schimpfte ich mit mir selbst. *Da ist immer irgendwas …*

Ich dachte an frühere Durchsuchungen zurück, die ich für die Polizei von Surrey durchgeführt hatte, und erinnerte mich an einen Fall, bei dem der Autobesitzer, ein unbedeutender Drogendealer, seinen Geheimvorrat unter seinem Fahrersitz versteckt hatte. Da ich unbedingt jeden Zentimeter von Sachins Wagen durchkämmen wollte, beschloss ich, die Unterseite des Beifahrersitzes zu kontrollieren. Mein Herz schlug schneller, als ich etwas Klebriges aus Plastik ertastete. Ich zog behutsam daran und traute meinen Augen kaum, als ich sah, was es war. Zusammengeknüllt in meiner Hand hielt ich einen Bußgeldbescheid samt Angabe eines amtlichen Kennzeichens, eines Datums, einer Zeit und – ganz entscheidend – eines Ortes: der nordöstliche Londoner Außenbezirk Stoke Newington.

»JAWOLL!«, flüsterte ich und ballte verstohlen eine Beckerfaust. Dies war der wichtige Durchbruch, auf den ich gewartet hatte, der Glückstreffer, durch den meine Ermittlungen endlich Fahrt aufnehmen würden.

Da der Beamte immer noch mit meinem Klienten ins Gespräch vertieft war, steckte ich, als er nicht hinsah, den gelben Bescheid klammheimlich ein. Vermutlich etwas dreist von mir (eigentlich hätte ich die Polizei informieren müssen), doch die Met hatte wenig Interesse an diesem Fall gezeigt, und ich fand, dass ich diesen eindeutigen Beweis dringender brauchte als sie.

Sachin, der begriff, wie ausschlaggebend diese Entwicklung sein konnte, war überglücklich. Ich verabschiedete mich von ihm und machte mich daran, den ersten der vielen Ermittlungsansätze zu verfolgen. Eine Überprüfung des falschen Kennzeichens ergab, dass die Diebe es anhand eines identischen BMW gefälscht hatten, der in einem Birminghamer Autohaus zum Verkauf stand, was meinen Verdacht bestätigte, dass der Einbruch geplant gewesen war. Ich rief den Geschäftsführer an, der mir sagte, dass er ziemlich perplex von der Flut an Strafzetteln wegen Falschparkens und Gerichtsvorladungen gewesen sei, die er von der Bezirksverwaltung in Hackney bekommen hatte. Aufgrund des Datenschutzgesetzes könne er mir jedoch leider keine Kopien davon zusenden.

Davon unbeirrt bat ich Sachin, die Bezirksverwaltung zu informieren, dass die Knöllchen seinen Wagen betrafen, und zu fragen, ob er die anstehenden Zahlungen online begleichen könnte. *Volltreffer.* Er bekam ordnungsgemäß eine eigene Referenznummer zugeteilt, die es ihm ermöglichte, im Internet auf insgesamt fünf Knöllchen zuzugreifen, die alle in der Gegend um Stoke Newington ausgestellt worden waren.

»Ich glaube, daraus lässt sich schließen, wo die Diebe wohnen«, sagte ich, als er mir die Details weiterleitete.

Danach ermittelte ich mithilfe meines Netzwerks die jeweiligen Politessen, die besagte Knöllchen ausgestellt hatten, und befragte sie. Sie waren gesetzlich dazu verpflichtet, die beanstandeten Fahrzeuge zu fotografieren, um den Nachweis des Zeitpunkts und des Standorts zu erbringen (manche machten auch Videoaufnahmen), was dazu führte, dass unsere Ermittlungen einen weiteren großen Satz nach vorn machten. Der größte Auftrieb kam in Form zweier Fotos, auf denen im Hintergrund zwei Männer afrokaribischer Abstammung, vermutlich Mechaniker, zu erkennen waren, die nur Meter von dem ordnungswidrig geparkten BMW entfernt am Straßenrand ein Fahrzeug zu reparieren schienen.

Diese Männer könnten die besten Zeugen sein, die wir haben, dachte ich bei mir.

Es war Zeit, in den Straßen Nordostlondons verdeckt zu ermitteln. Es war auch an der Zeit, die Hilfe von Detective Constable Molly Butcher in Anspruch zu nehmen.

Stoke Newington beheimatet eine riesige türkische Gemeinde, genau genommen die größte in Westeuropa, und es war durchaus wahrscheinlich, dass die mediterran aussehenden Männer, die an der Tankstelle gesehen worden waren, dazugehörten. Um mir das Vertrauen der Ortsansässigen zu erwerben (und mich mit dem Territorium vertraut zu machen), fand ich es vernünftig, inkognito zu ermitteln; deshalb entledigte ich mich meiner UKPD-Fleecejacke, warf mich in Jeans und T-Shirt, verfeinerte meinen Nordlondoner Akzent und gab mich als ganz normaler Typ aus, der zufällig seinen Cockerspaniel an der Hauptstraße von Stoke Newington ausführt. Mit der geselligen Molly an meiner Seite war es wie immer viel einfacher, unbemerkt zu bleiben.

Mit einem Bündel »Bringt Buffy zurück«-Flugblätter bewaffnet suchte ich diverse Läden, Cafés und Wettbüros auf und stellte mich als Terry vor, einen Freund von Renu, der die Leute für das Verschwinden des Hundes sensibilisieren wollte.

»Die Familie will keinen Ärger und hat nicht vor, die Polizei da mit reinzuziehen. Sie wollen nur Buffy zurück«, erklärte ich dem Inhaber eines türkischen Herrenfrisörsalons. (Ich war besonders daran interessiert, die Botschaft rüberzubringen, dass keine Konsequenzen zu befürchten wären, sollte Buffy lebend wiedergefunden werden.) Dann ging ich dazu über, vorsichtig auf die Tränendrüsen zu drücken – eine wohlfeile Technik, um jemanden auf seine Seite zu ziehen –, indem ich die verheerenden Auswirkungen des Raubs beschrieb.

»Die gesamte Familie ist untröstlich, wie Sie sich vorstellen können«, sagte ich, während der Frisör mitfühlend nickte. »Meine Freundin ist krank vor Sorge, und ihre Kinder können nachts kaum schlafen. Ich weiß nicht, wie es Ihnen geht, aber ich käme nicht damit klar, wenn *mein* Hund verschwinden würde.«

Der Mann sah zu Molly herunter, die – wie aufs Stichwort – den Kopf schief legte und ihn flehentlich ansah. Meryl Streep wäre stolz auf sie gewesen.

»Nein, ich auch nicht. Ich wäre wahnsinnig traurig«, sagte er. »Meine Französische Bulldogge bedeutet mir alles. *Al-les*...«

»Eben«, antwortete ich und übergab ihm eine Visitenkarte und ein Flugblatt. »Bitte, wenn Sie *irgendeine* Information über Buffys Verbleib haben, müssen Sie mich anrufen.«

Mit meiner treuen Assistentin, die folgsam hinter mir hertrottete, setzte ich meine Tür-zu-Tür-Befragung fort. Die meisten Anwohner und Händler, die wir trafen, waren sehr hilfsbereit und versprachen, die Augen offenzuhalten, doch dass wirklich niemand in der Gegend sie gesehen hatte, deutete darauf hin, dass Buffy entweder im Haus gehalten wurde, rasch aus der Gegend fortgeschafft worden war oder nicht mehr lebte. Auch wenn letztere Aussicht viel zu grausig war, um sich näher damit zu befassen, musste ich zugleich realistisch sein: Das Risiko, dass die Diebe einen Hund wie Buffy als Belastung ansehen und Schritte einleiten würden, ihr Leben vorzeitig zu beenden, bestand immer, da sie die direkte Verbindung zu dem Verbrechen darstellte. Doch dies war natürlich der schlimmstmögliche Fall, und ich war entschlossen, positiv zu denken.

»Komm mit, Molly.« Ich lächelte und machte mich mit ihr zu einem Park in der Nähe auf, wo sie mit ihrem Tennisball herumtollen durfte. »Du hast heute unglaublich hart gearbeitet. Zeit für eine wohlverdiente Pause.«

Am nächsten Tag intensivierte ich die Ermittlungen noch ein wenig. Molly und ich besuchten eine Handvoll Begegnungsstätten in Stoke Newington und brachten die Buffy-Plakate an Stellen an, wo viele Menschen vorbeikamen und sie am besten zu sehen waren. Außerdem hatte ich Sam gebeten, ein Foto von Sachins BMW mitsamt dem falschen Autokennzeichen zu simulieren, das ich in der Hoffnung, dass es jemandes Gedächtnis auf die Sprünge helfen würde, bei jeder sich bietenden Gelegenheit schwang. Dann offenbarte ich einigen Einzelpersonen mit guten Beziehungen – zum Beispiel Stadträten und Café-Besitzern – meine wahre Identität als Tierdetektiv und bat sie, es rumzuerzählen.

Meine Strategie bestand darin, mithilfe der Gemeinde zu den Dieben vorzudringen und sie so unter Druck zu setzen. *Wenn ihr Buffy zurückgebt*, lautete meine Botschaft, *verschwinde ich wieder*. Ich hoffte, dass die Nachricht zu den Tätern durchsickern würde, dass ich ihnen Stress machte und mich dabei auf ihre Gemeinde konzentrierte. Sie sollten den Druck spüren.

Vor einem solchen Gemeindezentrum kam ich mit einer Jamaikanerin mittleren Alters ins Gespräch, die einen lebhaften, kläffenden Jack Russel Terrier spazieren führte. Sie trug ein regenbogenfarbenes Gewand und das passende Headwrap und hörte mir aufmerksam zu, als ich ihr – von der verschwundenen Hündin bis hin zu dem übel zugerichteten Wagen – Buffys Geschichte in allen Einzelheiten erzählte. Außerdem zeigte ich ihr rein zufällig die Fotos von den Mechanikern an der Straße, die die Politessen gemacht hatten und die ich als eventuelle Zeugen unbedingt ausfindig machen wollte.

»Sie sehen aus wie Mr Wilson und sein Sohn«, sagte sie und zerrte ihren Hund an der Leine zurück, der auf Molly zustürzen wollte. »Sie reparieren hier im Viertel viele Autos, auch das meines Mannes. Ein netter Mann, der Ihnen bestimmt gern hilft. Ich beschreibe Ihnen den Weg...«

Mr Wilsons Werkstatt lag zwischen zwei ausufernden Wohnsiedlungen. Als Molly und ich an einem Meer aus mit Brettern zugenagelten Geschäften und Immobilien vorbeigingen, von

denen viele mit Graffiti und nicht genehmigten Plakaten ge-
pflastert waren, kam ich mir vor wie in einer völlig anderen Welt,
obwohl die Dynamik und Betriebsamkeit der Hauptstraße nur
einen Katzensprung entfernt waren. Die meisten Passanten trugen Kapuzenpullis und hielten den Kopf gesenkt – kein freundliches Zunicken oder Grüßen –, sodass ich mich, ob zu Recht
oder zu Unrecht, dabei ertappte, wie ich Mollys Leine besonders
kurzhielt.

Ich näherte mich vorsichtig der Werkstatt, wo eine geräusch-
volle Partie Domino im Gange war. Vier Afrokaribier mittleren
Alters saßen um einen Tisch herum – genau genommen um ein
auf den Kopf gestelltes Ölfass –, krakeelten, lachten, stöhnten
und klopften einander auf die Schulter, während sie der Reihe
nach theatralisch Steine vor sich hin knallten. Einer von ihnen,
der einen Monteuranzug mit Farb- und Ölflecken trug, bemerkte, dass Molly und ich uns an der Tür herumdrückten. Ich
hob beschwichtigend die Hand, um ihm zu zeigen, dass ich warten würde.

Fünf Minuten später hatte das Spiel ein Ende gefunden, und
drei der vier Männer waren auseinandergelaufen. Zurück blieb
der Mann im Monteuranzug.

»Mr Wilson?«, fragte ich und reichte ihm meine Visitenkarte.
»Mein Name ist Colin Butch…«

»Der Mann auf der Suche nach dem Hund, ja?«, unterbrach
er mich. »Meine Freundin Rosie hat mich angerufen und gesagt,
dass Sie mich vielleicht besuchen.«

In den nächsten Minuten legte ich ihm alle fotografischen Beweise vor. Er bestätigte, dass die Aufnahme der Politesse ihn und
seinen Sohn zeigten (sie leisteten oft in der Ortschaft Pannen-
hilfe), und ich fragte ihn, ob ihm jemals ein blauer BMW aufgefallen sei oder ob er, noch besser, daran Reparaturarbeiten
geleistet habe. Das Fahrzeug war vor dem jüngsten Unfall wahr-

scheinlich schon mehrfach in Schwierigkeiten gewesen, erklärte ich, und im Kofferraum lagen allem Anschein nach zwei neue Räder, die darauf warteten, montiert zu werden.

Er strich sich mit Daumen und Zeigefinger über die weißen Bartstoppeln an seinem Kinn.

»Ich selbst kenne den Wagen nicht«, sagte er, »aber vielleicht sollten Sie mit meinem Sohn darüber sprechen.«

Ich schwieg, um weitere Erklärungen abzuwarten.

»Er nimmt Aufträge an, die ich nicht mal mit der Kneifzange anfassen würde«, sagte er seufzend, »aber manche Jungs-Banden können, sagen wir, recht hartnäckig sein ...«

Er verstummte und schien nicht bereit, mehr Details preiszugeben. Da ich selbst einen Sohn hatte, verstand ich diesen väterlichen Beschützerinstinkt.

»Ich kann Ihnen versprechen, Mr Wilson, dass niemand Ärger bekommen wird. Buffys Besitzer wollen die Polizei außen vor lassen. Und meine Aufgabe ist das Aufspüren von Tieren und nicht strafrechtliche Verfolgung.«

Meine Zusicherungen schienen ihn etwas zu beruhigen.

»Andrew arbeitet im Hinterhof«, sagte er. »Ich rede kurz mit ihm.«

Ich hörte gedämpfte Stimmen. Anscheinend wurden scharfe Worte gewechselt, und schon bald trat Wilson junior in Erscheinung. Er war eine größere, dünnere Ausgabe seines Vaters und trug eine ausgebeulte Jeanslatzhose mit einem Werkzeuggürtel, an dem Kreuz- und Sechskantschlüssel hingen. Er lehnte sich an die Werkstattwand und sah mich ausdruckslos an.

»Ich weiß nichts«, sagte er.

»*Andrew* ...«, ermahnte ihn sein Vater.

»Ich ... weiß ... nichts«, wiederholte er. »Kann ich jetzt bitte wieder an die Arbeit gehen?«

»Hör zu«, sagte ich. »Wie ich deinem Vater gerade gesagt habe, kriegt ihr keinen Ärger. Ich will nur wissen, ob du Kontakt mit ein paar Leuten hattest, nach denen ich suche.«

Er starrte auf seine Stiefel mit benagelten Sohlen und schüttelte den Kopf.

»Ich bin nicht von der Polizei, okay? Ich bin Tierdetektiv. Ich suche vermisste Tiere. Ich arbeite für eine Familie, deren wunderschöne kleine Hündin gestohlen wurde und die vollkommen traumatisiert ist.«

Der Junge sah mir kurz in die Augen und wich hastig meinem Blick aus.

»Du brauchst sie nur anzurufen und ihnen zu sagen, dass ich ihnen auf der Spur bin und dass ich so oder so rausfinden werde, was mit Buffy passiert ist.«

Schweigen.

»Und wenn sie noch am Leben ist, sollen sie sich mit mir in Verbindung setzen oder sie in einem Tierheim abgeben.«

»*Andrew* ...«, wiederholte sein Vater jetzt strenger.

»Okay, okay«, sagte der und hob verärgert die Hände. »Die haben mich angerufen, damit ich ihnen ihre Räder montiere. Ich wollte ihren Auftrag nicht. Das sind Kriminelle. Die machen nur Ärger. Aber sie sagten, sie würden mir wahnsinnig viel Kohle dafür geben. Das konnte ich doch nicht ablehnen, oder?«

»Dann hast du also ihre Kontaktdaten?«, fragte ich. »Und du kannst sie nach dem vermissten Hund fragen?«

Andrew zog ein Päckchen Tabak aus der Tasche und drehte sich eine Zigarette. Er machte einen langen Zug und blies den Rauch himmelwärts. Ich wusste, dass er mich hinhielt, und war für seine Antwort gewappnet.

»Mein Handy ist kaputt«, behauptete er nicht sehr überzeugend. »Es ist mir runtergefallen. In tausend Teile zersplittert. Ich kann Ihnen die Nummer nicht geben. Tut mir leid.«

»Das ist kein Problem.« Ich lächelte. »Ich habe eine Software, mit der sich die Daten eines kaputten Handys wiederherstellen lassen. Entweder das, oder ich bitte einen meiner Kontakte, deine Telefondaten zu überprüfen.«

Er schluckte heftig – sein Adamsapfel trat wie ein Pfirsichkern hervor – und sah seinen Vater an. Ich hatte ihn in die Enge getrieben, und das wusste er.

»Ruf sie an, Andrew, und zwar heute noch«, sagte ich und tätschelte Molly, die prompt aufsprang. »Tu das Richtige. Bitte.«

Zwei Tage später, als Molly und ich aus Sevenoaks nach Hause fuhren, wo wir den ganzen Nachmittag versucht hatten, eine seltene Sphynxkatze zu finden, hörte ich eine Sprachnachricht von Renu ab. Sie kreischte so laut, dass ich die Lautstärke meiner Freisprecheinrichtung leiser drehen musste.

»BUFFY IST GEFUNDEN WORDEN!«, schrie sie, und ein Blitz aus Adrenalin schoss durch meinen Körper. »Zwei Jungs haben sie in einer Hunde-Rettungsstation in Essex abgegeben«, japste sie und bekam die Worte kaum heraus. »Das Personal hat Buffys Mikrochip gescannt und mich angerufen. Sachin und ich sind auf dem Weg dorthin. Damit hätte ich nie gerechnet. Ich hätte nie gedacht, dass ich sie wiedersehen würde. Vielen Dank, Colin. *VIELEN Dank*...«

Darauf folgte sekundenlanges freudiges Schluchzen (ich schäme mich nicht zuzugeben, dass auch mir die Tränen kamen), bevor sich die Nachricht mit einem Klick ausschaltete. Ein Blick in den Rückspiegel zeigte mir, dass Molly sich in ihrer Box verlagerte, um für die Heimfahrt eine bequeme Schlafposition zu finden.

»Nun, Detective Constable Molly Butcher«, sagte ich lächelnd. »Es sieht so aus, als hätten wir unseren Fall geknackt.«

Ich stieß einen tiefen Seufzer der Erleichterung aus. Es waren schwierige Ermittlungen gewesen, aber Molly und ich hatten den Fall gelöst.

Sobald ich zurück in Cranleigh war, rief ich den Geschäftsführer des Tierheims an, um mehr Informationen über Buffys Rückgabe zu bekommen. Er berichtete mir, dass zwei Jungs im Teenageralter, die, wie er vermutete, zu einer Landfahrergemeinschaft in der Nähe gehörten, die Hündin gebracht hatten und ohne ein Wort wieder gegangen waren. *Mittelsleute*, dachte ich bei mir. Wahrscheinlich hatten sie Schmiergeld von den Tätern erhalten, die ganz sicher keinen Wert darauf gelegt hatten, von den Überwachungskameras aufgezeichnet zu werden, und den Hund, den sie gestohlen hatten, eindeutig loswerden wollten. Ich hatte Buffy in Stoke Newington so bekannt gemacht, dass die Sache ihnen zu heiß geworden war und sie es vorgezogen hatten, sich ihrer nicht auf hartherzigere Art zu entledigen. Objektiv betrachtet, wäre »das Beweisstück« zu zerstören die einfachere, sicherere Option für sie gewesen.

Doch Buffy war in einem furchtbaren Zustand im Tierheim abgeliefert worden. Sie hatte eine schlimme Augeninfektion und Reibungsverbrennungen erlitten, die darauf schließen ließen, dass sie in einem Metallkäfig eingesperrt gewesen war. Ihr Fell war verfilzt, sie war voller Flöhe und stark untergewichtig. Aber – dem Himmel sei Dank – sie war am Leben und endlich in Sicherheit.

Da ich es wichtig fand, ihnen viel Zeit und Freiraum mit Buffy zu geben, ließ ich Renu und ihre Lieben ein paar Tage in Ruhe, hielt aber über SMS und E-Mail zu ihnen Kontakt. Die kleine Hündin hatte vom Tierarzt einen gesundheitlichen Persilschein ausgestellt bekommen, ließ Renu mich wissen, und war nach vier langen Monaten zum ersten Mal gebadet, getrimmt und verwöhnt worden.

In der Woche darauf stattete ich der Familie in Willesden Green einen Besuch ab. Wie Harry und Freddie mit ihrer glücklichen, gesunden und fluffigen kleinen Fellnase im Garten herumrannten, war herrlich anzusehen und erinnerte mich wieder daran, wie mein Bruder und ich in Singapur mit unseren vierbeinigen Freunden herumgetollt waren. Ich wandte mich zu Renu, die mir das wunderschönste Lächeln schenkte.

»Ich werde nie vergessen, was Sie für uns getan haben, Colin«, sagte sie. »Jetzt ist unsere Familie wieder vollständig.«

»Ohne Molly hätte ich es nicht geschafft«, antwortete ich und war selbst ein wenig von Gefühlen überwältigt. Ich umarmte Renu fest und winkte den Jungs zum Abschied zu.

Als ich Molly in ihre Box setzte, stupste sie mich sanft am Arm und sah mich besorgt an, als wollte sie sagen: *Geht es dir gut, Herrchen? Deine Augen sehen traurig aus …*

Ich war, ich gebe es zu, geistig erschöpft. Die Buffy-Ermittlungen hatten mehrere Monate in Anspruch genommen, und ich hatte Nägel mit Köpfen machen und Stärke und Zuversicht zeigen müssen, obwohl ich, wie Renu, die Erfolgschancen betreffend meine Zweifel gehabt hatte. Gott sei Dank hatte ich mein Versprechen eingelöst, und Buffy war wieder dort, wo sie hingehörte.

Ich sah Molly an, die mein Verhalten immer noch zu irritieren schien.

»Mir geht's gut, Molls, ehrlich«, sagte ich, kraulte ihr die Ohren und küsste sie auf die Schnauze.

10. Der Blauglöckchenwald

Auch wenn Molly ihre Fortschritte im Geruchsabgleich (buchstäblich) in großen Sprüngen machte, war es immer noch von äußerster Wichtigkeit, dass wir unser strenges Trainingsprogramm einhielten. Es gab immer neue Techniken zu erlernen und neue Verstecke zu entdecken, weshalb ich sie drei- bis viermal in der Woche zur Bramble Hill Farm mitnahm, um sie auf Herz und Nieren zu prüfen. Molly spürte oft, dass wir zur Geschäftsstelle aufbrechen wollten, und nahm, während ich alles vorbereitete, ihre Position an der Haustür ein, wobei sie sich meist auf meine Outdoorstiefel setzte. Wenn ich sie mir anziehen wollte, legte sie sanft die Pfote auf das Leder, um doppelt sicherzugehen, dass wir auch wirklich rausgingen.

Auf Bramble Hill stellte ich Molly besondere Aufgaben, die oft auf Problemen basierten, auf die wir bei früheren Suchaktionen gestoßen waren. Zum Beispiel deponierte ich eine Katzenhaarprobe hoch oben in einer Platane, um die vermisste Mieze nachzuahmen, die sie in einem Baumhaus versteckt gefunden hatte. Oder ich brachte sie in Gegenden, in denen Kleintiere umherstreiften (neben dem See oder am Kanal), damit sie lernte, sich auf den Kerngeruch der Katze zu konzentrieren und sich nicht von den Enten-, Kaninchen- oder Eichhörnchengerüchen ablenken zu lassen.

Auch wenn Mollys Fortschritte in den letzten Monaten nicht weniger als phänomenal gewesen waren, blieb es unerlässlich, dass ihre Geruchsabgleichstechniken als Gebrauchscocker (ebenso wie meine Fähigkeiten als Hundeführer) kontinuierlich verbessert und verfeinert wurden. Diese Tatsache hatte schon Mark betont, der Hundeverhaltensexperte, der so intensiv mit Molly gearbeitet hatte, bevor sie zu mir kam.

»Ihr werdet niemals damit aufhören, euch zu verbessern, Colin«, hatte er mir am Tag der Übergabe gesagt. »Jede einzelne Suche wird andere Prüfungen und Herausforderungen hervorbringen, und ihr müsst aus allem lernen, auch aus den Enttäuschungen.«

In jenem Frühling hatten Molly und ich tatsächlich eine Handvoll erfolgloser Suchaktionen erlebt. In einem solchen Fall hatte ich sie unklugerweise bei Sprühregen zum Einsatz gebracht, sodass es ihr trotz größter Anstrengungen unmöglich gewesen war, bei dieser Feuchtigkeit einen Geruchsabgleich vorzunehmen. Die Suche verlief letztlich erfolglos; ich wurde dabei nicht nur nass bis auf die Haut (genau wie Molly), sondern war danach auch total deprimiert. Bei anderer Gelegenheit waren wir beauftragt worden, eine Hofkatze namens Spider zu finden, doch als wir vor Ort eintrafen, musste ich feststellen, dass alle Scheunen und Ställe brechend voll mit Vieh waren. Da ich nicht für Mollys Sicherheit garantieren konnte, mussten wir unverrichteter Dinge wieder abziehen. Auch wenn ich mir keine Illusionen machte (realistisch gesehen wären wir niemals in der Lage, jede einzelne Katze aufzuspüren), war ich immer niedergeschlagen und tieftraurig, wenn wir keine Resultate erzielten, selbst wenn wir nichts dafür konnten. Diese Rückschläge nutzte ich, um etwas dazuzulernen, und setzte zum Ausgleich zusätzliche Trainingseinheiten an.

»Nächstes Mal kriegen wir es hin, Molls«, sagte ich zu ihr, wenn sie in Richtung Shepherd's Rest sauste, wo ich eine Stunde zuvor eine Katzenhaarprobe in einer hohlen Eiche versteckt hatte.

An einem solchen Trainingstag, einem windigen Frühlings-morgen, fuhr ich zur Bramble Hill Farm, während Molly unge-duldig in ihrer Box herumhüpfte.

Komm schon, Herrchen … schien sie zu sagen, wie immer erpicht darauf, Spaß zu haben und frische Luft zu tanken. *Sind wir bald da?*

Als mein Autotelefon klingelte, fuhr ich in eine Haltebucht und nahm den Anruf entgegen.

»Hallo, hier spricht Colin Butcher …«

Stille. Dann waren gedämpfte Stimmen zu hören, als würde der Hörer weitergegeben.

»Guten Morgen, Lieber«, antwortete die schwache Stimme einer älteren Frau. »Sind Sie der Tierdetektiv?«

»Ja, genau.«

»Der Herr mit dem Hund, der Katzen aufspürt?«

»Genau der.« Ich lächelte, während Molly hinter mir verdrieß-lich jaulte.

»Ich brauche Ihre Hilfe. Ich habe alles über Sie und Molly gehört, und meine lieben Kollegen hier in der Katzenstiftung haben mir Ihre Telefonnummer herausgesucht. Es geht um mei-nen Chester. Er ist verschwunden.«

Die Frau hieß Margaret, lebte in der Nähe des Dorfes Harken-bury in Kent und hatte seit drei langen Tagen nichts von ihrem Stubentiger gesehen oder gehört. Chester, ein achtzehn Jahre alter Kater mit getigertem Tabby-Muster, hielt sich gewöhnlich größtenteils im Haus auf, sodass seine längere Abwesenheit sehr untypisch für ihn war.

»Ich bin krank vor Sorge«, sagte sie. »Er wird nicht jünger, und ich habe schreckliche Angst, dass er zu Schaden gekommen ist.«

Sie erklärte mir, dass sie und ihre Schwester beide Mitte neun-zig und zu gebrechlich waren, um ihren großen Garten abzusuchen, und dass zahlreiche Versuche anderer Dorfbewohner, Chester zu finden, gescheitert waren.

»Ich ertrage es einfach nicht«, sagte sie mit stockender Stimme. »Ich will nur, dass mein Kater gefunden wird, Mr Butcher, und Gewissheit haben, was genau mit ihm passiert ist. Könnten Sie und Molly mir vielleicht helfen?«

»Erstens müssen Sie mich Colin nennen«, antwortete ich beschwichtigend. »Und zweitens bin ich mir sicher, dass wir Ihnen helfen können. Bitten Sie einen Ihrer Freunde, mir Ihre Adresse zu simsen, dann sind wir so schnell wie möglich bei Ihnen.«

»Ach, das wäre wunderbar«, seufzte sie erleichtert. »Das ist genau das, was ich hören wollte.«

Ich legte auf und drehte mich zu meiner rastlosen Hündin um, die inzwischen vor Frust leise knurrte.

»Planänderung, Molls. Das Training fällt aus. Wir müssen Chester finden.«

Auf dem Weg holte ich meine treue Assistentin Sam ab, die sich inzwischen daran gewöhnt hatte, aus heiterem Himmel zu eiligen Einsätzen gerufen zu werden. Nach einer landschaftlich reizvollen Fahrt durch die Surrey Hills erreichten wir gegen Mittag Margarets Dorf. Das Haus unserer Kundin zu finden, bereitete uns erhebliche Probleme; wir fanden uns in einem Labyrinth aus engen, mit prächtigen Blumen geschmückten Gassen wieder, in denen es zu wenig Schilder mit Hausnamen und Hausnummern gab. Erst als wir eine winzige alte Dame sahen, die an einem klapprigen Holztor lehnte und mit zusammengekniffenen Augen zu unserem Wagen schaute, wussten wir, dass wir unser Ziel erreicht hatten. Als wir anhielten, winkte sie uns fröhlich zu, öffnete das Tor und deutete auf eine lange, sich schlängelnde Zufahrt.

Als ich langsam mein Fenster herunterkurbelte, fiel mir auf

dem Boden ein verrottendes Hinweisschild auf. Kein Wunder, dass wir Schwierigkeiten gehabt hatten, das Haus zu finden.

»Margaret?«

»Die bin ich. Ich freue mich *so*, Sie alle zu sehen«, begrüßte sie uns, während Molly aufgeregt kläffte und mit dem Schwanz gegen ihre Box klopfte. Meine Hündin war schlau genug, um zu begreifen, dass eine fremde Stimme meist darauf hindeutete, dass ein Sucheinsatz bevorstand.

Als ich durch meine Frontscheibe spähte, entdeckte ich durch einen Baldachin aus Lorbeerbäumen in der Ferne ein Hausdach.

»Wollen Sie mitfahren, Margaret?«, fragte ich. »Bis zu Ihrer Haustür scheint es ganz schön weit zu sein.«

»Danke, aber das ist kein Problem«, antwortete sie. »Das Laufen wird mir guttun. Alte Tanten wie ich brauchen so viel Bewegung, wie sie kriegen können.«

Fünfzehn Minuten später lehnten Sam und ich in der warmen Sonne an meinem offenen Kofferraum und warteten auf Margaret. Zwischen uns, immer noch in ihrer Box, saß Molly, die zusehends aufgeregter wurde. In solchen Situationen zitterte sie oft vor Vorfreude, als würde sie vor Kälte frösteln, und erzeugte in ihrer Kehle seltsame Gurgellaute.

Kommt schon, ihr zwei, schien meine Hündin zu sagen. *Lasst uns endlich loslegen …*

Uns gegenüber lag Greenlea Hall, ein imposantes, aber baufälliges edwardianisches Herrenhaus. Mir fiel auf, dass die Pracht seiner Schiebefenster, seiner erhöhten Giebel und seines weißen Portikus durch abblätternde Farbe und zerbröckelndes Mauerwerk etwas geschmälert war. Teile des kupferroten Ziegelwerks hatten sich durch eine knorrige und knotige Glyzinie gelöst, und vor dem Haus stand ein riesiger, von Rissen zerklüfteter und von Flechten überwucherter Steinbrunnen.

»Ich kann nicht glauben, dass hier zwei Rentnerinnen wohnen«, sagte Sam, während sie diese ansehnliche Residenz in Surrey betrachtete. »Dieses Haus ist *riesig*…«

Schließlich kam Margaret angehumpelt. Ihre langen silberweißen Haare waren zu einem lockeren Pferdeschwanz gebunden, und sie trug eine marineblaue Baumwollhose kombiniert mit einem himmelblauen Schlabberpulli.

»Ich möchte mir Molly gern mal ansehen«, sagte sie lächelnd, bückte sich tief herunter und spähte durch das Gitter. »Ach, was für eine *wunderschöne* Hündin. Und nach allem, was ich gehört habe, ein sehr schlaues Hundchen …«

Mollys Gurgeln und Schwanzschläge liefen jetzt auf Hochtouren.

»Ach, dafür wird sie Sie lieben.« Ich lachte. »Mit Schmeicheleien kann man die kleine Prinzessin zu allem bewegen.«

Margaret lachte leise, während sie sich langsam wiederaufrichtete.

»Kann ich Sie auf einen Tee mit Kuchen ins Haus locken?«

Ich erklärte Margaret, dass Sam und ich uns sehr gern etwas stärken würden, Molly jedoch bis zum Beginn der Suche im Wagen bleiben müsste. Wir mussten sehr darauf achten, sie nicht den anderen Katzengerüchen im Haus auszusetzen; das hätte ihren Geruchssinn überfordert und die Suche erschwert.

»Aber ich lasse den Kofferraum auf, damit sie frische Luft hat, und gebe ihr ein paar Plüschtiere zum Kauen. Damit wird sie ganz zufrieden sein.«

»Was immer Sie für das Beste halten.« Margaret lächelte und führte uns zu ihrem prachtvollen Domizil.

Als wir in ihrer altertümlichen Landhaus-Küche saßen – ein Raum, der wahrscheinlich seit Jahrzehnten unverändert geblieben war –, erzählte ich meiner Klientin die Kurzfassung von Mollys Geschichte. Am hinteren Ende der Küche, in der Nähe eines alten AGA-Herds, saßen zwei andere Katzen, eine glatte

Abessinierkatze und eine zottelige Maine Coon. Beide täuschten lässiges Desinteresse vor, doch an gelegentlichem Schwanzschnipsen und Ohrzucken erkannte ich, dass sie sich unserer Gegenwart überaus bewusst waren.

»Das sind Simba und Sandy«, sagte Margaret und sah die zwei liebevoll an. »Aber ich muss sagen, in letzter Zeit sind sie nicht mehr sie selbst. Sie vermissen den alten Chester genauso sehr wie ich.«

Anscheinend waren alle drei Katzen Streuner gewesen und gehörten zu den vielen verlorengegangenen oder ausgesetzten Miezen, die Margaret im Laufe der Jahre bei sich aufgenommen und »adoptiert« hatte. Tierliebhaber wie diese alte Dame sind meine Lieblingskunden: gütig, mitfühlend und ihren Tieren ganz und gar ergeben.

Plötzlich wurde die Mahagoni-Küchentür aufgerissen, woraufhin Sandy und Simba vor Schreck aufsprangen und durch die Katzenklappe nach draußen schossen.

»Hat sie gerade gesagt, sie *adoptiert* sie?« Die grauhaarige Frau mit der beigefarbenen Nylonhose und dem olivgrünen Fleecepulli, die hereingeschneit war, lachte laut. »Was für ein Unsinn! Meine Schwester stiehlt die verdammten Viecher von den Nachbarn. Sie kann nicht anders. Sie liebt diese elenden Viecher mehr als mich.«

»Du lieber Himmel, Kathrine«, sagte Margaret und schüttelte müde den Kopf. »Colin, Sie können sich sicher denken, dass das meine Schwester ist. Glauben Sie ihr kein Wort.«

»Ach, Sie sind also dieser Detektiv?«, feixte sie, schlurfte auf mich zu und hielt mir ihre knochige Hand hin. »Ein Hercule Poirot für Tiere, was?«

Sie war nicht die Erste, die sich über meinen Beruf amüsierte.

»Dann hoffe ich, dass Sie nicht mit einem Honorar rechnen, alter Knabe«, fuhr sie fort. »Bis zu dem Tag, an dem ich mich zum Verkauf dieses Hauses entschließe, haben wir nämlich keinen roten Heller. Keinen roten Heller.«

»*Kathrine!*«, rief ihre Schwester entsetzt.

»Wie es der Zufall will, stufe ich diesen Besuch als Trainingseinheit für Molly ein«, erwiderte ich und bemühte mich, gelassen zu bleiben. »Ehrlich gesagt möchte ich nur gern Ihrer Schwester helfen.«

»Womöglich verschwenden Sie sowieso nur ihre Zeit«, schnaufte sie verächtlich. »Dieses Tier ist so altersschwach, dass es wahrscheinlich tot umgefallen ist. Entweder das, oder es ist von einem vorbeifahrenden Laster plattgefahren worden.«

Margaret schnappte nach Luft und legte die Hände an ihre erröteten Wangen. *Charmant*, dachte ich. *Sehr charmant.* Sam, die meine wachsende Wut spürte, schaltete sich gerade noch rechtzeitig ein.

»Colin, ist es nicht an der Zeit, mit Margaret nach draußen zu gehen, um den Sicherheitscheck durchzuführen?«, fragte sie.

Sam wusste, dass ich das Gelände immer gern vorab auf Sicherheit überprüfte, um alle Risiken auszuschließen, die Molly bei ihrer Suche gefährden könnten: Baufällige Nebengebäude, rostige Maschinen oder nachlässig verschlossene Chemikalien konnten riskant sein.

»…und während du das machst, bleibe ich mit Kathrine im Haus«, fügte sie mit einem gequälten Lächeln hinzu. Sie hatte ganz richtig durchschaut, dass ich diese herrische Schwester nicht dabeihaben wollte.

»Hervorragende Idee«, antwortete ich.

Es stellte sich heraus, dass Greenlea Hall auf einem der größten Anwesen im östlichen Kent lag. Es umfasste ein gewaltiges Flickwerk aus Rasenflächen, Feldern und Wald sowie ein paar vereinzelte baufällige Nebengebäude und ausgediente Hoffahrzeuge.

Wäre Chester ein junger, agiler und unabhängiger Kater gewesen, hätten Molly und ich unsere liebe Mühe gehabt. Doch unter den gegebenen Umständen hielt ich eine großflächige Durchsuchung des Gebiets nicht für nötig. Meine Kenntnisse über das Verhalten von Katzen und meine Erfahrung sagten mir, dass Chester, wenn man sein Alter, seine Gebrechlichkeit und seine stark ausgeprägte Fähigkeit, nach Hause zu finden, berücksichtigte, eher näher als weiter entfernt wäre und eher früher als später gefunden werden würde.

»Alles in allem, Margaret, bin ich mir ziemlich sicher, dass Chester nicht weit weggelaufen ist«, sagte ich ihr.

»Ach, ich hoffe sehr, dass Sie recht haben«, antwortete sie. »Soll ich Ihnen noch den Park zeigen?«

Auf der Rückseite wurde Greenlea Hall von einer imposanten Glasorangerie eingefasst, die an eine riesige moosbedeckte York-stone-Terrasse angrenzte, die mit allerlei Kübeln, Topfpflanzen und Gießkannen übersät war. Die Terrasse ging in eine ausgedehnte Rasenfläche über (etwa ein Viertel der Größe eines Fußballfeldes, schätzte ich), hinter der man einen atemberaubenden Ausblick auf die gesamte Grafschaft hatte. Rechts davon befand sich eine leere Koppel (Margaret war in früheren Jahren eine leidenschaftliche Reiterin gewesen, hatte sie mir erzählt) und links ein traditioneller, von einer Mauer umgebener Garten. Nach den hoch aufgeschossenen Obstbäumen und den kargen Blumenrabatten zu urteilen, hatte auch er schon bessere Zeiten gesehen. Die ungepflegte Grasfläche war mit Gänseblümchen und Löwenzahn gespickt und wurde auf einer Seite von einer Reihe kahlästiger Eichen und auf der anderen von einer Reihe buschiger, verwilderter Tannen umrandet. In seinen besten Jahren hätte dieser Garten für neugierige Kinder ein Paradies zum Verstecken spielen oder für einen erschöpften Erziehungsberechtigten einen ruhigen Zufluchtsort abgegeben. Diese Zeiten waren lange vorbei.

»Chester hat es geliebt, hier den lieben Gott einen guten Mann sein zu lassen«, sagte Margaret, deren Augen jetzt vor Tränen glänzten. »Er hat sich in der Sonne gerekelt und den Blaumeisen beim Herumflattern zugesehen. Natürlich war er viel zu langsam und zu schwerfällig, um welche zu fangen.«

Ich fragte sie, ob ich einen kurzen Blick in die baufällige Garage werfen dürfte, die den Oldtimer des Geschwisterpaares, einen Mini Cooper, beherbergte sowie einen Stapel antiquierter Gartengeräte. Als ich eine mittelalterliche Heckenschere beiseitelegte, entdeckte ich verrostete Fahrräder, die vom Dreirad eines Kleinkinds bis zum Rennrad eines Teenagers der Größe nach geordnet waren.

»Die haben alle meiner Tochter gehört«, sagte Margaret wehmütig. »Ich werfe nicht gern etwas weg. Ich … nun … ich dachte, sie würden eines Tages noch gebraucht.«

Sie erklärte mir, dass Greenlea Hall ihren Eltern gehört hatte und sie und ihre Schwester es vor etwa 30 Jahren geerbt hatten. »Meine Schwester kann sehr direkt sein«, sagte sie. Sie sagte, dass sich das Verhältnis zwischen Kathrine und ihrer einzigen Tochter verschlechtert hatte. Grund sei ein Riesenstreit gewesen, in dem Erstere Letzterer vorgeworfen hatte, sich einen »unpassenden« Mann gesucht und in der Folge »unter ihrem Stand« geheiratet zu haben.

»Elizabeth lebt jetzt in Schottland. Sie kommt nur zu Besuch, wenn ich allein zu Hause bin, was – aufgrund von Katherines Arthritis – in letzter Zeit kaum noch vorkommt«, sagte sie. »Wir telefonieren, und wir schreiben uns, aber das ist nicht dasselbe. Ich fühle mich meiner Tochter gegenüber wie eine Fremde. Das ist unheimlich traurig.«

Als sie in die Ferne blickte, kam mir etwas an ihrer Miene seltsam vertraut vor. Und dann dämmerte es mir. Derselbe schmerzliche Ausdruck. Dasselbe Gefühl von Verlust. Es war, als blickte ich in die Augen meiner Mutter, dreißig Jahre zuvor, nach dem Tod meines Bruders David. Er war erst zwanzig gewesen, als er an einer Lungenentzündung gestorben war. Nach einem zehnjährigen Kampf gegen Leukämie war sein Immunsystem angegriffen gewesen, und der Verlust hatte meinen Eltern das Herz gebrochen. Auch mich hatte sein Tod, obwohl er nicht ganz unerwartet kam, sehr schwer getroffen. Ich hatte meinen coolen, ruhigen großen Bruder seit meiner Kindheit vergöttert; wir hatten so viele gemeinsame Abenteuer erlebt und so viele Leidenschaften geteilt, ganz besonders unsere Liebe zu Hunden. Es schrie zum Himmel, dass David nicht lang genug gelebt hatte, um meine Molly kennenzulernen. Ich weiß, er hätte sie heiß und innig geliebt.

Tief in Gedanken versunken, setzten Margaret und ich unseren Spaziergang bis zum Ende des Gartens fort. Von dort aus überblickte ich, während ich meine Augen vor dem grellen Sonnenlicht schützte, das weitläufige Herrenhaus und seine ungepflegten Anlagen. Früher einmal musste viel Liebe und Arbeit in Margarets und Katherines traumhaftes Elternhaus gesteckt worden sein. Doch jetzt kam es mir leider so vor, als sei das Haus – und ihr Verhältnis – völlig marode. Mich überkam großes Mitgefühl für diese reizende Frau, die an ihrem Lebensabend das meiste Glück aus ihren Haustieren zog und nicht aus der Kameradschaft mit ihrer Schwester.

»Es ist Zeit für die ›Operation Katzenprobe‹«, sagte ich lächelnd und bot Margaret meinen Arm an, während wir zurück zum Haus schlenderten. »Und es ist Zeit, die liebreizende Molly herbeizuholen.«

Ich blieb auf der Terrasse, während Margaret Chesters Lieblingskissen holte, das sie gemäß meiner Anweisung von Simba und Sandy ferngehalten und im Haus gelassen hatte. Leider war es weitverbreitet, dass Katzenbesitzer Kissen und Decken, das Lieblingsspielzeug oder das Katzenklo ihres vermissten Tieres nach draußen in den Garten brachten, weil sie fälschlicherweise glaubten, ihren Stubentiger dadurch zur Rückkehr bewegen zu können. Leider lockte das oft Besuche anderer Katzen aus dem Viertel an, die an diesen Gegenständen ihre Duftmarke hinterließen, was der abtrünnigen Samtpfote einen weiteren Grund lieferte fortzubleiben.

Mein Herz machte einen Satz, als meine Klientin ein großes Kissen auf den Händen balancierend auf der Terrasse erschien. Zuerst nahm ich an, dass es aus Mohairwolle war, stellte bei näherem Hinsehen jedoch fest, dass es vollkommen von Chesters flaumigem beigefarbenem Fell überzogen war. Am liebsten wäre ich vor Freude in die Luft gesprungen.

»Ich bin einer der wenigen Menschen in Großbritannien, der ganz aus dem Häuschen ist, wenn er einen Gegenstand voller Katzenhaare sieht, Margaret«, sagte ich grinsend und war begeistert, dass Molly nun die bestmögliche Chance hatte, den Geruch abzugleichen und das Tier zu finden.

Um die Probe nicht mit meinem eigenen Geruch zu verunreinigen, zog ich mir Latexhandschuhe an und entnahm mithilfe einer Edelstahl-Drahtbürste behutsam mehrere große Haarbüschel, bevor ich sie sorgfältig in eins meiner sterilen Marmeladengläser umfüllte. Als alles startklar war, bat ich Sam über das Walkie-Talkie, Molly auf die Terrasse zu bringen. Meine Hündin war wie immer außer sich vor Freude, wieder bei mir zu sein, leckte mir ausgiebig das Gesicht und verpasste mir als Zugabe noch einen sanften Stups mit ihrer feuchten Nase.

»Auf zur Suche, Molly«, sagte ich, sah ihr in die Augen und streichelte ihren seidig glänzenden schwarzen Kopf.

Mit einer Handvoll Leckerlis in einer Tasche und dem Handy in der anderen führte ich Molly zur Koppel, um ihr Chesters Geruch zuzuführen. So professionell wie immer hatte sie sich schon beruhigt und sich in einen zenartigen Zustand der Gelassenheit und Konzentration versetzt. Als ihr Herrchen und Hundeführer hatte ich ihr beigebracht, zwischen ihren zwei Rollen – ihrem Leben als Haustier und ihrem Leben als Arbeitshund – zu differenzieren, sodass sie in der Lage war, den Übergang von Molly, dem knuddeligen Cockerspaniel, zu Molly, dem Katzenspürhund, zu vollziehen. Als ich ihr Geschirr von meinem Gürtel nahm und es ihr hinhielt, wusste sie genau, dass sie im Arbeitsmodus war.

Als Reaktion auf mein übliches »Toma«-Kommando steckte sie ihre Nase in das Glas und atmete tief ein. Mit dem Befehl »Such… such!« (und jetzt mit Margaret und Sam an meiner Seite) leinte ich sie schließlich ab und entließ sie in die ziemlich steife Frühlingsbrise.

Mit einem schrillen, aufgeregten Jaulen schoss Molly wie eine Rakete über die weite Rasenfläche und schien innerhalb weniger Sekunden eine Fährte gefunden zu haben. Ihre Schnauze schien eine Vollbremsung zu machen, während – wie in einem *Scooby Doo*-Trickfilm – der Rest ihres Körpers weitersauste, und sie vollführte einen plötzlichen Neunzig-Grad-Schwenk nach links auf den eingefriedeten Garten zu. Sie raste durch das Tor und, als wir sie tapfer eingeholt hatten, sahen wir, wie sie sich duckte, hoch in die Luft sprang und sich um die eigene Achse drehte, während sie die wirbelnde Luft einatmete.

Doch als Molly sich auf eine der größten Koniferen an der östlichen Seite des Grundstücks konzentrierte, nahm ihr Verhalten eine bizarre Wendung. Jedes Mal, wenn sie zwei Schritte nach vorn machte, wich sie einen zurück, während sie uns die ganze Zeit beunruhigte Blicke zuwarf. Während unserer vielen gemeinsamen Suchaktionen hatten wir ein wirklich einzigartiges gegenseitiges Verständnis entwickelt, das sich oft auf Blickkontakt stützte; und da ich Molly so gut kannte, war mir sofort klar, dass sie auf einen Geruch gestoßen war, dem sie noch nie begegnet war. Während sie völlig verwirrt und desorientiert die Konifere umkreiste, konnte ich ihre Gedanken lesen.

Was ist hier los, Herrchen? Warum habe ich das noch nie gerochen?
Dieses fahrige Hin und Her setzte sich minutenlang fort, und meine Besorgnis nahm zu. Ich hatte sie selten so erlebt. Meine Hündin wurde immer verzweifelter und irritierter, und ihr Stresspegel schnellte in die Höhe. Etwas beunruhigte sie ungeheuer.

»Ich werde sie eine Weile von der Sache abziehen«, sagte ich zu Margaret und Sam, bevor ich Molly mit drei kurzen Pfiffen auf meiner Hundepfeife zurückrief, dem üblichen Kommando, das ihr befahl, die Suche zu unterbrechen und flugs zu mir zurückzueilen.

»Keine Sorge, Molly«, sagte ich und beruhigte sie mit Streicheleinheiten, bevor ich sie ein paar Minuten auf einem Feld herumtollen ließ. Erst als ich spürte, dass ihre Aufregung abgeebbt war, und ich mich überzeugt hatte, dass unser gegenseitiges Vertrauen intakt geblieben war, beschloss ich, die Suche neu zu starten.

Als ich meiner Hündin Chesters Geruch noch einmal zuführte, spürte ich, dass der Gegenwind deutlich nachließ. Trotzdem schoss Molly wieder in den ummauerten Garten und rannte auf dieselbe Tanne zu, doch diesmal bewegte sie sich mit ein wenig mehr Zuversicht und Selbstsicherheit. Gespannt beobachteten wir, wie sie tief unter die schweren Äste des Baums kroch, die bis aufs Gras herabhingen.

Innerhalb von Sekunden war Molly theatralisch wiederaufgetaucht und hatte ihre Signalpose eingenommen. Sie lag flach, unbeweglich und stumm, die Vorderpfoten nach vorn gestreckt, den Kopf erhoben und den Blick auf mich gerichtet. Ihr unverwechselbares Erfolgssignal.

Ich habe gefunden, wonach ich suche, sagte sie mir damit. *Ich habe getan, was du von mir verlangt hast...*

Dieses klare und eindeutige »Ablegen« verriet mir, dass Molly Chesters Geruch aufgespürt und das verschwundene Tier geortet hatte. Doch auch ihre traurige Miene in Kombination mit ihrem merkwürdig verhaltenen Gebaren sprach Bände. Margarets Katze lebte nicht mehr.

Ich kniete mich langsam ins Gras und hob die schweren Äste hoch. Leider bestätigte sich mein Verdacht. Auf die Seite gedreht und mit geschlossenen Augen, als sei er in einen tiefen, friedlichen Schlaf gefallen, lag dort ein molliger getigerter Kater. Er hatte keinen Puls mehr, und sein Fell war kalt und nass, doch es gab keine Hinweise auf eine Verletzung oder auf Gewalteinwirkung. Ich konnte nur mutmaßen, dass der arme Chester seinem hohen Alter erlegen war und höchstwahrscheinlich ruhig und friedlich entschlummert war, nachdem er an diesem Ort Zuflucht gesucht hatte. Ich wusste, dass gesundheitlich angeschlagene Katzen ihre Krankheit oft mit ihrer Umgebung verknüpften und den Ort wechselten, um dem Schmerz quasi zu entfliehen, genauso wie sie vor einem bellenden Hund oder einem tobenden Kind flüchten würden.

»Gott segne dich, Chester«, flüsterte ich und streichelte seinen Kopf, bevor ich den Ast behutsam wieder senkte.

Dann trat Margaret zu mir, die Hände vor der Brust umklammert.

»Ach, Colin… hat Molly ihn gefunden? Geht es meinem Chester gut?«

Ich hielt ihre kalten, gebrechlichen Hände in meinen, während Sam traurig zuschaute.

»Ich fürchte, es ist nicht das Ergebnis, das Sie sich erhofft hatten, Margaret«, sagte ich. »Es tut mir sehr leid.«

Sie sank in meine Arme und zitterte am ganzen Körper, während ihre Tränen zu fließen begannen.

»Liebster Chester!«, weinte sie. »Mein lieber, lieber Junge…«

Nach etwa einer Minute warf ich Sam diskret einen Blick zu, woraufhin sie Margaret sanft beiseitenahm. Obwohl ich den Schmerz meiner Klientin verstand (bei der Polizei hatte ich jahrelang mit allerlei schmerzlichen Verlusten zu tun gehabt), musste ich mein Hauptaugenmerk auf meine Hündin richten, die für mich Priorität hatte und in meiner Verantwortung lag. Aus den Augenwinkeln hatte ich schon gesehen, dass Molly zusehends verunsicherter wurde; sie hatte Margarets Schock und meinen Ernst eindeutig registriert und war, da sie noch nie zuvor ein verstorbenes Tier aufgefunden hatte, ungeheuer verwirrt von diesen negativen Reaktionen nach einer Suche. Was sie betraf, hatte sie ihren Auftrag wie verlangt erfüllt (mit weniger als zehn Minuten war es ihre bislang schnellste Katzenrettung überhaupt gewesen), und dennoch kamen ihr alle so unglücklich vor. Wie viele andere Hunde konnte Molly sich außergewöhnlich gut in Menschen einfühlen, weshalb es für sie verwirrend gewesen sein muss, so viel Leid und Schmerz mitanzusehen.

Dass sie nicht wie sonst belohnt wurde, verstärkte Mollys Verwirrung noch. Unter diesen traurigen Umständen wäre das äußerst unangebracht gewesen und hätte meine Klientin sehr brüskiert. Doch ich wusste, dass ich Molly so bald wie möglich in den Genuss ihrer »Lobhudelei« kommen lassen musste, da es wichtig war, dass Molly den neuen Geruch nicht mit einer negativen Erfahrung verknüpfte, sondern ihn für etwas Positives hielt. Das nicht zu tun, hätte zur Folge, dass sie beim nächsten Mal, wenn sie eine verwesende Katze roch, dies vielleicht aus Angst, mich oder einen Kunden zu beunruhigen, nicht anzeigen würde.

Mit diesem Ziel vor Augen brachte ich Molly zur Koppel, wo die trauernde Margaret uns weder sehen noch hören konnte. Dort belohnte ich sie mit Begeisterung, überschüttete sie mit Lob und organisierte eine erstklassige Spielrunde.

Das nenne ich Spaß, dachte sie zweifellos, während sie hinter einem Tennisball herflitzte und ihn geschickt mit dem Maul auffing.

Ehrlich gesagt fiel es mir wahnsinnig schwer, diese unbeschwerte Fröhlichkeit vorzutäuschen. Da ich Tiere liebte und ich selbst schon um heißgeliebte Tiere und Menschen getrauert hatte, hatte mich Chesters Tod auch sehr getroffen. Margaret tat mir schrecklich leid, doch aus Pflichtgefühl Molly gegenüber – und um unsere gewohnte Routine aufrechtzuerhalten – fühlte ich mich dazu verpflichtet, wie das alte Sprichwort sagt, »Ruhe zu bewahren und weiterzumachen«. Deshalb blieb ich mit Molly auf der Koppel, bis ich überzeugt davon war, dass sie reichlich belohnt worden, und bis ich bekräftigt hatte, dass sie in keiner Weise bestraft worden war.

Übrigens erwies sich diese bewusste Entscheidung, obwohl sie schwer war, wenige Wochen später als gerechtfertigt, als Molly eine vermisste Katze fand, die nach einem mutmaßlichen Hundebiss leider gestorben war. Trotz dieses tragischen Ausgangs war die Besitzerin Molly und mir unglaublich dankbar dafür, dass wir es ihr ermöglicht hatten, mit einer für sie zutiefst verstörenden Erfahrung abzuschließen. Zu meiner großen Erleichterung hatte meine Hündin sich nicht vom Verwesungsgeruch ablenken oder bekümmern lassen und war immer noch in der Lage, einen erfolgreichen Geruchsabgleich durchzuführen.

Während Sam Molly zum Ausruhen ins Auto brachte, lief ich zu dem eingefriedeten Garten zurück, um nach Margaret zu sehen. Chesters Tod hatte ihre Welt um einiges einsamer gemacht, und ich hatte das deutliche Gefühl, dass ihr Schmerz auch in direktem Zusammenhang mit der Entfremdung von ihrer Tochter stand. Als sie sich unter die Konifere hockte und leise schluchzend ihren Kater streichelte, tauchte in der Ferne Katherine auf.

Mir wurde schwer ums Herz. Sie war der letzte Mensch, den sie jetzt gebrauchen konnte.

»Sagen Sie mir nicht, dass sie wegen einer toten Katze flennt«, sagte sie verächtlich, als sie schwerfällig auf mich zugekommen war. »Wetten, dass sie nicht so weint, wenn *ich* sterbe?«

Da könnten Sie nicht unrecht haben, dachte ich. *Wahrscheinlich köpft sie eine Flasche Dom Perignon.*

»Sie müssen verstehen, dass Ihre Schwester sehr traurig ist«, antwortete ich. »Das ist nicht das Ergebnis, das sie sich gewünscht hat.«

»Theatralisches Getue, nichts weiter«, fuhr sie fort. »Diese Frau hätte Schauspielerin werden sollen. Ich bin dann mal weg und suche einen Spaten. Diese Katze muss begraben werden, bevor sie hier alles vollstinkt.«

Etwas vor sich hin brummend, stapfte sie zu einem nahegelegenen Schuppen. Margaret, deren Wangen tränenüberströmt waren, sah entsetzt aus.

»Das dürfen wir nicht zulassen, Colin«, weinte sie und erklärte mir, dass ihre Schwester einfach nicht die Kraft hatte, in dieser bröckeligen Erde ein tiefes Loch zu graben, und Chester wahrscheinlich in einem Graben oder einem zu flach ausgehobenen Grab entsorgen und ihn damit marodierenden Füchsen und Dachsen preisgeben würde. Sie hielt inne und blickte flehend zu mir auf.

»Könnten Sie das vielleicht tun?«, fragte sie. »Eine letzte Ruhestätte für Chester finden? An einem sicheren Ort? Wo ich ihn besuchen kann?«

Nach kurzem Nachdenken nickte ich. Auch wenn Leichenbestattungen streng genommen nicht zu meinen Aufgaben als Detektiv gehören, war es das Allermindeste, was ich für diese bezaubernde alte Dame tun konnte. Ich bat Sam über Funk, Katherine abzulenken (eine leichte Aufgabe, da sie großen Gefallen an ihr gefunden hatte), was es mir erlaubte, den einzigen Spaten im Schuppen zu stibitzen und in den umfriedeten Garten mitzunehmen. Sein Holzgriff war am Vermodern und sein Blatt korrodiert, doch das müsste genügen.

Ich wickelte Chester behutsam in eine Decke, während Margaret sein Lieblingskatzenbett holte. Als die Frühlingssonne schwächer wurde, streiften wir weiter über das Anwesen, um nach einem idealen Platz für ihn zu suchen. Auf dem Weg kamen wir an einem abgezäunten Bereich vorbei, der die verrosteten Überbleibsel einer Rutsche, einer Schaukel (ohne Sitz) und eines Klettergerüsts eingrenzte. Ein verzogener Autoreifen hing schlaff von einer Eiche, an die auch ein Basketballkorb genagelt worden war. Ich konnte nur vermuten, dass es sich um Elizabeths alten Abenteuerspielplatz handelte, der seit Jahren unberührt geblieben war. Margaret wurde auffallend still, als wir vorbeigingen.

Wenige Minuten später stießen wir auf einen lauschigen kleinen Blauglöckchenwald. Mit seinem üppigen Teppich aus purpurfarbenen Blüten und dem schimmernden Baldachin aus Weißbirken sah er aus wie im Bilderbuch. Margaret nickte mir traurig zu, und ich machte mich an die Arbeit.

Ich suchte mir eine Fläche aus aufgeweichter Erde und begann, zu graben und eine Grube auszuheben, die groß genug für Chesters Katzenbett war. Nur einen Vorkriegsspaten zur Verfügung zu haben, machte die Aufgabe nicht gerade leichter, und ich kam nur schleppend voran. Dann, urplötzlich, stieß ich auf eine steinharte Baumwurzel. Der Spatengriff brach auseinander, wodurch ich mir einen gezackten Holzsplitter direkt unter den Daumennagel rammte. Der Schmerz war so heftig, dass mir die Tränen in die Augen schossen und ich mich beherrschen musste, um nicht eine Reihe von Kraftausdrücken herauszuschreien. Stattdessen biss ich mir auf die Lippe, um meine Begleiterin nicht zu erschrecken.

Margaret, die nicht mitbekam, wie das Blut auf die Blauglöckchen tropfte, bemerkte meine gequälte Miene und nahm an, dass mich meine Gefühle überwältigten.

»Ich weiß, es ist so *furchtbar* traurig, Colin, aber bitte weinen Sie nicht«, flüsterte sie mir zu und umarmte mich herzlich. »Mein Chester hat seinen Frieden gefunden. Und Ihre Molly hat wunderbare Arbeit geleistet.«

Ich ließ mich von ihr umarmen (wie hätte ich das nicht tun können?), doch während ich Margarets Rücken tätschelte, nutzte ich die Gelegenheit, mir heimlich den lästigen Splitter herauszuziehen. »*Aaaarghhhhhh…!*«, schrie eine Stimme in meinem Kopf, als ich die Tat vollbrachte.

Als ich mir die blutigen Hände an meiner Hose abgewischt hatte, grub ich weiter. Als das Loch die richtige Tiefe hatte, legte ich Chester behutsam hinein, bevor ich sein Grab mit der Erde auffüllte und mit der Grassode abdeckte. Margaret suchte sich einen außergewöhnlich geformten Kieselstein aus, und wir hielten mit gesenkten Köpfen einen Moment an Chesters Grab inne.

»Ich werde dich vermissen, süßer Chester«, flüsterte Margaret und warf ihm ein Küsschen zu, während die Blauglöckchen fröhlich im leichten Wind tanzten. »Du hast mein Leben mit so viel Freude erfüllt.«

Auf dem Rückweg von Greenlea Hall kehrten Sam und ich auf einen Kaffee in einem Dorfcafé ein. Während Molly zufrieden zu unseren Füßen döste und gelegentlich schnaubte und schnüffelte, nutzten wir die Gelegenheit, den ereignisreichen Nachmittag Revue passieren zu lassen.

»Wenn ich jetzt darüber nachdenke, Sam, verstehe ich, warum Molly zu Beginn der Suche so verwirrt war«, sagte ich und trank einen Schluck von meinem schaumigen Cappuccino. »Der Ver wesungsgeruch, der im Garten herumgeweht wurde, hat sie abgelenkt. Das hat sie vorher noch nie erlebt.«

Erst als der Wind nachgelassen hatte, wodurch sich der Katzengeruch am Boden festsetzen konnte und somit begrenzter gewesen war, hatte Molly ihn zweifelsfrei orten und letztlich Chester finden können.

Danach sprachen wir über die reizende Margaret, die uns an dem Tag gebraucht hatte, um den dringend benötigten Trost zu finden und mit der Sache abschließen zu können.

»Sie brauchte diesen Seelenfrieden, nicht?«, sagte Sam.

»Allerdings«, antwortete ich. »Und dank Molly hat sie ihn gefunden.«

Als sie ihren Namen hörte, hob meine heißgeliebte Hündin langsam den Kopf und sah mir in die Augen.

»Das hast du fantastisch gemacht, Süße«, sagte ich liebevoll zu ihr und kraulte ihr den Nacken.

Ich bin mir ziemlich sicher, dass Molly leise nickte, bevor sie den Kopf zurück auf die Pfoten sinken ließ und wieder einschlief.

11. Die Hündin und die Schlange

Am Johannistag erreichten Molly und ich einen wichtigen Meilenstein. Zu dem Zeitpunkt waren wir seit sechs Monaten ein Team, und unser Weg hatte uns vom Trainingsplatz bei Medical Detection Dogs zu den grünen Wiesen der Bramble Hill Farm geführt. Seit jenes Online-Inserat uns zusammengeführt hatte, war zwischen Molly und mir eine unzerstörbare Bindung entstanden, die auf wunderbaren gemeinsamen Erfahrungen basierte. Ich liebte meine kleine Gumtree-Hündin, meine Gefährtin und Kollegin, von ganzem Herzen und konnte mir ein Leben ohne sie einfach nicht mehr vorstellen.

»Herzlichen Glückwunsch zum halben Jahrestag, Süße«, hatte ich an jenem Morgen zu Molly gesagt und ihr zur Feier des Tages eine Schachtel mit quietschbunten Tennisbällen geschenkt, was Sarah mit großer Belustigung beobachtet hatte.

»Wenn ich mich recht erinnere, habe *ich* nach sechs Monaten kein Geschenk dafür bekommen, dass ich dich so lange ertragen habe«, sagte sie mit gespieltem Missfallen. »Gut, dass ich nicht zu Eifersucht neige.«

Dann lächelte Sarah meine Hündin an, mit einem süßen, tiefempfundenen Lächeln; dass sie Molly auf diese Weise ihre Zuneigung bekundete, hatte ich bis dahin noch nie erlebt. Für mich war das ein Wendepunkt. Es hatte eine Weile gedauert – eine *sehr* lange Weile –, doch zu guter Letzt hatte sich auch meine Freundin in Molly verknallt.

An jenem Mittag kehrten wir im Horse Guards Inn ein, einem idyllischen hundefreundlichen Pub im herrlichen South-Downs-Nationalpark. Ich weiß noch, wie ich mit meiner Freundin an meiner Seite und meiner schönen Hündin zu Füßen am Tisch saß und mich um ein Haar gekniffen hätte, um sicherzugehen, dass es kein Traum war. Ich war lange nicht so glücklich gewesen. In meinem Leben könnte es nicht besser laufen, dachte ich damals.

Zum Glück war mir damals nicht bewusst, welcher Kummer mir bevorstand.

Am Mittwoch darauf weckte ich Molly morgens um fünf, bereit für unsere neueste Katzensuche in der Stadt Amesbury in Wiltshire. Für diesen absurd frühen Start gab es einen triftigen Grund. Im Süden Englands herrschte eine Hitzewelle (die Temperaturen waren über 30° Celsius gestiegen) und ich wollte das Verfahren unbedingt bis mittags abgeschlossen haben, um die Nachmittagshitze zu meiden.

Dieser spezielle Fall hatte eine Katze namens Cleo zum Gegenstand, eine ängstliche honigfarbene Abessinierkatze, deren Besitzerin Isobel Sachbearbeiterin im öffentlichen Dienst war. Ihr Ehemann, ein freiberuflicher Kameramann, war zurzeit in Südafrika im Einsatz, während sie nach einer einjährigen Berufspause erst vor Kurzem wieder zu arbeiten begonnen hatte. Sie lebte noch nicht lange in Amesbury, hatte sie mir erzählt; zum Jahresanfang war die gesamte Dienstbehörde in die Stadt übergesiedelt, und Isobels Familie hatte zu den Ersten gehört, die eines der brandneuen Häuser in einer gewaltigen, speziell errichteten Siedlung bezogen hatten. Vor seiner Erschließung war das Grundstück – ein Großteil davon Waldgebiet – vom Verteidigungsministerium für Operationen und Manöver genutzt worden.

Da Cleo plötzlich verschwunden war und ihre Arbeit und der Umzug ihr keine Zeit ließen, die Suche selbst zu organisieren, hatte Isobel dringend um meine Dienste gebeten. Auch die fehlende Internetverbindung in ihrem neuen Zuhause hatte jede Eigeninitiative verhindert, da sie keine Suchaufrufe in den sozialen Medien posten konnte; und da die Siedlung kaum bewohnt war, gab es nur wenige Nachbarn, die es hätten weitersagen oder ihr beim Aufhängen von Plakaten hätten helfen können. Deshalb hatte ein Artikel in der Regionalzeitung über eine erfolgreiche Suchaktion von mir sie dazu veranlasst, zum Hörer zu greifen.

»Könnten Sie und Molly vielleicht schon morgen kommen?«, hatte sie mit ihrem singenden Hampshire-Tonfall gefragt. »Ich könnte versuchen, mir frei zu nehmen. Ich weiß, es ist sehr kurzfristig, aber ich wäre Ihnen unheimlich dankbar. Ich habe das Gefühl, dass Molly meine letzte Chance ist, meine Katze zu finden.«

Trotz meiner Bedenken, die vorwiegend auf das Wetter zurückzuführen waren, willigte ich ein, ihr zu helfen. Diese junge Frau hatte wirklich viel um die Ohren; der erst kürzlich erfolgte Umzug und der Wiedereinstieg in den Job nahmen ihre gesamte Zeit in Anspruch, und nun – was es noch schlimmer machte – war auch noch ihre Katze verschwunden. Sie tat mir schrecklich leid.

Doch ich stellte ein paar Bedingungen. Aufgrund der mörderischen Hitze bestand ich darauf, die Suche in aller Frühe zu beginnen. Außerdem wollte ich Molly nicht zumuten, länger als bis zum Mittag zu arbeiten. In den Sommermonaten waren vier Stunden am Tag das Limit, wenn es kühler war, sechs Stunden. Sie würde in Zwanzig-Minuten-Schichten arbeiten und regelmäßig Ruhe- und Erfrischungspausen einlegen. Zudem, wenn die Temperaturen ein gewisses Niveau überschritten, hätte ich keine andere Wahl, als die Suche nach Cleo zu beenden.

»Das verstehe ich vollkommen«, sagte Isobel. »Wir sehen uns morgen.«

Da auf den Straßen zum Glück so gut wie kein Verkehr herrschte, kam ich um kurz nach sieben in Amesbury an. Ich nutzte die Gelegenheit, um Isobels Wohnsiedlung kurz abzufahren und mich mit ihrer Anlage und Topografie vertraut zu machen. Da nur weniger als ein Viertel der roten Backsteinhäuser bewohnt waren, wirkte sie wie eine Filmkulisse und mutete aufgrund ihrer Knappheit an Bäumen und Hecken seelenlos und gespenstisch an. Ein schmaler Streifen Waldland, etwa 90 Meter breit und gut 450 Meter lang, trennte die Siedlung von einer verkehrsreichen doppelspurigen Schnellstraße, über die mit hoher Geschwindigkeit Autos, Motorräder und Schwerlastwagen brausten.

Hoffentlich hat Cleo nicht versucht, diese Straße zu überqueren, dachte ich bei mir. *Falls doch, hat sie's nicht lange gemacht…*

Molly und ich begaben uns zu Isobels Haus und wurden an der Tür von einer großen Frau im Trainingsanzug begrüßt, die ihre sandfarbenen Haare kurz geschnitten trug. Ihr freundliches Angebot, auf einen Kaffee und ein Croissant hereinzukommen, lehnte ich ab, da ich sofort loslegen wollte; sobald ich Molly eine Probe von Cleos Geruch präsentiert hatte, begannen wir drei mit einer erschöpfenden (und ermüdenden) Durchsuchung der gesamten Wohnsiedlung. Als Erstes inspizierten wir die bewohnten Häuser, in denen die meisten Nachbarn beim Frühstück saßen oder sich für die Arbeit fertigmachten; sie waren gern bereit, uns ihre Gärten und Garagen zu zeigen. Leider fanden wir keine Spur von der Katze, weshalb wir unseren Schwerpunkt auf die unbewohnten Häuser verlagerten. Molly suchte die Vorgärten und Rasenflächen dahinter nach Geruchsspuren ab, während Isobel und ich durch Wohnzimmer- und Terrassenfenster spähten, nur für den Fall, dass Cleo sich vielleicht während der Bauarbeiten hineingeschlichen hatte. Doch es war alles vergebens.

Als die Vormittagstemperaturen in die Höhe schnellten, wurde der rare Schatten zum Problem. Ich musste ständig unterbrechen, um Molly, die stark hechelte, eine Pause zu ermöglichen, und beobachtete besorgt, wie sie durstig literweise frisches Wasser schlabberte. In mir machte sich langsam ein schlechtes Gefühl breit, und ich wünschte, der ganzen Aktion niemals zugestimmt zu haben.

Unter diesen Bedingungen solltest du Molly wirklich nicht arbeiten lassen, Colin, rief mich eine Stimme in meinem Kopf zur Ordnung. *Es ist ihr gegenüber nicht fair.*

Doch da ich mich zu der Suche verpflichtet hatte, fühlte ich mich meiner besorgten Klientin gegenüber genötigt weiterzumachen. Rückblickend gab es wahrscheinlich noch einen weiteren Grund dafür, dass ich diese moralische Notwendigkeit verspürte. Als ich bei der Polizei mit Vermisstenfällen zu tun gehabt hatte, hatte ich dank des Engagements speziell ausgebildeter Opferschutzbeamter meine emotionale Distanz wahren können. Bei meiner Arbeit als Tierdetektiv war ich jedoch im direkten Kontakt mit sehr verzweifelten Klienten, weshalb mein Einfühlungsvermögen und Mitgefühl meine Urteilskraft immer wieder trübten.

Meine Entscheidung, die Suche nach Cleo fortzusetzen, sollte ich noch zutiefst bereuen.

Nach den angepeilten drei Stunden, als es auf 12 Uhr zuging, beschloss ich, die Waldfläche zwischen der Straße und der Wohnsiedlung zu erkunden. Ich hoffte, dass es dort aufgrund des Baumkronendachs und des gesprenkelten Sonnenlichts für Molly kühler und angenehmer würde.

»Die Chancen stehen gut, dass Cleo auf Erkundungstour hierhergekommen ist«, sagte ich zu Isobel. »Sehen wir mal nach, ob Molly eine Fährte finden kann.«

Ich ließ ihr freien Lauf, ohne jede Anleitung oder Anweisung (»Nasenarbeit« nannte ich das), und beobachtete sie genau, während sie auf Kopfhöhe um Büsche und Gestrüpp und auf Bodenhöhe um Gras und Farnkraut herumschnüffelte. Innerhalb weniger Minuten schien sie einen starken Geruch auszumachen, wirbelte herum und verdrehte ihren Körper, während er ihr in die Nase stieg. Mit Isobel und mir im Schlepptau rannte sie auf eine schalenförmige Bodensenke zu und kam schlitternd zum Stehen. Darin lag zu unserer großen Überraschung ein winziges Rehkitz, nicht älter als ein paar Tage, das beim Anblick zweier verblüffter Menschen und einer verwirrten Hündin vor Angst zitterte.

»Och, armes kleines Würmchen«, flüsterte Isobel.

»Seine Mutter hat sich wahrscheinlich aus dem Staub gemacht, als sie uns kommen hörte«, antwortete ich. »Sie kommt bestimmt bald zurück.«

Von seiner Panik mal abgesehen, schien das schlaksige kleine Geschöpf wohlauf zu sein. Nachdem ich es behutsam auf Verletzungen untersucht hatte, ließen wir es an Ort und Stelle zurück, um auf seine Mutter zu warten.

Die neuen visuellen Eindrücke, Gerüche und Geräusche in dem Waldgebiet hatten Mollys Sinne geschärft, und nur Augenblicke später stürmte sie auf einer zweiten Fährte davon. Dieses Mal jedoch erinnerte mich ihr planloses Hin und Her an die eine Gelegenheit, als sie den lieben verstorbenen Chester unter der Tanne gefunden hatte.

Bitte ... nicht noch eine tote Katze, betete ich, als Molly sich immer mehr einem umgestürzten, verfaulten Baumstamm näherte, während Isobel mir über die Schulter sah. Hinter dem Stamm lag der Grund für das erratische Verhalten meiner Hündin: ein großer und lebloser Dachs, der höchstwahrscheinlich auf der doppel-spurigen Schnellstraße angefahren worden war, bevor er zu sei-ner letzten Ruhestätte getaumelt war.

»Ach, das ist schrecklich«, sagte Isobel und wandte den Blick ab, während ein paar hungrige Saatkrähen über dem Kadaver kreisten.

Mich überkam eine große Trauer, nicht nur um den armen Dachs, sondern auch um die gesamte dortige Tierwelt. Die kürz-lich neu entstandene, von Autos verstopfte Straße und der Bau der Betondschungel-Siedlung hatten nicht nur ihre Sicherheit und ihre Abgeschiedenheit gefährdet, sondern auch zur drasti-schen Reduzierung ihres Lebensraums geführt. In den Jahren zu-vor hatten sie meilenweit umherstreifen können, und nun muss-ten sie sich auf diesen winzigen Landstrich beschränken.

Mein Handywecker piepste und erinnerte mich daran, dass die Suche nach Cleo die Vier-Stunden-Marke erreicht hatte, und dass es der zunehmend erhitzten Molly zuliebe an der Zeit war, die Sache zum Abschluss zu bringen. In einer perfekten Welt hätten wir die vermisste Katze gefunden, doch es sollte leider nicht sein. Isobel wirkte niedergeschlagen.

»Können wir nur noch an *einer* Stelle nachsehen, Colin?«, bat sie mich unter Tränen. »Es dauert höchstens eine halbe Stunde, ich versprech's …«

Wider bessere Einsicht (und durch den flehenden Blick mei-ner Klientin beeinflusst) gab ich nach und erlaubte Isobel, mich zu einer nahegelegenen lauschigen Lichtung zu führen. Die stets feinfühlige Molly schien die Verzweiflung der Frau zu bemerken und brachte, als ich sie von der Leine ließ, irgendwie noch genü-gend Energie auf, um aus der Deckung hervorzubrechen, etwa zwanzig Meter weit zu rennen und durch ein Rhododendren-Dickicht zu sausen.

Es kam der Moment, als ich zwar noch hören konnte, wie

Mollys Schwanz gegen die Zweige schlug, sie jedoch nicht mehr sehen konnte. Das war sehr nachlässig von mir; Rob und Mark von MDD hatten mir eingebläut, sie niemals aus den Augen zu verlieren und sie nie zu weit vorauslaufen zu lassen. *Verdammt*, fluchte ich, während ich verzweifelt versuchte, sie einzuholen, mich unter tiefhängenden Ästen hindurchbückte und kreuz und quer verlaufenden Baumwurzeln auswich. Schließlich entdeckte ich Molly, die schwanzwedelnd und schnuppernd einen meterhohen Erdhügel hinaufflitzte, als hätte sie eine weitere Fährte aufgespürt. Von meinem Standpunkt aus sah diese kleine Düne aus Erde wie die Überbleibsel eines Fuchsbaus aus, die mir in ländlichen Gegenden schon oft begegnet waren.

»Sie kommt mir ganz schön aufgeregt vor …«, sagte Isobel hoffnungsvoll.

»Ich glaube leider nicht, dass es Cleo ist«, antwortete ich. Es war zwar nicht ungewöhnlich, dass Katzen diese komfortablen Löcher nach Auszug der Füchse als Unterschlupf nutzten, doch dass Molly ihre Signalpose nicht eingenommen hatte, legte nahe, dass sie keinen Geruchsabgleich hatte durchführen können.

Auf einmal, gerade als ich sie zurückrufen und die Suche zum Abschluss bringen wollte, stieß Molly ein markerschütterndes, grauenerregendes Heulen aus. Sie bäumte sich auf den Hinterbeinen auf, kippte nach hinten über und stürzte mit einem dumpfen Schlag zu Boden.

»Molly … oh mein Gott, MOLLY!«, schrie ich und rannte, so schnell mich die Füße trugen, zu ihr.

Mir bot sich ein beängstigender Anblick. Meine Hündin lag regungslos auf der Erde; sie atmete schwer und schnell, ihr Blick war glasig und leer. Mein Herz hämmerte, doch ich versuchte, ruhig zu bleiben und mich auf meine Erste-Hilfe-Kenntnisse zu besinnen. Ich kniete mich neben sie, um ihren Körper auf Blut oder irgendwelche Anzeichen von Frakturen zu untersuchen.

Alles, was ich fand, war eine klebrige, salbenartige Substanz in Halsnähe. Da es definitiv kein Blut war, ging ich davon aus, dass es eine Art Baumsaft war. Außerdem fiel mir ein scharfer, gezackter Stock auf dem Boden auf, der für mich die Frage aufwarf, ob sie sich irgendwie aufgespießt hatte.

»Colin, was in aller Welt ist passiert?«, rief Isobel und kam zum Fuchsbau geeilt.

»Keine Ahnung, aber es ist ernst«, sagte ich mit bebender Stimme, während ich den heißen, zitternden Körper meiner Hündin langsam und vorsichtig hochhob. »Ich muss sie sofort zum Tierarzt bringen.«

Als wir zurück zu meinem Wagen hasteten, begann Molly zu hyperventilieren. Sie stieß ein seltsames tiefes Stöhnen aus, und ihre Pupillen weiteten sich besorgniserregend. Zudem versteifte sich ihr Körper, als trete auf einmal eine Lähmung ein. Ich legte sie rasch auf einen Grünstreifen und schnappte mir aus dem Kofferraum eine Flasche Wasser, deren Inhalt ich ihr zur Hälfte übers Fell goss und ihr den Rest ins schlaffe, sabbernde Maul träufelte. Isobel saß schon auf dem Beifahrersitz und kündigte in der Tierarztpraxis vor Ort die Ankunft eines sehr kranken Cockerspaniels an.

Erst in dem Moment fiel mir die leichte Schwellung auf Mollys Brust auf – nahe der Stelle, an der die klebrige Substanz ausgetreten war –, und mir dämmerte plötzlich, was vielleicht geschehen war.

Ein Schlangenbiss … ein Giftschlangenbiss, dachte ich bei mir, während es mir kalt über den Rücken lief. Im Süden Englands sind Kreuzottern verbreitet, obwohl sie meiner Erfahrung nach eher auf offenen Grasflächen und in Küstengebieten anzutreffen sind als in Waldgebieten.

Als ich Molly ins Auto hob, jaulte sie vor Schmerzen und versenkte ihre Zähne in meiner rechten Hand. Es war eine reflexhafte Reaktion auf den Schmerz, den sie verspürt haben musste, und ich ließ sie trotz des unerträglichen Schmerzes weiter zubeißen, bis sie endlich ihren Kiefer lockerte und mich wieder freigab. Nachdem ich meine Hündin behutsam in ihre Box gelegt hatte, raste ich zur nächsten Tierarztpraxis, wobei ich meine Fahrkünste als Polizist nutzte, um durch den dichten Verkehr zu kommen, und im absoluten Halteverbot parkte. Dies war in jeder Hinsicht ein Notfall.

Da ich wollte, dass sie richtig untersucht wurde, bevor ich sie wieder bewegte, ließ ich Molly bei Isobel im Wagen und rannte in die Praxis. Sie war winzig, und es gab nur einen Tierarzt.

»Meine Hündin ist furchtbar krank«, keuchte ich. »Ich weiß nicht genau, was passiert ist, aber es könnte ein Schlangenbiss sein. Sie hat große Schmerzen und ist vielleicht gelähmt. Können Sie sie bitte behandeln?«

Die Sprechstundenhilfe sah von ihrem Computer auf.

»Sind Sie bei uns registriert?«

»Ähm, nein, ich bin nicht von hier, deshalb ...«

Sie schob mir ein zweiseitiges Formular hin und reichte mir einen Stift.

»Können Sie das erst ausfüllen?«

Ich spürte Wut in mir aufsteigen.

»Kann das nicht warten, Herrgott nochmal? Meine Hündin ist schwer krank. Sie stirbt vielleicht.«

Sprechstundenhilfen zu beschimpfen ist sonst nicht meine Art, aber das war einfach lächerlich.

»Das ist Vorschrift, fürchte ich«, antwortete sie mit einer Nonchalance, die meinen Zorn noch weiter anheizte.

»Drauf geschissen!«, schrie ich. »Ich will, dass Sie sich meine Hündin *sofort* ansehen, bevor es verdammt nochmal zu spät ist.«

Der Tierarzt, der in seinem Sprechzimmer lautstark Arzneimittel bestellt hatte, kam heraus, um festzustellen, was diesen Tumult verursachte. Mit zusammengebissenen Zähnen wiederholte ich meine Befürchtungen, und er willigte (nachdem er seiner Sprechstundenhilfe wissend zugenickt hatte) ein, Molly zu untersuchen.

»Vielleicht hole ich lieber zuerst einen Maulkorb«, sagte er, während er die entzündet aussehenden Bissspuren auf meiner Hand beäugte.

Draußen dankte ich Isobel dafür, dass sie bei Molly geblieben war, und gab ihr zehn Pfund für ein Taxi. Meine Klientin wirkte beschämt, dass die Suche so elendig geendet hatte.

»Es tut mir so leid, dass das passiert ist, Colin«, sagte sie. »Halten Sie mich unbedingt auf dem Laufenden.«

»Sie mich auch«, antwortete ich. (Später erfuhr ich, dass Cleo nie gefunden wurde. Ich vermute, dass sie das gleiche Schicksal erlitten hat wie der arme Dachs.)

Während der Tierarzt und ich die benommene und keuchende Molly aus dem Wagen in die Praxis trugen, stellte ich entsetzt fest, dass die Schwellung ihrer Brust jetzt fast dreimal so groß war, fast wie eine Grapefruit. Am liebsten hätte ich laut alle der Menschheit bekannten Flüche herausgeschrien. Das Leben meiner geliebten Hündin hing am seidenen Faden; sie schien mir vor meinen Augen zu entgleiten.

»Es könnte sich gut um einen Schlangenbiss handeln, aber ich kann es nicht sicher sagen«, meinte der Tierarzt, der Mollys Körper mit dem Stethoskop abhörte, während sie reglos auf dem Behandlungstisch lag. »Wir sind nur eine kleine Zweigstelle, und ich bin der Meinung, dass sie in unserer Hauptpraxis in der Nähe von Stonehenge fachärztlich versorgt werden muss. Ich verabreiche ihr einstweilen Schmerzmittel, doch es wäre mir lieber, wenn meine Kollegen sie sich ansehen würden.«

Das war nicht das, was ich hören wollte. Ich hatte auf klare

Antworten und eine sofortige Behandlung gehofft und war wütend über die fehlende Dringlichkeit des Tierarztes und die nicht vorhandenen Ressourcen seiner Praxis.

Die Sprechstundenhilfe rief einen Tierkrankenwagen, und innerhalb von Minuten kam mit heulenden Sirenen ein weißer Range Rover an, um meine arme Molly wegzubringen. Ich beabsichtigte, mit meinem Wagen hinterherzufahren, nachdem ich diese dämlichen Formulare ausgefüllt hatte.

Ich verließ die Tierarztpraxis und sank auf einer nahegelegenen Bank zusammen. Ich blieb etwa fünf Minuten dort sitzen, das Gesicht in den Händen vergraben, mit revoltierendem Magen, und versuchte verzweifelt, mich zusammenzureißen, bevor ich losfuhr. Ich verzehrte mich vor Reue und Schuldgefühlen und konnte kaum glauben, wie dumm ich gewesen war. Ich hätte den Fall gar nicht annehmen dürfen. Ich hätte Molly bei dieser Hitze nicht einsetzen sollen. Ich hätte nicht in die Verlängerung der Suche einwilligen dürfen. Und, was wichtiger war als alles andere, ich hätte die Bedürfnisse meiner Klientin nicht über die meines Vierbeiners stellen dürfen. Mit einer Hand hatte ich der bezauberndsten jungen Hündin in Not ein neues Leben geboten und es ihr mit der anderen fast wieder weggenommen. Ich hatte Molly schwer enttäuscht und wusste nicht, ob ich mir das je verzeihen könnte.

»Meine arme Molly«, flüsterte ich und schluckte heftig, als ich sie mir allein und durcheinander im Krankenwagen vorstellte. »Das ist alles meine Schuld, Süße, und es tut mir wahnsinnig leid …«

Während ich in meinen Gedanken versunken war, hatte sich leise eine silberhaarige Frau mit sanften blauen Augen neben mich gesetzt.

»Entschuldigen Sie, wenn ich Sie störe«, sagte sie und lehnte ihren karierten Einkaufstrolley an die Bank. »Ich werde nicht so unverschämt sein, Sie zu fragen, was Sie so traurig gemacht hat, aber ich möchte Ihnen nur sagen, dass alles gut wird und Sie sich nicht zu sorgen brauchen.«

»Ich danke Ihnen«, sagte ich zu der alten Dame. »Herzlichen Dank.«

Sie tätschelte mir mit mütterlicher Besorgnis die Hand, bevor sie ihres Weges ging, während ihr Trolley hinter ihr her trudelte.

Während der Fahrt nach Stonehenge nutzte ich die Gelegenheit, Sarah zu Hause, Sam im Büro und meinen Sohn Sam in Manchester anzurufen sowie den Rat meines eigenen Tierarztes zu suchen, der in Guildford ansässig war.

»Jawoll, das klingt wie ein klassischer Fall von Kreuzotterbiss«, sagte er, nachdem er sich meine haargenaue Beschreibung des Vorfalls samt einer Auflistung von Mollys Symptomen angehört hatte. Graham wusste eine Menge über diese Schlangenart und informierte mich, dass es nicht so ungewöhnlich ist, dass sich Kreuzottern in Waldgebiete schlängeln, um Jagd auf Eidechsen, Wühlmäuse und andere Kleintiere zu machen. Wenn sie ihre Beute getötet haben, ruhen sich die Schlangen oft im Schatten aus, um ihre Nahrung zu verdauen; deshalb klang es für ihn durchaus plausibel, dass dieses Exemplar im Baumschatten in der Nähe eines Fuchsbaus auf der faulen Haut gelegen hatte.

»Wahrscheinlich hat Molly den Geruch der Kreuzotter aufgespürt und sie überrascht«, erklärte er. »Vielleicht war sie so vollgefressen, dass sie nicht so schnell entkommen konnte wie sonst. Ihr blieb nichts anderes übrig, als sich zu verteidigen, daher der Biss und die Giftfreisetzung.«

»Ich wünschte nur, Sie wären meine erste Anlaufstation gewesen, Graham«, sagte ich zum Veterinär meiner Wahl und erklärte ihm, wie wenig begeistert ich von der Praxis in Amesbury war und dass ich mir von der Schwesterpraxis in Wiltshire auch nicht viel mehr versprach, wohin ich gerade auf dem Weg war.

»Okay, ich rate Ihnen Folgendes, Colin«, sagte er mit seinem typischen Pragmatismus. »Meine Praxis ist für den Rest des Tages geschlossen, aber ich schlage vor, dass Sie Molly abholen und auf die Notfallstation hier in Guildford bringen. Für die Verabreichung des Gegengifts wird es zu spät sein – das hätte sofort erfolgen müssen –, doch dort bekommt sie die bestmögliche Versorgung. Bringen Sie sie gleich morgen Früh in meine Praxis, damit ich sie gründlich untersuchen und Ihnen eine viel eindeutigere Prognose geben kann.«

Das klang nach einer guten Idee (ich hatte vollstes Vertrauen zu Graham), und innerhalb einer Stunde hatte ich Molly aus der Praxis in Stonehenge abgeholt. Nach Auskunft der Tierarzthelferin lautete die gute Nachricht, dass Mollys Zustand während der Fahrt stabil geblieben war und sie das Bewusstsein nicht verloren hatte. Doch die schlechte Nachricht war, dass die Schwellung (trotz der Antibiotika, die man ihr im Krankenwagen verabreicht hatte) noch immer erheblich war und dass es ihr immer noch sehr schlecht ging. Die Tierarzthelferin verstand meinen Wunsch, Molly näher bei mir zu Hause zu haben, und entließ uns mit all ihren guten Wünschen.

Nach einer vorsichtigen Fahrt nach Guildford brachte ich Molly zur Tiernotfallstation. Dort würde sie rund um die Uhr von Fachpersonal überwacht, das es ihr so angenehm wie möglich machen würde. Als sich eine Tierarzthelferin anschickte, Molly zur Station zu schieben, verabschiedete ich mich innig von meiner geliebten Hündin. Ich drückte einen Kuss auf ihr glänzendes Fell, streichelte ihre Schlappohren und sah in ihre glasigen, wässrigen Augen.

»Alles wird wieder gut, Molls«, sagte ich und bemühte mich, durch meine Stimme und meine Gesten Positivität und Optimismus auszustrahlen, um ihr ein gutes Gefühl zu vermitteln. »Alle hier werden ihr Bestes geben, damit du wieder gesund wirst, versprochen.«

Als die Tierarzthelferin sie behutsam auf die fahrbare Krankenliege legte, stieß meine Hündin ein leises mattes Winseln aus. Ich wartete nicht, um zu sehen, wie sie über den Flur weggerollt wurde. Ich wollte nicht, dass sie sich umdrehte und ihr Herrchen so besorgt und traurig sah.

Nach Cranleigh zurückzukommen und die Suchausrüstung aus dem Wagen zu räumen war nur schwer zu ertragen. An jedem normalen Tag hätte Molly nach Abschluss einer Suche ungeduldig nach meinen Knöcheln geschnappt und wäre aus Vorfreude auf unsere übliche Spielrunde in der Einfahrt hin und her gesaust. Doch es war alles andere als ein normaler Tag gewesen – schon eher *alptraumhaft* –, und als ich ihr UKPD-Geschirr in meine Sporttasche packte, vermisste ich sie schmerzlich.

An jenem Abend gab mir Sarah den dringend benötigten Trost, hörte sich meine Befürchtungen und Ängste an, versicherte mir, dass Molly hervorragend versorgt würde, und machte mir zur Beruhigung einen heißen Kakao. Leider zeigte er nicht die gewünschte Wirkung, und ich fand die ganze Nacht keinen Schlaf. Ich konnte nicht aufhören, über die Ereignisse des Tages nachzudenken – vor allem über meine eigene Verantwortung. Und nicht nur das: Meine Hand pulsierte immer noch vor Schmerz (zum Glück war mein Tetanusschutz ganz frisch). Es ist dumm, ich weiß, doch ich hielt das für meine verdiente Strafe, weil ich Molly in Gefahr gebracht hatte.

Da ich kein Auge zumachte, ging ich um zwei Uhr morgens in mein Arbeitszimmer und verspürte eine tiefe Traurigkeit, als ich an Mollys leerem Körbchen vorbeitapste. Ich surfte stundenlang im Internet und las alles, was ich über Kreuzottern finden konnte, und wie sie ihre Beute »vergiften«. Je mehr Fälle ich studierte, umso überzeugter war ich, dass Molly einer von ihnen zum Opfer gefallen war. Zu meiner Beruhigung waren die Hunde in den meisten Fällen durchgekommen. In wenigen Stunden sollte ich herausfinden, ob es auch Molly schaffen würde.

Um 6.30 Uhr stand ich in der Notaufnahme auf der Matte und erfuhr, dass die Schwellung zwar immer noch ein großes Problem darstellte, Molly jedoch friedlich geschlafen und gut auf die Medikamente angesprochen hatte. Als der diensthabende Tierarzt sie zu mir herausbrachte, wirkte sie sehr benommen und verwirrt. Ich kniete mich so nah wie möglich neben sie, damit sie meinen Geruch erkennen konnte. Molly kuschelte sich schläfrig an mich und nutzte das, was sie noch an Energie übrighatte, um mir liebevoll die Wange zu lecken.

Hey, Herrchen, schien sie zu sagen. *Was passiert mit mir? Wer sind diese Fremden? Wo bist du die ganze Nacht gewesen?*

Der Tierarzt half mir, sie in ihre Box zu heben, und wir fuhren zu unserer vierten Veterinärpraxis in vierundzwanzig Stunden. Ich versuchte, nicht daran zu denken, dass ich beim letzten Mal, als ich in Grahams Klinik gewesen war, die Asche meines geliebten Rottweilers Jay abgeholt hatte. Seine Vorgänger, meine Hunde Tess und Max, waren ebenfalls dort eingeschläfert worden, und ich hatte mich nie richtig von ihrem Verlust erholt.

Bitte lass mich nicht zum vierten Mal Pech haben, dachte ich, als wir auf den Parkplatz einbogen. *So grausam kann das Leben doch nicht sein.*

Graham schaute sich Molly genau an, die lammfromm auf seiner Behandlungsliege lag. Sie schien immer noch sehr krank zu sein, stellte er fest, und würde eine umfassende Untersuchung unter Vollnarkose benötigen, damit das Ausmaß des Bisses und die Auswirkungen ihres Sturzes festgestellt werden konnten.

»Die Brustschwellung ist definitiv eine Reaktion auf das Schlangengift«, sagte er. »Aber ich werde auch eine Röntgenaufnahme veranlassen. Ich bin in Sorge, dass sie bei dem Sturz eine Verletzung erlitten haben könnte. Vielleicht eine Fraktur, wo der Humerus auf die Scapula trifft.«

»Eine Fraktur?«

»Ja, das ist durchaus möglich. Und ich fühle mich verpflichtet, Ihnen zu sagen, dass ich sie wahrscheinlich nicht operieren könnte, wenn es ein komplizierter Bruch sein sollte.«

Als Graham meine erschrockene Miene sah, legte er mir beruhigend die Hand auf die Schulter.

»Ich rate Ihnen, ein paar Stunden an die Luft zu gehen und Molly mir zu überlassen, mein Freund. Gehen Sie frühstücken. Sich hier herumzudrücken hat keinen Sinn; Sie würden nur im Wartezimmer auf und ab gehen.«

»Da haben Sie wahrscheinlich recht«, sagte ich. »Aber Sie müssen mich auf dem Laufenden halten.«

»Natürlich, Colin.« Er lächelte, als Molly mit traurigen Augen zu mir aufblickte. »Und bitte machen Sie sich keine Sorgen. Sie ist in guten Händen.«

Im Speckledy Hen Café direkt beim Tierarzt um die Ecke aß ich ein englisches Frühstück, trank literweise Kaffee und beantwortete ein paar SMS von besorgten Verwandten. Alle Angestellten des Cafés vergötterten Molly, und ihre betroffenen Mienen, als ich ihre Abwesenheit erklärte, verstärkten meine Schuldgefühle nur noch.

Als die Uhr zehn schlug, rief Graham an.

»Molly ist jetzt aus dem OP raus und im Aufwachraum. Es geht ihr den Umständen entsprechend gut. Machen Sie sich auf den Weg hierher, dann sage ich Ihnen, was ich festgestellt habe.«

Graham hatte mir eine Menge mitzuteilen. Gott sei Dank hatte er keine Knochenbrüche entdecken können, sodass keine Operation nötig wäre. Nachdem er zwecks genauerer Untersuchung das Fell an Mollys Brust abrasiert hatte, war es ersichtlich geworden, dass sie nicht nur einmal von der Otter gebissen worden war, sondern zweimal.

»Sagen wir nur, dass Molly ein Riesenglück hatte, Colin«, meinte Graham. »Einer der Giftzähne hat ihre Hauptthalsschlagader um den Bruchteil eines Zentimeters verfehlt. Das hätte *viel* schlimmer ausgehen können. Sogar katastrophal.«

Wenn das Gift direkt zu ihrem Herzen gewandert wäre, erklärte er, hätte sie fast unverzüglich sterben können. Doch da es stattdessen auf Muskelgewebe stieß, wurde das Toxin viel langsamer verteilt, in einem Tempo, das eine junge, fitte, gesunde Hündin wie Molly überleben konnte. Ich stieß einen großen Seufzer der Erleichterung aus.

»Aber wir müssen trotzdem mit Bedacht vorgehen«, sagte der Tierarzt. »Den ursprünglichen Biss hat Molly zwar überstanden, aber über den Berg ist sie noch nicht, und es bleibt ein gewisses Risiko, dass sie es nicht schaffen wird.«

»Was meinen Sie damit?«, fragte ich. Mein Herz raste.

»Ich will ehrlich zu Ihnen sein«, antwortete er. »Die Fangzähne von Schlangen enthalten alle möglichen üblen Bakterien, und ich halte es für sehr wahrscheinlich, dass Molly an einer Sekundärinfektion erkranken wird, die mitunter zum Tode führen kann. Aber Ihre Hündin ist ein zäher kleiner Brocken, Colin, und ich vertraue fest darauf, dass sie durchkommt.«

»Mein Gott, Graham, hoffentlich behalten Sie recht…«

»Mein Plan ist folgender. Sie dürfen sie mit nach Hause nehmen, aber ich verschreibe ihr sehr starke Antibiotika, um alle möglichen Infektionen abzuwehren. Zudem wird sie reichlich Flüssigkeit und sehr viel Ruhe brauchen.«

Als Molly richtig aus der Narkose erwacht war, konnte ich sie zurück nach Hause nach Cranleigh fahren. Ich verabreichte ihr mit dem Löffel etwas Futter, badete sie und legte sie in ihren Lieblingskorb. Dann setzte ich mich neben sie auf den Boden und redete mit ihr, bis sie einschlief, genau wie ich es mit Sam getan hatte, als er ein Baby war. Ich ergötzte sie mit der Geschichte, wie Molly, die kluge Hündin, Rusty, den vermissten Kater, im Gartenhaus gefunden hatte, und erinnerte sie daran, wie wahnsinnig stolz sie mich an jenem Tag gemacht hatte. Ich musste selbst weggenickt sein, denn wenige Stunden später spürte ich, wie Sarah mich sanft an der Schulter rüttelte.

»Komm ins Bett, Colin«, flüsterte sie, während Molly fest neben mir schlummerte. »Sie schläft jetzt ruhig und friedlich, und du musst auch mal richtig schlafen.«

Mollys Pflege gestaltete sich in jenen ersten Tagen äußerst schwierig. Ich wachte an ihrem Krankenbett, kümmerte mich um all ihre Bedürfnisse und kontrollierte jede ihrer Bewegungen (und Stimmungen) auf Zeichen des Fortschritts oder der Verschlechterung. Eine Woche lang schottete ich mich völlig von der Arbeit ab (Sam und Stefan nahmen die Zügel bravourös in die Hand und gewährleisteten den reibungslosen Ablauf unserer laufenden Ermittlungen), und um Zeit zu sparen, verschickte ich Rundmails, statt auf einzelne Nachrichten zu antworten. Ich hatte Hunderte Anrufe von besorgten Freunden, Familienmitgliedern und Kollegen bekommen, das Team von Medical Detection Dogs inklusive, die mir und Molly alles Gute wünschten, und es war sehr ermutigend, dass sie uns alle die Daumen drückten.

In den ersten vierundzwanzig Stunden schien sich Molly ein wenig zu erholen. Sie konnte sich im Raum bewegen, wenn auch nur langsam und vorsichtig, doch am zweiten Tag verschlechterte sich ihr Zustand dramatisch. Sie bekam hohes Fieber, hatte keine Energie mehr und atmete flach und mühsam. Ich wurde panisch und hatte schreckliche Angst, dass dies die lebensgefährliche Sekundärinfektion war, vor der Graham mich gewarnt hatte. Als ich ihn umgehend anrief, bestätigte er meine schlimmsten Befürchtungen.

»Sie wehrt eindeutig diese Infektion ab, Colin. Geben Sie ihr weiter die Antibiotika und viel Flüssigkeit und sorgen Sie dafür, dass das Fieber unter Kontrolle bleibt und sie sich ausruht.«

Ich folgte seinen Anweisungen und wich Molly achtundvierzig Stunden lang kaum von der Seite. Nach und nach zeigte sie Zeichen der Besserung, und am Morgen des vierten Tages war es, als sei ein magischer Genesungsknopf gedrückt worden.

»Was zum Teufel …!«, stieß ich hervor, als Molly frühmorgens putzmunter in mein Schlafzimmer gestürmt kam, auf mein Bett sprang und mich mit Küssen übersäte.

Ich bin wieder da!!!, schien sie zu sagen. *Komm spielen!!!*

An jenem Nachmittag brachte ich Molly zur Nachuntersuchung zum Tierarzt. Zum Glück hatte sie das Schlimmste der Infektion überstanden, doch ich war betroffen über das ausgeprägte Humpeln, das sie entwickelt hatte.

»Sie haben recht, sie hinkt deutlich mit der rechten Vorderpfote«, sagte Graham, während er sie untersuchte. »Anscheinend hat sie mit der rechten Seite überkompensiert, weil der Schmerz durch den Schlangenbiss links akuter war.«

Um das Problem zu beheben, schlug er vor, dass ich Molly zu einem Aquatherapiekurs für Hunde anmeldete. Wenn alles gut ginge, würden diese Übungen ohne Gewichtsbelastung Schmerzen oder Beschwerden jeder Art verringern und ihr schrittweise wieder mehr Selbstvertrauen geben.

»Zum Schluss wird sie fast vergessen, dass sie lahmt«, fügte Graham hinzu. »Ich kann das uneingeschränkt empfehlen.«

Ich nahm Grahams Rat an und meldete sie für ein paar Therapiestunden in einem nahegelegenen Kompetenzzentrum an. Molly sah mit ihrer Schwimmweste wahnsinnig süß aus, und es war urkomisch, ihr vom Rand aus beim Herumpaddeln zuzusehen. Die Schwimmtherapeutin, die großartig war, schob Molly sanft in die Mitte des Wasserbeckens und ließ sie zu den Treppenstufen schwimmen. Doch sobald sie ihr Ziel erreichte, schubste die Therapeutin sie wieder zur Mitte zurück. Die ganze Zeit über machte Molly ein Gesicht, als wollte sie fragen *Was zum Henker geht hier ab?*, wenn sie immer wieder aufs Neue vom Rand fortgestoßen wurde.

Zu meiner großen Freude schienen diese Therapiestunden Erfolg zu haben. Bald darauf konnten wir unsere ländlichen Spaziergänge wieder aufnehmen und mit leichten körperlichen Anstrengungen beginnen, doch merkwürdigerweise trat Mollys Humpeln gelegentlich wieder auf, wenn sie zu Hause war. Es war Sarah, die mich taktvoll darauf hinwies, dass meine herzallerliebste Molly die Situation ein wenig ausnutzte.

»Colin, ist dir aufgefallen, dass Molly nur humpelt, wenn du dabei bist, vor allem, wenn sie etwas von dir will?«, fragte sie, als wir eines Abends fernsahen.

»Das kann ich mir nicht vorstellen«, antwortete ich und fand meine Freundin ein bisschen unbarmherzig.

»Aber wenn du nicht im Zimmer bist, humpelt sie nicht. Ich habe sie heute Morgen durch den Türspalt beobachtet.«

»Das bezweifele ich doch sehr, Liebling …«

Sarah war total falsch gewickelt, fand ich. Zugegeben, Molly hatte während ihrer Krankheit und Rekonvaleszenz massenhaft Aufmerksamkeit von mir bekommen, doch so dreist konnte sie doch wohl nicht sein. Doch meine Partnerin hatte meine Neugier geweckt, und zwar in dem Maße, dass ich als Experiment im Wohnzimmer eine meiner versteckten Kameras aufbaute.

Als ich die Filmaufnahmen abspielte, kamen Sarah und ich nicht mehr aus dem Lachen heraus.

»Molly, du kleine *Diva*«, sagte ich grinsend, während ich ihr dabei zusah, wie sie ein starkes Humpeln simulierte, um von mir Aufmerksamkeit und Zuwendung zu bekommen, und dann vollkommen normal lief, sobald ich das Wohnzimmer verlassen hatte. Racker Molly war wieder da, so viel stand fest.

Während Mollys Krankheit hatte ich versucht, nicht darüber nachzudenken, ob sie je wieder einsatzfähig wäre, da mir vor allem ihr Wohl als mein Haustier am Herzen gelegen hatte. Doch als ihre Genesung rasch voranschritt, schwirrten mir einige beunruhigende Fragen durch den Kopf. Würde sie je wieder an meiner Seite arbeiten können? Hatte der Schlangenbiss ihre Fähigkeiten, Gerüche zu erkennen, beeinträchtigt? Würde sie je wieder eine vermisste Katze aufspüren? Und würde diese grauenvolle Erfahrung sie davon abhalten, Waldgebiete zu durchsuchen?

Es war Zeit, mit Mark Doggett offen über ihre Zukunft zu sprechen. Da ich befürchtete, dass der Zwischenfall in Amesbury sich negativ auf ihr Wohlbefinden und ihre Fähigkeiten als Spürhund ausgewirkt haben könnte, musste ich wissen, was das Beste für sie war: ganz normal mit ihr weiterzuarbeiten, sie bei MDD von null an neu ausbilden zu lassen oder sie bis an ihr Lebensende ausschließlich als Haustier zu halten. Unsere Arbeitsbeziehung zu beenden würde mir zwar das Herz brechen – meine kleine Freundin und ich hatten gemeinsam so überragende Fortschritte gemacht –, doch Mollys Wohl stand für mich an erster Stelle.

»Die einfachste Methode, das herauszufinden, Colin, besteht darin, auf der Bramble Hill Farm eine Trainingsübung für sie zu arrangieren«, sagte Mark. »Ohne jede Hilfe, Aufforderung oder Ermutigung – lassen Sie sie es einfach selbst herausfinden. So lässt sich schnell feststellen, ob sie der Aufgabe noch gewachsen ist.«

Also organisierte ich an einem kühlen Augustnachmittag, an dem eine starke und gleichmäßige Brise wehte, wie Hun-

derte Male zuvor eine Trainingsaufgabe für Molly. Die Katzenhaarprobe, die ich von einem getigerten jungen Kätzchen eines
Freundes erhalten hatte, war mitten auf einem 8000 Quadratme-
ter großen Feld im hohen Gras versteckt. Ich hatte meine Go-
Pro-Actionkamera dabei, damit ich Mark die Aufnahmen mailen
konnte.

»Toma«, befahl ich ihr, und mein Herz klopfte, als Molly ihre
Schnauze in das Marmeladenglas hielt und den Geruch aufnahm.
Wie immer stieß sie ein kurzes Bellen aus, was stets *Okay, Herrchen, ich hab mir den Geruch eingeprägt... Lass uns loslegen...* bedeutete.

»Molly, such, such!«, befahl ich ihr und entließ sie mit einer
schwungvollen Geste.

Die Stunde der Wahrheit war gekommen.

Zu Anfang wirkte sie ein bisschen zögerlich (mir fiel auch
ein leichtes Humpeln auf), doch innerhalb von dreißig Sekunden begann sie, mit kräftigem Schwanzwedeln auf dem Feld he-
rumzuspringen. Nervös beobachtete ich, wie sie eine Reihe von
s-förmigen, absteigenden Kurven ausführte und der Richtung
der Sommerbrise folgte, die ein Spektrum aus Geruchspartikeln
verteilte.

Mann, das hat mir gefehlt, schien Molly zu sagen, als erinnerte
sie sich plötzlich an die Freiheit, die sie in der freien Natur verspürte, und an den Nervenkitzel der Suche.

Auf meinem Gesicht breitete sich ein Lächeln aus, als meine
Hündin knapp zweihundert Meter vor mir ihre Aufmerksamkeit auf die versteckte Probe richtete, sich zitternd daneben zu
Boden fallen ließ und mir so das vertraute Erfolgssignal gab. Ich
stieß einen tiefen Seufzer der Erleichterung aus.

Ungeachtet aller Schmerzen und ihres Traumas hatte Molly
nichts von ihren unglaublichen Fähigkeiten eingebüßt. Ich klickte
mit meinem Clicker (das Signal, zu mir zurückzukommen und

belohnt zu werden), und sie kam mit einem breiten rosazüngigen Hundelächeln quer über das Feld zurückgesaust.

»Braves Mädchen«, lobte ich sie, während ich sie mit einer Hand fest an mich drückte und ihr mit der anderen Leckerlis gab. »Du, junge Dame, bist immer für eine Überraschung gut…«

12. Die Katze und das Hausboot

Auch wenn Molly und ich wieder zur Tagesordnung überge-
hen konnten, war uns dieser Zwischenfall eine Lehre. Nach der
Sache mit dem Schlangenbiss war ich gezwungen, meine Prio-
ritäten und meine Vorgehensweise zu überdenken. Von nun an
würde keine berufliche Angelegenheit mehr über Mollys Gesundheit und Wohlergehen stehen. Nie wieder würde ich ihr
Leben in Gefahr bringen, indem ich mich irgendwelchen Kun-
denwünschen beugte, egal wie aussichtslos die Situation wäre.
Auch würde ich vor jedem Einsatz das Risiko kompromisslos ab-
wägen, was hieße, dass ich fortan meine Dienste schlichtweg ausschlagen würde, falls Mollys Sicherheit nicht gewährleistet wäre.
Nach dem schlimmen Erlebnis in Wiltshire schrieb ich mir hinter
die Ohren, dass ich Verantwortung für das kostbare kleine Geschöpf trug. Ich war entschlossen, diese Tatsache nicht mehr zu
ignorieren.

Einer unserer ersten Aufträge nach Mollys Genesung erwies
sich dann auch als recht denkwürdig. Ein Paar Anfang, Mitte
dreißig sprach mich an. Edward war Kunsthändler, Lily Immo-
biliensachverständige. Sie hatten kürzlich ihre Londoner Wohnung verkauft und sich ein altes Hausboot zugelegt. Dafür hatten
sie zwei Gründe: Zum einen führten sie ein stressiges Leben und
hatten kaum Zeit füreinander, zum anderen wollte Lily in Bristol
ihren Master machen und deshalb näher bei der Universität wohnen. Die beiden hatten sich den Plan zurechtgelegt, ihren Kahn

auf einem nahegelegenen Kanal festzumachen. Lily könnte so ihre Vorlesungen besuchen, und Edward könnte sich daranmachen, das Boot auf Vordermann zu bringen, und gelegentlich nach London pendeln. Sie wollten ein paar Tage lang gemütlich mit dem Hausboot die Themse entlangschippern, bis sie Reading erreichten. Dort wollten sie das Boot aus dem Wasser heben und es von einem LKW zum Kennet-und-Avon-Kanal transportieren lassen.

Sie würden allerdings nicht allein an Bord sein. Zusammen mit ihnen sollte Saphir, ihre heißgeliebte Britisch Kurzhaar-Katze die Reise antreten, die schon jahrelang zu der kleinen Familie gehörte. Einerseits waren sie zuversichtlich, dass ihr Tierchen es genießen würde, fernab vom Londoner Trubel zu leben, sobald das Hausboot seine Endstation erreicht hätte; andererseits war ihnen bewusst, dass die Reise ihre Risiken barg. Sie hatten sogar erwogen, Edwards Vater zu bitten, Saphir im Auto zur Marina von Bristol zu fahren, doch ihr wurde vom Autofahren immer übel; und sie mochte es nicht, von ihren Besitzern getrennt zu sein.

So trat das Trio eines schönen Sommermorgens die Jungfernfahrt auf dem Fluss an. Vorbei ging es am Battersea Park, am Botanischen Garten von Kew und am Hampton Court Palace, dann weiter westwärts Richtung Berkshire. Die kleine Saphir blieb entweder bei Edward oder bei Lily, die sich jeweils am Steuer abwechselten. Zusammengerollt schlummerte sie im kuscheligen Wohnbereich oder spähte durch die Bullaugen, hinter denen die Welt vorbeitrieb.

Bei Einbruch der Dämmerung legten sie an der kleinen Ortschaft Hurley an, ein paar Kilometer flussabwärts hinter Henley-on-Thames. Früh am Morgen wachten sie auf; die Katze hatte die ganze Nacht am Fußende des Bettes eingekuschelt geschlafen. Nach einer rasch verzehrten Schale Müsli und einem Beutelchen Katzenfutter für Saphir holten Edward und Lily die Taue ein und setzten ihre Reise fort.

Sie waren schon zehn Minuten in Richtung Henley geschippert, als sie zu ihrem Schrecken bemerkten, dass die Katze nicht da war. Das Paar war sich ziemlich sicher, dass sie noch bei ihnen gewesen war, als sie von Hurley losfuhren, und Lily erinnerte sich, wie die Katze an einem der Bootsfender herumgespielt hatte. Doch die hektische Suche auf und unter Deck brachte nichts. Die beiden drehten rasch um und kehrten zu den Liegeplätzen zurück, von wo aus sie fünf Stunden lang das Flussufer und das Hinterland durchkämmten. Dabei riefen sie immer wieder: »Saphir... miez, miez, miez... Saphir!« Sie hatten schreckliche Angst, dass sie über Bord gegangen sein könnte. Aus schierer Verzweiflung suchten sie auf dem Handy nach einem »Tierdetektiv« und riefen mich an.

»Unsere Katze ist verschwunden!«, sagte Edward mit kläglicher Stimme. »Wir glauben, dass sie vom Hausboot gesprungen oder gefallen ist, vielleicht ist sie ertrunken. Können Sie uns bitte, *bitte* helfen, sie zu finden? Es wird allmählich dunkel, wir kriegen es langsam mit der Angst zu tun.«

»Zuallererst müssen Sie Ruhe bewahren«, sagte ich. »Und zweitens dürfen Sie nicht die Möglichkeit außer Acht lassen, dass sie noch lebt. Es ist ja nicht ausgeschlossen, dass sie es an Land geschafft hat.«

»Aber wie denn?«, fragte Edward. »Katzen können doch nicht schwimmen.«

»Nun ja, das ist ein weit verbreiteter Irrglaube«, klärte ich ihn erleichtert darüber auf, dass ich ihm ein bisschen Trost spenden konnte. Ich sagte ihm, dass die meisten Katzen in Wahrheit schwimmen könnten – daher die Entwicklung angedeuteter Schwimmhäute an den Pfoten –, dass sie davon aber keinen Gebrauch machten. Einige Rassen jedoch, beispielsweise die Bengalkatzen, liebten das Wasser und seien bekannt dafür, zusammen mit ihren Herrchen und Frauchen in die Badewanne oder unter die Dusche zu springen.

»Beruhigend zu wissen«, antwortete er. »Aber auch wenn *wirklich* die schlimmsten Befürchtungen eintreffen und die Arme ans Ufer gespült wurde, möchte ich, dass sie geborgen wird. Für uns gehört sie zur Familie, Lily und ich möchten sie dann würdig bestatten. Der Gedanke, sie könnte auf der Themse dahintreiben, allein ... ja, also ...«

An dieser Stelle brach seine Stimme.

»... dann wären wir todunglücklich.«

Er war begierig darauf, dass Mollys Fähigkeiten zum Aufspüren von Katzen eingesetzt würden, und fragte mich, ob ich wohl meinen Hund nach Berkshire mitbringen könne.

Je früher, desto besser. Ich sagte zu, ihn am folgenden Vormittag aufzusuchen. Er hatte Glück, dass ich keine weiteren Termine hatte. Es war nicht leicht, ihm die Komplexität der Sache auseinanderzusetzen, da der Suchbereich sehr groß war. Auch waren die Umstände von Saphirs Verschwinden unklar. Ich erklärte Edward, dass er mir brauchbare Katzenhaarproben geben müsse, um die Chancen zu maximieren, Saphir zu finden.

»Das dürfte kein Problem sein«, meinte er. »Mein Vater räumt gerade unsere Wohnung in London aus, da hatte Saphir etliche Schlafstellen. Sicher hat er nichts dagegen, ein paar Proben herzubringen.«

»Prima. Ich freue mich, Sie beide morgen Früh kennenzulernen, Edward. Und sehen Sie zu, dass Sie eine Mütze Schlaf abbekommen.«

Es war das erste Mal, dass ich Hurley einen Besuch abstattete. Als Molly und ich einen kleinen Rundgang durch den Ort machten, bei dem ich auch mit nüchternem Blick die möglichen Gefahren abschätzte, war ich beeindruckt.

Weißgetünchte Häuser mit roten Dächern säumten die schmalen Straßen, und zu dem entzückenden Dörfchen gehörten ein malerischer Tante-Emma-Laden, ein altes Kloster und zwei urige Dorfkneipen. Auch einen typisch englischen Kricketplatz und einen Pavillon gab es, hinter dem ein gepflegter Campingplatz mit Ausblick auf die Themse lag.

Am Treidelpfad traf ich auf Edwards Vater Godfrey. In der einen Hand hielt er einen Packen »KATZE VERMISST!«- Flyer, in der anderen einen Notizblock. Godfrey, ein stattlicher, ergrauter Schuldirektor im Ruhestand, erklärte mir, sein Sohn habe sich in letzter Minute dazu entschlossen, mit Lily nach Bristol weiterzufahren; sie habe sich verständlicherweise gesträubt, allein loszufahren. Edward würde sich uns später wieder anschließen. Es sah so aus, als hätte Godfrey fast den ganzen Vormittag damit zugebracht, durch die Straßen zu streifen und mit den Bewohnern ins Gespräch zu kommen; dabei hatte er in krakeliger Schrift ausgiebige Notizen gemacht und seine eilig ausgedruckten Flugblätter verteilt.

»Es freut mich sehr, mich in Ihr Team einzureihen, Mr Butcher«, tönte seine tiefe, charmante Stimme. Damit schreckte er ein paar vorbeikommende Enten auf, die daraufhin hastig in entgegengesetzter Richtung davonwatschelten. »Sie, ich und Molly werden diesen Fall lösen, da bin ich ganz sicher.«

Ich verkniff mir ein Grinsen und schilderte dem selbsternannten Detektiv meinen Modus Operandi. Ich sagte ihm, dass ich an der optimistischen Theorie festhielte, dass die Katze noch am Leben sei und sich entweder tags zuvor vom Boot geschlichen habe, bevor es losfuhr, oder dass sie vom Deck heruntergesprungen oder gefallen sei, als das Boot schon in Bewegung war. Ich hielte die Hoffnung hoch, dass sie es geschafft hatte, an Land zu schwimmen.

»Katzen sind ausgesprochen bodenständig, Godfrey«, erklärte

ich ihm. »Deshalb hat es Saphir wahrscheinlich sehr irritiert, als sie von der Wohnung auf das Hausboot umgesiedelt wurde. Das hat vielleicht ihr Dasein gründlich aus den Angeln gehoben, vielleicht wollte sie deshalb ans rettende Ufer zurück.«

»Ja, *genau* das dachte ich mir auch schon«, murmelte er und tippte mit dem Bleistift an seine schiefen Zähne. Noch war ich nicht dahintergestiegen, ob der gute Mann sich eher als Hilfe oder als Hindernis entpuppen würde. Auch Molly, die demonstrativ Abstand hielt, wusste anscheinend nicht, was sie von ihm halten sollte.

»Eines nach dem anderen, Godfrey, haben Sie denn die Katzenhaarproben mitgebracht?«, erkundigte ich mich.

»Aber klar doch«, gab er zur Antwort, die Hacken zusammenschlagend. »Kommen Sie mit.«

Er führte uns zu einem flaschengrünen Volvo Kombi, auf dessen Rückbank ein Stapel mit Edwards Klamotten lag, die Godfrey aus der Wohnung geholt hatte. Daneben lag ein Beutel aus grobem Stoff, bis zum Rand gefüllt mit Saphirs Spielzeug, Kissen und Decken. Das meiste war voller dunkelgrauer Katzenhaare. Auf dem Sitz befand sich auch der größte Kratzbaum, den ich je gesehen hatte.

»Ich habe ewig gebraucht, um das Ding ins Auto zu hieven«, meinte Godfrey.

Das überrascht mich nicht, dachte ich.

Mir wurde etwas bange, denn dieses Sammelsurium von Gegenständen bedeutete, dass mir keine unverfälschten Proben zur Verfügung stehen würden. Normalerweise besorge ich sie mir selbst von der Quelle, frei von Verunreinigungen – aber diesmal musste ich mit dem vorliebnehmen, was ich kriegen konnte. Molly hatte fraglos das Zeug dazu, die einzelnen Gerüche in einem Gemisch auseinanderzuhalten. Es gab keinen Grund, dass sie es dieses Mal nicht auch wieder schaffen würde. Ich zückte meine Pinzette und tat vorsichtig ein Haarbüschel in ein Glasgefäß, das ich sorgfältig und ganz fest zuschraubte.

Als ich mich zum Fluss aufmachen wollte, polterte Godfrey plötzlich: »Falsche Richtung, mein Bester!« Er setzte mich darüber in Kenntnis, dass er bei seiner kleinen morgendlichen Erkundung des Dorfes mit einem ortsansässigen Bauern geredet und von ihm erfahren habe, er habe eine dunkelfarbige Katze dabei beobachtet, wie sie sich in eine seiner großen Scheunen verzogen habe.

»Ich durfte mich um das Gebäude herum kurz umschauen«, sagte er und nickte obergescheit. »Ich halte das für eine vielversprechende Spur, dort würde ich mit der Suche beginnen, wenn Sie einverstanden sind.«

Die Wichtigtuerei von diesem Kerl ging mir langsam auf die Nerven, schließlich war ich im Auftrag der verzweifelten Katzenhalter tätig. Aber ich bedachte seine Worte und lief zu diesem Bauernhof. Falls die Katze tatsächlich dort gesehen worden war, musste ich dem Hinweis folgen.

Es stellte sich heraus, dass die betreffende Scheune nicht für landwirtschaftliche Zwecke genutzt wurde, sondern an Boots- und Kahnbesitzer vermietet wurde. Sie beherbergte Wasserfahrzeuge aller Art und Größe, von Rennbooten mit nur einer Koje bis zu fünfzehn Meter langen Katamaranen.

»Du meine Güte, das wird geraume Zeit in Anspruch nehmen«, meinte ich zu Godfrey, als ich den Blick über die imposanten Ausmaße des Lagerraumes mit seiner Fülle an möglichen Verstecken schweifen ließ.

Folglich konnte ich meinen Augen nicht trauen, als Molly, kaum hatte sie an meinem Marmeladenglas geschnüffelt, mir nah am Scheuneneingang eine klare Signalpose zeigte. Sie presste sich bäuchlings auf den Boden, die Vorderläufe ausgestreckt, und wartete auf ihre übliche Belohnung.

Umso fassungsloser war ich, dass von der Katze nichts zu sehen war. Godfrey und ich suchten uns dumm und dämlich, in allen Ecken, Fehlanzeige. Es gab auch keine der sonst typischen verräterischen Anzeichen für eine Katze, die hier eingedrungen sein könnte: keinen Uringeruch, keine Überreste von Nagetieren, kein provisorisches Schlaflager. Ich schickte Molly sogar zur Überprüfung ein zweites Mal in die Scheune, und erneut vollführte sie ihre Signalpose, und zwar noch selbstsicherer als zuvor, und verdiente sich damit einen Nachschub an Leckerlis.

»Es ist mir ein vollkommenes Rätsel«, sagte ich und kratzte mich am Kopf, während Molly dankbar ihre Blutwursthäppchen verputzte.

Ich versuchte es jetzt einmal anders. Zuweilen, wenn ich nicht herausbekam, warum Molly einen Geruch wiedererkannte und ich keine Katze in der Umgebung aufspüren konnte, habe ich sie schon direkt aufgefordert: »Zeig's mir.« Bei diesem Kommando, das ich ihr auf der Bramble Hill Farm beigebracht hatte, muss sie präziser reagieren und mich gegebenenfalls höchstpersönlich zum Auslöser ihrer Reaktion hinführen.

In diesem Fall reagierte sie darauf, indem sie herumwirbelte und sich direkt vor dem Scheunentor positionierte. Sie stupste mit der Schnauze an einen hellblauen Stofffetzen, der an dem Griff des Tores haftete, woraufhin sie obendrein erneut die bewusste Pose vorführte. Bei diesem Tempo gingen mir langsam die Leckerlis aus. Vorsichtig löste ich den Stofflappen vom Griff und hielt ihn in den Lichtstrahl, der durch das Fenster fiel.

»Warum um alles in der Welt macht Molly darum so ein Aufhebens?«, wunderte ich mich.

»Tja, also …«, meinte Godfrey, es war ihm unangenehm. »Das hätte ich Ihnen vielleicht vorher sagen sollen.«

Ich drehte mich ruckartig zu ihm um.

»*Was* hätten Sie mir sagen sollen, Godfrey?«

»Nun ja, das Stück Stoff habe ich da dran gemacht.«

»*Sie* waren das? Was um alles in der Welt soll das bedeuten?«

»Tja, als ich mich heute Früh mit dem Bauern unterhielt, kam mir so ein Geistesblitz. Ich hielt es für eine gute Idee, ein T-Shirt von Edward zu zerschneiden und die Einzelteile überall in der Scheune und den Ställen dieses Bauern zu verteilen. Saphir erkennt sie vielleicht am Geruch und kommt aus ihrem Versteck hervor.«

Meine bestürzte Miene sprach wahrscheinlich Bände.

»Wie viele Fetzen haben Sie denn verteilt, Godfrey?«

»Oh, ich denke, so etwa dreißig. War das falsch von mir?«

»Äh – das kann man wohl sagen.«

Es war Godfrey nicht in den Sinn gekommen, dass infolge seines »Geistesblitzes« ein Kleidungsstück aus dem Auto benutzt wurde, das mit Saphirs eigenem Haar kontaminiert war. Die arme Molly hatte vorbildlich ihre Pflicht getan, sie hatte korrekt die unverwechselbare Geruchsmarke der Katze identifiziert und von anderen Gerüchen unterschieden. In diesem besonderen Fall hatte der Geruch sie direkt zu dem T-Shirt-Fetzen geführt.

Auch wenn mich dieses Resultat in den Wahnsinn trieb, bestätigte es Mollys fabelhaftes Geschick, einen ganz spezifischen Geruch unter einer Menge anderer herauszuriechen. Hunde besitzen die erstaunliche Fähigkeit, einzelne Gerüche zielgenau zu lokalisieren und von anderen zu trennen, besser als jede andere Spezies. Man hatte mir das einmal mit einer scharfsinnigen Analogie erläutert. Wenn ein Mensch eine Küche betritt und *Bœuf bourguignon* auf dem Herd köchelt, nimmt er oder sie ganz allgemein den Duft dessen wahr, was da im Topf schmort. Kommt dagegen ein Hund in die Küche, wäre er in der Lage, jede einzelne Geruchskomponente darin zu unterscheiden, das Rindfleisch vom Schinken, den Knoblauch von den Zwiebeln, den Rotwein vom Rosmarin. Die empfindlichsten Hundenasen – wie

Mollys beispielsweise – können sogar das Metall identifizieren, aus dem die Pfanne hergestellt wurde. Das ist wirklich durch nichts zu toppen.

Es war gut gemeint, aber Godfrey hatte sich sehr töricht verhalten. Infolgedessen hatten wir wertvolle Zeit verloren. Ich war nicht gerade begeistert. Aber ich machte gute Miene zum bösen Spiel, denn meine hypersensible Hündin konnte Verstimmungen unter Menschenwesen erriechen. Jedoch war es unabdingbar, dass Molly während einer Suchaktion guten Mutes und unverzagt blieb. Ich bat Godfrey also höflich darum, dass er die restlichen T-Shirt-Fetzen einsammelte und entsorgte, damit wir Tabula rasa machen und noch einmal ganz von vorn beginnen könnten. Inzwischen wurde mir klar, dass die Aussage des Bauern falscher Alarm war, da Molly keine weiteren relevanten Geruchsspuren entdeckt hatte. Aber ich brauchte eine Bestätigung. Ich nahm Molly zu einer Erkundung des Gehöfts mit, eine ganze Stunde durchforstete sie alles, sodass ich am Ende der festen Überzeugung war, dass Saphir sich nicht auf dem Areal herumtrieb.

Am frühen Nachmittag stieß Edward zu uns und setzte seinem Vater mit scharfen Worten zu, als er von seinem Fehlgriff hörte. Ich fand ihn ansonsten angenehm und entspannt – zum Glück war er mitnichten so anmaßend wie Godfrey. Wir suchten den ganzen Nachmittag lang die Liegeplätze nach Lebenszeichen von Saphir ab; ein paar Kilometer des Ufers lagen noch vor uns.

Trotz aller Anstrengungen wurde Molly leider nicht fündig, sodass die übrigen Leckerlis in meiner Tasche blieben.

Unseren ziemlich frustrierenden Arbeitstag beschlossen wir in einem Supermarkt mit angeschlossener Bäckerei. Das kleine Reich voller Süßigkeiten, Brotlaibe und Kuchen gehörte einem aufgeschlossenen Paar in den mittleren Jahren. Die Erfahrung hatte mich gelehrt, dass es immer ratsam ist, mit dem »Knotenpunkt« einer Ortschaft in Kontakt zu treten. Das erweist sich meistens als simpelste Methode, Informationen in Umlauf zu bringen und mit der Gemeinde auf Tuchfühlung zu gehen. Auch diese Bäckerei machte da keine Ausnahme.

»Oh, ich kann mich erinnern, dass ich sie mit dieser hübschen Clare bei der Crufts-Hundeausstellung im Fernsehen gesehen habe!«, ließ sich gleich die Ehefrau aus, als ich ihr Molly vorstellte; ihr Mann holte vergnügt einen uralten Kodak-Fotoapparat und schoss ein Bild nach dem anderen, das altmodische Blitzlicht rotierte bei jedem Klick.

»Mein Gott, das kommt nicht oft vor, dass wir Promis im Laden haben«, schmunzelte er. »Sag mal ›Cheese‹, Jean!«

Sie hörten aufmerksam zu, als wir die Story von Saphir und dem Hausboot und davon erzählten, dass Molly die erste Hündin in Großbritannien sei, die mithilfe von Geruchsproben Katzen aufspürt – das im Gespräch zu erwähnen, ließ ich mir nicht nehmen. Auch berichtete ich, dass sie darauf angesetzt war, die Katze in diesem Dorf ausfindig zu machen. Die beiden versprachen netterweise, ihre gesamte Kundschaft zu alarmieren. Wir ließen einen Stapel Flyer an der Ladenkasse liegen, und als wir zum Abschiedsgruß die Hand hoben, beteuerten sie, wir seien jederzeit willkommen und sollten gelegentlich vorbeischauen und ihre selbstgemachte Limonade oder die Haferkekse probieren.

»Bis bald, Molly, und viel Glück mit der Suche nach Saphir«, riefen sie und winkten hinter dem Tresen.

»Verdreht Ihr Hund *immer* den Leuten so den Kopf?«, fragte Edward lachend.

»Meistens schon.« Ich schilderte ihm schmunzelnd, wie Molly überall, wo sie auftauchte, Fans um sich scharte, die sie mit ihren Talenten zum Staunen brachte und mit ihrer Persönlichkeit für sich gewann. Bei den Suchaktionen, sagte ich, offenbare sie die auffallende Fähigkeit, eine Gemeinschaft um sich zu scharen. Die Nachbarn, die von unserer Geschichte gefesselt waren, engagierten sich dann außerordentlich, um die Katze zu finden und das Rätsel zu lösen.

»Die Menschen lieben eben ein Happy End, Edward«, sagte ich. »Ich hoffe bloß, dass wir mit Saphir auch eins bekommen.«

Als wir aus dem Bäckerladen hinaustraten, merkte ich, dass es allmählich dunkel und kühler wurde. Molly sah müde aus, sie ließ ein wenig den Kopf hängen und brauchte eine Pause. Sie hatte schon einen arbeitsreichen, wenn auch ertraglosen Tag hinter sich. Es war Zeit, wieder nach Hause zu fahren.

Am nächsten Morgen hatte ich jedoch vor, nach Berkshire zurückzukommen. Während der Heimfahrt sah ich ständig ein triefend nasses Kätzchen vor mir, das eine Uferböschung hinaufkrabbelt, erschöpft von der Anstrengung, durch die Themse zu paddeln. Mein Bauchgefühl sagte mir, dass sich Saphir noch irgendwo dort herumtrieb, und ich nahm mir fest vor, sie wieder mit ihren Eigentümern zusammenzubringen.

»Wie ich dir schon sagte, Molls: Katzen *können* schwimmen«, beteuerte ich, als ich ein leises Schnarchen von hinten aus dem Auto hörte.

Tag zwei begannen Molly und ich damit, dass wir in den gewundenen Sträßchen von Hurley Haus um Haus sondierten, diesmal ohne Edward und Godfrey im Schlepptau. Letzterer war mir einfach zu anstrengend. Am Tag zuvor hatte er doch tatsächlich angefangen, Molly meine Suchkommandos zu geben, woraufhin sie ihn ansah, als wollte sie ihm sagen: *He, lass den Quatsch, ich versuche gerade, meine Arbeit zu erledigen.* Ich deutete taktvoll an, Vater und Sohn seien doch am besten an der Marina aufgehoben, wo sie mit den Hauseigentümern und Urlaubern ins Gespräch kommen könnten.

»Rufen Sie mich an, wenn Sie irgendwelche neuen Hinweise bekommen oder jemand die Katze gesichtet hat«, schlug ich vor.

»Kein Problem«, erwiderte Edward. »Wir halten Sie auf dem Laufenden.«

Sobald ich Molly zur Auffrischung ihres Gedächtnisses noch einmal Saphirs Geruchsprobe unter die Nase gehalten hatte, machten wir uns erneut ans Klinkenputzen. Wir durchstöberten wieder fünf, sechs Gärten und stießen traurigerweise nicht auf Saphirs Geruch; schließlich waren wir an einem Eckgrundstück am Straßenende angelangt. Die Tür wurde von einer Dame Mitte fünfzig in einem floral bedruckten Kleid im Stil von Laura Ashley geöffnet. Sie trug dazu einen Schlapphut aus Stroh, um die Krempe herum waren Seidendahlien drapiert. Zunächst hielt sie das Ganze für einen Scherz und fragte: »Ein Tierdetektiv? Wirklich? Drehen Sie *Versteckte Kamera?*«. Aber dann winkte sie uns in den großen Garten hinter dem Haus, der ebenso wie ihr Outfit über und über mit Sommerblumen bepflanzt war.

Ich ließ Molly von der Leine, damit sie frei umherstreifen konnte. Ein Raster von kiesbestreuten Wegen teilte den makellosen Rasen in vier Flächen. In der Mitte, umgeben von niedrigen Rosenbüschen, erhob sich ein zweistufiger, grün getönter Springbrunnen mit einer Vogeltränke. Um die Wahrheit zu sagen, sah er scheußlich aus – steinerne Schlangen und Eidechsen wanden sich um den Sockel, und das Wasser trat aus dem Kopf eines Wasserspeiers. Das Ganze wirkte ganz und gar deplatziert inmitten dieses duftenden Paradieses.

Molly hatte inzwischen mächtigen Durst bekommen, jedenfalls begann sie den Brunnen mit einer bestimmten Absicht zu umkreisen. Ich hatte keine Ahnung, ob das Wasser sauber war, doch ehe ich sie wegpfeifen konnte, nahm sie einen kurzen Anlauf, stellte die Pfoten auf den Rand des oberen Beckens und genehmigte sich einen kräftigen Schluck aus dem Wasserspeier. Im selben Moment bemerkte ich, wie der Sockel unheilverheißend ins Wanken geriet.

»*AB*, Molly!«, rief ich und hechtete zu ihr hin. Aber zu spät. Es krachte ohrenbetäubend, als der Brunnen nach hinten kippte, auf dem Sandstein aufschlug und in zwei Teile zerbarst. Die völlig entgeisterte Molly konnte gerade noch rechtzeitig ausweichen und stob querfeldein davon. Die Hausbesitzerin, der fraglos das schreckliche Gepolter in die Ohren gedrungen war, kam mit wehenden Kleiderschößen aus dem Haus gestürmt.

Na fein, dachte ich, und das Herz rutschte mir in die Hose. *Noch so ein Schlamassel, in den du mich reingeritten hast, liebe Molly…*

»Du meine Güte! Sie haben mir den Brunnen kaputt gemacht!«, kreischte die Frau und schaute erst auf die zerschmetterte Zierde ihres Gartens, dann direkt mir ins Gesicht.

»Ich war das eigentlich nicht, nur um das klarzustellen«, erklärte ich und zuckte zaghaft mit den Schultern. »Es war meine Hündin. Es war ein Unfall. Sie wollte ans Wasser, und, tja, da ist das ganze Ding einfach umgekippt.«

Die Frau starrte mich an, der Zweifel stand ihr ins Gesicht geschrieben. Dann guckte sie Molly an, die aufrecht dasaß, brav und artig, als könnte sie kein Wässerchen trüben. Meine Hündin hatte mich zum Affen gemacht, wie man so schön sagt.

»Hören Sie, es tut mir wirklich leid um Ihren Springbrunnen«, beschwichtigte ich die Dame. »Bitte sagen Sie mir, wieviel ein neuer Brunnen kostet. Ich komme für die Kosten auf.«

Die Lady warf noch einmal einen Blick auf den schnuckeligen Cockerspaniel, den sie da vor sich hatte, überlegte kurz und verzog resigniert den Mund.

»Nein, das ist nicht nötig. Es war ja, wie Sie sagen, ein Unfall. So etwas passiert nun mal.«

»Oh, das ist aber sehr anständig von Ihnen, danke.«

»Ehrlich gesagt, habe ich diesen Springbrunnen sowieso verabscheut«, fuhr sie fort. »Er war ein Hochzeitsgeschenk von meiner Schwiegermutter, in Wahrheit ein Ebenbild von diesem

Wasserspeier. Und ich wollte das Ding loswerden, schon seitdem die Scheidung durch ist. Insofern haben Sie mir einen Gefallen getan. Mein Gärtner kommt dann, er wird den Brunnen gern für mich entsorgen.«

»Aber nur, wenn Sie das wirklich wollen …«

»Ja, ich bin mir ganz sicher. Nun, warten Sie mal schnell, ich hole Ihrem goldigen Hund ein bisschen richtiges Wasser.«

Als sie schwungvoll zum Haus schritt, tänzelte Molly auf mich zu und legte mir eine Pfote auf den Stiefel.

»Gut, genug Dramatik für heute Vormittag, meine Liebe«, sagte ich, und sie sah mit ihren großen braunen Augen zu mir hoch. In Augenblicken wie diesen rief ich mir ins Bewusstsein, dass es meine Hündin, mochte ihre professionelle Fassade auch noch so glänzen, so faustdick hinter den Ohren hatte wie jeder x-beliebige Köter.

Wir hielten an einer dem altenglischen Stil nachempfundenen Dorfkneipe, um etwas zu essen. Damit wir das warme, sonnige Wetter genießen konnten, entschloss ich mich, auf dem Freisitz Platz zu nehmen, von wo aus die Themse zu sehen war. Molly verschlang ihren Hunde-Energieriegel, ich verspeiste meinen Käseteller mit Zwiebeln, beobachtete die Hausboote, die den Fluss entlangzuckelten, und winkte freundlich zurück, wenn irgendein Freizeitkapitän mir zuwinkte. Ich sah auch ein paar Hausboote einen halben Kilometer flussabwärts am Campingplatz festmachen.

»Iss auf, Molly«, sagte ich, den Blick auf eine Reihe von Wohnmobilen gerichtet, auf deren Metalldächern die Sonne glitzerte. »Ich schätze mal, das ist unsere nächste Anlaufstation.«

Erfreulicherweise waren wir mitten in der Sommersaison, die meisten Hütten und Wohnmobile waren belegt. In einigen wohnten Dauercamper, doch bei den meisten handelte es sich um Urlauber, die sich eine Auszeit am Ufer der Themse gönnten. Eine kurze Erkundungstour über den Campingplatz brachte zahlreiche infrage kommende Unterschlüpfe für eine Katze, die eine Zuflucht sucht, zutage – hier eine offenstehende Wohnwagentür, da eine erhöhte Terrassenplattform oder ein mit einer Plane abgedeckter Wohnanhänger. Doch Mollys gleichgültige Körpersprache sagte mir, dass keinerlei Katzengeruch sie scharfmachte.

Bei unserem Spaziergang über den Campingplatz sprach ich möglichst viele Camper an, zeigte ihnen ein Foto von Saphir und erkundigte mich, ob ihnen möglicherweise eine vorüberschleichende Britisch Kurzhaar-Katze unter die Augen gekommen sei.

»Ach, was für ein süßes Kätzchen, aber nein, mir ist nichts aufgefallen«, sagte eine sonnengebräunte Frau im Bikini, die es sich mit einem Stapel Zeitschriften zu ihren Füßen auf einer Hollywoodschaukel gemütlich gemacht hatte. In einer Hand hielt sie eine Zigarette, in der anderen ein Trinkgefäß, in dem, nach ihrem glasigen Blick und ihrem albernen Grinsen zu urteilen, wohl kein Wasser war. Sie und ihr Ehemann seien in Frührente gegangen, erklärte sie mir, und würden nun die Sommermonate in dem Luxus-Caravan verbringen, den sie sich von ihren Ersparnissen geleistet hätten.

»Wir sind ständig hier draußen, entweder legen wir uns in Gin ein oder pochieren uns im Whirlpool«, kicherte sie. »Also eine vorbeistromernde Katze hätte ich auf jeden Fall gesehen.«

»Es wäre klasse, wenn Sie weiter ein bisschen Ausschau halten«, ermunterte ich sie, wenn ich auch meine Zweifel hatte, ob sie ihre Aufmerksamkeit noch auf irgendetwas richten könnte, sobald ihre Flasche Hendrick's geleert wäre.

»Wollen Sie nicht ein Gläschen mittrinken?«, lallte sie und klopfte auf den freien Platz neben sich. »Hier ist genug Platz für uns zwei ...«

»Danke, das ist nett, aber nein«, sagte ich lächelnd. »Ich muss weiter. Aber es war trotzdem schön, Sie kennenzulernen.«

Ich bedachte Molly mit einem Blick, der so viel bedeutete wie: *Höchste Zeit zu verduften*, und ich war mehr als erleichtert, als meine Hündin mich in eine andere Richtung zog.

Die nächste Begegnung hatte ich mit einer vierköpfigen Familie, die ein Kajak zum Fluss trug, wo sie ihren Spaß haben wollten. Kaum wirbelten der Junge und das Mädchen, die wie die meisten Kinder magisch von ihr angezogen wurden, ausgelassen um Molly herum, erkundigte ich mich nach Saphir.

»Leider nein, tut mir leid, wir haben hier keine Katze gesehen«, gab der Vater achselzuckend Auskunft. Ich reichte ihm einen Flyer und meine Visitenkarte und bat ihn, sich bei mir oder Edward zu melden, falls die Familie Saphir zu Gesicht bekäme.

»Und ihr werdet es nicht glauben«, wandte ich mich an die Kinder, wobei ich Molly am Kinn kraulte. »Aber wenn einer von euch die Katze Saphir findet, dann sorge ich dafür, dass Molly euch zum Lohn eine Riesentüte Süßigkeiten anschleppt. Abgemacht?«

»Abgemacht!«, kreischte der Junge und schlug seine Handfläche gegen meine.

»Abgemacht!«, sagte kichernd sein Schwesterchen. »Dürfen wir jetzt Saphir suchen gehen, Daddy?«

Als sich die Familie gutgelaunt wieder auf den Weg machte, klingelte mein Handy. Es war Edward.

»Colin, Sie müssen zur Marina kommen, schnell!«, rief er atemlos. »Wir sind auf jemanden gestoßen, der eventuell Saphir gesehen hat.«

Schon zwanzig Minuten später hockten Molly und ich zusammen mit Edward, Godfrey, einem Herrn namens Jack und seinem schwarzen Labrador Salomon auf einer Picknickbank. Jack war ein Koloss mit zotteligem Schopf, einem Rauschebart, ein

Mittelding zwischen Luciano Pavarotti und dem Wrestler Giant Haystacks. Seit über zwanzig Jahren lebte und arbeitete er als »Ufermann« von Hurley. Was aber ganz besonders zu Buche schlug, war, dass er das Ufer bis an die Stadtgrenze von Henley hin wie seine Westentasche kannte. Zu seinen Aufgaben gehörte das Einkassieren von Liegegebühren bei Schiffs- und Hausbootkapitänen, was er oft in den frühen Vormittagsstunden erledigte, ehe die Leute eine Gelegenheit abpassten, sich aus dem Staub zu machen, ohne zu bezahlen.

»Sie glauben nicht, wie oft das vorkommt«, beklagte er sich. »Und oft sind es auch noch die, die es sich eigentlich leisten könnten. Als würde ich ihnen ein paar Hunderter aus dem Rücken leiern, dabei sind es bloß ein paar lappige Pfund.«

»Schlimm, schlimm«, pflichtete Godfrey ihm bei. »Man sollte ihnen ihre Lizenzen entziehen.«

Edward errötete leicht, als er das hörte, und ich fragte mich, warum er selbst und Lily an dem verhängnisvollen Morgen dem Ufermann aus dem Weg gegangen waren.

»Okay, Jack«, sagte ich, um endlich zur Sache zu kommen. »Erzählen Sie mir doch, was Sie wissen.«

»Tja, also heute Früh – es muss so um sechs Uhr gewesen sein – bin ich etwa einen Kilometer den Treidelpfad entlang flussaufwärts gewandert und habe Liegegebühren eingesammelt, da zerrte Salomon plötzlich an der Leine.«

Bei der Nennung seines Namens knurrte Salomon, und Molly scheute ein bisschen vor ihm zurück.

»Dann zog er mich vom Weg runter ins hohe Gras, und als wir uns einer umgestürzten alten Eiche näherten, habe ich da eine Katze gesehen«, berichtete Jack. »Sie saß einfach da und beobachtete uns ganz dreist. Dann fing sie noch an, sich die Pfoten zu lecken, dabei hat sie aber nicht den Blick von Salomon gelassen.«

Der große Labrador knurrte wieder nörgelnd, als er seinen

Namen hörte. Molly sah ihn an, als wollte sie sagen: *Schon gut, Kumpel, genug geblafft ...*

»Wie würden Sie die Katze beschreiben, Jack?«

»Dunkelgraues Fell, hellgrüne Augen, ein bisschen ausgemergelt.«

»Und in der Nachbarschaft gibt es auch keine anderen ähnlich aussehenden Katzen?«

»Nein, ich kenne alle Haustiere in der Gegend. Ich wohne schon seit Jahren hier und laufe den Weg jeden Tag ab. Diese Katze habe ich noch nie gesehen.«

Ich hielt ihm noch ein Foto von Saphir unter die Nase. Ich habe immer gern ein paar mehr Fotos der vermissten Katze bei mir, und zwar genau aus diesem Grund: So kann ich besser einschätzen, inwieweit ich mich auf das, was der Augenzeuge gesehen hat, verlassen kann.

»Sah sie so aus?«

Jack kramte eine Lesebrille aus der Tasche seines Holzfällerhemds und betrachtete eingehend das Foto von Saphir.

»Ja, ich glaube schon, dass es diese Katze war, die ich gesehen habe.«

Edward atmete tief ein.

»Denken Sie, das war Saphir?«, fragte er. »Glauben Sie, dass sie noch lebt?«

»Das sind doch vielversprechende Neuigkeiten«, sagte ich. »Aber um uns zu vergewissern, gibt es nur einen Weg.«

Damit zog ich mein Marmeladenglas aus der Gürteltasche und hockte mich neben Molly.

»Wir brauchen jetzt wirklich deine Hilfe, meine Süße«, flüsterte ich ihr zärtlich ins Ohr. »Streng dich an.«

Dann bat ich Jack, dass er Salomon nach Hause brachte, weil ich fürchtete, er könnte Molly ablenken. Im Nu kam der Ufermann wieder zurück und führte uns den Treidelpfad entlang.

Als wir uns dem umgestürzten Baum näherten, der auf einem Grashügel rechts vom Weg lag, hielt ich Molly die Geruchsprobe vor die Schnauze. Glücklicherweise hatte es tagelang nicht geregnet, weshalb ich hoffen durfte, dass ein Geruch, der sich einmal festgesetzt hatte, intensiv genug wäre, damit Molly ihn abgleichen könnte.

Die Hoffnung und frohe Erwartung waren förmlich mit Händen zu greifen. Gespannt hielten wir drei Männer den Atem an, als meine kluge kleine Spanielhündin ihre Schnauze tief ins Glas steckte und aufgeregt mit dem Schwanz wedelte.

Auf mein Kommando »Such, such!« fegte sie in die hochgewachsene Wiese, ihre langen Sätze beschrieben Bögen wie die auf und ab wogende Brise vom Fluss her. Mit einem Mal hielt sie auf die entwurzelte Eiche zu und – *bums!* – ging schlagartig in Deckung, gleich darauf präsentierte sie sich in ihrer mustergültig antrainierten Signalpose. Sie fixierte mich, ohne zu zwinkern, mit ihren braunen Augen, als wollte sie mir sagen: *ALLE MAL HERHÖREN, GEFUNDEN!*

»Mein Gott, genau hier habe ich die Katze gesehen«, stieß Jack hervor.

»Da haben wir sie also«, flüsterte ich dem staunenden Edward zu, dem der Mund offen stehenblieb. »Molly gibt uns ein Zeichen, dass Saphir heute früh definitiv hier war. Sie teilt uns mit, dass Ihre Katze noch lebt und wohlauf ist und dass sie es ganz offensichtlich das Ufer hinaufgeschafft hat.« Edward juchzte und fiel seinem Vater um den Hals, der die Umarmung etwas steif erwiderte.

»Das ist die beste Nachricht aller Zeiten!«, rief Edward. »Ich muss Lily anrufen.«

Er gab die frohe Botschaft gleich an seine Freundin weiter. Derweil machte sich Jack auf, um weiter seine Gebühren zu kassieren, und ich ließ Molly auf einer nahegelegenen Lichtung herumtollen. Godfrey kam auch herbei und sah dabei zu, wie Molly

Luftsprünge vollführte, um nach den von ihr aufgescheuchten Insekten zu schnappen. Mir fiel auf, dass der alte Herr entgegen seiner Art ganz verstummt war. »Alles in Ordnung bei Ihnen, Godfrey? Sie sind so still geworden.«

»Um die Wahrheit zu sagen, mir hat es die Sprache verschlagen«, antwortete er stockend. »Ich habe in meinem Leben ja schon viel Verblüffendes erlebt, Mr Butcher, aber so etwas noch nicht. Ihr Hund ist wirklich außergewöhnlich.«

Wenn man Zeuge von Mollys einzigartigen Fähigkeiten wird, kann das dem einen oder anderen ganz schön unter die Haut gehen, selbst einem Klugscheißer wie Godfrey.

»Nett, dass Sie das sagen«, gab ich zurück. Molly kam wieder angesprungen, Schnauze und Pfoten pitschnass von den Wiesengräsern. »Sie ist eben ein Tausendsassa.«

Wir sammelten uns wieder am Picknickplatz. Unter der Bank fiel die erschöpfte Molly in tiefen Schlaf und ließ ab und zu ein Grunzen wie ein Schweinchen vernehmen. Als ich Edward und Godfrey jedoch klarmachte, dass Molly heute an die Grenzen ihrer Belastbarkeit gelangt war und wir nun bald wieder heim nach Sussex fahren müssten, machten sie lange Gesichter. Auf der einen Seite verstand ich ihr Verlangen gut, Saphir zu finden, gerade jetzt, da sie doch noch unter den Lebenden zu weilen schien, doch die Sache mit dem Schlangenbiss hatte mich sehr vorsichtig werden lassen. Mollys Wohlbefinden hatte Vorrang.

Ich entließ die beiden aber nicht, ohne ihnen ein paar Ratschläge mitzugeben und meine Mutmaßungen zum Verschwinden der Katze darzulegen. Tatsächlich gestaltete sich die Situation inzwischen wie bei Agatha Christie, denn dank Mollys positiver Geruchsidentifizierung hatten wir es mit einem wahren Krimi zu tun. Wie hatte es Saphir an Land geschafft? Wie hatte sie es hinbekommen, unversehrt durchzuhalten? Wie sollten wir ihrer habhaft werden?

»Ich vermute, sie ist tatsächlich ins Wasser gefallen, vielleicht nicht lange, nachdem Sie losgefahren sind«, sagte ich zu Edward. »Dann ist sie, glaube ich, ans Ufer geschwommen und hat den Landesteg angesteuert, an dem Sie zuvor festgemacht hatten.«

»Und was dann?«

»Vermutlich ist sie ziellos umhergestreift, vielleicht auf einem leicht zu überschauenden Terrain oder einem Gelände, das abends beleuchtet wird.«

»Auf dem Treidelpfad?«

»Genau. Ich kann mir gut vorstellen, dass die Lichter der Hausboote sie eher angezogen haben als die Dunkelheit des Waldes, so könnte man sagen. Obdachlos gewordene Katzen suchen immer menschlichen Kontakt. Sie haben den Dreh raus, wie man andere Tierfreunde findet.«

Ich faltete meine Landkarte auseinander und kennzeichnete mit einem Marker die wahrscheinlichen Routen, die Saphir eingeschlagen haben könnte, nachdem man sie gesichtet hatte. Ich schob die Landkarte zu Edward hinüber.

»Geben Sie nicht auf. Ich bin davon überzeugt, dass Sie sie bald finden. Lassen Sie mich wissen, wie weit Sie heute Nachmittag gekommen sind, und ob wir Sie morgen Früh wiedersehen.«

»Mach ich«, sagte Edward lächelnd und nickte. »Und haben Sie vielen Dank.«

Etwa um Mitternacht lag ich im Bett und las in der Gartenzeitschrift *Country Life*. Neben mir schlief Sarah tief und fest, als mein Handy auf dem Nachttisch klingelte. Edward war dran.

»Ich weiß, es ist spät, verzeihen Sie mir, falls ich Sie wecke«, entschuldigte er sich. »Aber mir liegt daran, dass Sie es erfahren.«

»Was denn?«, fragte ich verwirrt.

»Saphir. Sie sitzt auf meinem Knie und schnurrt ...«

»*Sie haben Sie wohl gefunden?*«, rief ich erfreut, und die arme Sarah fuhr aus dem Schlaf hoch.

»Was ist denn los?«, fragte sie, sich die Augen reibend.

»Saphir ist wieder aufgekreuzt«, flüsterte ich ihr zu, doch meine Liebste drehte sich auf die andere Seite und brummelte vor sich hin, wie denn ein ausgewachsener Kerl wegen einer vermissten Mieze gleich so aus dem Häuschen geraten kann.

»Ja, wir haben sie gefunden«, fuhr Edward fort. »Ist es nicht unfassbar?«

Es stellte sich heraus, dass er im Laufe des Abends von einem Urlauber auf dem Campingplatz angerufen worden war, dessen kleine Tochter eine Katze hatte miauen hören, als sie sich schlafen legte. Der Mann durchsuchte den Wohnwagen von oben bis unten, auch die Kleider- und Geschirrschränke und alle Schubladen, aber er entdeckte keine Katze. Erst als er mit einer Taschenlampe bewaffnet hinaustrat, erblickte er eine hübsche dunkelgraue Katze, die sich in einem Hohlraum unter dem Wohnwagen versteckt hielt. Das musste das Kätzchen auf dem Flugblatt sein, das dieser Tierdetektiv mit dem Hund ihm gegeben hatte. Auf der Stelle rief er das Herrchen an.

»Eine Stunde später stand ich vor dem Wohnwagen und hatte Saphir auf dem Arm«, berichtete Edward mit vor Rührung bebender Stimme. »Hungrig und das Fell voller Flöhe, aber quicklebendig und strampelnd.«

»Was für eine tolle Nachricht«, sagte ich. »Ich freue mich so für Sie alle.«

»Ich musste Sie einfach anrufen. Selbstverständlich möchte ich Ihnen und Ihrem großartigen Hund ein ganz großes Dankeschön ausrichten. Molly war schließlich unser letzter Lichtblick, sie hat dafür gesorgt, dass wir nicht schlappmachen, und das werden wir nie vergessen, niemals.«

»Oh danke, Edward. Ja, Sie haben recht«, erwiderte ich. »Molly ist eine außergewöhnliche Hündin. Ich kann es kaum erwarten, ihr morgen Früh die gute Nachricht zu übermitteln.«

»Oh, noch etwas«, fügte mein Auftraggeber an. »Das Mädchen im Wohnwagen hat mich gefragt, wann sie denn die Riesentüte Süßigkeiten kriegt.«

»Ach ja, das habe ich ganz vergessen!« Ich musste lachen. »Keine Sorge, ich kümmere mich darum.«

Als das Telefonat beendet war, knipste ich die Nachttischlampe aus, legte den Kopf aufs Kissen und schmunzelte zufrieden in mich hinein. Zwar wurmte es mich ein bisschen, dass es genau genommen nicht Molly war, die heute fündig geworden war. Aber Edward, dem so ein schwerer Stein vom Herzen gefallen war, hatte so glückselig geklungen, und das entschädigte mich reichlich. Meine Gedanken wanderten zu meiner kleinen Spanieldame, die jetzt eine Treppe tiefer zusammengerollt an ihrem Schlafplatz lag, und ich fragte mich, ob meine kleine Heldin ein Empfinden für ihre nicht alltägliche Begabung hatte, die Menschen und ihre Haustiere wieder zusammenzubringen.

Was für ein Glückspilz ich doch bin, dass ich sie habe, dachte ich, und dann glitt ich in den Schlaf.

13. Ein Alptraum in Notting Hill

Im Laufe der Jahre hatte ich mit sehr sympathischen Auftraggebern zu tun; einige von ihnen wurden richtige Freunde. Ein Paradebeispiel ist Renu, die Eigentümerin von Buffy, dem Coton de Tuléar. Nach Buffys schrecklicher Entführung habe ich Stunden mit Renu und ihrer Familie zugebracht und mich oft als Berater oder auch als Ermittler nützlich gemacht. Auch nachdem die Hündin schließlich aufgefunden worden war, blieben wir in engem Kontakt. Ich weiß noch, dass ich Renu zu Hause in Willesden Green besuchte, das muss etwa einen Monat nach Buffys Rückführung gewesen sein; ich erkannte den weiß schimmernden wuschligen Ball kaum wieder, der aufgeregt kläffend über den Flur angehoppelt kam und mir um die Füße wuselte.

»Das *kann* doch nicht etwa Buffy sein?«, lachte ich und nahm sie auf den Arm, um sie mir genauer anzuschauen. Renu strahlte vor Glück.

Das Hündchen strotzte nicht nur vor Gesundheit, es hatte auch dank meiner guten Freundin Anna erneut von einem intensiven Trainingsprogramm profitiert. Durch die Entführung waren bei Buffy ein paar Verhaltensstörungen aufgetreten, und, um die auszumerzen, hatte ich den Kontakt zwischen meiner Klientin und der besten Hundetrainerin der Stadt vermittelt, was mir eine Freude war.

»Colin, ist dir eigentlich bewusst, dass ich auf ewig in deiner Schuld stehe?«, fragte Renu, als ihre Buffy verjüngt und wie ein

Frühlingslämmchen durch die Diele tollte. »Sollte mir mal zu Ohren kommen, dass jemand einen Tierdetektiv braucht, dann wird mir als Erstes dein Name über die Lippen kommen.«

»Das ist echt lieb von dir«, antwortete ich. »Vielen, vielen Dank.«

Renu hielt sich an ihr Versprechen, denn schon wenige Wochen später meldete sich bei mir eine aus Dänemark stammende Frau, sie hieß Trine. Ihr fünf Monate alter Welpe, auch ein weißer Coton de Tuléar, der auf den Namen Newton hörte, war in der Nähe ihres Hauses im Westen von London entwischt. Renu hatte ihre verzweifelten Hilferufe auf Facebook gelesen und ihr eine Nachricht zukommen lassen, in der sie ihr Mitleid ausdrückte und ihren Rat anbot.

»Falls Sie sich an einen Tierdetektiv wenden wollen, dann kann ich Ihnen wärmstens Colin Butcher empfehlen«, hatte sie geschrieben. »Auf keinen Fall hätten wir ohne ihn unsere geliebte Buffy wiedergefunden.«

Das veranlasste Trine sofort, mich zu kontaktieren. In sehr bewegtem Ton schilderte sie am Telefon die Ereignisse, die sich um Newtons Verschwinden rankten. Sie, ihr Ehemann Mark und ihre beiden kleinen Kinder seien gerade bei einer Hochzeit in Dänemark gewesen, da hätten sie einen besorgniserregenden Anruf bekommen: Newton sei verschwunden. Er war vorübergehend in der Obhut von Trines Freundin Annie geblieben. An jenem Nachmittag hatte sie ihn zum Holland Park geführt, um dort entspannt im Sonnenschein herumzulaufen.

Er habe ohne Leine in einer Gruppe kleiner Hunde gespielt, da sei ein blauer Gummiball durch die Luft geflogen gekommen, dem ein geifernder, knurrender Schäferhund hinterherjagte. Als er wild bellend in das Rudel von Newton und seinen neuen Gespielen hineinraste und obendrein noch einen Mops biss, der ihm im Weg war, entstand ein Tumult. Die Hündchen seien alle, so Trine, vor Angst hochgesprungen und in sämtliche Richtungen auseinandergestoben. In Nullkommanichts sei Newton auf Nimmerwiedersehen aus dem Park gesaust. In all dem Durcheinander habe Annie instinktiv ihr Augenmerk auf den verwundeten Hund gerichtet. Erst Minuten später sei ihr bewusst geworden, dass Newton von der Bildfläche verschwunden war.

Völlig kopflos durchforstete sie den ganzen Nachmittag den Holland Park, ein praktisch unmögliches Unterfangen, denn er erstreckt sich über mehr als zwanzig Hektar. Sie sprach alle möglichen Leute an, die Newton gesehen haben könnten. Traurigerweise blieb ihre Suche erfolglos, und in Tränen aufgelöst kehrte sie nach Notting Hill zurück, die Faust krampfhaft um die Hundeleine geballt. Ihr graute vor dem bevorstehenden Telefonat.

Trine, die gerade auf dem Weg zur Hochzeitsfeier war, war entsetzt, als sie die Nachricht hörte. Ganz krank vor Sorge und wild entschlossen, Newton zu suchen, flog sie am nächsten Morgen, einen Tag früher als geplant, mit ihrer Familie wieder von Dänemark nach Hause zurück.

Nach ihrer Rückkehr pflasterten sie die ganze Gegend mit Postern und Zetteln zu und überfluteten Facebook, Twitter und Instagram mit Aufrufen und Updates. Es gab ein paar lästige Anrufe von Spinnern, aber die Nachbarschaft rückte bewundernswert zusammen – die Anlieger suchten die Straßen ab, Bekannte stellten Posts ins Internet, Polizisten und Parkwächter schlossen sich den Suchenden an. Aber belastbare Zeugenaussagen gab es nicht, nur ein paar zweifelhafte Berichte über ein weißes Hündchen, das wie der Wind durch die Gegend geflitzt sei. Nach zwei Tagen pausenlosem Suchen begriff Trine irgendwann, dass sie noch eine helfende Hand brauchte. Nicht nur drohten die Nachforschungen nach Newton ihren ganzen Alltag in Beschlag zu nehmen – wenn man obendrein eine Familie mit kleinen Kindern an den Hacken hat, ist das keineswegs ein Zuckerschlecken.

Zudem merkte Trine, dass sie emotional zu labil war, um die Kampagne anzuführen. Sie musste jemanden heranziehen, der die Fäden in die Hand nahm, die Suche lenkte und dabei taktisch klüger und objektiver vorging.

»Die Dame bei Facebook erwähnte, dass Sie behilflich waren, ihren Welpen zu finden«, sagte Trine, der man anhören konnte, wie verzweifelt sie war. »Ich möchte gern wissen, ob Sie mir auch helfen.«

Dummerweise hatte sich Trine einen extrem ungünstigen Zeitpunkt für ihre Anfrage ausgesucht. Wir von UKPD hatten gerade alle Hände voll zu tun, dazu gehörte auch der kuriose Fall der getigerten Katze Lulu, die der liebenswürdigen Rentnerin Barbara gehörte; sie hatte einen Sturz aus dem sechsten Stockwerk einer Wohnung in den Docklands, dem Londoner Hafenviertel nicht weit vom Themse-Sperrwerk, überlebt. Die arme Mieze war während sturzbachartiger Regenfälle von der schlüpfrigen Terrasse gerutscht und spurlos verschwunden. Obwohl Molly eindeutig Lulus Geruch im Keller des Gebäudes identifizierte, fand sich keine Spur der Katze, und unsere Suche lief weiter.

Bei meinem derart vollgepackten Terminkalender bezweifelte ich, dass ich für einen potenziell schwierigen Fall wie den von Newton Zeit erübrigen könnte. In jener Woche hatte ich bereits drei Tage für Katzennachforschungen reserviert, außerdem war ich in einen verfahrenen Eigentumsstreit zwischen einem Paar verwickelt, das sich kürzlich getrennt hatte; beide beanspruchten den Familienhund für sich, wobei der Mann als Hundehalter gemeldet war, seine Ex-Freundin sich aber weigerte, den Hund zurückzugeben oder auch nur den Aufenthaltsort des Tieres zu nennen. Damit nicht genug, mich hatte überdies eine Hundestiftung beauftragt, einem ihrer Freiwilligen auf den Zahn zu fühlen, der angeblich eines ihrer Tiere gestohlen hatte. All diese Aufträge konnten sich als langwierig und arbeitsintensiv erweisen.

Als ich Trine meine schwierige Lage darlegte, spürte ich förmlich ihre heillose Enttäuschung durchs Telefon.

»Ach, wie schade«, klagte sie mit versagender Stimme. »Ich habe, ehrlich gesagt, auf Sie gebaut, und auch die Kinder, die so gern Molly kennenlernen würden …«

Es ging mir sehr zu Herzen, sodass ich auf sie einging: »Ich sag Ihnen was, morgen bin ich in London, wo wir wieder nach Lulu suchen. Wie wäre es, wenn ich um die Mittagszeit herum vorbeischaue, auch wenn ich Ihnen nur einen Rat geben kann?«

»Oh, das wäre herrlich!«, antwortete Trine.

Nachdem ich innerhalb einer Stunde diese reizende Dame und ihre Familie samt der total traumatisierten Annie kennengelernt und ihren gemeinschaftlichen Kummer so unmittelbar erlebt hatte, ließ ich mich dazu breitschlagen, den Fall zu übernehmen.

»Du bist eben leichte Beute«, lachte Sam, als ich im Büro anrief und sie bat, die Operation Newton in den Terminkalender zu quetschen.

Da es an Zeugen mangelte, die Newton gesehen hatten, und Annies Erinnerung bestenfalls bruchstückhaft war, fehlten mir jegliche Hinweise. Dafür hatte ich eine Fülle von Fragen: War der entlaufene Welpe das Opfer von Kidnappern wie Buffy? War er irgendwo in eine Falle geraten und saß dort gefangen? Bot ihm ein wohlgesonnener Anwohner eine Herberge? Oder war ihm, was viel besorgniserregender wäre, auf den verkehrsreichen Straßen im Westen von London etwas Schlimmes zugestoßen? Es war an der Zeit, dass ich mit Unterstützung durch Sam, meine rechte Hand, sowie durch meine Hündin, die auch Straftaten auffliegen lassen konnte, eine großangelegte Nachforschung über den Verbleib des Hundes in Gang setzte.

»Fahndungsziel Holland Park«, verkündete ich, als ich auf der kiesbestreuten Zufahrtsstraße von Bramble Hill mit dem Auto rückwärts stieß. Sam saß auf dem Beifahrersitz, Molly wedelte heftig in ihrer Box mit dem Schwanz. »Jetzt finden wir ganz genau heraus, was mit Newton passiert ist.«

Ich kannte Kensington und Chelsea sehr gut, schließlich hatte ich früher, als ich noch Privatdetektiv war, eine ganze Weile im westlichen London gewohnt. Die Straßen, Gebäude und Grünanlagen des Stadtbezirks waren mir sehr vertraut. Der mit üppigem Pflanzenbewuchs ausgestattete Holland Park, in dem ich oft am Wochenende spazieren gegangen war, umschloss drei gut voneinander geschiedene Bereiche – den stilleren bewaldeten Teil im Norden, gepflegte Gärten in der Mitte und das Opernhaus sowie Freizeitgelände im Süden, von wo aus Newton ausgebüxt war.

Unsere erste Aufgabe bestand darin, anhand von Annies zusammengestoppelten Auskünften präzise den Weg nachzuverfolgen, den der Hund eingeschlagen hatte. Wir kreisten die Möglichkeiten auf einige wenige ein, dann befragten wir die uns Entgegenkommenden, einen nach dem anderen, in der Hoffnung, dass sie vielleicht Newtons fulminante Flucht mit eigenen Augen beobachtet hatten. Wir redeten mit einem älteren Paar, das sich an eine völlig aus der Fassung geratene Frau erinnerte, die am fraglichen Tag wegen eines entlaufenen Welpen schluchzte. Bei dieser handelte es sich zweifellos um Annie, aber sie konnten sich nicht erinnern, dass sie das Objekt ihrer Verzweiflung irgendwo gesehen hätten.

»Sie war so aufgelöst, am Anfang verstanden wir gar nicht, was sie meinte«, sagte der Ehemann. »Irgendwann haben wir kapiert, dass der Hund ihrer Freundin durchgebrannt war.«

»Ich konnte es ihr so nachfühlen«, bestätigte die Frau. »Es ist schrecklich, was man da durchmacht.«

Ungefähr eine Stunde später, just als Molly anfing, nach einer spielerischen Auszeit im Holland Park zu verlangen, hatten wir endlich Glück: Eine rothaarige Irin, Mitte dreißig, die berufsmäßig Hunde ausführte, sah stirnrunzelnd auf das Foto von Newton und nickte eifrig.

»Ja, ich bin mir ziemlich sicher, dass ich den Hund gesehen habe, wie er durch das Tor in Richtung Phillimore Gardens rannte«, beteuerte sie. »Er flitzte wie von der Tarantel gestochen, er machte einen vollends verängstigten Eindruck. Ein Kunde von mir hat einen Coton de Tuléar, ich dachte noch, wie sehr er ihm ähnelte.«

»Wie sicher sind Sie denn, dass es sich um eben diesen Hund handelte?«, hakte ich nach und hielt ihr noch einmal das Foto vors Gesicht.

»Ich bin zu neunundneunzig Prozent sicher«, bekräftigte sie. »Das ist definitiv der, den ich gesehen habe.«

»*Vielen* Dank für Ihre Hilfe«, sagte Sam. Ich markierte schon auf dem Stadtplan den Ort, den die erste mutmaßliche Augenzeugin nannte, und merkte mir, dass ich die betreffende Straße reichlich mit Flyern und Postern ausstaffieren sollte.

Wegen unseres unchristlich frühen Starts war ich dringend auf einen Schuss Koffein angewiesen. Nach einem schnellen Espresso im Café im Holland Park liefen wir zum Freizeitgelände, damit Molly zu ihrem Konditionstraining mit dem Tennisball kam. Als wir um eine Wegbiegung liefen, blieb meine Hündin wie angewurzelt stehen und knurrte verhalten. Mitten auf dem Weg stand ein riesiger Pfau und fächelte mit seinen prachtvollen Federn. Es war mir entfallen, dass der Park ein Paradies für diese exotischen Vögel war. Im Laufe der Jahre waren sie zu einer Art Touristenattraktion geworden. Molly, ganz perplex, wusste nicht, wie sie reagieren sollte.

Soll ich mich verdünnisieren oder die Verfolgung aufnehmen?, so mochte sie hin und her überlegen. Beide Tiere standen wie versteinert da, starrten einander an und taxierten einander. Da Molly ein Gebrauchscocker war, verfügte sie über einen eingefleischten Verfolgerinstinkt gegenüber Wildvögeln, aber so etwas wie diese buntschillernde Kreatur, die sich wie eine Diva herausgeputzt hatte, war ihr noch nie untergekommen.

Eine Gruppe von Kunststudenten mit ihren unter den Arm geklemmten Mappen und Skizzenblöcken blieb stehen, um dem unterhaltsamen Spektakel beizuwohnen.

»Mensch, das müsste man glatt malen!«, bemerkte einer von ihnen.

»Der Spaniel und der Pfau«... macht sich gut als Titel «, witzelte ein anderer.

Molly, womöglich ihres Publikums bewusst, tat einen Schritt nach vorn und knurrte. Der Pfau klappte sein aufgestelltes Pfauenrad wieder zusammen, wandte sich verächtlich um und rauschte in Richtung des Japanischen Gartens davon. Die Studenten zogen weiter, und Molly stupste mit der Schnauze an eine blaugrüne Feder, die der Pfau zurückgelassen hatte, und schnüffelte daran herum.

»Da hast du noch einen Geruch für deine Sammlung, Molls.« Ich lachte und zerzauste ihr das Fell am Hals. »Das soll aber nicht heißen, dass wir uns irgendwann auch noch mit entlaufenen Pfauen herumschlagen wollen.«

Lulu, die Katze aus den Docklands, stand immer noch neben ein paar anderen auf unserer Suchliste, und als wir unsere Aktion im Holland Park hinter uns hatten, machten wir einen kleinen Umweg zu Barbara, Lulus Halterin. Wir traten mit einem Packen frisch gedruckter »KATZE VERMISST!«-Flyer vor ihre Tür und empfahlen ihr, damit im ganzen Viertel die Wohnblocks und Bürohäuser zu bekleben. Barbara fürchtete zunehmend, dass ihre Katze im Fluss gelandet sein könnte, ich aber setzte ihr akribisch auseinander, dass Lulu meiner Ansicht nach quicklebendig war, und das gründete sich auf die Tatsache, dass Molly im Keller ihren Geruch identifiziert hatte.

»Lulu hat ganz gewiss den Sturz überlebt, und gemäß dem Geruchsabgleich von Molly drückt sie sich irgendwo unten im Parkhaus herum«, sagte ich zu Barbara. »Reden Sie doch mal mit dem Sicherheitspersonal und schauen Sie, ob diese Leute sich auf irgendetwas besinnen können, was an dem Tag vorfiel, als die Katze verschwand.«

»Ja, mache ich«, stimmte Barbara zu.

»Bleiben Sie guter Dinge und vertrauen Sie Molly«, redete ich ihr gut zu, und Sam schloss unsere Auftraggeberin in die Arme, um sie zu beruhigen.

Sam, Molly und ich verbrachten die beiden folgenden Tage in Kensington, führten Haustürbefragungen durch und sahen uns überall in den Läden und Geschäften der Gegend um. Überall, wo wir auftauchten – von den Kneipen über die Blumengeschäfte und Cafés bis hin zu Museen –, wurden wir wohlwollend und als Seelenverwandte empfangen. Die Leute waren überaus hilfsbereit und opferten uns großzügig ihre Zeit, was in der chaotischen Londoner Innenstadt nicht selbstverständlich ist, und engagierten sich mehr, als zu erwarten gewesen wäre, um etwas zu unseren Nachforschungen beizutragen. Es war, als hätten wir eine Armee von »Botschaftern« im Auftrag von Newton zusammengetrommelt, denen allen die heile Rückkehr des niedlichen kleinen Coton de Tuléar am Herzen lag.

Wir investierten auch recht viel Zeit in das Absuchen der Hinterhöfe und Seitenstraßen. Molly wurde eingesetzt, um mögliche Schlupfwinkel zu ergründen. Wie so viele Gebrauchscocker, besonders die zu Spürhunden ausgebildeten, ist Molly dank ihrer körperlichen Gewandtheit und sportlichen Kondition in der Lage, auch in engste Zwischenräume vorzudringen. Wie immer, wenn sie dabei unerwartet auf irgendein Lebewesen stieß, umkreiste sie es aufgeregt.

Gerade zur rechten Zeit bekam unsere Suchaktion einen neuen Impuls, als nämlich der Gemeinderat von Kensington und Chelsea freundlicherweise zustimmte, die Filmaufnahmen der Überwachungskameras an der Gebäudefront zur Kensington High Street zu überprüfen. Auch das Sicherheitspersonal des Kunsthandwerkmuseums, das gegenüber vom Parkeingang liegt, ließ sich darauf ein. Unsere hochgehängten Erwartungen erfuhren jedoch einen traurigen Dämpfer, als wir erfuhren, dass das Filmmaterial nichts hergab, was Newton betraf.

Unsere Enttäuschung wurde wiederum wettgemacht, als wir bei unseren zweitägigen Befragungen von mehreren Personen hörten, dass sie den Hund jüngst gesehen haben wollten. Zwei Augenzeugen berichteten unabhängig voneinander, sie hätten einen Hund gesehen, der »wie der geölte Blitz« an einigen Restaurants ein Stück weiter an der Phillimore-Gardens-Straße vorübergehuscht sei; ein anderes Paar behauptete, den Winzling auf einem Zebrastreifen in der Nähe der Kensington High Street erspäht zu haben. In den jüngsten Berichten war die Rede von einem Welpen, auf den Newtons Beschreibung zutraf; er sei die Pembroke Road entlanggefegt und habe sich dann durch die Fahrzeuge auf der Earls Court Road hindurchgeschlängelt. Wir verfolgten Newtons Route auf dem Stadtplan und stellten verdutzt fest, dass er, obwohl er sich bereits anderthalb Kilometer vom Park entfernt hatte, immer noch mit Volldampf voranstürmte.

Wir schauten bei Trine in Notting Hill vorbei, um sie auf den neuesten Stand zu bringen, was sie sehr beflügelte, aber gleichzeitig erschrak sie über den sich abzeichnenden Verlauf des Dramas. Sie war zwar heilfroh, dass verschiedene Leute Newton gesehen haben wollten, aber verängstigt von der Vorstellung, wie sich Newton seinen Weg durch den dichten Londoner Straßenverkehr bahnte und mitten in der Hauptstadt von England unter die Räder geraten könnte.

»Er ist doch so scheu und ängstlich und verfällt vor Autos in Schockstarre«, weinte Trine. »Es müsste ein Wunder geschehen, wenn er unbeschadet davonkommt. Wie sollen wir ihn um Himmels willen finden?«

»Er ist offenbar ein aufgewecktes Kerlchen«, meinte Sam, die sich alle Mühe gab, unsere Klientin, die sich so quälte, zu besänftigen. »Sie würden sich wundern, wie widerstandsfähig Hunde sein können.«

»Da hat sie ganz recht. Wissen Sie, diese Kleine hier wurde von einer Kreuzotter gebissen und ist mit dem Leben davongekommen«, fügte ich hinzu und rieb sanft die Stelle, wo Molly gebissen worden war.

Dann erklärte ich Trine, dass ich nun, da ich Gelegenheit genug gehabt hatte, Newtons Verschwinden einzuschätzen und zu analysieren, an der Hypothese festhielt, es handele sich nicht um eine Entführung, sondern der Hund sei durchgebrannt und verlorengegangen. Sam und ich hätten viele Arbeiter und Anwohner der dicht besiedelten Umgebung befragt, und mehrere hätten ein wuscheliges weißes Hündchen die Straße entlangrennen sehen, doch kein Einziger hätte mitbekommen, dass es von einem Passanten aufgelesen oder in ein Auto verfrachtet worden sei. Meiner Meinung nach sei es höchst unwahrscheinlich, dass Newton gestohlen worden sei.

»Mein Instinkt sagt mir, er hält sich irgendwo versteckt, Trine«, sagte ich. »Wir müssen uns nur auf den Ort konzentrieren, wo er zuletzt gesichtet wurde, und mit möglichst vielen Leuten sprechen.«

Bevor wir wieder unserer Wege gingen, ließ uns Trine wissen, dass die Jagd nach Newton enormen Auftrieb bekommen habe, weil sich eine einheimische Prominente eingemischt habe. Amanda Holden, Schauspielerin, Fernsehmoderatorin, Jurymitglied bei *Britain's Got Talent* und bekannte Hundeliebhaberin, habe wiederholt über den Twitteraccount @BringNewtonHome einen Aufruf an ihre 1,9 Millionen Anhänger getwittert und eine persönliche Bitte an die Einwohner des westlichen London angefügt:»Bitte haltet Ausschau!«

Angesichts einer solchen ungeahnten Schützenhilfe war es umso niederschmetternder, dass sich unsere heiße Spur innerhalb der darauffolgenden zwei Wochen abkühlte. Unsere regelmäßigen Patrouillen in Kensington brachten fast nichts mehr, und trotz angespannter Wachsamkeit und Aufmerksamkeit seitens der lokalen Bevölkerung verliefen die Berichte von Zeugen, die den Hund gesehen haben könnten, allmählich im Sande.

»Halte durch, Molly«, ermunterte ich mein tüchtiges Hündchen, immer wenn sie wieder aus einer Seitengasse zurückgetrottet kam, ohne eine Spur von Newton entdeckt zu haben. »Du machst deine Sache ganz prima, meine Süße.«

Nach über dreißig Jahren als Detektiv im Geschäft war ich an das Auf und Ab bei Nachforschungen gewöhnt, egal, ob sie mit einem Mord in Croydon, einer vermissten Katze in St Albans oder einem entlaufenen Hund in Kensington zu tun hatten. Es ist nicht anders zu erwarten, als dass man Perioden voller Geschäftigkeit erlebt, während derer man geradezu in Hinweisen ertrinkt, und dann wieder Durststrecken, während derer man betet, dass es endlich einen Durchbruch gibt. Diese Unwägbarkeiten einem verzweifelten Tierbesitzer klarzumachen, kann aber sehr verzwickt sein. In solchen fruchtlosen, ereignislosen Perioden bin ich als Berater gefragt. Als die Suche nach Newton zum Stillstand zu geraten schien, ging mir auf, dass ich meine bedrückte Auftraggeberin etwas aufmuntern musste.

»Trine, ich weiß, dass das für Sie eine Qual ist«, sagte ich, als sie eines Nachmittags die Tränen nicht mehr zurückhalten konnte. »Aber Sie müssen weiter die Fahne hochhalten. Newton ist ein fitter, gesunder kleiner Hund. Die Chancen stehen gut, dass er noch am Leben ist.«

Sie tupfte sich mit einem Taschentuch die Tränen von den Augen.

»Vielleicht hat ihn jemand aufgelesen und beschlossen, ihn bei sich zu behalten«, meinte sie und zeigte mir eine Werbeanzeige von einer Webseite, wo Welpen zum Verkauf angeboten wurden. Darauf war ein weißer Hund aus Luton zu sehen, der Newton sehr ähnlich sah. »Ich frage mich die ganze Zeit, ob *er* das ist, Colin.«

»Der sieht vielleicht wie Newton aus, aber prüfen Sie mal das Datum oben am Rand«, entgegnete ich. »Das war zwei Tage vor Newtons Verschwinden.«

»Da haben Sie recht«, sagte Trine und schlug die Augen nieder. »Das kann er dann wohl nicht sein, oder?«

Wie so viele Hundehalter in dieser Situation griff auch Trine nach jedem Strohhalm. Ich konnte ihren Schmerz nachvollziehen.

»Ich glaube ernsthaft, dass er seinem Zuhause ein bisschen näher ist«, bekräftigte ich leise. »Davon bin ich wirklich überzeugt.«

Trine hob den Kopf und sah mich an. »Nun, wenn Sie noch daran glauben, Colin, dann will auch ich nicht verzagen.«

Es ist nicht ungewöhnlich, dass die Eigentümer von vermissten Haustieren zunehmend verzweifeln, und zu meinem Job gehört es, sie gefasst und bei Laune zu halten. Ansonsten würden sie sich nur herumquälen. Da Newton mittlerweile schon zwei Wochen vermisst wurde und Trines Unruhe zunahm, hielt ich es für an der Zeit, eine neue Taktik anzuwenden. Ich beschloss, die belebtesten Durchfahrtsstraßen in Kensington zu ermitteln.

Nachdem ich die Verkehrsströme, Engpässe und Nadelöhre studiert hatte, konnte ich die verkehrsreichsten Stellen bestimmen, wo man am besten die Aufmerksamkeit der Pendler erhaschen könnte. Dann druckte ich einige große laminierte Poster, die jedem ins Auge springen würden, darauf stand fettgedruckt: »IMMER NOCH VERMISST! BELOHNUNG FÜR ZWECK-DIENLICHE HINWEISE!« Darunter war ein extrem niedliches Foto von Newton zu sehen, dazu Trines Handynummer.

Einen halben Tag lang befestigten Sam und ich diese auffälligen Poster an etlichen Laternenmasten, Geländern, Zäunen und Brücken, darauf hoffend, dass sie bei den im Stau steckenden Autofahrern einen Nerv trafen. Ich müsste lügen, wenn ich behauptete, diese Vorgehensweise wäre hundertprozentig legal gewesen; ich ging auch davon aus, unser Werk würde von den ortsansässigen Paragrafenhengsten gleich wieder zerstört. Aber ich war der Ansicht, unsere Suchaktion müsste ein bisschen angekurbelt werden. Außerdem hatte so eine Taktik oft damals bei der Polizei funktioniert, wenn ich nach einer vermissten Person suchte. Warum also sollte es nicht bei Newton funktionieren?

Die Wirkung zeigte sich unmittelbar darauf. Innerhalb von vierundzwanzig Stunden erhielt ich Anrufe von Leuten aus der ganzen Stadt, die alle einen Hund gesehen haben wollten, der zu Newtons Beschreibung passte. Ich ging jedem Hinweis nach, aber leider erwies sich keiner als solide. Darunter war ein Zeugenbericht aus dem Hyde Park, der zunächst sehr plausibel klang, aber gleich verworfen werden musste, als ich als Anhang einer Email ein Foto erhielt. Der Coton de Tuléar war niedlich, ganz weiß und fluffig, aber ganz eindeutig war es nicht Newton.

Am nächsten Tag, es war kühl und windig, waren Molly, Sam und ich wieder in London unterwegs. Diesmal ging es in die Docklands, von wo aus uns Lulus Eigentümerin angerufen hatte.

»Sie baten mich, dass ich Ihnen das Neueste melde«, fing

Barbara an, kaum konnte sie ihre Aufregung verbergen. »Gerade bekam ich einen Anruf von einer Frau aus der zweiten Etage, sie sagt, sie hat vielleicht Lulu gefunden. Ich will mich gerade auf den Weg machen.«

»Wir kommen gleich hin«, sagte ich.

Als wir eintrafen, hielt Barbara bereits freudestrahlend ihre auf wundersame Weise unversehrte Lulu in den Armen. Sie erzählte uns, jene Frau, die zufällig in dem Wohnblock als Putzfrau arbeitete, sei offenbar an dem Abend, nachdem Lulu verschwand, in den Abstellraum im Keller gegangen und habe dort die in einem Schrank hockende Katze entdeckt. Sie habe sie für eine streunende Katze gehalten und in ihre Wohnung mitgenommen und für sie gesorgt. Erst als sie einen Flyer mit Lulus Foto auf ihrer Fußmatte fand, ging ihr auf, dass die getigerte Katze einer Nachbarin gehörte.

»Mir war so, als wollte sie sie mir nur widerstrebend zurückgeben«, meinte Barbara.

»Wer wollte ihr das auch verdenken?«, fragte Sam und streichelte die schnurrende Katze. »So ein prächtiges Tier.«

Molly hatte also goldrichtig den Geruch im Keller identifiziert, und da man daraus schließen konnte, dass die Katze noch am Leben war, war das ein Ansporn für meine Auftraggeberin, bei der Suche nicht lockerzulassen. Es war zwar kein »Fund«, den wir für uns verbuchen konnten, aber unsere Bemühungen hatten dazu beigetragen, dass die zähe Katze mit ihrem glücklichen Frauchen wiedervereint wurde.

»Das ist unserer Gemeinschaftsarbeit zu verdanken … einen Glückwunsch an die ganze Runde«, sagte ich schmunzelnd, als wir zur Tiefgarage trabten.

Kaum hatte ich mich herzlich von Barbara und Lulu verabschiedet und wollte nach Greenwich losfahren, da klingelte das Handy. Trine war dran.

»Gerade hat mich ein Mann angerufen, der eines unserer Riesenposter gesehen hat«, fing sie an. »Er ist der Geschäftsführer von einem Wertstoffhof an der Pembroke Road. Er meint, er hat auf seinem Hof vor ein paar Tagen eine weiße Perserkatze gesehen. Jetzt, da er das Poster gesehen hat, glaubt er, es könnte auch ein Hund gewesen sein.«

Das klang verblüffend und wahrlich vielversprechend, denn die Adresse war ganz in der Nähe der Stelle, wo zuletzt ein Augenzeuge Newton gesichtet hatte. Ich hielt mich jedoch bedeckt, schließlich hatten mehrere falsche Fährten und Fehlalarme in Folge die trügerischen Hoffnungen meiner Auftraggeberin zunichtegemacht. Es bestand Grund zur Annahme, dass dieser Hinweis nirgendwo hinführte.

»Mein Navi sagt, ich könnte in einer halben Stunde in der Pembroke Road sein, Trine. Geben Sie mir mal die Nummer von diesem Menschen, dann werde ich mich dort mit ihm treffen.«

»Oh, wie schön, Colin. Und halten Sie mich natürlich auf dem Laufenden.«

Der Geschäftsführer dieses Recyclinghofs, ein umgänglicher Typ namens Adam, begrüßte uns am Eingangstor. Er hörte interessiert zu, als ich ihm darlegte, was sich hinter UKPD verbirgt, und als ich ihm schilderte, welche Rolle Molly dabei spielte.

»Ich habe viel für Cockerspaniels übrig«, sagte er lächelnd und tätschelte Molly den Rücken. »Ich habe sogar selbst einen zu Hause, aber meine Bella hat wahrscheinlich nicht halb so viel auf dem Kasten wie die Kleine hier.«

Adam wies auf die Stelle, wo er die »Katze« erspäht hatte. Er habe sie dabei entdeckt, meinte er, wie sie einen Container nach Futter durchstöberte; wir dürften uns hier ruhig umsehen. Bevor er sich wieder zu seinem Büro wandte, mahnte er uns, dass der Betrieb um fünf Uhr zumache. Wir müssten das Gelände räumen, ehe das Tor über Nacht verschlossen werde.

»Dann bleiben uns nur gut drei Stunden«, sagte ich zu Sam, nachdem ich nervös auf die Armbanduhr geschaut hatte. Ich ließ den Blick über den sich vor uns ausbreitenden Betondschungel schweifen. »Sieht aus, als ob wir jede Sekunde davon gut nutzen müssen.«

Vor uns lag ein ausgedehnter Hof, der die verschiedensten Abfalltonnen, Behälter und Container beherbergte. Daran schloss sich eine riesige Lagerhalle mit einer überdimensionalen Rolltür an, wo alle möglichen Müllfahrzeuge und Recyclingmaschinen standen. Verbunden waren Hof und Halle durch mehrere moosbewachsene schmale Durchgänge, flankiert von hohen roten Ziegelwänden.

»Lass uns die Zeit klug nutzen«, meinte ich zu Sam. »Molly soll mal ihre Nase dranhalten.«

In diesem Fall stand ihr keine Geruchsprobe zur Verfügung, aber ich konnte mich darauf verlassen, dass Mollys Jagdinstinkt die Gerüche anderer Lebewesen aufspürte. Ja, zu Hause auf der Bramble Hill Farm nahm sie ganz leicht den Geruch von Kaninchen, Wild und Fasanen wahr und hoppelte ihnen gern hinterher, wenn sie sich vom Acker machen wollten.

Als ich Molly schließlich von der Leine ließ, wuselte sie zwanzig Minuten auf dem Hof herum und ließ sich von ihrer ultraempfindlichen Nase leiten. Sie umkreiste Container und Mülltonnen und untersuchte alle Ritzen und Winkel. Dann lief sie kreuz und quer durch die miteinander verbundenen Durchgänge, mal an der linken, mal an der rechten Mauer schnüffelnd, und in einem ganz besonders düsteren Durchgang blieb sie unvermittelt stehen. Sie schaute zu mir, ohne zu blinzeln, und wedelte heftig mit dem Schwanz. Dieses selbstsichere Verhalten hatte ich bei ihr oft bei Trainingsrunden auf der Bramble Hill Farm beobachtet.

»Molly will uns mitteilen, dass sie etwas Interessantes geschnuppert hat«, sagte ich zu Sam und gab ihr ein Handzeichen, dass sie mir folgen sollte. Ich schlich voraus zu diesem Durchgang.

»Es ist Hundekot«, flüsterte ich und näherte mich schrittweise; der beißende Geruch stieg mir in die Nase. »Nur ein kleines Häufchen, aber es ist Hundekot.«

»Die Frage ist nur, stammt der von Newton?«, meinte Sam, die sich wegen des Gestanks die Nase zuhielt.

Ich bewegte mich noch ein paar Schritte weiter und hielt die Taschenlampe in den dunklen, feuchten Durchgang. An seinem Ende, kaum fünf Meter entfernt, befand sich eine Ziegelmauer, dicht bedeckt mit einem Gewirr von Schlingpflanzen. Ein ernstzunehmendes Hindernis für eine genauere Untersuchung bildete eine Reihe von Stahlrohren, die aus einer großen Klimaanlage heraustraten. Mit Molly im Schlepptau quetschte ich mich unter den Metallteilen hindurch, wobei Sam witzelte: »Ich wusste gar nicht, dass du den Limbotanz beherrschst, Colin!« Als ich mich wieder aufgerichtet hatte, tippelte ich auf Zehenspitzen auf die hintere Mauer zu. Als Molly an den wie zu einem Polster verschlungenen Kletterpflanzen scharrte, lösten sie sich vom Untergrund und fielen vom Mauerwerk ab, und da entdeckte ich eine schmale Spalte in der Mauer. Die Fuge war sicher groß genug, damit ein Welpe hindurchpasste, sie maß in der Breite zwei Handlängen. Aber darin rührte sich nichts. Eher ziellos las ich ein paar Stöckchen auf und stocherte in dem Loch herum, um es auf irgendwelche Lebenszeichen hin zu prüfen.

Und in dem Augenblick vernahm ich ein leises, wehleidiges Knurren. Zunächst hielt ich es für Mollys Grummeln und fragte: »Was hast du denn, meine Süße?« Aber als ich das Geräusch wieder hörte, diesmal mit einem leichten Rascheln verbunden, ging mir auf, dass es aus der Öffnung im Mauerwerk kam. Als ich dann den Strahl der Taschenlampe in die Spalte richtete, zu beiden Seiten und nach oben und unten, entdeckte ich zwei winzige glitzernde Augen, und darunter blitzte ein herzförmiges Namensschildchen. Das Tierchen vor mir bebte vor Angst und hielt sich fern von mir, aber es war ganz klar, wen ich vor mir hatte. Es war ein weißes Hündchen mit einem braunen Fleck, ein verlorengegangenes einsames Hündchen namens Newton.

Ganz langsam zog ich mein Handy aus der Hosentasche und drückte auf »T« wie Trine.

Während meine erschütterte Auftraggeberin mit Newtons Lieblingsspielzeug und Leckerlis im Sturmschritt aus Notting Hill anrückte, bat ich Sam, Molly ins Auto zu bringen. Ich glaube, meine Hündin war nicht begeistert, als sie von ihrer Aufgabe abgezogen wurde, denn sie ist liebend gern im Arbeitsmodus und scharf auf die freudige Erregung, die eine Suche mit sich bringt; sie hatte verdammt gute Arbeit geleistet, als sie Newton in seinem Versteck aufstöberte. Aber wenn ich Trines Hund da herausholen wollte, war größtmögliche Umsicht angesagt. Noch war die Situation extrem kritisch, denn der kleine Welpe hatte sich tief in den Mauerspalt zurückgezogen, und Kläffen, Jaulen oder Knurren von Molly könnten Newton veranlassen, dass er sich noch tiefer verkroch.

Ich hatte Trine schon darauf vorbereitet, sie solle kein fröhliches Wiedersehen wie bei *Lassie* erwarten. Newton war ja nicht nur zu Tode erschrocken, er schien sich auch nicht gerade bester Gesundheit zu erfreuen. Er war abgemagert, sein Fell war verfilzt, und die Augen waren, wie es aussah, schlimm geschwollen, womöglich durch eine Zeckeninfektion. Trotz meiner Vorwarnungen war Trine nicht auf den jammervollen Anblick vorbereitet, der sich ihr bot, als sie eintraf.

»Mein kleines Baby«, flüsterte sie und schluckte die Tränen hinunter, als ihr Hündchen ihr aus dem Dunkeln entgegenlugte.

Ich schlug ihr vor, wir sollten es ganz vorsichtig und sachte angehen, um Newtons Vertrauen zurückzugewinnen und ihn aus seinem Versteck zu locken. »Allein der Klang Ihrer Stimme wird ihn besänftigen«, sagte ich. »Lassen Sie uns doch hier stehenbleiben und uns leise und friedlich unterhalten, bis ihm wohl dabei ist, herauszukommen.« Ich habe meine Arbeit immer geliebt, und oft führte sie mich an herrliche Orte, aber nie hätte ich damit gerechnet, einmal wie beiläufig in einem übelriechenden Durchgang zu einem Depot von Müllfahrzeugen mit einer Klientin zu plaudern. Trine und ich arbeiteten uns an allen Themen, die uns einfielen, ab: das aktuelle Zeitgeschehen, Fernsehsendungen, Familienangelegenheiten … Egal was, wir ließen nichts aus. Zu unserem Verdruss rührte sich Newton nicht von der Stelle.

»Wir langweilen ihn wahrscheinlich zu Tode, das arme Ding«, meinte Trine.

»Vielleicht war es dumm von uns, vom Brexit zu reden«, antwortete ich, und da rang sich Trine ein Lächeln ab.

Nach unserem ergebnislosen Versuch, Newton mit seinem Gummispielzeug »hinterm Ofen« hervorzulocken – wir dachten nämlich, er reagiert vielleicht positiv auf den Geruch seines Zuhauses –, beschlossen wir, seine Hundenleckerlis ins Spiel zu bringen. Wir verstreuten einige nahe an der Mündung seines Loches und einige ein Stückchen tiefer in der Mauerspalte. Und Gott sei Dank schnappte er danach, wobei er langsam, aber stetig näher an uns herankam. Irgendwann jagte ihm ein lauter Knall von der Lagerhalle her einen Schreck ein, und zu unserem Entsetzen verzog er sich schnell wieder ins Dunkel. Zwei endlose Minuten lang blieb uns das Herz stehen – wir hatten es doch hoffentlich nicht vermasselt? Doch prompt kam er wieder ans Licht, zweifellos von seinen Hungerattacken getrieben.

Nach angespannten dreißig Minuten sammelte Newton schließlich seine Kraft und hatte den Mumm, ganz aus dem Loch zu kriechen. Als er auf uns zugehoppelt kam, offenbarte sich in ganzem Ausmaß das Problem mit seinen Augen. Sie waren derart infiziert, dass er kaum sehen konnte. Uns wurde klar, dass er allein von seinem Geruchssinn geleitet wurde.

»Denken Sie daran, keine hastigen Bewegungen!«, raunte ich Trine zu, während Newton sich vorsichtig bis auf einen Meter Abstand vorschob. »Lassen Sie sich nicht dazu hinreißen, ihn anzufassen. Sie müssen ihn selber kommen lassen.«

Zu unserem Entzücken erkannte Newton Trines Geruch wieder, er wackelte freudig mit seinem Stummelschwanz, und mit einem Satz sprang er seinem in Tränen aufgelösten Frauchen in die Arme. Den Ausdruck der Erleichterung auf Trines Gesicht zu sehen, als sie Newton umschlungen hielt, war einer jener Momente im Leben, die einen glatt überwältigen.

Unterwegs ließ ich Trine und Newton beim Tierarzt raus, Sam und ich fuhren mit Molly nochmal zum Holland Park, wo es für sie eine Runde Auslauf und als Anerkennung für ihre maßgebliche Rolle bei Newtons Bergung eine Handvoll Trockenfleisch gab.

»Hättest du nicht den Hundekot gewittert, Molly, und die Ranken von der Mauer gerissen, hätte ich, offen gesagt, Newton wohl nie gefunden«, sagte ich kopfschüttelnd. »Wieder eine erfolgreiche Aktion, das ist dir zu verdanken.«

Während der Heimfahrt vergegenwärtigten Sam und ich uns noch einmal den emotionsgeladenen Tag. Wir waren uns einig, dass Newton nicht viel länger durchgehalten hätte, wenn wir ihn an diesem Nachmittag nicht auf dem Müllplatz ausfindig gemacht hätten. Achtzehn Tage lang hatte der findige kleine Kerl es fertiggebracht, sich einen Unterschlupf einzurichten, in den Abfällen nach Essbarem zu suchen und aus den Pfützen Wasser zu schlecken. Aber der unbehandelten Infektion wäre er zum Opfer gefallen, sobald sie über den Blutkreislauf den gesamten Organismus befallen hätte.

»Nicht auszudenken, was?«, meinte Sam mit besorgter Miene.

»Nein.« Ich erschauderte. »Stell dir vor, Trine hätte den Rest ihrer Tage damit leben müssen, nicht zu wissen, was ihm widerfahren ist.«

Wir mutmaßten, dass Newton gemäß meiner vorherigen Annahme nicht entführt worden war: Sein Halsband war unbeschädigt, das noch vorhandene Namensschildchen untermauerte diese Annahme. Höchstwahrscheinlich war Newton noch am Tag seines Verschwindens auf den Recyclinghof gerannt, um dort vor dem lärmenden Stadtverkehr Zuflucht zu suchen.

Erst kurz vor Einbruch der Dunkelheit erreichte ich die Bramble Hill Farm. Molly stürmte geradewegs in den Garten, wühlte sich in ein Blumenbeet und erschreckte sicher einiges argloses Getier zu Tode, und ich für mein Teil legte mich auf einen Flecken warme Wiese und sah zum Gehöft hinüber, wo sich in den Schiebefenstern der rosagraue Himmel spiegelte. Ich war so fix und fertig, sowohl mental als auch physisch, dass ich kaum noch die Augen offenhalten konnte. Ein paar Minuten später war ich fast schon eingedöst, da kam Molly angesprungen und schnüffelte an meinem Gesicht, an ihrer Schnauze klebten trockene Grashalme und Stroh; sie sah aus, als sei sie soeben aus einem Heuhaufen getaucht. Ich rieb mir grinsend die Augen.

»Was in aller Welt sollte ich bloß ohne dich anstellen, Molly?«, sagte ich, und dabei sah ich Newtons und Trines herzergreifende Wiedervereinigung vor mir. Die Vorstellung, von meiner schönen Hündin getrennt zu sein, konnte ich kaum ertragen.

Ein paar Tage darauf, als sich die Wogen geglättet hatten, rief ich Trine an. Sie berichtete, Newton sei mit Antibiotika vollgepumpt worden, so eine schwere Augeninfektion sei dem Tierarzt noch nie untergekommen. Aber seine Genesung schreite voran, die ganze Familie veranstalte ein Riesentrara und reiße sich ein Bein für ihn aus. Die Aufrufe in den sozialen Netzwerken, in denen es hieß:»Bringt Newton nach Hause!«, versiegten allmählich, als die Nachricht von der erfolgreichen Suche durchsickerte. Fotos von Gratulanten aus der ganzen Welt wurden gepostet, auf denen sie Freudensprünge vollführten und Poster in die Höhe hielten, worauf zu lesen war:»Newton ist wieder zu Hause!« Das Hündchen war anscheinend eine Berühmtheit geworden, sowohl in der Heimat als auch im Ausland.

»Dieses Erlebnis war so ein Schock, Colin, das wünsche ich nicht mal meinem ärgsten Feind«, sagte Trine.»Aber es hat mir die wichtigste Lehre meines Lebens erteilt.«

»Und die wäre?«, fragte ich.

»Gib niemals auf«, antwortete sie.»Lass nie die Hoffnung fahren.«

14. Eine vermisste Katze und ein mürrischer Nachbar

Das Leben als Katzenspürhund kann ganz schön schlauchen. Es ist folglich lebenswichtig, dass Molly genügend Auszeit bekommt. Nach den meisten Suchaktionen gestehe ich ihr einen Pausentag zu, an dem sie lange schlafen und ausgiebig ums Haus stromern kann. Oft klemmt sie sich dabei ihren Spielzeughasen zwischen die Zähne, und am Nachmittag gibt es einen ruhigen Spaziergang im Wald. Im Sommer sucht sich Molly stets ein warmes Plätzchen im Haus; wie so viele Katzen und Hunde aalt sie sich gern mitten im einfallenden Sonnenlicht.

Molly verbringt den Großteil der Tage gemeinsam mit mir außer Haus, aber immer, wenn ich als Privatdetektiv im Einsatz bin, springt Sarah ein. Ende September 2017 war das auch so, als ein Klient aus Belgrave Stefan und mich mit einer Observierung beauftragte. Erst um neun Uhr am Abend traf ich wieder in Cranleigh ein, denn die Sache schleppte sich hin, aber kaum machte ich die Haustür auf, fielen Stress und Anspannung von mir ab.

Vor mir im Wohnzimmer bot sich ein Bild häuslichen Friedens. Sarah lag zusammengekringelt auf dem Sofa, sie hatte den neuesten Schmöker von Marian Keynes am Wickel, ein Glas Wein stand neben ihr, und an Sarahs Füße geschmiegt döste und schnorchelte Molly vor sich hin. Ich musste schmunzeln. Es gab einmal eine Zeit, da Sarah, eingeschworene Katzenliebhaberin, es kaum aushielt, diesem Köter aus dem Tierheim, der überall seine Haare verlor und Handtaschen beschnupperte, näher als auf einen Meter zu kommen. Und da schmiegten sie sich nun traulich wie zwei alte Latschen aneinander. »Ach nein ... sieh mal einer an, ihr zwei!« Ich lächelte beseelt. »Wer hätte das früher mal gedacht?«

»Wir hatten einen *unübertrefflichen* Mädelstag«, strahlte Sarah mit einem zärtlichen Blick auf die neben ihr schlafende Molly. »Einkaufen in Guildford, Mittagessen in Cranleigh und ein bisschen Fitness im Park. Wir haben dich ganz und gar nicht vermisst, Colin.«

»Oh, wie charmant«, gab ich zurück, verdrehte dabei die Augen und tat beleidigt.

In Wahrheit war ich ganz hingerissen, dass die beiden weiblichen Wesen, die mir die allerliebsten auf der Welt sind, miteinander so prima klarkamen und sich so entspannt und pudelwohl fühlten. Ich war Sarahs größter Fan seit dem Tag unseres Kennenlernens, aber dass sie sich so eng mit Molly angefreundet hatte, verstärkte noch meine Achtung und Dankbarkeit. Mir war es doch ein Herzensanliegen, meiner Hündin ein liebevolles und fürsorgliches Zuhause zu geben, was das Private als auch das Berufliche anging. Und an diesem Abend kam es mir so vor, als läge nun auch das letzte Mosaiksteinchen an seinem Platz.

Ich hängte meine Jacke an die Garderobe, machte uns Kaffee und setzte mich vor Molly auf den Teppich. Sogleich witterte sie meine Anwesenheit, wachte auf, leckte mir verschlafen das Gesicht ab und sprang in meinen Schoß.

»Okay, Fräulein, zehn Minuten darfst du mit mir knuddeln, dann geht's endgültig ins Bett«, mahnte ich sie und gab ihr einen Kuss auf die Schnauze. »Morgen müssen wir früh aus den Federn. Wir fahren Richtung Süden, da musst du hellwach und putzmunter sein.«

In Devon wurde ein roter Kater namens Simba vermisst, den Notruf hatte ich schon früher am Morgen bekommen. Die Besitzer wollten unbedingt unsere Hilfe in Anspruch nehmen. Wie bei vielen unserer Fälle setzten sie ihre letzte Hoffnung auf die geniale Molly.

Unsere Fahrt vom Süden Surreys durch Hampshire, Wiltshire und Dorset ins südliche Devon war landschaftlich so schön, wie ich es mir vorgestellt hatte. Die Herbstsonne hing tief am Himmel, ihre schrägen Strahlen ließen die rotgetönten Blätter der Eichen am Straßenrand flammend aufleuchten. Von Osten nach Westen erstreckten sich honigfarbene Weizenfelder bis zum Horizont, über allem lag ein morgendlicher Nebelschleier.

»Ist es nicht einmalig?«, sagte ich lächelnd zu Sam, die auf dem Beifahrersitz saß.

»Sagen wir mal so, ich hatte schon schlimmere Arbeitswege«, gab meine Kollegin zur Antwort.

Wir erreichten das Dorf Lower Chillington ein bisschen eher als geplant, da die Landstraßen schön leer waren. Deshalb legten wir ein Päuschen ein, um schnell in einem Café einen Kaffee und einen Scone zu uns zu nehmen. Innerhalb weniger Minuten hatte Molly alle Angestellten entzückt.

Wie immer unternahmen wir vor dem Beginn der Suchaktion einen Rundgang und prägten uns ein, wie das Straßennetz angelegt war, wo welche Gebäude standen, welche Gefahrenquellen oder Hindernisse Molly zum Verhängnis werden könnten. Als wir die Wege und Straßen entlangwanderten, merkten wir, dass wir in einer Bilderbuchlandschaft gelandet waren. Schilfgedeckte Häuser in altenglischem Stil säumten die labyrinthisch angeordneten Kopfsteinpflastergassen, und mitten in der Ortschaft gab es eine Kirche, ein Kriegerdenkmal und einen Ententeich mit lauter Seerosenblättern. Mir kam der Gedanke, Lower Chillington wäre eine ideale Kulisse für Enid Blytons *Fünf Freunde*.

Beim Rückweg zum Auto hörten wir Hufgetrappel. Um die Ecke kam auf einem dunkelbraunen Dressurpferd eine Reiterin in Reiterstiefeln, Turnierblazer und Reithose angeritten. Die auffällige Erscheinung war in Begleitung zweier stämmiger Irischer Wolfshunde, die ohne Leine mit heraushängender Zunge nebenherrannten. Molly hockte sich hin und sah dabei zu, wie das Trio mit seiner Herrin vorüberschoss.

Menschenskinder, was war das denn, Herrchen?, schien sie sich zu wundern.

»Einen schönen guten Morgen!«, rief die Frau und warf uns lächelnd einen Blick von ihrer Höhe aus zu, sie bremste leicht den Galopp und lüpfte die Reiterkappe, sodass ein straff gebundener blonder Haarknoten sichtbar wurde. »Einen wunderschönen Tag wünsche ich Ihnen!«

Damit stieß sie dem Pferd die Absätze in die Flanken, riss am Zügel und galoppierte auf dem Weg davon, das Hundeduo setzte ihr nach.

Aus der Gegenrichtung tuckerte, vorbei an dem alten Schulgebäude, ein Traktor auf uns zu, der einen Anhänger voller Apfelkisten hinter sich herzog. Der hinter dem Lenkrad sitzende Bauer mit Schiebermütze auf dem Kopf hupte und hob die Hand zum Gruß, als wäre er schon sein Lebtag mit uns bekannt.

»Hilf doch mal meinem Gedächtnis auf die Sprünge, Colin – in welches Jahr führt uns diese Zeitreise?«, witzelte Sam.

»So um 1958, schätze ich mal«, meinte ich augenzwinkernd und war fast schon darauf gefasst, dass gleich Constable Dixon aus der alten Polizeiserie um die Ecke geradelt käme.

Eine halbe Stunde später klopfte ich an die Tür eines Zweifamilienhäuschens, wo Simbas Halterin Lindsey zurzeit wohnte. Molly und Sam blieben im Auto, das hielten wir oft so, wenn ich mich bei der Familie vorstellte und um eine Katzenhaarprobe bat.

Lindsey, ein schlankes Mädchen von etwa elf, zwölf Jahren, war bei einer Bekannten der Familie einquartiert worden, während Mutter und Vater auf Mallorca Urlaub machten. Ich entnahm ihren Worten, dass sie sich von einer schweren Krankheit erholte – diesbezüglich bohrte ich nicht nach –, und dass ihre Eltern sie während ihrer Balearenreise lieber nicht allein lassen wollten. So hatte es sich ergeben, dass Lindsey vorübergehend ihre Zelte in Yeovil abgebrochen hatte und nach Lower Chillington übergesiedelt war, wo sie mit einem Koffer in der einen und ihrer Katzenbox in der anderen Hand eingetroffen war.

Es wäre untertrieben zu sagen, Lindsey sei in ihren pummligen, frechen roten Kater vernarrt gewesen. Sie waren schier unzertrennlich. Simba, zehn Jahre zuvor aus einem Katzenheim geholt, war immer an Lindseys Seite gewesen und hatte ihr in Zeiten, da sie sich mit einigen Problemen herumschlagen musste, Trost und Zuneigung geschenkt. Mit Ausnahme ihrer Liebe zum Lesen war es Lindseys Lieblingszeitvertreib, gemeinsam Zeit mit ihrem lärmenden, durchtriebenen Wuschelball zu verbringen. Stundenlang testete sie seine Geschicklichkeit mit Tischtennisbällen und neckte ihn mit einem Reigen von Spielzeugkatzen aus Stoff.

Wenn es wärmer war, saß Lindsey gern mit Simba im Garten und las einen ihrer geliebten historischen Romane, während sich Simba in der Sonne rekelte. Ab und zu lief der Kater schlagartig los, wenn ein Rotkehlchen oder eine Singdrossel es wagte, in seinen sonnenbeschienenen Bereich zu hüpfen; trotz seines fortgeschrittenen Alters und zunehmenden Gewichts waren seine Jagdinstinkte wach. Doch kaum rief Lindsey schallend »Simba!«, waren beide Parteien abgelenkt, und das Scharmützel war abgewendet. Lindsey hatte stets im Hinterkopf, dass ihr Vater ein begeisterter Vogelbeobachter war, der von entseelten Geschenken in Form von Federn, die ihm gebracht wurden, nichts hielt.

Mit seinem Frauchen an der Seite schien sich Simba bald in seiner neuen Umgebung in Lower Chillington eingewöhnt zu haben. Anfangs hatte Lindsey ihn nur im Haus behalten, doch nach einer Woche gab sie seinem Kratzen an der Hintertür nach und ließ ihn ins Freie, damit er den Außenbereich erkunden konnte. Aber nach wenigen Tagen kam ihr der geliebte Kater abhanden. Lindsey Welt brach zusammen.

Als sie die Nachricht hörten und sich Lindseys Gefühlslage vor Augen führten, flogen Mutter Wendy und Vater Chris postwendend von ihrer Auszeit im sonnigen Süden zurück, um sich der Suche nach Simba anzuschließen. Nun hatten sie die Kopfsteinpflasterstraßen des Dorfes abgeklappert und kamen einfach nicht weiter. Da ihnen ein Zeitungsartikel über Molly in die Hände geraten war, beschloss Lindseys Vater, UKPD anzurufen.

»Unsere Tochter ist sowieso hochsensibel«, erklärte er. »Aber nun, da Simba ausgebüxt ist, bewegt sie sich am Rande des Abgrunds. Er ist ihr Ein und Alles, Mr Butcher. Wir sind darauf angewiesen, dass Sie uns helfen und ihn ausfindig machen.«

Nun lag das Ende von Devon natürlich außerhalb meines üblichen Einzugsbereichs, und ich versuche meist, nicht zu weit über die Grenzen meiner heimatlichen Umgebung hinaus zu ermitteln. Aber weil die Angelegenheit so heikel war, ließ ich mich darauf ein. Es gab noch weitere Faktoren, die meine Entscheidung beeinflussten: Erstens hoffte ich, dass sich die Dichte des Dorfes als Vorteil für uns erweisen würde, da nur relativ wenige Grundstücke durchsucht werden mussten. Zweitens stammte Simba aus einem Haushalt, in dem es nur eine Katze gab, sodass wir darauf bauen konnten, eine gediegene Haarprobe einzusammeln, die dem Geruchsabgleich durch Molly zugutekäme.

Verständlicherweise herrschte an diesem Morgen beim Frühstück eine bedrückte Stimmung. Lindsey liefen die Tränen übers Gesicht, sie war untröstlich. »Wie soll ich bloß ohne Simba weiterleben?«, wiederholte sie unaufhörlich, und beide Eltern, die rechts und links neben ihr saßen, gaben sich alle Mühe, sie zu beruhigen.

»Colin und Molly werden alles ihnen Mögliche tun«, redete die Mutter ihr zu und tätschelte ihre Hand. »Am Ende wird alles gut, mein Schatz, glaub mir.«

Wenn bloß die Bekannte auch so taktvoll gewesen wäre.

»Nun ja, kann denn Molly auch eine Katze aufspüren, wenn die schon tot ist?«, erkundigte sie sich, woraufhin Lindsey prompt aufschluchzte und Wendy die Frau böse anblitzte.

»Wir haben *allen* Grund, davon auszugehen, dass Simba am Leben ist und es ihm gut geht, mein Glas ist also halbvoll«, lenkte ich ein, um den Schaden abzumildern, den die Bekannte mit ihrer dummen Bemerkung angerichtet hatte. »Ich hatte es im Laufe der Jahre schon oft mit solchen Fällen zu tun, meistens kauern die Kätzchen in einem Unterschlupf und warten förmlich darauf, dass man sie rausholt.«

Mir schien es wichtig, Simbas Verschwinden in einen Kontext einzubinden. Ohne Lindsey mit hochwissenschaftlichen Sprüchen zu blenden, erläuterte ich ihr, dass es im Allgemeinen zwei Ursachen dafür gibt, warum Haustiere verschwinden, nämlich von innen und von außen wirkende. Beide Arten konnte ich bei meinem Katzenbeobachtungs-Experiment in Shamley Green sehen, das mir viele Einsichten in das Verhalten von Katzen vermittelte. Äußere Ursachen dafür, dass Haustiere entlaufen, haben mit Faktoren außerhalb der Wohnstätte zu tun, die der Eigentümer meist nicht kontrollieren kann: Vielleicht ist nebenan ein aggressiver Hund eingezogen, in einem nahegelegenen Park gibt es ein Feuerwerk oder Straßenarbeiter reißen die Fahrbahn auf. Innere Ursachen für die Flucht dagegen, wie sie meiner Ansicht nach auf Simba zutrafen, beziehen sich in irgendeiner Weise auf den Tierhalter und den häuslichen Bereich, in dem die Katze lebt. Dabei handelt es sich um ein neues Haustier oder ein Baby, um eine unerwünschte Änderung bei der Ernährung oder auch, wie hier, um einen Umzug, der das Haustier aus dem Konzept bringt.

Um diesem Zustand der Beklemmung zu entkommen, entzieht sich die Katze oft physisch dem Ort, der die Ursache des Unwohlseins verkörpert, und läuft davon. In diesem Fall argwöhnte ich, dass Simba vom Umzug in das Haus jener Frau verunsichert worden ist und bei der erstbesten Gelegenheit Reißaus genommen hatte.

»Interessant ist dabei«, fügte ich meinen Ausführungen hinzu, »dass bei einer Flucht aus internen Gründen – anders als bei externen Auslösern – das Stressniveau schnell wieder sinkt. Das bedeutet, die Katze kehrt manchmal aus freien Stücken nach Hause zurück.«

»Oh Gott, hoffentlich«, wisperte Lindsey, wischte ihre tränenfeuchten Wangen mit einem Taschentuch ab und versuchte zu lächeln.

Da meine Auftraggeberin nun ein wenig zuversichtlicher war, stieg ich die Treppe hinauf ins Gästezimmer und zupfte ein paar Haare von Simbas flauschiger Decke ab. Dabei überlegte ich mir, wie ich die vor mir liegende Aufgabe anpacken würde. In mancher Hinsicht war mir so, als steckte ich mitten in einem Fall von *Inspektor Barnaby,* wo doch die dörfliche Umgebung hier ebenso idyllisch und ländlich war und es vor schillernden Persönlichkeiten nur so wimmelte. Die zentrale Frage lag auf der Hand: Wo in drei Teufels Namen steckte Simba? War er ausgebüxt und hatte sich verlaufen? Saß er in einem Außengebäude in der Falle? War er von einem Dorfbewohner entführt worden? Lebte er überhaupt noch? Zum Glück stand meine Hündin, die Troubleshooterin, schon in den Startlöchern und würde mir dabei helfen, die Sache aufzuklären.

Wir wollen beten, dass diese Story ein Happy End nimmt, dachte ich und ließ ein rötliches Haarbüschel in mein Marmeladenglas fallen. *Um Lindseys willen.*

Chris fragte, ob er sich der Suche nach Simba anschließen dürfe – er wollte uns unbedingt zur Hand gehen, und ich ging davon aus, dass uns seine Ortskenntnis von großem Nutzen sein würde. Wendy blieb im Haus bei ihrer Tochter. Als wir die Haustür aufmachten, zeigte sich jedoch, dass wir vor einem Riesenproblem standen: Von einem in der Nähe gelegenen Feld her schlugen uns Rauchwolken entgegen, die Luft war erfüllt vom beißenden Geruch brennenden Holzes. Offensichtlich hatte ein Bauer am frühen Morgen ein Feuer entzündet.

»Ohne Sie beunruhigen zu wollen, aber Molly wird nicht zum Einsatz kommen können, wenn dieses Feuer weiter wütet«, sagte ich. »Das würde ihren Geruchssinn schwer beeinträchtigen, und der Katzengeruch wird davon auch überdeckt.«

»Lassen Sie mich mal machen«, gab Chris zurück. »Ich kenne den Bauern, ich werde ihm den Marsch blasen. So früh am Tag darf der sowieso kein Feuer machen.«

Er stapfte gleich los, um ihn zur Rede zu stellen, und ich sah dabei zu, wie sie drohend die Finger hoben und handgreiflich zu werden drohten. Gottlob willigte der Bauer widerstrebend ein, das Feuer zu löschen, und Chris kam kopfschüttelnd zurückmarschiert.

»Er kann von Glück reden, dass ich ihn nicht selbst ins Feuer geschmissen habe«, schimpfte er und klopfte sich Asche von den Schultern.

Eine Stunde mussten wir uns gedulden, bis sich der Qualm verzogen hatte, dann konnten wir mit der Suche beginnen. Ehrlich gesagt, war das ganz schön frustrierend, doch wir nutzten die Zeit gut und liefen durch das Dorf, wo wir uns einigen Leuten vorstellten, die unseren Weg kreuzten. Sobald sich der Rauch des Feuers aufgelöst hatte, gab ich Molly grünes Licht, Simbas Geruch zu inhalieren, und dann ging der Ernst des Lebens los. Als wir die Hauptstraße absuchten, schienen sich wie von selbst eine Reihe Haus- und Terrassentüren zu öffnen, aus denen freundliche Bewohner von Devon ihre Köpfe streckten.

»Möchten Sie ein Glas Apfelsaft?«

»Guten Tag auch, kann man Ihnen irgendwie helfen?«

»Darf ich Ihrem braven Hund einen Keks geben?«

Alle waren sie so zugänglich, und hätten wir nicht eine Katze suchen müssen, hätte ich liebend gern jede nette Einladung angenommen. Vor einem ganz speziellen Häuschen hielten wir uns notgedrungen länger auf, weil im Vorgarten eine Schubkarre stand, die unter der Last von Obst, Gemüse, Marmeladengläsern und Chutneys ächzte, die den Passanten zum Kauf angeboten wurden. Ich habe eine Schwäche für einheimische Erzeugnisse, sodass ich die Suchaktion minutenlang unterbrach, um mir den Kofferraum mit einer ganzen Palette von Gaumenfreuden aus Lower Chillington vollzuladen, während Sam die Kasse des Vertrauens mit Münzen fütterte.

Dann grasten wir drei weiter die Straße ab und lachten, als Molly nach den fallenden Blättern schnappte, die durch die Luft herabtrudelten. Bald kamen wir an ein hübsches Natursteinanwesen, dessen Gelände voller gelbbrauner Buchen und scharlachroter Ahornbäume stand, der Eigentümer begrüßte uns an der Einfahrt. Mit seinem fliederfarbenen Hemd mit Paisleymuster, den kakifarbenen Cargoshorts und wasserstoffgebleichter Haartolle wirkte er ein wenig fehl am Platz in diesem altehrwürdigen Dörfchen. Seine Art, zu Molly Abstand zu halten, legte nahe, dass er, anders als seine Nachbarn, kein Hundeliebhaber war.

»Suchen Sie nur weiter«, ermunterte er uns, nachdem wir uns vorgestellt und ihm den Sachverhalt geschildert hatten. »Aber bitte lassen Sie Ihren Hund nicht an den Teich heran, da halte ich Kois, wissen Sie; das sind empfindliche Fische, ich möchte nicht, dass sie aufgeschreckt werden.«

Gerade wollte er wieder ins Haus, da blieb er unvermittelt stehen, als fiele ihm plötzlich etwas ein.

»Ach, ehe ich's vergesse ... Sie müssen auch auf unsere drei Fuß große Igelin aufpassen.«

»Wie bitte?«, fragte ich nach. Entweder brachte dieser seltsame Zeitgenosse das Getier durcheinander, das auf seinem bewaldeten Grundstück fleuchte und kreuchte, oder er hatte ein bisschen LSD in seinen Frühstückstee gerührt.

»Ja, es gibt eine Drei-Fuß-Igelin, die uns oft in dieser Jahreszeit ihren Besuch abstattet.« Er nickte todernst. »Ich nenne sie Mrs Bumble. Sie jagt in der Nähe von Holzstämmen und Baumstümpfen nach Schnecken aller Art, ich stelle ihr Wasserschalen hin. Es wäre mir nicht recht, wenn sie von Ihrem Hund verängstigt würde, bitte seien Sie also vorsichtig.«

»Oh ja, keine Sorge«, beeilte ich mich zu sagen; Sam verdrehte die Augen und unterdrückte ein Kichern.

»Hütet euch vor sanften Fischen und Riesenigeln. *Meint er das ernst?*«, flüsterte sie mir zu. Ich machte Molly von der Leine los, und da sie Simbas Geruch frisch in der Nase hatte, preschte sie auf der Stelle los und durchforstete den Garten, schnupperte unter den Büschen, beschnüffelte die Baumstümpfe und zog eine Kielwelle aufgewirbelten Laubs wie Konfetti hinter sich her. Irgendwann sprintete sie auch zu dem Teich mit den Kois und patschte verspielt mit der Pfote hinein, noch ehe mein Ruf »*AB!*« sie von den farbig schillernden Fischen ablenkte, die unter ihr durch das Wasser glitten. Die schien jedoch die Störung völlig kaltzulassen, ein paar von ihnen kamen an die Oberfläche geschwommen, um zu erkunden, ob es Futter gab.

Nach zehnminütiger Suche veränderte sich die Körpersprache

und das Verhalten meiner Hündin komplett. Sie wurde überaktiv, hüpfte auf den Vorderpfoten auf und ab, hoppelte leicht verwirrt mal zurück, mal nach vorn und machte dabei sonderbare schnaubende Geräusche. Zweifellos war sie auf irgendeine Geruchsspur gestoßen, aber da sie nicht schlau daraus wurde und mir auch kein Signal gab, das von Bedeutung war, schloss ich, dass die Spur nichts mit Simba zu tun hatte.

Sodann fing sie an, einen Haufen feuchten Eichenlaubs zu umrunden. Chris, Sam und ich pirschten uns näher heran und knufften uns gegenseitig in die Seite, als wir entdeckten, wie sich unter dem Laub etwas zur Seite schob. Plötzlich tauchte aus dem Laub eine umgekippte Plastikschüssel hervor und schob sich wie ferngesteuert auf eine Mauer zu. Molly schnappte über, sie heulte laut, wirbelte im Kreis herum und stellte sich auf die Hinterbeine wie ein gereiztes Fohlen. Zu ihrer eigenen Sicherheit, da ich ahnte, dass der Hauseigentümer am Fenster stand und hinter den Vorhängen hervorschielte, pfiff ich meine Hündin sofort zurück und legte sie an die Leine. Ich reichte sie Sam, während ich selbst der Sache weiter nachging. Ich kroch zu der Schüssel, hob sie etwas hoch, und siehe da, darunter hockte bebend ein Igelchen. Es rollte sich sogleich zu einem festen Ball zusammen, was seinem normalen Verteidigungsmechanismus entsprach. Doch da hatte ich bereits sein Handicap entdeckt: Ein Hinterlauf fehlte. Der Igel hatte nur drei Beinchen. Mrs Bumble war also keine Igeldame von drei Fuß Länge, sondern eine auf drei Füßen. Ich lachte in mich hinein. Hatte ich denn allen Ernstes erwartet, einen Igel zu entdecken, der Molly an Größe übertraf? Ich stupste den Winzling ganz leicht an, woraufhin er mit Schlagseite unter einen Stechpalmenstrauch trippelte und sich damit den Blicken meiner Hündin entzog. Ich goss in Mrs Bumbles Fressschale etwas Wasser aus der Flasche nach, die ich in der Gürteltasche mitführte, und schlenderte zum Garten zurück.

»Also *ein* süßes Tierchen hast du schon zutage befördert«, sagte ich zu Molly. »Hoffen wir mal, das nächste ist dann Simba.«

Zwar schafften wir es bis zum Mittag, den größten Teil des Dorfes zu durchkämmen, wobei uns sehr hilfsbereite Einwohner zur Seite standen, aber Molly hatte keine Witterung von Simba aufnehmen können. Als wir jedoch wieder das Dorf absuchten – es ging durch ein Sträßchen mit dem anheimelnden Namen »Heckenkirschgasse« –, interessierte sie sich mit einem Mal sehr für das hinfällige, aus viktorianischen Zeiten stammende Entwässerungssystem, das hinter einigen Häusern unterirdisch installiert war, wohingegen es in anderen Gärten offen zutage lag. Dazu gehörte auch der Garten, aus dem Simba entwischt war. Ich hatte Bedenken, Molly durch diese geborstenen und zerbröselnden Rohrleitungen laufen zu lassen. Jedes Mal, wenn sie in ihre Nähe kam, wedelte sie aufgeregt mit dem Schwanz. Die Frage drängte sich mir auf, ob nicht irgendwelche Katzen aus dem Ort, ganz speziell Simba, die Rohre bequem als kleine Tunnel nutzten, um von einem Garten in den anderen zu gelangen.

Zu meiner Enttäuschung endete diese Wasserleitung in einem Garten, in den wir nicht hineinkonnten. Auf mein mehrfaches Klopfen an der Tür des Hauses, das den Namen »Zaunkönig« trug, machte niemand auf, wohl aber war mir eine schemenhafte Gestalt aufgefallen, die hinter der cremefarbenen Gardine herumgeisterte, und auch das Flimmern eines Fernsehers war mir nicht entgangen. Es gab nichts daran zu deuten, dass da drinnen jemand war, doch aus irgendeinem Grund keine Lust hatte, herauszukommen. Normalerweise hätte ich es mit einem Achselzucken abgetan und wäre zum nächsten Haus weitergegangen, doch Molly fieberte vor Ungeduld, sie wollte eben genau dieses Grundstück auskundschaften.

»Ach, wollen Sie zum alten Mister Griesgram?«, fragten zwei

Teenager. Sie kicherten, als ich sie fragte, wem das Häuschen gehöre. »Der ist ein richtiger Miesepeter. Er kommt nur raus, um uns anzuschnauzen, dass wir nicht Fußball spielen sollen und dass wir uns gefälligst nach Hause scheren sollen.«

Der Briefträger des Ortes malte ein ähnliches Bild, wenn auch etwas mitfühlender.

»Als seine Frau starb, ist Alf anscheinend zum Einsiedler geworden, seitdem meidet er die Gesellschaft anderer«, erklärte er uns. »Immerhin meckert er ganz gern mal, wenn er an der Haustür steht. Zu viele junge Familien ziehen ins Dorf, meinte er kürzlich. Die stören offenbar seinen heiligen Frieden …«

Auf keinen Fall wollte ich mich abschrecken lassen, weder von dem Ruf, den der alte Kauz hatte, noch von den verrammelten und verriegelten schmiedeeisernen Torflügeln, die den Zugang zu seinem Garten blockierten. Lower Chillington musste doch die niedrigste Kriminalitätsrate im ganzen County, wenn nicht sogar im ganzen Land vorweisen, derartige Hochsicherheitsvorkehrungen kamen mir hanebüchen vor.

An Mollys Fersen geheftet, die vorauslief, ging ich von Chris und Sam begleitet, den schmalen Verbindungsweg entlang, der zwischen den Gärten und dem Dorffriedhof hindurchführte. Ich spähte über den Zaun und war auf ein ödes Terrain gefasst, das zu dem mürrischen Wesen des Eigentümers passte. Da hatte ich mich aber gewaltig geirrt: Auf der Zufahrt war ein orangefarbenes VW-Wohnmobil abgestellt, ein Oldtimer, aber in tadellosem Zustand, und im Garten standen drei Schuppen, picobello, in Pastellfarben angestrichen wie Strandhütten. Um die viereckige Wiese herum waren Futterhäuschen aus Holz aufgestellt. Ein Drittel der Fläche bestand aus akkurat angelegten Obst- und Gemüsebeeten.

»Oh, lila Brokkoli, den liebe ich!«, kicherte Sam, die an jenem Nachmittag in ausgelassener Stimmung war. Sie hatte das mit der

»Drei-Fuß-Igelin« sehr amüsant gefunden und hörte nicht auf, mich weiter damit aufzuziehen.

Die angrenzende Terrasse war gekärchert und frei von Moos und bestückt mit mehreren alten Autoreifen und genagelten Stiefeln, die zu Pflanzbehältern umgestaltet waren. An der Hausrückwand waren Bambusspaliere angebracht, an denen sich feuerroter Wilder Wein hochrankte.

»Sieht aus, als ob hier einer *Gardeners' World* in der Dauerschleife im Fernsehen aufzeichnet«, meinte Chris schmunzelnd.

Während wir so Mister Griesgrams Garten bewunderten, wurde Molly zusehends nervös. Sie patschte unentwegt mit der Pfote an den hinteren Zaun. Mir wurde klar, dass ich jetzt handeln musste.

»Gut, wir müssen einen Zugang finden«, schlug ich vor. »Dieser Mensch macht die Haustür nicht auf, notgedrungen werden wir ein bisschen die Regeln umgehen.«

Sam und ich halfen Chris über eine Räuberleiter über den Zaun in den Garten. Es war nicht schwer, denn Chris ist schlank und drahtig. Ich bat ihn, bei Mister Griesgram an die Hintertür zu klopfen, und zählte darauf, dass er einem Landsmann aus Devon wohlwollender entgegentrat.

Nach fünfminütigem Klopfen reagierte schließlich jemand.

»Schon gut, schon gut, ich bin verdammt nochmal nicht schwerhörig«, tönte es ruppig hinter der Tür hervor, und wir hörten, wie sich ein Schlüssel im Schloss drehte und mehrere Riegel aufgeschoben wurden. Mit grimmiger Miene stand da ein etwa achtzigjähriger Mann von ehrfurchtgebietender Statur und mit schütterem graumeliertem Haar; er trug eine bis unter die Achseln hochgezogene Hose mit breiten Hosenträgern und ein kariertes Hemd mit hochgekrempelten Ärmeln.

»Was sind das hier für Possen, über meinen Zaun zu klettern?«, fluchte er.

»Ähm ...«, stammelte Chris etwas verdattert angesichts dieses stattlichen Mannsbildes.

»Sind Sie von der Polizei, oder was?«, polterte der alte Brummbär mit einer Gebärde zu mir und Sam hin, die hinter dem Tor lauerten. »Seid ihr etwa hier, um die Rowdys zu schnappen, die die Fußbälle in meinen Garten schießen, ja? Und den Köter habt ihr mitgebracht, damit er euch beim Schnüffeln hilft, was?«

»Nun ja, nicht direkt«, antwortete Chris stockend. »Aber wären Sie vielleicht so liebenswert und würden uns das Tor aufschließen, damit meine Kollegen kurz mit Ihnen reden können?«

»Machen Sie's bloß kurz«, sagte er finster, holte aber einen riesigen Schlüsselbund aus der Hosentasche und trat gemessenen Schrittes ans Tor. »Ich bin ein vielbeschäftigter Mann. Ich habe viel um die Ohren.«

So weit, so gut – Chris hatte diese blöde Situation gut gedeichselt, nun war es an mir, mich mit einer gnadenlosen Charmeoffensive an ihn ranzuschmeißen. Im Laufe des Lebens hatte ich schon mit vielen Sturköpfen verhandeln müssen. Um an sie heranzukommen, musste ich sie oft erst einmal ein wenig ablenken. Ich reichte Sam Mollys Leine, setzte ein breites Grinsen auf und schüttelte dem alten Herrn energisch die Hand.

»Was für einen *wunderschönen* Garten Sie haben, Sir«, schmierte ich ihm Honig ums Maul. »Der Gemüsegarten meines Großvaters in Gloucestershire sieht auch ein bisschen so aus, aber er ist nicht ganz so üppig. Sie sehen meinem Großvater sogar ähnlich, allerdings sind Sie eine jüngere Ausgabe von ihm. Ich muss auch sagen, Alf – darf ich Alf zu Ihnen sagen? –, Ihr lila Brokkoli ist eine *Pracht*.«

Dass Sam verhalten prustete, überhörte ich geflissentlich und überschüttete den alten Herrn weiter mit Komplimenten. Ich hatte vor, ihn nicht zu Wort kommen zu lassen, bis ich ihn weichgeklopft hatte.

»... und was Ihre Stiefel- und Reifenpflanzkübel betrifft, der große Don Monty im Fernsehen wäre mit Sicherheit stolz, wenn er so was auf seiner Terrasse stehen hätte.«

An dieser Stelle fing er an zu lächeln. Volltreffer. »Sie gucken also auch *Gardeners' World,* ja?«, hakte er nach und nickte beifällig.

»Ich lasse keine Episode aus«, flunkerte ich. »Das ist der Höhepunkt meiner Fernsehwoche.«

»Tja, dann werden Sie wissen, wie viel Schwerstarbeit in einem Garten steckt, bis er so aussieht«, meinte Alf und hielt seine wie Sandpapier rauen Hände hoch. »Deshalb werde ich auch fuchsteufelswild, wenn diese Scheißfußbälle mein Beerenobst in Smoothies verwandelt.«

»Das kann ich gut nachempfinden, Alf«, bestätigte ich. »Aber wissen Sie, ich würde Sie gern um einen kleinen Gefallen bitten, wenn Sie gestatten.«

Ich hob an, ihm alles über Molly zu erzählen, die währenddessen heldenhaft von Sam gebändigt wurde. Und dann berichtete ich von den mühsamen Nachforschungen nach dem armen Simba.

»Wir sind auf der Suche nach einem roten Kater«, sagte ich. »Er ist schon etwas älter, ein bisschen drall – wie der dicke Bagpuss im Fernsehen, aber orangefarben –, aber er ist noch ein ziemlich munterer Bursche. Wir glauben, dass er vielleicht durch die alten Leitungsrohre zwischen den Gärten hin und her wandert. Er könnte bei Ihnen gelandet sein.«

»Meine Tochter vermisst ihn *so*«, fügte Chris an. Er zeigte Alf ein Foto. »Wenn wir uns hier mal umschauen dürften, wären wir Ihnen sehr dankbar.«

Alf schaute blinzelnd auf das Bild und rief: »Nanu, das gibt's doch nicht! Den Kater habe ich hundertprozentig gesehen.«

»Wirklich?« Chris rang nach Luft.

»Oh ja. Ich hielt ihn für einen streunenden Kater. Die letzten Tage war er jeden Morgen hier. Ganz schön lästig ist der, mal ganz ehrlich. Stellt dauernd den Spatzen und Blaumeisen nach. Gestern wollte er auf mein Futterhäuschen springen, aber weil er so fett ist, ist es umgekippt.«

»Klingt *ganz* nach unserem Simba«, frohlockte Chris. »Können wir mit der Suche anfangen?«

»Tun Sie das ruhig«, willigte Alf ein. Nach kurzem Zögern fügte er hinzu: »Aber jetzt werden Sie hier kaum auf ihn stoßen. Meist lässt er sich vor dem Frühstück blicken. Nachmittags sehe ich ihn nie.«

Sam ließ Molly von der Leine. Wie ein Windhund bei der Jagd auf einen Hasen schoss sie auf den mittleren Schuppen los. Vor der dunkelgrünen Tür blieb sie schlagartig stehen, wirbelte ein paar Mal um ihre eigene Achse und vollführte – *bums* – ihre formvollendete Signalpose.

»Was zum Teufel soll das denn darstellen?«, fragte Alf, als Molly ihre Sphinxstellung einnahm und sich vor Aufregung schüttelte.

»Molly teilt mir mit, dass sie Simbas Geruch identifiziert hat«, erklärte ich ihm und griff in meine Gürteltasche, um für Molly ihre Blutwursthäppchen herauszufischen. »Das bedeutet nun, dass der Kater entweder im Schuppen steckt oder vorher dagewesen ist.«

»Aber da stehen doch meine Rasenmäher drin«, meinte Alf verdutzt und kramte erneut nach seinem Schlüsselbund. »Ich kann mir gar nicht vorstellen, dass eine Katze da rein will. Und heute Früh habe ich dort ganz bestimmt nichts gesehen.«

Alf schloss die Schuppentür auf, den Blick aufmerksam auf Molly gerichtet, die über die Schwelle tappte. Im Inneren befanden sich ein blitzblanker orangefarbener Rasentraktor, ein paar alte Holzbänke und verschiedene sackleinene Beutel und Behälter. Ich war guten Mutes, dass meine Hündin mit der Nase Simbas Geruch inmitten des feuchtherben Geruchs von frisch gemähtem Gras, durchmischt mit dem von Maschinenöl, ausmachen würde. Sie ließ mich nicht hängen. In der hintersten Schuppenecke, unter einem offenstehenden Fenster, sendete Molly uns ein weiteres, definitives Signal. Von dem Kater selbst war leider nichts zu sehen, aber Mollys lebhafte Körpersprache ließ vermuten, dass wir ihn gerade verpasst hatten.

Ich streute noch eine Handvoll Leckerlis vor Molly aus, und dabei entdeckte ich unter einer der Bänke eine zur Hälfte ausgegessene Thunfischdose. Ich warf Alf einen Blick zu, der sich verstohlen wegdrehte. Da ich ihn nicht vor Sam in Verlegenheit bringen wollte, sagte ich:»Okay, Sam, wenn du mit Chris den vorderen Teil des Grundstücks unter die Lupe nimmst, dann gucke ich mich mit Molly hinter den Schuppen um.«

Der spielerische Auslauf gehörte zu Mollys Belohnung, und Alf war so nett und gestattete mir, dass ich sie, nachdem wir den hinteren Teil des Gartens inspiziert hatten, in seinem Freigelände herumtollen ließ. Nur von seinem Gemüsebeet sollte sie sich tunlichst fernhalten. Ich dachte mir ein Spiel aus, bei dem ein Tennisball in willkürlicher Reihenfolge an die Tür jeweils eines Schuppens geworfen wurde; Molly ging es mit Begeisterung an.

»Bravo, Molly!« Alf klatschte jedes Mal, wenn sie wie ein Torhüter der Premier League nach dem Ball hechtete und ihn mit den Zähnen schnappte. Der alte Junge hatte meine Hündin anscheinend wirklich ins Herz geschlossen. Schön war es, ihn so breit lächeln zu sehen.

Als Molly ausgepowert war und ich ihr etwas Wasser gegeben hatte, setzte ich mich zu Alf auf die Terrasse. Wir plauderten über sein Leben hier in Lower Chillington, wo er auch geboren und aufgewachsen war. Er sprach über die Geschichte des Dorfes und darüber, wie sich die Gegend in jüngster Zeit verändert hatte. »Ganz und gar nicht zum Besseren«, betonte er. »Zu viele Autos, zu viele Kinder ...«

Später schenkte er uns selbstgemachten Holunderblütenlikör ein, den köstlichsten, den ich je getrunken hatte. Er wurde etwas lockerer, und ich hatte den deutlichen Eindruck, dass er wohl seit Langem kein Schwätzchen mehr mit jemandem gehalten hatte. Ich hörte ihm zu, als er freimütig zugab, mit dem Tod seiner Frau seien ihm Zuversicht und Lebensfreude abhandengekommen, und er sei von seinem Wesen her ein Einzelgänger geworden.

»Edith war eine Betriebsnudel, verstehen Sie, so voller Elan«, erzählte er. »Es war ihre Idee, das Wohnmobil anzuschaffen, für ein Abenteuer war sie nämlich immer zu haben. Hin und wieder sind wir nach Yorkshire oder zum Lake District entflohen. Als sie starb, habe ich mich so leer, so einsam gefühlt.«

Die erschöpfte Molly quetschte sich zwischen uns, und Alf klopfte ihr liebevoll auf das Fell.

»Ich habe mich von allem abgewendet – und von allen, muss ich wohl sagen. Ich habe mich in die *Gardeners' World* und die Kreuzworträtsel im *Telegraph* zurückgezogen, und das ist heute noch so, muss ich zugeben.«

»Das ist ja auch begreiflich, Alf«, pflichtete ich ihm bei und fühlte mich an den frühen Tod meines Bruders David erinnert; wie verloren und am Boden zerstört war ich damals. »Die Trauer wirkt auf jeden Menschen anders. Manchmal dauert es Monate, oft Jahre, bis man sich wiederfindet.«

»Wie wahr«, sagte Alf und starrte in die Ferne. »Aber ich denke, einige meiner Nachbarn kapieren das nicht. Ich weiß, dass sie mich alle Mister Griesgram nennen, diese Früchtchen sowieso. Aber ich müsste eigentlich anders heißen, Mister ...«

Hier stockte er, als fiele ihm das Wort nicht ein.

»Einsam?«

»Ja«, sagte er kopfschüttelnd. »Und dieses Kätzchen hat mir die letzten Tage über nette Gesellschaft geleistet, deshalb habe ich es gefüttert.«

Wir nippten schweigend am Likör, bis sich kurz darauf mein Walkie-Talkie meldete.

»Colin, bist du dran?«, rief Sam, ganz aus dem Häuschen.

»Ja, ich bin dran, was gibt es denn?«

»Oh Gott, das glaubst du nicht, ich kann Simba sehen!«

»*Was?*«

»Im Ernst! Er ist in diesem Augenblick am Tor vor Alfs Haus. Was sollen wir machen?«

»Sam, ihr beide müsst jetzt unbedingt ruhig bleiben und euch von ihm fernhalten. Der Kater darf keinen Schreck kriegen und durchbrennen. Bewegt euch nicht vom Fleck und überlasst den Rest mir.«

Ich legte Molly an eine kurze Leine und bedeutete ihr mit den nach unten gekehrten offenen Handflächen *Bleib ganz ruhig.* Dann schlich ich mich um das Haus, ganz verstohlen, und siehe da – gelassenen Schrittes tappte der Kater oben die Mauer entlang, die den Vorgarten umschloss, den Kopf in die Höhe gereckt, die Schwanzspitze nach Norden gerichtet, unverkennbar Simba. Er sah mich an die Mauer herankommen, schnurrte ein komisches *Brrr* und stolzierte auf mich zu wie ein alter Cowboy. Der war kein krummbeiniger Angsthase.

Während Chris und Sam nervöse Blicke herüberschickten, arbeitete ich mich vorsichtig zu Simba vor und hob die Hand, um ihn zu streicheln. Er fuhr mehrmals mit dem Kopf über meine offene Handfläche, schnupperte und leckte daran. Dann schaute er auf Molly hinunter, die still dastand, und miaute. Ich nickte Sam zu. Sie trat langsam zu uns und hob Simba von der Mauer. Keiner sagte einen Mucks, doch als der Kater meiner Kollegin die Vorderpfoten auf die Schultern legte und ihren Hals beschnupperte, lagen die Gefühle blank. Der Kater war wieder da, Lindseys Alptraum war zu Ende.

Sam reichte Chris den Kater und brachte Molly ins Auto. Nachdem wir uns sehr herzlich von Alf verabschiedet hatten, unternahmen Chris und ich noch einen kleinen Spaziergang durch Lower Chillington zum Haus, wo die Bekannte der Familie wohnte. Simba ließ es sich in Chris' Armen gut gehen, wobei es für ihn kein Leichtes war, das dicke Katerchen eine Kopfsteinpflasterstraße hinaufzuschleppen.

Als der Buschfunk die Nachricht von Simbas Wiederentdeckung verbreitete, traten hier und da die Dorfbewohner vor die Türen.

»Das Kätzchen, das weggelaufen war, ist wieder da, Ben!«, wisperte eine schwangere Frau ihrem kleinen Kind zu.

»Prima gemacht, Jungs«, lobte ihr Nachbar, korrekt wie ein Feldwebel.

Aber der größte Jubel brach zu Hause aus, als Lindsey hochbeglückt ihren Schatz Simba präsentiert bekam.

»Ich dachte schon, du bleibst für immer verschwunden!«, schrie sie auf, schlang ihre Arme um den Kater und bedeckte ihn mit Küssen. »Das wirst du nie erahnen, wie du mir gefehlt hast.«

Das Unternehmen war geglückt, für mich war es an der Zeit, allen Lebewohl zu sagen und mich auf den Weg zu Molly zu machen. Vorher bat ich die Familie jedoch noch um einen Gefallen.

»Das ist nur so ein Vorschlag von mir, bitte fühlen Sie sich nicht verpflichtet, aber es wäre lieb von Ihnen, wenn Sie gelegentlich mal bei Alf vorbeischauen«, sagte ich.

»Bei dem alten Stinkstiefel? Meinen Sie das ernst?«, fragte Chris.

»Hunde, die bellen, beißen nicht«, gab ich lächelnd zurück. »Wir müssen ihm ganz schön dankbar sein. Hätte er Molly nicht in seinen Garten gelassen, hätten wir woanders suchen müssen, und dann hätten wir Simba nie gefunden.«

»Ganz bestimmt besuchen wir ihn mal«, versprach Lindsey. »Da können wir uns wenigstens ein bisschen revanchieren.«

»Bleiben Sie ein bisschen bei ihm hocken, plaudern Sie mit ihm – und probieren Sie mal den Holunderblütenlikör, wenn Sie das hinkriegen«, sagte ich zu Lindseys Eltern. »Irgendwie habe ich das Gefühl, dass er das zu schätzen weiß.«

Nachdem ich Sam in Cranleigh abgesetzt hatte, schaute ich auf einen Sprung bei der Bramble Hill Farm vorbei. Die Fahrt von Devon hierher hatte sich ganz schön hingezogen. Bei Salisbury war ich in einen Stau geraten, und Molly musste endlich mal die Glieder bewegen. Kaum bogen wir in die Zufahrt ein, ahnte sie, dass jetzt Spielen an der frischen Luft angesagt war, und schon schlug sie im Ringo Starr-Stil rhythmisch mit dem Schwanz.

»Raus mit dir, Molls«, forderte ich sie auf, und dann führte ich sie durch das mit Jasmin zugewachsene Tor auf die Obstwiese. Noch eindrucksvoller als an anderen schönen Plätzchen auf dem Hof konnte man hier den Herbst in den herrlichsten Farben ausbrechen sehen. Die Zweige ächzten unter der Last praller Birnen und rosenroter Äpfel, Stare pickten an violetten Zwetschgen, auf dem Boden lag ein kupfer-, bronze- und bernsteinfarbener raschelnder Blätterteppich.

Molly flitzte im Slalom durch die Obstbäume, hin zu ihrem Lieblingsort, dem Gerstenfeld. Zwischen den langen Halmen tummelten sich die verschiedensten kleinen Nager, Wühlmäuse, Spitzmäuse und Feldmäuse, und Molly tat nichts lieber, als mit ihrer Spürnase ihren Aufenthaltsort zu ermitteln und sie dabei zu beobachten, wie sie umherwimmelten und wuselten. Gelegentlich bekamen diese schnurrbärtigen kleinen Gesellen einen locker-flockigen Tatzenschlag ab, doch Molly tat ihnen nichts zuleide und fing sie auch nicht ein; sie wollte nur Herrn und Frau Maus bei ihren täglichen Verrichtungen zugucken.

Ich lehnte mich an eine Eiche und behielt mein allerliebstes Hündchen im Blick. Dabei ließ ich unser heutiges Abenteuer in Devon Revue passieren, und ich machte mir bewusst, wie es Molly doch immer wieder schaffte, jeden Menschen, der ihr über den Weg lief, zu verzaubern und nebenher Zuneigung und Aufmerksamkeit zu erhaschen. Sogar die Kois hatten zur Begrüßung die Köpfe aus dem Wasser gestreckt. Ich genehmigte meiner verrückten kleinen Hündin noch ein paar Minuten, um die Feldmäuse zu jagen, die sie nie einfangen würde, dann rief ich sie wieder zu mir.

»Zeit für deinen Schönheitsschlaf, meine Liebe«, sagte ich. »Auf geht's nach Hause.«

15. Molly und die ausgewanderten Katzen

Zahlreiche Studien haben belegt, dass das Halten eines Haustieres eine enorme therapeutische Wirkung haben kann. Unsere pelzigen Freunde heitern uns auf, wenn wir am Boden zerstört sind, sie trösten uns, wenn wir uns unwohl fühlen. Sie beruhigen uns, wenn wir unter Strom stehen, und bieten uns ihre Gesellschaft, wenn wir einsam sind. Wenn man eine Katze streichelt oder einen Hund ausführt, lösen sich die Sorgen des Lebens mitunter in Luft auf, und nichts ist schöner, als wenn man nach einem schweren Arbeitstag nach Hause kommt und man wird von einem Beagle, der Freudensprünge vollführt, oder einer schnurrenden Perserkatze empfangen. Als ich noch als Kommissar bei der Kriminalpolizei von Surrey arbeitete, musste ich regelmäßig zermürbende 14-Stunden-Schichten schieben. Oft hatte ich es mit grausigen Tatorten zu tun. Meine Rottweiler Max und Jay zu sehen, die mir entgegensprangen, wenn ich mit dem Auto in unsere Einfahrt bog, verschaffte mir immer willkommene Erleichterung nach einem traumatischen Tag. Sobald ich in ihrer Gesellschaft war, fielen alle Sorgen von mir ab.

Haustiere können tatsächlich die beste Medizin sein, was Donna, eine Klientin von mir, am eigenen Leibe erfahren hat. Donna stammt aus Wales und ist die Tochter italienischer Einwanderer. Einen Großteil ihres Lebens hatte sie als Erwachsene in Westaustralien zugebracht, wo sie im Büro des Jachthafens arbeitete und im Zentrum von Fremantle wohnte. Im Sommer 2017 veränderte sich ihr Leben für immer. Wochenlang war sie träge und benommen gewesen, woraufhin ein Arzt ihr die schlimme Nachricht mitteilte, dass sie an einer seltenen und aggressiven Form von Krebs leide. Sie weinte tagelang, doch nachdem sie den anfänglichen Schock überwunden hatte, entwarf sie einen Schlachtplan, um die bestmögliche Behandlung zu finden. Dabei stieß sie auf einen Facharzt in den englischen East Midlands. Da sowieso fast ihre ganze Familie noch im County Northampton lebte, auch ihre Schwester, die ihr nahestand und zu der sie immer engen Kontakt gehalten hatte, schien es durchaus angebracht, nach Großbritannien zurückzukehren. Australien zu verlassen würde ihr sicher das Herz brechen, denn sie liebte ihre Wahlheimat, aber instinktiv ahnte sie, dass es das Richtige war.

Doch da gab es noch jemanden, den sie in die Gleichung einbeziehen musste. Seit einem Jahr war Donna die Halterin von Snuggles, einer honigfarbenen Kurzhaarkatze mit weißen Socken, weißem Lätzchen und kessen Ohren, wie Nacho-Chips geformt. Wie es der Zufall wollte, kam sie auch aus einem Tierheim. An einem drückend heißen Nachmittag hatte eine streunende Katze in einem Bootshaus einen Wurf Kätzchen zur Welt gebracht. Da Donna und ihre Kollegen befürchteten, sie würden in dieser heißen und gefahrvollen Umgebung nicht überleben, sorgten sie dafür, dass die Katzenmutter und ihr Nachwuchs in ein Tierheim in der Nähe gebracht wurden. Dann hätten die pelzigen Babys, sobald sie der Muttermilch entwöhnt, geimpft und in Gesellschaft wären, gute Chancen, irgendwo ein neues Zuhause zu finden. Ein Kätzchen sollte jedoch bei der Mutter bleiben, darauf einigte man sich.

Donna war entzückt von dem kleinsten Kätzchen des Wurfes. »Sie ist so süß«, sagte sie, als sie das erste Mal den rosigen kleinen Fellball zu Gesicht bekam. Und drei Monate später wurde Snuggles Teil ihres Lebens. Die Katze war nicht gerade pflegeleicht; sie war ein Energiebündel, wollte ständig gefüttert werden und forderte gemeinsames Spiel und Aufmerksamkeit ein – doch im Gegenzug beschenkte sie ihr neues Frauchen mit viel Liebe, Zuneigung und Gesellschaft. Ja, nach einem anstrengenden Tag mochte Donna nichts lieber, als sich aufs Sofa plumpsen zu lassen und einen Film anzusehen, eine Schachtel Popcorn neben sich und ihren kleinen Liebling im Schoß. Es kam vor, dass Snuggles, wenn sie sich streicheln ließ, ein so lautes, sonores Schnurren von sich gab, dass Donna die Lautstärke aufdrehen musste.

»Um Himmels willen, kannst du nicht den Bass runterdrehen? Ich kann kein Wort von Tom Cruise verstehen«, schalt sie dann die Katze kichernd und langte nach der Fernbedienung.

In den folgenden Monaten ging es Donna zunehmend schlechter, sie war so kraftlos, dass sie ihre Arbeit aufgeben musste, an der sie sehr hing. Aber zu Hause in ihrem Bungalow bewies Snuggles, dass sie ihrem Namen – »Schmusekatze« – alle Ehre machte: Immer wenn das Frauchen bekümmert war oder sich elend fühlte, war die Katze bei ihr und spendete Trost, bei Tage kuschelte sie sich in ihren Schoß, und in der Nacht schmiegte sie sich an ihre Beine. Ihre Bindung wurde immer enger, und als Donna Pläne schmiedete, um ihrer Gesundheit willen nach Großbritannien zu ziehen, stand es für sie fest, dass sie Snuggles mitnehmen würde.

»Du und ich, wir brechen zu einem großen Abenteuer auf«, sagte sie eines Morgens. »Ein ganz neuer Lebensabschnitt wartet auf uns, meine Kleine.«

Im Herbst 2017 flogen Donna und Snuggles nach London. Die Katze reiste in einer eigens für solche Zwecke entworfenen Box, und nach dem achtstündigen Flug fanden sich die beiden glücklich wiedervereint auf dem Heathrow Airport, wo bereits Donnas Schwester Mandy auf sie wartete. Sie fuhr sie zu ihrem neuen Zuhause in Adderbury. Das Haus, eine Doppelhaushälfte, aus roten Ziegeln gebaut, war sorgfältig ausgewählt, auch auf Snuggles' Bedürfnisse abgestimmt. Es lag an einer Privatstraße, nur den Anliegern zugänglich, also wenig frequentiert. Der Garten hatte genau die richtige Größe, dort standen verschiedene Bäume, Sträucher und Hecken, die Katze hatte viel Raum, den sie spielerisch erkunden konnte.

Adderbury bot auch Donna die ideale Umgebung. Still und friedlich war es dort, es gab viel frische Luft und offenes Gelände, zweifellos wäre es, wenn die Behandlung abgeschlossen war, ihrem emotionalen Wohlbefinden und der physischen Genesung sehr zuträglich. Donna freute sich auch, dass nur einen Steinwurf entfernt eine prächtige mittelalterliche Kirche stand, deren Turm seinen Schatten über den Garten hinterm Haus warf.

Ganz zufällig gab es viele Australier in der Umgebung. In der Nähe war eine Internationale Schule, so drang einem überall im Städtchen dieser Akzent in die Ohren. Man fand auch problemlos Zimtbagels auf den Frühstückskarten.

»He, Snuggles, vielleicht werden wir hier am Ende gar nicht so viel Heimweh haben.« Donna hob lächelnd ihr aus Australien mitgebrachtes Kätzchen aus der Box und stellte ihm alles Sehenswerte, die Geräusche und Gerüche der neuen Heimat vor.

Einige Wochen später ließ sich Donna in einer Fachklinik operieren, Mandy übernahm in dieser Zeit den Katzensitterdienst. Danach unterzog sich Donna einer qualvollen Chemotherapie. Ihre unglaublich einfühlsame Katze bewährte sich jedoch als ideales Stimulans und half Donna immer aus ihrem Jammertal, wenn sie resignieren wollte, und sie flößte ihr Mut ein, wenn alle Stricke zu reißen drohten.

»Als hätte sie einen siebten Sinn«, bemerkte Donna ihrer Schwester gegenüber. »Sie scheint es zu ahnen, wenn ich Trübsal blase und ein paar Streicheleinheiten brauche.«

Wenn es warm war (»warm« heißt in Northampton 20 Grad im Vergleich zu 30 Grad und mehr in Fremantle), presste sich Donna gern einen Obstsaft, rollte eine Sonnenliege aus der Garage heraus, schaltete den Sender *Classic FM* ein und guckte müßig Snuggles dabei zu, wie sie durch den Garten schlich und neue Verstecke und Ausgucke auskundschaftete. An solch einem Nachmittag Anfang September kam es dazu, dass irgendeine plötzliche Bewegung in einem Lorbeerstrauch das kleine Ding zu Tode erschreckte. Donna mutmaßte, es könnte ein draufgängerischer Kater oder das Hauskaninchen von nebenan gewesen sein, das immer wieder ausbüxte; jedenfalls erklomm Snuggles die Umzäunung, huschte ein Stück oben entlang und ward nicht mehr gesehen.

Naja, sie wird schon bald wiederkommen ... in einer halben Stunde gibt's Mittagessen, dachte sie bei sich, nippte am Mangosmoothie und bemühte sich, die aufkommende Panik zu bezwingen.

Aber Snuggles ließ sich nicht blicken. Sie kehrte auch am Abend nicht zurück, und sie war auch eine Woche später noch nicht wieder da.

Da Donna emotional und körperlich zu geschwächt war, als dass sie diese Krise allein hätte in den Griff bekommen können, bat sie ihre Schwester und die Nachbarn um Unterstützung. Sie stimmten ihr Vorgehen bei der Suche nach Snuggles miteinander ab und wendeten ihre Freizeit dafür auf, die Straßen abzuklappern und in den sozialen Netzwerken Hilferufe zu posten. Donna war sich bewusst, dass die Uhr tickte; sie wollte die Sache unbedingt taktisch klug angehen und recherchierte im Internet. Da fand sie einen Artikel über »Molly, die Katzendetektivin« und sah sich den Fernsehmitschnitt des Morgenmagazins *This Morning* an. Hals über Kopf stürzte sie ans Telefon.

Ich saß gerade in meinem Büro, und Molly döste auf einem Hundebett neben mir, da schilderte mir eine weinerliche Donna ihre bisherige Geschichte und umriss in groben Zügen, worauf ihre Ängste hinausliefen. Sie war höchst besorgt, dass sich Snuggles als Neuling im Wohnviertel verirrt, die Orientierung verloren und dann nicht mehr nach Hause gefunden haben könnte. Ein paar weniger zartfühlende Nachbarn hatten Donnas Beklemmung noch mit gruseligen Storys geschürt, sodass sie, vor Angst gelähmt, schon vor sich sah, wie ihre Katze von einem Fuchs angegriffen wurde.

»Das kommt in Wahrheit selten vor«, beruhigte ich Donna, so gut ich konnte. »Soweit ich weiß, vertragen sich Katzen und Füchse ganz gut. Normalerweise konkurrieren sie nicht miteinander und legen sich kaum miteinander an. Also keine Bange.«

»Sie scheinen sich gut auszukennen, Colin«, sagte sie mit einem kaum merklichen australischen Akzent. »Glauben Sie, dass Sie mir auf irgendeine Weise helfen können, Snuggles zu finden?«

Northampton lag nun nicht eben vor der Tür, zudem war Sam, meine rechte Hand, gerade im Urlaub; trotzdem fühlte ich mich verpflichtet, nach Adderbury zu fahren. Die arme Seele durchlitt die Hölle. Ich wollte ihr Hoffnung machen und ihren Kummer lindern. Schließlich war es ein ähnlich gelagerter Fall – der mit Oscar, dem Britisch Kurzhaar-Kater und seinem Frauchen Suzie –, der mich ursprünglich inspiriert hatte, einen Katzenspürhund abzurichten. Nun hatte Molly wiederum die Gelegenheit, ein Tier in Gefahr aufzuspüren und einer Tierhalterin in ihrer Not beizuspringen. Ich musste Donna einfach unter die Arme greifen.

»Morgen bin ich noch in eine andere Suchaktion eingebunden, Donna, aber für den Mittwoch kann ich Sie in den Terminkalender eintragen, ja?«, schlug ich vor.

»Ach, wirklich? Das ist *wunderbar*«, freute sie sich. »Vielen lieben Dank.«

Über Northampton hingen schwere grauweiße Wolken, als Molly und ich in Adderbury eintrafen, aber zum Glück verhießen sie keinen Regen. Wir parkten das Auto vor einem Café im Zentrum, wo viel Kundschaft ein und aus ging. Aus dem australischen Stimmengewirr und auch aus dem Zimttoast und den gewendeten Spiegeleiern, die an der Tafel angepriesen wurden, konnte man schließen, dass das Lokal die erste Adresse für die aus Australien stammenden Dorfbewohner war. Ich holte mir einen Milchkaffee und für Molly einen Napf kaltes Wasser und setzte mich an einen der verchromten Tische.

Sobald meine Hündin ihren Durst gestillt hatte, sprang sie mir auf den Schoß. Ich nutzte die Gelegenheit für ein paar aufmunternde Worte. Das tat ich oft vor einer Suchaktion, denn so konnte ich gut meine Gedanken sammeln und mich auf die bevorstehende Aufgabe konzentrieren. Unsere Fälle waren ausnahmslos wichtig, und mir lag daran, dass jeder Klient von unserer gemeinschaftlichen Kompetenz profitierte. Das vor uns liegende Rätsel zu lösen, lag mir aber ganz besonders am Herzen. Donnas Krebsmartyrium hatte die Erinnerung an meinen Bruder wachgerufen, der vor Jahren gestorben war; ihre Notlage traf einen Nerv bei mir.

»Molly, es ist ungeheuer wichtig, dass wir heute Snuggles finden«, sagte ich, als sie mich aus ihren großen kastanienbraunen Augen ansah. »Sie ist mal von der Straße aufgelesen worden, genau wie du, sie muss wieder nach Hause zu Donna. Es geht heute ganz um Teamarbeit, meine Kleine. Wir müssen gute Resultate vorweisen. *Auf ein gutes Gelingen!*« Ich hielt ihr in feierlicher Pose die offene Handfläche entgegen, doch Molly guckte mich nur an.

Alles in Ordnung bei dir?, schien sie zu fragen. *Hast du sie noch alle?*

Molly leckte mir das Kinn, wahrscheinlich hatte sie Milchschaum daran entdeckt. Erst jetzt merkte ich, dass das ganze Café uns anstarrte. Wie viele Hundefreunde unterhielt ich mich mit meinem Cockerspaniel, als wäre er ein menschliches Wesen; zugegebenermaßen gab das ein wunderliches Bild ab. Offensichtlich meinte nicht nur Molly, dass sich bei mir ein paar Schrauben lockerten.

»Na komm, Molly«, flüsterte ich, wobei mir die Hitze ins Gesicht stieg. »Ich glaube, es ist Zeit, dass wir uns mit Donna treffen.«

An der Haustür empfing uns eine ausgesprochen große schwarzhaarige Frau mit haselnussbraunen Augen und einem einnehmenden Lächeln. Donna war sehr blass und machte einen zerbrechlichen Eindruck, aber sie sagte, sie habe gut geschlafen, ohne Alpträume, die mit Füchsen zu tun hatten, und sie sei fit und bereit, bei der Suche mitzumachen.

»Aber nur, wenn Sie dazu in der Lage sind«, gab ich zu bedenken. »Geben Sie mir einfach ein kleines Zeichen, wenn es zu anstrengend wird.«

Wie nicht anders zu erwarten war, zeigte sich Donna sehr angetan von Molly, die sie an Rettungshunde im australischen Outback erinnerte. Und nach dem fortwährenden Geknuddel und Gehätschel zwischen den beiden zu urteilen, beruhte das Gefühl auf Gegenseitigkeit.

»Ach, wie *vermisse* ich diese Liebkosungen«, seufzte Donna, während Molly die Aufmerksamkeit genoss.

Meine Klientin machte mit uns eine Besichtigungstour durch Adderburys schmuckes Zentrum. Als wir bei einer Parkbank stehenblieben, um eine kleine Rast einzulegen, fragte ich Donna über die Verhaltensweisen ihrer Katze aus und bohrte besonders nach, was die Umstände ihres Verschwindens betraf. Augenscheinlich hatte es Snuggles mit der Angst zu tun bekommen und sich aus dem Staub gemacht, aber ich musste mich vergewissern, ob das Verschwinden von außen ausgelöst worden war, beispielsweise durch den Kater im Busch, oder ob es eher eine von innen her rührende Reaktion auf die allgemeinen Turbulenzen war, die mit dem Umzug zusammenhingen. Nachdem ich Donna zugehört hatte, ging ich davon aus, dass es eine Mischung beider Ursachen war. Snuggles war aus einem geräumigen einstöckigen Haus in einer größeren Stadt auf ein winziges Stückchen Land in einem kleinen Städtchen verpflanzt worden. Es wäre nur zu verständlich, dass sie etwas verwirrt war. Jedenfalls, das sagte mir meine Erfahrung, dürfte Snuggles es nicht weit geschafft haben. Sie hatte sich wahrscheinlich in einem zeitweiligen Unterschlupf verkrochen.

Zu unseren Ungunsten stand uns nur eine mickrige Probe Katzenhaar zur Verfügung. Donna hatte nur das Nötigste aus Australien mitgebracht, all die bis dahin ständig benutzten Katzenbetten und Kratzbäume hatte sie weggegeben. Von Snuggles besaß sie nur noch die Leine – nicht nur Hunde werden ausgeführt –, und an diesem Zubehör hatten sich einige Strähnchen des karamellfarbenen Katzenhaars verfangen.

Um zu prüfen, ob diese Geruchsprobe ausreichte, beschloss ich, Molly einem kleinen Test zu unterziehen. Ich löste das Katzenhalsband von der Leine und schob es unter einen Pflanzkübel auf Donnas Terrasse. Dort ließ ich es etwa eine halbe Stunde liegen, damit sich die Duftmarke festsetzen konnte. Dann bereitete ich Molly vor, gab ihr die Geruchsquelle zu riechen und ließ sie im Garten von der Leine. Sie kundschaftete die Rasenfläche und die Terrasse aus, hatte fünf Minuten später das Halsband aufgespürt und zeigte mir die perfekte Signalpose, so wie ich es mir erhofft hatte.

»*Braves Mädchen*, Molly«, lobte ich sie. Donna, tief beeindruckt, schüttelte ehrfürchtig den Kopf. »Das heißt, wir können loslegen.«

Wir machten uns an eine systematische Inspektion der umliegenden Gärten, die Donna größtenteils schon mit ihren Freundinnen gründlich in Augenschein genommen hatte. Die meisten Nachbarn waren sympathisch und hilfsbereit, bis auf einen sauertöpfischen Glatzkopf, der sich absolut unkooperativ verhielt. Er beschwerte sich über die Unmengen von »beschissenen Flugblättern«, die man ihm unter der Tür durchgeschoben habe, und fragte gebieterisch nach, wann die Poster mit dem »KATZE VERMISST!«-Aufdruck endlich wieder eingesammelt würden. Er mokierte sich über mich, als ich ihm klarmachte, dass Molly verlorengegangenen Katzen auf die Schliche kommt: »Und wozu das Ganze? Das Vieh ist sicher sowieso längst abgekratzt…« Er ließ uns auch nicht auf sein Grundstück und berief sich dabei auf die schwere Hundehaarallergie seiner Frau. Donna stand kurz vor einem Tränenausbruch, und das wollte ich um jeden Preis vermeiden; folglich dankte ich ihm für seine kostbare Zeit und seine gutnachbarschaftliche Gesinnung und zog wieder los, ehe ich ihm am Ende noch unter die Nase rieb, was für ein kaltschnäuziger Blödmann er doch war.

»Kotzbrocken«, entfuhr es mir; ich schüttelte bloß verständnislos den Kopf, während er von der Haustür aus noch weiter vor sich hin schimpfte.

»Oder Drongo, so nennen Australier einen Schwachkopf«, meinte Donna.

Beim nächsten Haus empfing uns ein junger Vater, der zum Glück weitaus entgegenkommender war. Er führte uns drei durch den Hinterausgang und erschien fünf Minuten später auch selbst zusammen mit seinem kleinen Kind im Spielanzug.

»Sie haben doch nichts einzuwenden, wenn wir zugucken, oder?«, wollte er wissen. »Ethan und ich haben uns heute Vormittag schon genug *Tom und Jerry* reingezogen, Molly, der Katzenspürhund, kommt uns viel spannender vor.«

»Nein, das ist okay«, stimmte ich zu. »Aber verhalten Sie sich möglichst leise. Wir möchten nicht die Katze erschrecken, falls sie in Ihrem Garten ist.«

»Miezekatze? Im *Gargen?*« Der Kleine war ganz aufgeregt. »Miezekatze lieb! *Miau!*«

Molly, die Schauspielerin, schien zu merken, dass sie bestaunt wurde, und setzte sich vor ihrem Publikum auf der Terrasse entsprechend in Szene: Sie vollführte einige gewandte Sprünge auf eine Ziegelmauer hinauf und schnupperte an den Pflanzkübeln. Aber ganz plötzlich blieb sie in der Mitte des Gartens stehen, wie vom Rampenlicht gebannt. Sie schnüffelte am Boden, schaute komplizenhaft zu mir herüber und nahm eine mir wohlvertraute gekrümmte Körperhaltung ein.

Oh Gott, bitte nicht hier, Molly, dachte ich.

»Molly!«, zischte ich. Aber zu spät.

»Was macht Wauwau da, Papa?«, fragte der kleine Ethan, als meine Hündin mit wässrigen Augen einen dampfenden braunen Haufen auf den schneeweißen Kies setzte. »Wauwau *kackert!* Molly kackert!«

Am liebsten hätte ich mich in ein Mauseloch verkrochen.

»Oje, es tut mir furchtbar leid«, entschuldigte ich mich und stellte einen neuen Zehn-Meter-Hundetüten-Sprintrekord auf, um das Häufchen des Anstoßes einzutüten. »So was hat Molly noch nie während einer Suchaktion gemacht. Das ist ganz untypisch für sie ...«

Als ich mich umsah, stellte ich fest, dass ich mir meine Entschuldigungen hätte sparen können. Vater und Sohn kugelten sich vor Lachen, und Donna stützte sich an der Hauswand ab, weil auch sie sich vor Lachen nicht einkriegte.

»Wozu *Tom und Jerry,* wenn man so gute Unterhaltung im eigenen Garten hat?«, meinte der Papa mit einem Grinsen im Gesicht zu mir. »Etwas Komischeres gibt es gar nicht. Wie verlegen Sie aus der Wäsche gucken ... einfach köstlich.«

»Oh Gott, danke für Ihr Verständnis«, sagte ich, während Molly den Kopf schief zur Seite legte, ganz konfus wegen des Tohuwabohus.

Mir stand noch immer die Schamesröte im Gesicht, als wir über die Zufahrt hinausliefen. Molly trottete lässig neben mir her, um einige Pfund erleichtert, nehme ich an, und Donna wischte sich die Lachtränen ab.

»Herrje, so habe ich seit Wochen nicht gelacht«, sagte sie.

»Na gut, wenigstens fanden *Sie* es lustig«, sagte ich mit gefurchter Stirn. »Aber es ist des britischen Katzenspürhundes Nummer eins eher unwürdig, muss ich sagen.«

Dann prustete aber auch ich los.

Unsere nächste Anlaufstelle war ein ziemlich schäbiger Bungalow, der sich mit seiner abblätternden Farbe und den schmutzigen Fenstern merklich von den anderen Behausungen abhob, die alle besser in Schuss waren. An die Tür kam ein drahtiger Typ mit zerknittertem Gesicht und schwarzgefärbten Haaren, eine selbstgedrehte Zigarette hing ihm zwischen den Lippen. Der Kerl war Ronnie Wood, dem Gitarristen der Rolling Stones, wie aus dem Gesicht geschnitten.

»Klar doch, Alter«, gab er sein Einverständnis, als ich ihn bat, einen Blick in seinen Garten werfen zu dürfen. »Sieht bloß'n bisschen wüst aus, Kumpel. Ich bin mehr so'n Stubenhocker, kein Frischlufttheini.«

Molly beäugte diesen Typen aufmerksam, streckte die Schnauze in den Korridor und drehte den Kopf wieder zu mir.

Was ist das für ein eigenartiger Geruch, Herrchen?, schien sie zu fragen. *So was ist mir ja noch nie in die Nüstern gedrungen…*

Ich schmunzelte insgeheim, denn in der Luft lag das unverwechselbare Aroma von Cannabis.

Ach Molly, dachte ich. *In einem anderen Leben hätten wir beide die*

Bude von diesem Strolch hier auf den Kopf gestellt und nach seinen geheimen Vorräten gesucht. Wie die Zeiten sich doch ändern …

Der Ronnie-Wood-Doppelgänger lag nicht falsch, was seinen Garten betraf. Er glich dem Urwald am Amazonas, und ich musste Molly gut im Auge behalten, als sie sich durch das verfilzte Gras und die verhedderten Zweige der Sträucher kämpfte. Wie es aussah, fühlte sie sich zu einer verwilderten Eibenhecke hinter dem Grundstück hingezogen, und als sie sich schließlich bis dorthin vorgearbeitet hatte, suchte sie mit den Augen meinen Blick und warf sich dumpf für ihre Signalpose auf den Boden.

»Also, Donna, offensichtlich ist Snuggles irgendwann hier gewesen.«

»Wollen Sie mich auf den Arm nehmen?«

»Keineswegs«, gab ich zurück und näherte mich Molly. Dabei spähte ich in das verworrene Zweiggeflecht der Eibenhecke. »Der Haken daran ist allerdings, dass das Gesträuch von Brombeeren überwuchert ist, ich kann Molly nicht weitersuchen lassen.«

»Ach, schade«, sagte Donna traurig.

Dann mampfte Molly erst einmal ein paar Brocken Cheddarkäse, und ich versuchte, derweil die wirren Zweige auseinanderzuzerren, um Spuren von Snuggles ausfindig zu machen. Meine Bemühungen waren jedoch aussichtslos. Wie befürchtet, war die Hecke im wahrsten Sinne undurchdringlich, wovon die Kratzer der rasiermesserscharfen Stacheln auf meinen Unterarmen beredtes Zeugnis ablegten.

»Gut, dann wollen wir's mal nebenan versuchen«, schlug ich vor und führte Molly durch den Garten zurück. Als wir am morschen Schuppen von Ronnies Doppelgänger vorbeistapften – *Treffer!* –, da gab uns die Hündin wieder ein unzweideutiges Körpersignal. Die schief in den Angeln hängende Tür stand bereits offen, und pfeilschnell schoss Molly hinein, geradewegs auf einen Berg aufeinandergestapelter gestreifter Sitzpolster zu.

Das obenauf liegende Polsterkissen wies einwandfrei den Geruch auf, den Molly abgespeichert hatte, und um das Ganze noch zu toppen, klebten daran in rauen Mengen seidige honigfarbene Katzenhaare.

»Das kann nicht wahr sein«, murmelte Donna, als ich ihr die Indizien zeigte. »Das sieht weiß Gott nach Snuggles' Fell aus. Was für ein cleveres Hündchen Sie doch haben.«

In ihrer unnachahmlichen Art hatte Molly mir geholfen, mir vorzustellen, in welchem räumlichen Rahmen sich die Katze bewegte. Es zeichnete sich ab, dass sie den verwahrlosten Garten als festen Standort nutzte, wo sie klugerweise die Geborgenheit des Schuppens anstrebte, nachdem sie fürs Erste Schutz unter der Eibenhecke gefunden hatte. Die Eindringlichkeit, mit der Molly beide Male ihre Signalpose ausgeführt hatte, ließ vermuten, dass Snuggles erst kurz zuvor ganz in der Nähe gewesen war – so aufgeregt, wie Molly sich zeigte, war das wahrscheinlich innerhalb der letzten Stunden geschehen.

Mir war etwas bange, weil wir selbst vielleicht Snuggles aus dem Schuppen verscheucht hatten; wenn wir unseren Aufenthalt hier länger hinauszögerten, riskierten wir, dass wir sie noch weiter weg trieben.

Mit solchen Erwägungen im Hinterkopf legte ich mir einen Plan zurecht.

»Donna, ich werde Molly von der Aktion abziehen, und Sie setzen sich in den Garten, allein, und reden einfach ganz leise mit Ihrer Katze.«

»Wirklich? Das finde ich ein bisschen abgefahren …«

»Snuggles fühlt sich hier doch bestimmt etwas verloren, Ihre Stimme gibt ihr vielleicht ein Stückchen Geborgenheit und knüpft an etwas Vertrautes an.«

»Okay, ich probier's mal. Ehrlich gesagt, Colin, käme mir etwas Sitzen ganz recht, ich werde langsam müde.«

Mit dem Einverständnis des Grundstückeigentümers – »Na logooo«, hatte er beteuert – zog sie sich einen Stuhl unter das Blätterdach eines knorrigen Birnbaums. Als ich mich mit Molly aus dem Garten zurückzog, konnte ich sie ganz leise tuscheln hören.

»Snuggles, meine Süße, hier ist dein Frauchen. Du fehlst mir so sehr. He, lass dich doch mal blicken und sag hallo!«

Nach einer halben Stunde vibrierte mein Handy, gerade als Molly auf einem Fußballplatz herumtollte. Donna war dran. Ich atmete tief ein und meldete mich.

»Sie lagen richtig!«, jauchzte sie, und auch ich stieß freudig die Faust in die Luft. »Es hat geklappt! Sie ist aufgetaucht! Sie ist da!«

Die Katze und ihr Frauchen hatten es sich schon zu Hause gemütlich gemacht, und, so meinte Donna, später am Abend würden sie sich mit einer Portion Popcorn vor dem Fernseher aufs Sofa kuscheln, ganz genauso, wie sie es immer in Fremantle getan hatten.

»Genau *darum* geht es, Molly«, sagte ich und warf den Tennisball über den einen Torpfosten. »Genau *darum* machen wir das Ganze.«

Wieder einmal hatte sich mein Entschluss, mir einen Katzenspürhund zuzulegen und meine hinreißende Molly zu adoptieren, rundum bewährt. Vermisste Haustiere mit ihren »Eltern« zusammenzuführen, war von Anfang der Beweggrund für mein Tun gewesen. Die tatsächliche Umsetzung dieses Zieles war aber weitaus beglückender, als ich es mir in meinen kühnsten Träumen ausgemalt hatte. Dank meiner Molly-Teamarbeit war das Band der Zuneigung zwischen Donna und Snuggles wieder neu geknüpft worden. Etwas Besseres konnte ich mir nicht vorstellen.

Wie der Zufall es wollte, suchten wir in der darauffolgenden Woche schon wieder nach einer aus einem anderen Land eingewanderten Katze. Tom, ein gewiefter getigerter Kater, dessen Jaulen die Toten aufweckte, war in Frankfurt am Main von einer streunenden Katze in die Welt gesetzt und später von der Brasilianerin Marcella aufgenommen worden, die in der Stadt als Medienmanagerin arbeitete. Tom wurde ihr Augapfel und von ihr nach Strich und Faden verwöhnt. Zu fressen bekam er nur Futter vom Feinsten, Abend für Abend genoss er gedämpften Rotbarsch, angerichtet auf einem Porzellanteller, und vor dem Schlafengehen bürstete Marcella ihm das Fell, bis es wie Seide glänzte. Sie vergötterte den lieben Kleinen, ihren *menino*.

Ende 2017 wurde Marcella jedoch dienstlich ins englische Worthing versetzt. Die neue Aufgabe brachte sie in Hochstimmung, und sie freute sich auf den Tapetenwechsel; doch auf die Trennung von Tom für die Dauer der langen Reise nach England war sie nicht vorbereitet. Sie beschloss, weder die Fähre über den Ärmelkanal noch das Flugzeug nach Gatwick zu nehmen; stattdessen mietete sie ein »Haustiertaxi« bei einer Firma, die sich auf den Transport von Katzen und Hunden gemeinsam mit ihren Haltern spezialisiert hatte. Auf diese Weise konnte Marcella neben Tom sitzen, während sie durch Deutschland, Belgien und Frankreich chauffiert wurden und durch den Eurotunnel rauschten. Tom richtete sich gut in seinem neuen Zuhause ein. Marcella wechselte nahtlos an ihren neuen Arbeitsplatz, nichts ließ etwas zu wünschen übrig.

An einem Abend im Herbst kehrte Marcella von der Arbeit heim und fand auf der Fußmatte einen handgeschriebenen Zettel.

Melden Sie sich bitte bei der Hausnummer 78. Wahrscheinlich wurde Ihre Katze in einen Unfall verwickelt. Neil

Neil war Marcellas übernächster Nachbar, er hatte die schreckliche Botschaft zu überbringen, dass er Tom am frühen Nachmittag über die Straße hatte laufen sehen, geradewegs auf einen vorüberfahrenden blauen Kombi zu.

»Oh meu Deus, meu pobre bébé!«, schrie Marcella und schlug die Hände vors Gesicht. »Wurde er schwer verletzt?«

»Das weiß ich nicht so genau, aber er wurde heftig angefahren und machte sich dann davon, dort entlang«, gab Neil Auskunft und deutete zu einem Haus auf der gegenüberliegenden Straßenseite. »Ich bin rübergegangen und wollte nachschauen, aber ich habe nichts gesehen, es tut mir wirklich leid.«

Marcella nahm sich am nächsten Tag frei, um nach Tom zu suchen, aber vergebens.

Am darauffolgenden Vormittag nahm ich gerade eine Lieferung von sechs neuen Hennen für den Hof in Empfang, Molly schaute interessiert dabei zu. Da bekam ich einen Anruf von dieser völlig aufgelösten Brasilianerin, die das Allerschlimmste befürchtete, was ihrem Kater zugestoßen sein könnte. Hier handelte es sich um einen Notfall, schließlich war Toms Leben in Gefahr, folglich sagte ich die für den Nachmittag anberaumte Trainingseinheit auf Bramble Hill ab.

»Nun, Molly, Planänderung. Wir werden wohl nach Worthing müssen.« Ich scheuchte die letzten Hühner in den Stall.

Bevor wir in Richtung Süden aufbrachen, hielten wir vor meinem Haus in Cranleigh an, wo ich Landkarten und einige Gerätschaften einsacken wollte. Sarah arbeitete an diesem Tag von zu Hause aus und hieß uns an der Haustür willkommen.

»Gut, dass du vorbeischaust«, sagte sie mit blitzenden Augen. »Liebe Molly, ich habe mit dir noch ein Hühnchen zu rupfen...«

»Nanu, was hat sie denn verbockt?«, fragte ich. Das Verhalten unserer Hündin im Haus hatte sich deutlich gebessert, aber draußen stellte sie immer noch allerhand Dummheiten an.

Molly setzte eine Leichenbittermiene auf, frei nach dem Motto: *Ich habe da wohl was verzapft?* Und warf erst Sarah, dann mir, dann wieder Sarah einen Blick zu.

»Naja, du weißt doch, Colin, dass ich mich gewundert hatte, wo alle meine Söckchen abgeblieben sind. Ich glaube, ich weiß jetzt die Antwort«, sagte sie und fischte aus der Tasche ihrer Strickjacke eine Handvoll pastellfarbener Wollsöckchen mit Gummibündchen heraus. In einigen klafften Löcher, andere sahen aus wie durch die Mangel gedreht.

»Und?«, ermunterte ich Sarah, unsere Übeltäterin auf vier Pfoten heulte schuldbewusst auf und scharrte mit den Vorderpfoten.

»Scheinbar hat sich das Äffchen hier ein Spiel ausgedacht, und das heißt *Klau Sarah die Socken*«, fuhr Sarah fort und kämpfte tapfer gegen ein Lächeln an.

Sie ging von der Annahme aus, dass Molly, als sie, Sarah, gerade nicht hinguckte, klammheimlich ihren Sockenvorrat aus dem Wäschekorb und aus der Kommode stibitzt hatte – oder auch vom Sofa, falls dort welche herumlagen. Sie hatte sie sich zwischen die Zähne geklemmt, war damit durchs Haus gewandert und hatte sie an den unwahrscheinlichsten Stellen versteckt.

»Weißt du, Colin, heute früh habe ich ein bisschen klar Schiff im Haus gemacht, und da finde ich doch ein Söckchen auf dem Sofa, unters Sitzkissen gestopft, eins steckte hinterm Herd, eins unter der Matratze im Gästezimmer, und eins war hinter einen Blumentopf geklemmt.«

»Dann denke ich mal, Molly muss bei *Marks & Spencer* anrücken und Ersatz beschaffen, oder was meinst du?«, sagte ich schmunzelnd.

»Oh ja«, bekräftigte sie meine Worte mit einem breiten Lächeln. Mit ihrem feinen Instinkt erfasste Molly den versöhnlichen Ton meiner Freundin. Sie wedelte mit dem Schwanz, warf Sarah einen fragenden *Vergeben-und-Vergessen?*-Blick zu und ließ sich daraufhin von ihr herzhaft knuddeln.

Ich erklärte Sarah dann, dass wir am Nachmittag nach Worthing müssten, um die Suche nach Tom zu organisieren.

»Dann nimm mal deine Handschuhe mit«, riet sie mir. »An der Küste könnte es richtig kalt werden.«

»Gute Idee«, antwortete ich und holte sie mir gleich von der Garderobe. Aber ein kurzer Blick auf die schwarzen Lederhandschuhe genügte, um mich laut auflachen zu lassen. Jeder einzelne Finger war abgekaut.

»Molly!«, brüllten Sarah und ich unisono.

Während der Dreiviertelstunde, die wir nach Worthing brauchten, schlummerte Molly, das sockenklauende, handschuhknabbernde Ungeheuer, in ihrer Box, und ich ließ mir die vor uns liegende Aufgabe durch den Kopf gehen. Dass Tom möglicherweise von einem Auto angefahren worden war, setzte uns einen engen Zeitrahmen. Normalerweise überlebt eine Katze eine Unfallverletzung nicht länger als eine Woche; offene Wunden oder gebrochene Knochen können sich infizieren, und wenn das Tier innere Blutungen hat oder sich nicht zu einer Wasserquelle hinbewegen kann, könnte es dehydrieren.

Was uns in die Hände spielte, war der Umstand, dass der Kater wohl nicht allzu weit gekommen sein dürfte, der Bereich unserer Suche war folglich beschränkt. Über die Jahre hatte ich mir eingeprägt, dass eine Katze, die einen Unfall erlitten hat, schwer verletzt und traumatisiert ist, reflexhaft flieht, um dem Ort, wo ihr die Schmerzen zugefügt wurden, zu entkommen. Von dem auslösenden Schock und von Adrenalin getrieben, hastet die Katze dann schnurstracks zum erstbesten sicheren Ort, beispielsweise sucht sie Zuflucht in einem nahegelegenen Schuppen oder einer offenstehenden Garage. Eine geschwächte Katze hat nicht den Antrieb, zurück nach Hause zu laufen, sondern versteckt sich quasi unabsichtlich in einiger

Entfernung vom Unfallort, um das eigene Wohlergehen zu sichern.

Ich musste mich darauf verlassen, dass mein Wissen um das Verhalten von Katzen ebenso wie Mollys unübertreffliche Fähigkeiten bei der Geruchsidentifizierung uns den Vorteil verschaffen würden, die Katze aufzuspüren. Natürlich war es ein Wettlauf gegen die Zeit. Doch Molly und ich trainierten schließlich Tag für Tag für diese Art von Szenario. Deshalb war ich zuversichtlich, dass wir als Team Tom finden würden.

Es hatte mich eine halbe Stunde gekostet, Marcella zu beschwichtigen. »Ich verkrafte es nicht, wenn er tot ist!«, jammerte sie und raufte sich die Haare. Aber als ich sie schließlich beruhigt hatte, war sie in der Lage, mich über Toms Eigenarten und Gewohnheiten aufzuklären, sodass ich mir ein ungefähres Bild von ihm machen konnte. Marcella versorgte mich mit einer ansehnlichen Katzenhaarprobe, einem dichten Büschel von seinem samtenen Luxusbett, das ich wie üblich in ein sterilisiertes Glas stopfte und zu Molly mitnahm, die artig mit ein paar Quietschtieren als Gesellschaft im Auto gewartet hatte.

Marcella hatte durchblicken lassen, dass sie Hunde nicht über die Maßen mochte; ihre Welt waren nun mal Katzen, aber ich sah, wie sie förmlich dahinschmolz, als Molly aus ihrer Box gesprungen kam, so fesch und forsch wie eh und je.

»Marcella, das ist Molly«, stellte ich sie vor.

»Oh, so eine Hübsche.«

Mollys Begabung, die Barrieren zwischen Katzen- und Hundehaltern niederzureißen und beide »Lager« miteinander auszusöhnen, ist wirklich beachtlich. Sie kann selbst eingeschworene Katzenfans in den Bann schlagen und entwaffnen. Ich glaube, das ist ihrer freundlichen, friedfertigen Art zuzuschreiben – und da sie ja darauf getrimmt ist, deren vermisste Katzen zu suchen, ist ihre Ausstrahlung umso größer. Darüber hinaus übt sie eine beruhigende Wirkung auf Klientinnen wie Marcella aus, die, kaum kriegen sie den lebhaften kleinen Spaniel das erste Mal in seinem UKPD-Geschirr zu sehen, auf der Stelle von Vertrauen, Zuversicht und Optimismus beseelt werden.

Ich hielt Molly Toms Geruchsprobe vor die Schnauze, und ihr schneller werdendes Schwanzwedeln ließ darauf schließen, dass es Qualitätsware war.

Ohne Zeit zu vertrödeln, gingen wir ans Werk. In dieser angespannten Situation war kein langes Palavern angesagt. Eile war geboten, und wollten wir Tom lebend retten, dann mussten wir uns Zugang zu möglichst vielen Grundstücken verschaffen, und zwar so schnell wie irgend möglich. Zügig durchkämmten Molly und ich die Anwesen der viktorianischen Villen entlang der Allee, in der Marcella wohnte, und gingen vielen wohlgesonnenen Anwohnern um den Bart, damit sie uns großzügig ihre Garten- und Garagentore öffneten. Von den Rasenflächen aus, die nach Süden lagen, konnte ich graublau den Ärmelkanal schimmern sehen, auf dem in der Ferne weiße Jachten auf und nieder tanzten. Die sanfte Meeresbrise trug auch einen scharfen salzigen Geruch heran, der, wie ich hoffte, Molly nicht aus dem Konzept bringen würde.

Neil, der Mann aus der Nummer 78, erschien pünktlich gemeinsam mit ein paar neugierigen Nachbarn und führte uns zu der Straße, über die Tom gerannt war. Molly sprintete voller Eifer auf die andere Seite der Fahrbahn, scharrte an einer roten Ziegelmauer, wirbelte herum und warf sich im Angesicht der Schaulustigen bäuchlings auf den Boden, damit gab sie mir das entscheidende Signal: *GEFUNDEN!* Auch ihr charakteristisches Schnauben verriet, dass sie den Geruch identifiziert hatte; auf eben diese Weise nahm sie auch die Witterung eines Geruchs auf, wenn sie zum wiederholten Mal daran schnupperte, um ihn besser beurteilen zu können.

He, ich habe den Geruch aus dem Marmeladenglas wiedererkannt, schien sie sagen zu wollen. *Kann ich jetzt bitte meine Blutwurst bekommen?*

»*Qué? Qué?* Was ist los?«, kreischte Marcella.

»Jetzt ist es ganz wichtig, dass wir Ruhe bewahren«, bedrängte ich meine Klientin. »Anscheinend hat Molly eine deutliche Geruchsspur in der Nähe der Mauer aufgenommen, vielleicht setzt sie sich dahinter fort. Wir müssen zu dem Haus hinter der Mauer.«

Wir liefen um das Grundstück herum und baten höflich die beiden tattrigen Bewohner, Darby und Joan, ob wir die große Doppelgarage durchsuchen dürften, die rücklings an die Ziegelmauer gebaut war.

»Das hat gar keinen Sinn«, krächzte der alte Herr. »Ich war seit Wochen nicht mehr da drin, sie ist mit Vorhängeschlössern zugehängt. Da könnte keine Katze rein.«

Seine Frau nickte zur Bekräftigung.

»Er hat recht«, sagte sie mit brüchiger Stimme. »Sie verschwenden bloß Ihre Zeit.«

»Ich würde wirklich trotzdem gern mal einen Blick hinein werfen«, insistierte ich, ohne nervig sein zu wollen. »Nur zwei Minuten, versprochen.«

»Haben Sie mich nicht verstanden? Leider nein«, schnaubte der Alte, und die Tür wurde uns vor der Nase zugeknallt.

»Mist«, schimpfte ich in mich hinein.

»*Idiota*«, fauchte Marcella.

Aber eine von uns ließ sich nicht abweisen. Ich machte Molly von der Leine los, und sie sauste durch den Garten, machte Hindernislauf über ein Keramikspülbecken und eine metallene Schubkarre und warf sich an das Garagentor. Es überraschte mich auch nicht, als sie mir in untadeliger und unmissverständlicher Weise ihr Körpersignal gab.

»Das ist ja ein Witz«, sagte ich und stapfte auf das Haus zu, um mir nochmals Darby und Joan zur Brust zu nehmen. Doch da bog ein Auto in die Einfahrt ein, aus dem ein Mittvierziger im Trainingsanzug stieg. Ich nahm an, dass er der Sohn des Ehepaares war, denn er ähnelte stark seinem Vater.

»Äh, kann ich Ihnen helfen?«, fragte er argwöhnisch; wahrscheinlich wunderte er sich, was dieser amtlich aussehende Typ und sein schwarzer Hund auf dem Grund und Boden seiner Eltern zu suchen hatten.

Ich erklärte ihm, wer ich war und was ich hier wollte.

»Ich bin nicht hergekommen, um irgendwelche Probleme zu machen, glauben Sie mir. Aber meine Hündin gibt mir zu verstehen, dass vielleicht in der Garage Ihrer Eltern eine Katze festsitzt. Sie behaupten, sie seien wochenlang nicht da drin gewesen, deshalb lassen sie mich nicht rein.«

»Ja, stimmt, *sie* sind auch tatsächlich nicht drin gewesen«, meinte der Mann und verdrehte die Augen. »Aber *ich* schon. Vorgestern habe ich darin heftig ausgemistet. Das war Knochenarbeit. Stundenlang.«

»Könnten Sie uns vielleicht den Schlüssel besorgen?«

»Klar doch … ich geh mal nachsehen, wo er ist«, sagte er und kehrte auch tatsächlich gleich darauf mit dem Schlüssel in der Hand zurück.

Kaum schob er ihn ins Schloss, da ertönte ein erbärmliches Miauen.

»*Tom! Tom! Mi pequeño bébé!*«, schluchzte Marcella, als ihr heißgeliebtes Haustier bedächtig aus den dunklen Tiefen der Garage herausgetapst kam. Der arme kleine Kerl humpelte fürchterlich, sein Hinterlauf war schwer verletzt. Ich riet meiner Klientin, sie solle sich neben ihn hocken und ihn trösten, in der Zwischenzeit würde jemand einen Katzenkorb besorgen. Ich nahm Tom kurz in Augenschein und stellte fest, dass die Gliedmaße offenbar gebrochen war; ebenso beunruhigend war, dass die Augen trüb waren und nicht reagierten.

»Sie müssen sofort mit ihm zu Tierarzt«, mahnte ich Marcella und betete, dass Tom stark und belastbar genug war, um durchzukommen.

Vierzehn Tage später saß ich in meinem Büro auf der Bramble Hill Farm, Molly auf dem Knie, und wollte ein paar unerledigte Telefonate nachholen. Zuerst rief ich Donna an, von der ich vor allem wissen wollte, wie es ihr gesundheitlich ging, aber ich war auch neugierig auf einen Zwischenbericht über ihre Katze.

»Ach Colin, schön, von Ihnen zu hören«, sagte sie. »Snuggles geht es bestens, danke. Sie ist sehr zufrieden und hat sich gut eingerichtet. Keine Buschwanderungen mehr bei Ronnie Wood, Gott sei Dank.«

»Und wie geht es *Ihnen*, Donna?«

»Ich komme voran. Langsam, aber sicher, aber ich glaube, das Schlimmste habe ich hinter mir, toi, toi, toi.«

»Das ist ja eine prima Nachricht.«

»Die Katzentherapie hat mir bei der Genesung vorangeholfen, das kann ich Ihnen sagen«, gluckste sie fröhlich. »Snuggles hat mir aus dem Tief herausgeholfen, ich schwör's. Meine Schwester meint, sie könnte in den Staatlichen Gesundheitsdienst eintreten...«

In einem etwas nachdenklicheren Ton dankte sie uns beiden für unsere Hilfe.

»Sie waren unglaublich«, sagte sie. »Bitte drücken Sie Molly in meinem Namen, ja?«

»Klar mach ich das, Donna. Und Sie drücken Snuggles auch gleich mal von mir.«

Als Nächstes rief ich Marcella an. Tom war in einem schlimmen Zustand beim Tierarzt eingetroffen. Die ersten 24 Stunden lang hatte sein Schicksal auf Messers Schneide gestanden, doch die Operation am linken Hinterlauf, den er sich tatsächlich bei dem Unfall gebrochen hatte, verlief erfolgreich.

»Wie geht's denn unserem kleinen Freund so?«, erkundigte ich mich.

»Nun, sein Bein bleibt erstmal ein paar Monate lang geschient, das gefällt ihm gar nicht, aber davon abgesehen geht es ihm gut.«

»Das freut mich wirklich, Marcella.«

»Aber ohne Sie und Molly wäre er gar nicht hier, Colin«, fügte sie mit bebender Stimme hinzu. »Ich werde nie, *niemals* vergessen, was Sie für mich getan haben.«

Molly guckte zu mir hoch, ich kraulte sie am Kinn. »Die Freude ist ganz meinerseits, Marcella.« Ich lächelte. »Unsererseits, wollte ich sagen.«

Damit legte ich auf und lehnte mich in meinem Bürosessel weit zurück. Das alte Leder knarrte, Molly schaute auf, hob eine Augenbraue und legte den Kopf zur Seite.

Geht's jetzt raus, Herrchen?

Ich hing in meinem Sessel und dachte über jenen Telefonanruf von meiner Auftraggeberin Suzie nach, vor vielen, vielen Jahren, als sie sich wegen ihres verlorengegangenen Katers Oscar den Kopf zermarterte, und ich rief mir meinen damals feierlich gefassten Vorsatz ins Gedächtnis, mir einen Katzenspürhund anzuschaffen. Aus Neugier griff ich in die Schublade und holte mein altes Auftragsbuch heraus. Ich blätterte die vergilbten Seiten durch.

»Na so was, Molly!«, rief ich, als ich zu guter Letzt das entsprechende Datum herausgefunden hatte. Da stand: »Suzie und Oscar, East Meon« an den Rand gekritzelt. »Fünf Jahre ist das her. Ein halbes Jahrzehnt. Kaum zu glauben.«

Molly schleckte mir großzügig die Hand, das tat sie stets, wenn sie spazieren gehen wollte. Sie fixierte mich mit ihrem Blick.

Und – geht's jetzt raus, Herrchen?

»Ja, jetzt *geht's* raus«, sagte ich lächelnd, schlug das Auftrags-buch zu und schob es wieder in die Schublade. »Wir steigen ins Auto, fahren nach West Wittering und spielen schön lange am Strand.«

Die schlaue kleine Molly beobachtete meine Körpersprache, bemerkte mein Nicken und horchte auf die Wörter »Strand« und »Spielen«. Schon sprang sie aus ihrem Hundebett, flitzte aus dem Büro hinaus und zur Haustür, wo sie sich auf meine Schuhe setzte.

»Das lasse ich mal als ein ›Ja‹ gelten«, sagte ich grinsend.

16. Der Ausreißer von Brixton

Viele unserer Unternehmungen, bei denen wir vermisste Haustiere suchten, fanden in London statt, und immer wenn Molly und ich die Hauptstadt aufsuchten, sammelte sich eine Menschentraube um sie. Egal, wohin wir gingen – in den St. James Park, damit sich Molly austoben konnte, oder in hundefreundliche Geschäfte, um Spielzeug zu kaufen –, immer blieben Leute stehen und tanzten um sie herum. Anfangs dachte ich immer, sie werde umschwärmt, weil sie niedlich aussah, aber bald ging mir auf, dass meine patente, nach Aufmerksamkeit süchtige Hündin die Leute eher hypnotisierte. Oft stellte sie mit Passanten Blickkontakt her und ermunterte sie, mit ihr zu kommunizieren. Nur wenige konnten sich dessen erwehren, sie blieben stehen und streichelten sie, wenn sie ihnen mit ihren braunen Augen gerade ins Gesicht schaute. Besonders ausländische Touristen schienen sie anzuhimmeln.

»Was für ein Bild von einem Hund«, staunten sie, kauerten sich hin und machten Selfies mit Molly, gern auch mit Big Ben oder der Tower Bridge im Hintergrund.

In jeden Winkel der Stadt hat uns schon die Jagd nach vermissten Haustieren geführt, von einer allzu vorwitzigen getigerten Katze, die wir in einem leerstehenden Haus in Greenwich eingeschlossen fanden, bis hin zu einer Ragdoll-Katze, die wir aus dem Motorraum eines verlassenen Minibusses in Camden bargen. Und dann gab es noch die schon in die Jahre gekommene Katze mit Schildpattzeichnung, die wir in einem Werkzeugschrank in Battersea ausfindig machten, und das Russisch Blau-Kätzchen, das wir in einem Heizungskeller in Westminster fanden.

Bei einer Ermittlung im Nordwesten von London gelangten wir zu einem wahrhaft unerwarteten Ergebnis. Ein Paar in den mittleren Jahren hatte mich auf seinen Hund hin angesprochen, einen Patterdale Terrier namens Cola, der eines schönen Nachmittags aus ihrem Haus in Hampstead entwischt war. Wie sich herausstellte, hatten an jenem Tag die Türen offengestanden, weil eine Umzugsfirma im Haus zugange war: Die Eigentümer des Hauses, Trevor und Pamela, ließen es nämlich zeitweilig leerräumen, damit größere Renovierungsarbeiten durchgeführt werden konnten. Der Hund nahm durch die Haustür Reißaus und lief in Richtung des nahegelegenen Parks Hampstead Heath.

»Wir gehen davon aus, dass er da Füchsen nachstellt«, meinte Trevor. »Das ist offenbar so in seinen Genen verankert.«

Das klang recht plausibel. Ich hatte schon zuvor mit Patterdale Terriern zu tun gehabt und kannte mich mit ihren Eigenarten und Neigungen aus. Eher ein Hunde-»Typ« als eine Rasse, wurde er ursprünglich von Jagdherren gezüchtet, um im wilden Gelände des Lake Districts Füchse aufzustöbern. Nachdem jedoch 2004 die Fuchsjagd verboten wurde, war der Patterdale Terrier als Gebrauchstier nicht mehr von Nutzen. Aufgrund seines fordernden Wesens schaffte man ihn sich nicht gern als Haustier an. Die Halter, die sich trotzdem einen Patterdale anschaffen, so wie Trevor und Pamela, finden bald heraus, dass ihnen der Jagdtrieb erhalten geblieben ist. Sie stellen nun eben den Füchsen in Parks und in von Bäumen bestandenen Geländen nach. Bei einer solchen Gelegenheit wurde Cola nach mehr als einem Tag von ihren Haltern vermisst, und sie befürchteten, dass ein Fuchsbau über ihm eingestürzt war oder er darin in der Falle saß.

Mir waren schon mehrere Fälle bekannt, wobei Terrier in Fuchs- oder Dachsbauen feststeckten, so etwas war mir also nicht neu. »Wenn Sie Ihrer Hündin Colas Duftnote unter die Nase halten, ob sie ihn dann aufspüren könnte?«, fragte Trevor bei unserem ersten Telefonat. Ich erklärte ihm, dass Molly in erster Linie auf Katzen abgerichtet war, aber auch schon vermissten Hunden erfolgreich auf die Spur gekommen war. Dabei dachte ich besonders an Buffy und Newton.

»Versprechen kann ich Ihnen nichts, aber probieren können wir's«, meinte ich und sagte ihm zu, dass ich am folgenden Tag bei ihm vorfahren würde.

Trevor und seine Frau hatten einen noblen Besitz in der Nachbarschaft prunkvoller Herrenhäuser, in denen, wie Trevor mir anvertraute, eine ganze Schar Prominente und hohe Tiere aus dem Ausland residierten. Als wir beide zusammen mit Molly durch die grünen Alleen von Hampstead liefen, konnte ich gut nachvollziehen, warum das zur gefragtesten Wohnlage der Hauptstadt geworden war. An einer Stelle blieben wir stehen und bewunderten ein besonders großes Grundstück mit einer riesigen Backsteinvilla, und sogleich ging uns ein Mann von einem Sicherheitsdienst an, der uns auf der Überwachungskamera erspäht hatte, und wollte unsere Ausweise sehen. Offensichtlich drückten wir uns vor dem Anwesen des malaysischen Botschafters herum, wo es erst vor Kurzem einen Einbruch gegeben hatte. Daher kam auch die extreme Wachsamkeit dieses Burschen. Schließlich ließ er uns davonziehen, aber nicht, ohne zuvor erstmal um Molly herumzuscharwenzeln.

»Vor Ewigkeiten habe ich mit Cockerspaniels als Spürhunden gearbeitet.« Er lächelte, als Molly ihm eine Pfote auf den Fuß setzte. »Tolle Tiere. Die habe ich zum Fressen gern. Wollen wir nicht den Job tauschen?«

»Wohl eher nicht!«, gab ich lachend zurück.

Als wir uns dem Park näherten, erklärte mir Trevor, dass er am Vormittag schon viele Fuchsbaue in der Gegend lokalisiert hatte. Es gab Dutzende, wie ich feststellte – von Höhlen unter Holzstößen bis hin zu Erdlöchern. Für eine Füchsin ist es normal, verschiedene Erdlöcher zu graben, zwischen denen sie mit ihren Jungen ihren Aufenthalt wechselt, um Wärme zu finden und Raubtieren aus dem Weg zu gehen. Trevor hatte sich ausgerechnet, dass sich in dieser Jahreszeit im Park von Hampstead Heath etwa vier, fünf Weibchen aufhielten, woraus zu schließen war, dass es bis zu vierzig Baue gab.

»Da musst du dich ranhalten, Fräulein«, sagte ich zu Molly, die schon eifrig Colas Geruch aus dem Marmeladenglas inhalierte. Dann erlaubte ich ihr, »der Nase nach« loszurennen, und ließ ihr freien Lauf, von geringfügigen Anweisungen abgesehen. Wir inspizierten einen Fuchsbau nach dem anderen, so zurückhaltend wie möglich, um keinen ihrer Bewohner aufzuscheuchen. Molly war darauf gedrillt, unauffällig zu agieren, und war bei unseren Suchaktionen diskret, deshalb meisterte sie auch das bravourös.

Auch nach drei Stunden, als es langsam dunkel wurde und die Luft feuchter, hatten wir kein Lebenszeichen von Cola entdeckt. Mit fortschreitender Zeit, in der Mollys Jagd weiter erfolglos blieb, dämmerte mir, dass sich Trevors Hund vielleicht weiter fortgewagt hatte.

»Vielleicht hat eine Füchsin Cola vom Park weggelockt, um ihn von den Jungen abzulenken«, erwog ich. So etwas kommt öfter vor. »Lassen Sie uns noch zwanzig Minuten weitermachen, dann ist erstmal Feierabend.«

»Ich verstehe vollkommen«, stimmte Trevor verzagt zu.

Wir kamen an eine kleine mit Laub, Zweigen und Pilzen übersäte Lichtung, überschattet von einer alten Kastanie. Molly stürmte voraus, wirbelte dabei Blätter auf und scharrte Pilze aus dem Boden, aber als sie an den Baum gelangte, hielt sie inne, wirbelte herum und sah mir tief in die Augen. Über die Jahre hatte ich gelernt, Mollys Körpersprache und ihre Verhaltensweisen zu deuten, ebenso wie sie die meinigen zu deuten gelernt hatte. Oft waren keine Worte nötig, denn ich verstand automatisch, was sie meinte. In diesem Augenblick begriff ich, dass Molly auf einen fremdartigen, verwirrenden Geruch gestoßen war, aus dem sie ganz und gar nicht schlau wurde.

Ich habe was entdeckt, aber nicht den Geruch, nach dem ich suche ... was soll ich jetzt machen, Herrchen? Das war die Quintessenz.

»Was hast du gefunden, Mädchen? Zeig's mir«, sagte ich und ging auf sie zu, um mir die Sache genauer vor Augen zu führen.

Ich konnte nichts als Laub entdecken, keine Gegenstände oder Lebewesen von Interesse; folglich war ich drauf und dran, die Aktion abzublasen. Doch da fing Molly an, wie wild zu buddeln, das ganze Erdreich um sich herum wühlte sie auf und stieß ihre Schnauze immer wieder in die sich zusehends vertiefende Grube hinein. Ganz plötzlich zog sie etwas mit den Zähnen heraus, das wie ein blauer Samtbeutel, so groß wie eine Wärmflasche, aussah, rundherum eingeschmutzt. Nachdem ihr das Herauszerren gelungen war, gaben ihre Zähne den Beutel frei und ließen ihn zu Boden fallen; mehrere glänzende Objekte fielen mir klirrend zu Füßen.

»Meine Herren!« Trevor lachte und besah sich den funkelnden Haufen von Halsketten, Ringen und Armbändern. »Ihr Hund hat die Kronjuwelen erschnüffelt.«

Da Molly mich so flehend ansah und unverkennbar eine Belohnung für ihre Mühe erwartete, gab ich ihr eine Handvoll Trockenfutter, dann forderte ich sie auf, sich hinzulegen, während ich mir selbst weiter an der Fundstelle zu schaffen machte. Ich kniete mich auf den Boden, spähte in das Loch und kratzte weiter das Erdreich weg. Zwei Minuten später hatte ich die Überreste zweier Schmuckkästchen aus Holz freigelegt, zugedeckt mit blauer Seide, die völlig durchgeweicht war und sich fast gänzlich in Wohlgefallen auflöste, als ich die Kästchen vorsichtig heraushob. Mollys Schnauze tauchte unter meinem Arm hindurch, denn wie immer obsiegte ihre Neugier. Sie beobachtete mich genau dabei, wie ich die Behälter öffnete und ein ganzes Sortiment Goldkettchen und Perlenhalsbänder, Ohrringe, Broschen und Manschettenknöpfe ans Licht beförderte. Besonders fiel ein wunderschöner antiker Ring ins Auge, der mit winzigen Diamanten und Rubinen besetzt war.

»Ich bin platt, Molls!« Ich staunte nur so über die Edelsteine, die im blassen Abendlicht schillerten. »Irgendjemand muss seinen holden Schmuck vermissen.«

Vorsichtig füllte ich unser Häufchen Beutegut in einen Einkaufsbeutel, den ich immer in der Gürteltasche bei mir hatte, und knotete ihn gut zu.

Das war auch der kritische Augenblick, in dem ich spürte, dass Molly entkräftet war und wir uns, wenn auch zögerlich, von Trevor verabschieden mussten.

Ich schüttelte ihm die Hand. »Es tut mir leid, dass wir nicht zu dem Resultat gekommen sind, das Sie sich wünschen. Aber bitte halten Sie mich auf dem Laufenden. Ich glaube fest daran, dass Cola irgendwann zurückkommt. Und wenn Sie noch andere Fuchsbaue in der Umgebung finden, dann lassen Sie es mich ruhig wissen«, sagte ich. »Ich rücke sehr gern mit Molly nochmal an.«

»Ach, das ist sehr lieb von Ihnen«, sagte er. »Ich weiß das Engagement von Ihnen beiden wirklich zu würdigen, auch wenn der kleine Strolch immer noch flüchtig ist.«

Mein einfühlsames Hündchen trat nah an Trevor heran, drängte sich an sein Bein und winselte leise, als verstünde es irgendwie die Qualen, die er litt.

Einerseits war ich furchtbar enttäuscht, dass wir den Hund

nicht hatten finden können; andererseits war ich – auch Trevor, glaube ich – zufrieden, dass wir unter den gegebenen Umständen alles Menschenmögliche unternommen hatten. Molly war in jedes Fuchsloch gekrochen, sodass unser Klient zumindest mit dem guten Gefühl nach Hause gehen konnte, dass die unmittelbare Umgebung gründlich durchforstet worden war; er konnte darauf hoffen, dass sein Hund noch lebte, wenn auch ein Stückchen weiter entfernt, als er dachte.

Am nächsten Morgen, in der Küche der Bramble Hill Farm, machte sich Sam an das gründliche Wienern und Putzen des Schmuckes und breitete ihn anschließend zum Trocknen aus. Bei genauerem Hinsehen stellte ich fest, dass es sich bei der Hälfte von Mollys Beute offensichtlich um erlesene Schmuckstücke aus Gold und Silber von solider Qualität handelte, einige waren mit Diamanten, Rubinen und Halbedelsteinen besetzt. Der Rest war ziemlich grober, grellbunter Modeschmuck.

»Was denkst du, wie viel das wert ist?«, fragte Sam, als ich mir gerade zur Prüfung der Größe ein Perlenhalsband um den Hals legte; da guckte auch Molly um die Ecke.

»Schwer zu sagen.« Ich zuckte die Schultern. »Hoffentlich kriege ich raus, wem das gehört. Vielleicht hat jemand eine Ahnung. Aber wenn die Steine Diamanten und Rubine sind, dann sind sie sicher über zehntausend Pfund wert.«

An den darauffolgenden Tagen nahm ich mit unzähligen Leuten hier und da Kontakt auf, um herauszufinden, wer der rechtmäßige Eigentümer des Schmuckes war. Zuerst befragte ich den Hampsteader Wachmann über jenen Einbruch beim malaysischen Botschafter. Gehörte Mollys Zufallsfund zum Diebesgut eines Räubers? Hatte man den Schatz unter Bäumen vergraben, um ihn später zu holen? Verzehrte sich vielleicht gerade die Frau des Botschafters nach ihren Lieblingsjuwelen? Zu meiner Enttäuschung kam keine Rückmeldung vom dortigen Personal auf meine zahlreichen Anrufe und Emails. Ich musste folglich annehmen, dass ich mit meiner Annahme falschgelegen hatte.

Sodann meldete ich mich bei der Metropolitan Police, wo mich eine zivile Mitarbeiterin mit den Worten abwimmelte, es habe wenig Sinn, den Schmuck zum Polizeirevier zu bringen. Es gebe keine Möglichkeit aufzuklären, wie lange der Schmuck vergraben gewesen sei, ich wisse ja nicht einmal, ob er überhaupt gestohlen war. Es würde einfach zu viel Zeit kosten, sämtliche alten Verbrechensmeldungen durchzuackern, meinte sie.

»Am besten, Sie bewahren die Sachen erst einmal auf und versuchen den Eigentümer zu finden«, meinte sie salopp. »Wenn sich keiner meldet, können Sie sie behalten.«

Mir war wohl bewusst, wie angespannt die Personalsituation war, schließlich war ich selbst einmal Polizist gewesen, aber zu meiner Zeit, da bin ich mir sicher, hätten wir zumindest den ehrlichen Finder gebeten, den Fund ins Revier zu bringen, damit wir ihn untersuchten.

Trotzdem forschte ich weiter nach, schickte Fotos von einigen Schmuckstücken zu lokalen Zeitungsredaktionen und an die Webseiten von umliegenden Gemeinden. Ich erhielt daraufhin ein paar Nachfragen, aber das zumeist von Trittbrettfahrern, die aus der Situation Kapital schlagen wollten; niemand konnte seine Eigentümerschaft nachweisen.

Wieder im Büro, bereiteten Sam und ich uns darauf vor, die Schmuckgegenstände einem ortsansässigen Händler von gebrauchten Schmuckwaren zu schicken; er ließ sich darauf ein, sie aufzubewahren, bis sich ein Eigentümer meldete.

»Tja, Molly, wie es aussieht, gehören die ganzen Klunker dir«, sagte ich grinsend und hielt ihr ein zierliches Diadem zwischen die Schlappohren. »Des einen Freud, des anderen Leid, was?«

Gerade machte Sam ein Foto von der königlich geschmückten

Molly, als mein Handy klingelte. Es war Trevor, der mir die fantastische Neuigkeit überbrachte, Cola sei nach Hause zurückgekehrt. Nach seiner Eskapade im Park von Hampstead Heath war er total ausgelaugt. Er war über und über eingeschmuddelt, aber gesund und wohlbehalten.

»Damit machen Sie mir eine Riesenfreude, Trevor«, sagte ich, dabei hörte ich den Terrier aufgeregt im Hintergrund kläffen.

Im Dezember 2017 war ich wieder einmal gemeinsam mit meiner treuen Gefährtin in der Hauptstadt, ich hatte mich auf einen Fall in Brixton im Süden von London eingelassen. Der vermisste Kater namens Columbus, ein orangefarbener Britisch Kurzhaar-Kater, gehörte Harriet, einem jungen Mädchen, das zusammen mit den Eltern und vier weiteren Katzen lebte. Wie mir berichtet wurde, war an dem bewussten Vormittag die Routineuntersuchung beim Tierarzt fällig. Kenneth, der Vater, wollte mit Columbus hinfahren, denn Harriet hatte an dem Tag im College eine Probeklausur und konnte das nicht selbst übernehmen. Da es jedoch ein schöner Wintertag war, knackig kalt und sonnig, beschloss Kenneth, nicht mit dem Auto zu fahren, sondern zu Fuß zu gehen. Er hatte den ziemlich widerspenstigen Columbus in eine Katzentragetasche aus Segeltuch verfrachtet, die schon bessere Tage gesehen hatte, und eine Abkürzung durch die Grünanlagen des Stadtteils genommen, den zugefrorenen Pfützen ausweichend und die mit Reif bedeckten Nadelbäume streifend, deren Zweige bis über den Pfad hervorstanden. Dann lief er durch das Parktor hinaus in Richtung Hauptstraße und nahm die Tragetasche in die andere Hand, denn Columbus hatte ein stolzes Gewicht. Daraufhin wechselte er auf die andere Straßenseite, wo die Tierarztpraxis lag.

Als Kenneth auf die Schiebetür zutrat, kam ein junger Mann herausgestürzt, sich verzweifelt an eine Leine klammernd, an der ein großer bellender English Setter zerrte. Der Hund, verängstigt und erregt, wie er war, warf nur einen Blick auf die Katzentragetasche, und mit einem geifernden Knurren stieß er seine Schnauze in das Vorderteil aus Netzstoff. Dem armen Columbus muss das Herz stehengeblieben sein.

»Behalten Sie gefälligst Ihren blöden Köter unter Kontrolle, ja?«, brüllte Kenneth und hastete zum Eingang. Doch in diesem Moment schob sich Columbus' rechte Klaue aus dem Netzteil, und ehe man sich's versah, hatte der Kater ein klaffendes Loch in den Stoff gerissen, sich hindurchgekämpft und das Weite gesucht. Kenneth ließ die Tasche fallen und nahm die Verfolgung auf, aber er musste tatenlos dabei zusehen, wie Columbus über eine drei Meter hohe Mauer entschwand. Obwohl sich auch einige Passanten zu helfen bemühten, wurde der Kater nirgends mehr gesichtet.

Als Kenneth Harriet die schlechte Nachricht am Nachmittag überbrachte, war sie am Boden zerstört. Das Mädchen stand am Rande eines Nervenzusammenbruchs. Sie machte sich darauf gefasst, ihren goldigen Columbus nie wiederzusehen.

»Ich habe dir doch gesagt, dass diese Tasche aus dem Leim geht, Papa, dass wir eine neue brauchen«, heulte sie und klammerte sich an die Lieblingsdecke ihres Katerchens. »Du hast nicht darauf gehört. Da hast du's! *Du* bist schuld! Columbus ist bestimmt *tot*, Weihnachten kann ich *abschreiben*...«

Die in Tränen aufgelöste Harriet rannte die Treppe hoch in ihr Zimmer, woraufhin Sally, Kenneths Frau, ihren Mann zu beruhigen versuchte.

»Das meint sie nicht so, Schatz. Sie ist eben völlig aufgelöst. Lass ihr Zeit, dann kommt sie wieder.«

Und Harriet beruhigte sich wirklich wieder, sie entschuldigte sich auch kleinlaut bei ihrem Vater. Die darauffolgenden acht-

undvierzig Stunden lang durchkämmten die beiden die verkehrsreichen Straßen von Brixton, laut nach Columbus rufend, bis sie
heiser waren, und teilten provisorisch ausgedruckte Zettel aus,
auf denen »KATZE VERMISST!« stand. Leider ergab sich kein
Nachweis, dass jemand den Kater zu Gesicht bekommen hatte,
höchstwahrscheinlich war er irgendwo abgetaucht. Am Morgen
danach rief mich die absolut erschöpfte, zermürbte Halterin an.
Sie hatte einen Aufruf in den sozialen Netzwerken gepostet, und
jemand hatte ihr nahegelegt, »diesen Typen, den Tierdetektiv mit
dem Hund, der im Morgenmagazin *This Morning* im Fernsehen
zu sehen war«, zu kontaktieren. Harriet nahm sich den Rat zu
Herzen und meldete sich bei mir.

Sie konnte von Glück reden – Molly und ich hatten soeben
eine zweistündige Trainingsrunde hinter uns, und ich hockte gerade mit Sam über ein paar verwaltungstechnischen Angelegen-
heiten, da klingelte das Telefon. Ich dachte gleich, der Fall dieses kleinen pelzigen Entfesselungskünstlers im Süden Londons
wäre jetzt das Richtige, woran wir uns festbeißen könnten. In
zweierlei Hinsicht hegte ich jedoch Bedenken: Erstens war das
Gelände, auf dem wir uns umschauen müssten, eng bebaut und
dicht besiedelt, und all der Lärm und Gestank und das Getümmel könnten Mollys auf feine Unterschiede geeichten Ortungs-
sinn beeinträchtigen. Suchaktionen in städtischem Umfeld sind
meist komplizierter und zeitaufwendiger als die in ländlichen
Regionen. Das heißt, in Brixham, das in Devon liegt, nach einer
entlaufenen Katze zu suchen, ist weitaus einfacher als im Londoner Stadtteil Brixton. Mein zweiter Vorbehalt bezog sich auf
den Umstand, dass Columbus in einem Haushalt mit mehreren
Katzen lebte, er hatte schließlich vier »Geschwister«, und wenn
es mir nicht gelang, eine Haarprobe aufzutreiben, die eindeutig von ihm stammte, dann würde es mit der Suche nicht recht
vorangehen.

»Dauert nicht lange, Kleine«, sagte ich zu Molly, als ich vor dem viktorianischen Backsteinhaus von Kenneth und Harriet vorfuhr. Anderthalb Stunden hatten wir hierher gebraucht, und Molly fieberte schon vor Ungeduld, weil sie endlich loslegen wollte. Aber wie üblich war es wichtig, dass ich mich ein Weilchen mit den Tierhaltern unterhielt. Ich musste möglichst viele Informationen über den Kater aus ihnen herausbekommen, außerdem brauchte ich ein ansehnliches Büschel Haare aus Columbus' Fell.

Harriet, ein großes, kräftiges Mädchen mit einem dicken braunen Zopf, erzählte mir, sie habe Columbus schon gehabt, als er noch ein Junges war, und da er unentwegt auf Erkundungstouren gegangen sei, habe sie ihm den Namen Columbus gegeben. Ihr Kater sei keineswegs scheu: »Er ist ein zäher Brocken«, so beschrieb sie ihn. Er sei rundum ein sehr selbstbewusstes, pfiffiges Tier.

»Man sollte sich nie mit Columbus anlegen«, sagte Harriet. »Meine anderen Katzen bekommen die volle Wucht seiner Launen zu spüren. Er dreht richtig durch, wenn sie sich an seinem Futter vergreifen ... er hat Appetit für drei.«

Dann sagte sie noch, Columbus hasse diese Routineuntersuchungen beim Tierarzt; mir leuchtete gleich ein, was die Ursache für seine wilde Flucht in die Freiheit war und wodurch sie schließlich ausgelöst wurde. In seiner fadenscheinigen Tragetasche auf dem Weg durch den lärmenden Verkehr von Brixton bereits durchgeschüttelt, war sein Stressniveau ohnehin in die Höhe geschnellt. Als er dann auch noch den Anblick und die Gerüche der gefürchteten Praxis vor sich hatte, war er bereit, seinem Elend beherzt ein Ende zu bereiten. Die unerwünschte Hundeschnauze gab ihm den Rest und war der Auslöser für seine hektische Flucht.

Zwanzig Minuten später begaben wir uns als vierköpfiger

Suchtrupp auf die Jagd: Vater, Tochter, Molly und ich. Wir waren alle in dicke, warme Jacken gemummt, damit uns die klirrende Kälte nichts anhaben konnte. Wie befürchtet, war die Unternehmung wegen der dichten Besiedlung des Areals sehr beschwerlich. Dieser Teil von Brixton war vollgebaut mit Geschäfts- und Wohngebäuden. Die meisten Läden und Wohnhäuser hatten zudem Hinterhöfe, Nebengebäude oder auch beides. Ringsum befanden sich sehr belebte Parks, die man auch gründlich untersuchen müsste, und im Hintergrund ragte eine riesige Eisenbahnbrücke auf, unter deren Bögen, etwa ein Dutzend an der Zahl, sich eine Reihe von Läden und Geschäften eingerichtet hatten.

Wir eilten zunächst zu der Tierarztpraxis, um Columbus' Fluchtroute zu begutachten. »Alter Schwede! Das ist ja ein durchtrainierter Kater«, entfuhr es mir, als ich die imposante Mauer in Augenschein nahm. Wir beschlossen, die dahinterliegenden Grundstücke zu inspizieren. Es bereitete mir einiges Kopfzerbrechen, wie wir dort hingelangen sollten, denn verglichen mit Landbewohnern, hielten sich die Städter meist bedeckt und waren misstrauischer, wenn ein Typ bei ihnen klingelte, der wie von Amts wegen eine Art »Uniform« trug und obendrein noch einen Spürhund an der Leine führte. Meine Sorge war jedoch unbegründet, die meisten Ladenbesitzer und Privatleute, denen ich gegenübertrat, waren äußerst hilfsbereit.

Zu ihnen gehörte auch die Belegschaft eines Altenheims in einem stattlichen Backsteingebäude, das wir zwei Stunden nach dem Beginn der Aktion aufsuchten. Molly hatte die Geruchsprobe frisch in der Nase und war ganz beschwingt, als wir die Zufahrt entlangliefen. Bislang hatte sie praktisch noch keine Witterung aufgenommen, deshalb lag mir sehr daran, rasch Zugang zu dem Gelände zu bekommen. Ich überfiel gleich eine der leitenden Pflegerinnen, die gerade ihre Schicht antrat, und das

Schicksal meinte es gut mit mir, sie war eine engagierte Katzenfreundin. Sie erschrak, als Harriet und ich ihr von Columbus' Verschwinden berichteten.

»Ach, das ist ja traurig«, sagte sie mit einem weichen irischen Akzent. »Kommen Sie hinten ums Haus herum, da lasse ich Sie durchs Tor. *Eigentlich* darf ich das nicht, aber angesichts der Lage der Dinge…«

Kenneth und Harriet blieben draußen, denn ich wollte nicht gleich mit einer ganzen Horde einfallen; nur Molly und ich durchsuchten den Garten des Pflegeheims. In einem Innenstadtquartier wie Brixton war das Grün rar, aber das hier konnte man als kleine Oase gelten lassen. Drei Viertel der Fläche waren von einem Rasen eingenommen, viereckig, mit verschiedenen Verzierungen, Pflanzkübeln und Vogeltränken. Hinten gab es ein Beet, in dessen Furchen einige Sorten Wintergemüse wuchsen: Brokkoli, verschiedene Kohlsorten, Zwiebeln und Pastinaken.

»Die Bewohner sitzen gern hier, besonders bei sonnigem Wetter«, sagte die Pflegerin mit einer Geste zu den in unregelmäßiger Anordnung aufgestellten schmiedeeisernen Stühlen. »Sie gucken gern zu, wenn alles im Garten wächst und gedeiht…«

»…Und wir wollen auch sehen, was in unsere Gemüsesuppe reinkommt«, piepste ein Stimmchen hinter uns. Ich drehte mich um, und da stand ein winziges grauhaariges Mütterchen in einem lila Wollmantel und dazu passender Baskenmütze. Eine schwarz umrandete Brille mit dicken Gläsern beherrschte ihr Gesicht. Sie wirkte wie aus einem Cartoon entsprungen.

»Ich bin Gracie«, stellte sie sich lächelnd vor und reichte mir ihre flatternde Hand. »Ich habe Ihren süßen Hund vom Wintergarten aus gesehen, da musste ich doch mal rauskommen und guten Tag sagen.«

Die alte Dame fragte, ob sie Molly streicheln dürfe, und nutzte die Gelegenheit, um von all den Katzen, Hunden, Papageien und Wellensittichen zu erzählen, die sie im Laufe ihres Lebens schon besessen hatte. Im Pflegeheim waren zu ihrem Leidwesen keine Haustiere erlaubt, doch sie erzählte mir, sie versuche nah an der Natur zu bleiben, indem sie frisches Wasser in die Vogeltränken goss, besonders bei einem solchen Kälteeinbruch. Jeden Abend schlich sie sich in den Garten, um unter den hier heimischen Igeln, Füchsen und gelegentlich auftauchenden Kätzchen Katzen- und Hundefutter zu verteilen.

Katzenfutter? Ich horchte auf. *Je schneller wir den Garten durchsuchen, desto besser.*

Molly war ja die Geduld in Person, Gott sei's gedankt; doch nach dem minutenlangen Getue und Getätschel seitens der alten Dame konnte ich Molly ansehen, dass es ihr, genau wie mir, in allen Gliedern juckte, unsere Mission fortzuführen.

»Es war mir eine Freude, mit Ihnen zu plaudern, Gracie«, sagte ich. »Ich fürchte nur, wir müssen jetzt weitermachen.«

»Na klar«, sagte sie. »Ich wünsche Ihnen viel Glück, dass Sie hoffentlich den Kater Columbus finden.«

Eingehängt bei der Pflegerin, auf die sie sich stützen konnte, humpelte sie wieder auf das Haus zu.

Noch einmal hielt ich Molly als Turbo-Auffrischung die Geruchsprobe vor die Schnauze. Augenblicklich stob sie bis ans Ende des Gartens, schnüffelte hektisch an einem Loch in einem Zaunelement herum und nahm ihre Signalstellung ein, an der nichts zu deuten war. Als ich mich heranpirschte, entdeckte ich sogar vereinzelte Büschel orangefarbenen Haares an den schartigen Rändern der offenen Stelle. Ich durfte also mit Recht behaupten, dass Columbus hier gewesen war.

»Ausgezeichnet, Molly«, lobte ich sie, während sie mir Blutwursthappen von der Hand schleckte.

Kenneth und Harriet waren begeistert vom positiven Verlauf der Ermittlungen, und wir gingen kurz zu ihnen nach Hause, wo wir eine Nachbesprechung abhielten. Ich ging davon aus, dass Columbus den Garten des Pflegeheims aufgesucht hatte, um an den Vogeltränken frisches Wasser zu trinken. Um seinen Mordshunger zu stillen, hatte er womöglich auch Katzenfutter gemopst, das Gracie für die Igel ausgestreut hatte. Seinen Raubzug hatte er, wie ich glaubte, spätabends unternommen und zuvor darauf gelauert, dass im Heim die Lichter ausgingen. Dann war er zu seinem Unterschlupf zurückgekehrt, vielleicht tief unter einem der nahegelegenen Brückenbögen.

Eine nächtliche Observierung des Heimgeländes war leider nicht möglich; zudem war Mollys Sechs-Stunden-Pensum nahezu ausgereizt, noch mehr wäre körperlich zu anstrengend für sie. Ich musste sie bald nach Cranleigh zurückbringen. Als Alternative beschloss ich, Hightech-Nachtsichtkameras auf dem Boden aufzustellen. Sie würden untereinander und mit meinem Laptop verbunden sein, sodass ich die Aufnahmen zu Hause auf dem Bildschirm verfolgen und meine Auftraggeber alarmieren konnte, wenn sich irgendetwas von Bedeutung abspielte. Da sie nur zweihundert Meter von dem Pflegeheim entfernt wohnten, könnten sie allenfalls schnell hinüberkommen. Eine Kamera würde ich neben eine strategisch günstig platzierte Schale mit getrockneten Fischstückchen stellen, das hielt ich für einen bombensicheren Trick, den ausgehungerten Columbus anzulocken. Ein Tütchen von diesem Snack, den ich Katzenkaviar nannte, habe ich immer bei mir, denn Katzen können ihm nicht wiederstehen und wittern seinen Duft über Hunderte Meter.

All das hatte ich im Hinterkopf, als ich nochmal in das Pflegeheim trat und die in Katzen vernarrte Pflegerin ansprach; sie gab uns grünes Licht, unsere Kameras aufzustellen. Ich erhaschte einen Blick auf Gracie, die im gemeinschaftlichen Fernsehraum

saß und die Kochsendung *Mary Berry's Christmas Party* anschaute.
Da ich sie um einen großen Gefallen bitten wollte, ging ich kurz
zu ihr. Gracie riss die Augen weit auf, als sie mich sah.

»Haben Sie denn den Kater gefunden?«

»Noch nicht«, entgegnete ich lächelnd. »Aber wir können mit
Fug und Recht davon ausgehen, dass er in Ihrem Garten war und
sich vielleicht sogar von Ihrem Katzenfutter bedient hat.«

»Ach was?!«

»Es sieht ganz danach aus, ja.«

Nun setzte ich ihr auseinander, wie die Operation Columbus
geplant war, und führte aus, dass ich zusätzlich zu den Kameras
noch ein wachsames Auge bräuchte, das aus dem Heim heraus
die Szenerie im Visier behielte.

»Meinen Sie, dass Sie mir unter die Arme greifen könnten,
Gracie?«, bat ich sie. »Sie müssten nur den Garten im Blick be-
halten, was Sie ja ohnehin immer tun, und sich telefonisch bei
Columbus' Eigentümern melden, wenn Sie ihn zufällig erblicken.
Sie wären uns eine *unschätzbare* Hilfe.«

»*Ich* soll *Ihnen* helfen?«

»Ja, gewiss doch. Sie dürfen sich heute Abend als Mitglied des
Teams Molly begreifen.«

Betroffen sah ich, wie ihr die Tränen in die Augen schossen.

»Wie lieb von Ihnen, mich zu bitten«, sagte sie und tätschelte
mir die Hand. »Es tut so gut, zur Abwechslung auch mal gebraucht zu werden. Leider Gottes fühlt man sich eher unsichtbar,
wenn man über neunzig ist.«

Was für eine reizende Dame, dachte ich, bereits wieder auf dem
Weg hinaus zum Auto.

Gegen Viertel vor zehn am Abend kam ein müder, hungri-
ger orangefarbener Kater durch das Loch im Zaun gekrab-
belt, tappte zu der Schale mit Trockenfisch und machte sich daran, die Fischbrocken zu verschlingen. Zum selben Zeitpunkt

spähte eine ältere Dame, die an ihrem Fenster hockte, durch ihre schwarz umrandete Brille blinzelnd nach dem vierbeinigen Schemen. Sie gurrte vor Entzücken, griff eiligst nach dem Telefon und wählte die Nummer auf dem Zettel, den sie seit dem Abendessen krampfhaft in der Hand hielt.

Schon zwei Minuten später rekelte sich Columbus in den Armen seines Frauchens, und damit war unser Happy End perfekt.

Ich war so froh wie Harriet, schließlich war Columbus ihr einziger Weihnachtswunsch gewesen, doch auch für Gracie freute ich mich, die sich nichts so sehr wünschte, wie sich gebraucht zu fühlen.

Am nächsten Tag fuhren Molly und ich noch einmal in den Süden von London. Als Erstes machten wir Station bei Kenneth in Brixton, wo neben einem riesigen Weihnachtsbaum, an dem die Lichter nur so funkelten, Harriet und Columbus auf dem Sofa lümmelten. Harriets glückliche Miene sagte alles.

»Hier schnurrt nicht nur der Kater«, meinte Kenneth grinsend. »Sie weicht ihm kaum von der Seite. Nun brauchen wir Weihnachten doch nicht abzusagen. Das verdanken wir euch.«

Die nächste Station war das Pflegeheim, wo ich meine diversen Wildkameras einsammelte. Molly und ich wurden von der netten irischen Pflegerin aus dem Gartentor hinausgeleitet, die uns ihre Freude und Erleichterung kundtat, dass Columbus wiedergefunden worden war. Sie sagte auch, dass Gracie, die gerade ihr Mittagsschläfchen hielt, vor Freude ganz aus dem Häuschen gewesen sei.

»Gut, dass ich Sie heute noch einmal treffe, Mr Butcher, denn ich wollte mich persönlich bei Ihnen bedanken, weil Sie so freundlich zu Gracie waren«, meinte die Pflegerin. »Sie ist geistig so rege, sicher langweilt sie sich manchmal hier. Heute beim Frühstück war sie richtig glücklich, sie hörte gar nicht auf zu lächeln, allen Mitbewohnern musste sie erzählen, dass sie bei der Operation Columbus mitgemischt hat.«

»Ach, wie schön, das zu hören«, sagte ich lächelnd. »Könnten Sie wohl dafür sorgen, dass sie das hier bekommt?«

Damit zog ich ein Foto von Molly aus der Brieftasche und fischte einen Kugelschreiber aus der Jackentasche.

»Für Gracie«, schrieb ich. »Ohne Sie hätten wir es nicht geschafft. Alles Gute vom Team Molly.«

Bis ich alle Kameras im Wagen verstaut hatte, war die Dämmerung hereingebrochen. Der wolkige Himmel hatte eine graubraune Färbung angenommen. Ob es wohl schneien würde, fragte ich mich. Auch war der eisige Wind stärker geworden. Ich hatte keine Lust auf stundenlangen Stau in der Hauptverkehrszeit, deshalb beschloss ich, ins nur Minuten entfernte Clapham Common zu fahren. Ich könnte in meinem dortigen Lieblingspark im Süden Londons, wo ich schon seit Längerem nicht mehr gewesen war, ein bisschen müßig herumstromern, und Molly könnte mal die Glieder ausstrecken und sich austoben, bevor wir unsere Heimfahrt antraten. Erst als ich an meiner altgewohnten Stelle in der Nähe der Dreifaltigkeitskirche mit ihrem markanten weißen Turm parkte, bemerkte ich, dass der Park in einen Weihnachtsrausch gefallen war.

»*WILLKOMMEN IM WINTERLAND!*«, schrie es von den an Bäumen und Laternenpfählen angebrachten Plakaten, an denen wir vorbeiliefen. Augenscheinlich verwandelte sich dieser Ort hier jedes Jahr in einen weihnachtlichen Vergnügungspark. Das Strandbad wurde zur Eislaufbahn, das große Festzelt zum Zirkus, und im übrigen Park wimmelte es von Imbissständen und Fahrgeschäften. Es gefiel mir, die fröhlichen Familien, frischverliebten Pärchen und quirligen Schulkinder bunt durcheinander in solcher Feiertagsstimmung zu erleben.

»Tja, hier ist was los, Molls«, sagte ich und legte ihr das leuchtend rote Trainingsgeschirr mit dem blauen Lämpchen um. »Na los, suchen wir uns ein Plätzchen zum Spielen.«

Wir entfernten uns von den Menschenmassen, durchquerten ein dichtbewachsenes, matschiges und von Bäumen bestandenes Gebiet und gelangten schließlich zu einer Lichtung, wo wir eine knappe Dreiviertelstunde lang Tauziehen mit zwei Fußballsocken spielten, die aneinandergeknotet waren. Ich ließ Molly öfters gewinnen, dann lief sie ein paar Siegerrunden um mich herum, die Socken zwischen die Zähne geklemmt wie eine Trophäe, und kehrte dann für eine neue Runde zu mir zurück.

Als meine Hündin langsam müde wurde und ich Hunger bekam, legte ich Molly wieder an die Leine und stürzte mich mit ihr in das Getümmel von Winterville. Ich ging zielstrebig auf eine deutsch anmutende Imbissbude zu, in der mir eine fröhliche Verkäufertruppe in Elfenkostümen eine heiße Schokolade, eine Bratwurst sowie Wasser für Molly servierte, die dazu ihre Leckerlis schnabulierte. Ich merkte, wie sich der Oberelf ein Grinsen verkniff, als er mir unsere Verpflegung herüberreichte. Sicherlich amüsierte er sich über diesen schlammbespritzten Kerl samt seinem dreckigen Hund, an denen von oben bis unten nasse Zweige und Blätter klebten.

Ich ließ mich müde auf eine Bank fallen, und gleich darauf kam auch Molly angetrabt, schob sich nah an mich heran und sah aus ihren großen braunen Hundeaugen zu, wie ich von meiner Wurst abbiss.

»Pustekuchen, Fräulein, du hattest schon was zu naschen«, wies ich sie ab, woraufhin ein Winseln ertönte, und dann gähnte Molly mit weit aufgerissenem Maul.

Sie hopste auf meinen Schoß, leckte mir die Wange ab und legte vorsichtig ihre Pfote auf mein Handgelenk. Minutenlang saß ich so da, beobachtete das Riesenrad, wie es sich langsam vor dem dunkler werdenden Himmel drehte, lauschte dem beschwingten Geplauder von Familien und Freunden und ließ mir den Duft von Glühwein und fruchtigen Mince Pies um die Nase wehen. Alle naselang rauschten hell erleuchtete Busse an den Umgrenzungen des Parks vorüber und hielten an, um weitere Feierlustige aussteigen zu lassen. Molly schmiegte sich noch enger an mich, und ich spürte ihren Herzschlag gleich neben meinem: *Klopf, klopf, klopf.* Wie so oft, wenn wir in dieser Weise nah beieinander waren, fing ich an, mit ihr zu reden.

»Weißt du eigentlich, Molly«, sagte ich leise und streichelte ihren Kopf, »dass wir fast schon ein ganzes Jahr zusammen sind?«

Sie guckte hoch und zwinkerte unter ihren langen Wimpern, als wollte sie sagen: *Ehrlich? Mannomann!*

»Ist das nicht ein Abenteuer?« Ich lächelte. »All die lieben Menschen, die wir kennengelernt haben, all die sagenhaften Orte, wo wir waren.«

Die Menschen, die den Weg entlangschlenderten, nahm ich gar nicht wahr. Ich kramte im Schatz meiner Erinnerungen mit all den Namen von Tieren und Auftraggebern, die mit meiner beeindruckenden Retterin aus der Not in Berührung gekommen waren: Tim und Rusty, Margaret und Chester, Renu und Buffy, Edward und Saphir, Trine und Newton, Donna und Snuggles. Und natürlich Harriet und Columbus. Dann ging ich in Gedanken die Liste derer durch, die uns auf unserer wunderbaren Reise unterstützt hatten: Claire, Rob und Mark von Medical Detection Dogs, meine liebe Freundin Anna, meine Eltern, mein Sohn, meine Freundin …

Ich schaute auf Molly, deren Lider allmählich schwer wurden, auch ihr Atem ging schwerer.

»Verzeih mir, rede ich dich in den Schlaf, Molls?« Ich musste schmunzeln.

Ganz unvermittelt landete etwas Weißes, Flauschiges auf ihrer

Schnauze. Und wieder. Und wieder. Molly schüttelte sich wach und sprang flink von meinem Schoß. Zum Spaß der Passanten fing sie an, nach den Schneeflocken zu schnappen, die vom Himmel herunterfielen.

Ach, was für ein Spaß, Herrchen, wollte sie wohl gern sagen. *Seit EWIGKEITEN habe ich nicht mehr mit diesem weißen Zeug gespielt!*

Ich ließ sie eine Viertelstunde wie ein aufgeregtes Kind herumhüpfen und Pirouetten drehen, dann rief ich sie zurück und strich ihr sanft über den Kopf. Sie hockte sich auf die Bank und ließ hechelnd seitlich die Zunge heraushängen, Schwaden von Atemdampf entwichen ihrem Maul.

»So, es ist jetzt Zeit zum Nachhausefahren, Mädchen«, sagte ich, klopfte ihr die Schneeflocken aus dem Fell und machte die Leine fest. »Scheinbar ist der Verkehr jetzt endlich abgeflaut.«

Als wir an der Dreifaltigkeitskirche vorbeikamen, musste ich einfach mal kurz anhalten und den Anblick genießen. Das Gebäude sah herrlich aus, es war kunstvoll vor der winterlichen Szenerie angestrahlt. Und als ich an der Kirche hinaufschaute, meine Molly gleich hinter mir, spürte ich, dass ich mich glücklich schätzen durfte. Hier in der Stadt, die ich am liebsten von allen habe, an einem magischen Abend, erlebte ich kostbare Lebenszeit mit meinem hübschen Cockerspaniel.

Halte diesen Augenblick gut fest, Colin, schärfte ich mir ein.

Das tat ich dann auch in buchstäblichem Sinne: Ich angelte mein Handy aus der Tasche, setzte ein breites Grinsen auf und machte ein schnelles Selfie. Was dabei herauskam, ließ mich schmunzeln – zwei zerzauste, aber überaus glückliche Gestalten. Auf der Stelle schickte ich das Foto Sarah, mit der Bildunterschrift »Molly und ich«.

Epilog

Meine Geschichte nahm ihren Anfang an den Rändern der Regenwälder von Malaysia und Singapur, wo mein Bruder und ich in Begleitung unserer treuen vierbeinigen Freunde herumtollten wie Figuren aus einem Roman von Rudyard Kipling. Es waren gute Jahre, voller unglaublicher Erlebnisse, die ganz sicher alle meine Entscheidungen über die Haustiere, die ich später besessen habe, beeinflussten.

Mitte Dezember 2018 waren es mittlerweile Hundert Operationen, an denen Molly teilgenommen hatte. Sie hatte bis dahin Anteil am Aufspüren von vierundsiebzig vermissten Katzen, sechs Hunden und einer Griechischen Landschildkröte, von denen viele ohne ihre Hilfe verschwunden geblieben wären. Die übrigen sechsundzwanzig Katzen sind noch nicht gefunden worden, obwohl wir unser Möglichstes taten, um sie aufzuspüren.

Einige sind vielleicht umgekommen, weil sie in ein Auto gelaufen sind, oder sie haben sich in ein stilles Eckchen verzogen und werden noch alt wie Methusalem. Andere sind vielleicht ihrer unstillbaren Neugier zum Opfer gefallen und durch reinen Zufall in eine neue Umgebung gebracht worden. Aber einige Katzen wollen einfach nicht gefunden werden und haben sich wahrscheinlich neue Herrchen gesucht oder sind in die freie Wildbahn zurückgekehrt.

Molly ist eine wahrlich außergewöhnliche Hündin, sie hört nicht auf, mich in Erstaunen zu versetzen, unentwegt testet sie jede Regel aus, die ich aufstelle, und erkennt nie ganz mein Recht an, ihr meinen Willen aufzuzwingen – aber warum sollte sie auch? Wir sind schließlich ein Team, so erwartet sie auch, gleich behandelt zu werden. Sie ist eine exzellente Problemlöserin und erinnert sich an jeden Ort, an dem sie schon mal eine vermisste Katze gefunden hat. Im schnellsten Fall regeneriert sie sich innerhalb von weniger als fünf Minuten, und neuerdings stupst sie auch mit der Schnauze an die Verstecke von vermissten Katzen, was sie sich angeeignet haben muss, als sie die medizinischen Spürhunde beobachtet hat, die im Trainingszentrum von MDD arbeiten.

Während sie bereit ist, alles, was sie von ihrer Welt weiß, weiterzugeben, kann man das von Katzen nicht sagen. Bekanntlich sind sie verschlossen und teilnahmslos und verhalten sich oft höchst unberechenbar; heute sind sie noch zufrieden, und morgen sind sie verschwunden. Nun bin ich jedoch ein erfahrener Detektiv und habe gelernt, mich in Geduld zu üben. Mit jeder neuen Ermittlung verstehe ich ein bisschen mehr von diesen vermeintlich verstohlenen Wesen und entschlüssle allmählich ihre Verhaltensmuster. Das hilft mir dabei, ein Verständnis dafür zu entwickeln, warum sie verschwinden und wo ich gegebenenfalls mit der Suche beginnen muss. Am Ende kommen mir die Katzen gar nicht so geheimnisvoll vor. Eine unglückliche Katze nimmt oft beträchtliche Mühen in Kauf, um ihr Herrchen ihre Verstimmung spüren zu lassen, bevor sie das Heim der Familie verlässt. Wenn Sie mitbekommen, dass sich Ihre Katze ungewöhnlich verhält, dann eben deshalb, damit Sie es merken, also geben Sie acht, denn das erspart Ihnen möglicherweise eine Menge Kummer.

Zum Schluss würde ich gern einen jeden Fall aufzählen, in dem wir ermittelt haben, und all die wunderbaren Menschen, mit denen wir zusammengearbeitet haben, aber es sind einfach zu viele für ein Buch. Außerdem wird es noch viele weitere Fälle geben, an die wir uns im Jahr 2019 heranmachen. Auch habe ich vor, mir einen neuen Lehrling zu suchen ... Aber das ist wieder eine andere Geschichte.

Danksagung

Mein Buch widme ich meinem Bruder David, der kurz vor seinem einundzwanzigsten Geburtstag in den Armen seiner jungen Frau Katrina starb. In den Jahren, in denen er so leidenschaftlich kämpfte, um seine schreckliche Krankheit zu besiegen, hörte ich ihn nicht ein einziges Mal klagen. Er nahm einfach alles an, womit ihn das Leben konfrontierte, und stand weiter seinen Mann, immer von der Hoffnung beseelt, die Ärzte könnten ihm Besserung verschaffen. Noch heute fühle ich, dass mein Bruder über mich wacht und mich inspiriert, das Beste aus mir herauszuholen. Nie gab er auf, und deshalb will ich auch nicht aufgeben; nur weil er mich leitet, habe ich mich mit Molly auf diese Reise machen können. Wir haben es den Zweiflern gezeigt, David, und wir haben erreicht, was viele für unmöglich hielten. Ich wünschte mir, du wärest hier, um es zu erleben.

Ich danke euch, meinen Eltern, dass ihr mir die Freiheit gegeben habt, in Malaysia, Singapur und England die Natur zu erkunden, für die zahlreichen Tiere, die ihr in mein Leben gebracht habt, aber auch dafür, dass ihr mich in die Royal Navy geprügelt habt. Übrigens tut es mir leid wegen der Mäuse: Ich weiß, ihr dachtet immer, die Katzen hätten sie ins Haus gebracht.

Mein langer Weg vom Polizeibeamten zum Privatdetektiv und schließlich zum Tierdetektiv war eine überaus lohnende Erfahrung, und überall in meinem Buch habe ich denen, die mich dabei inspirierten oder unterstützten, Anerkennung gezollt. Es gibt jedoch einzelne, die ein zusätzliches Lob verdienen.

Sowohl Sam als auch Stefan haben die Firma verlassen und gehen nun eigene Wege. Doch sie sind gute Freunde geblieben und werden es auch in Zukunft immer sein. Wir drei hatten gemeinsam atemberaubende Erlebnisse, sowohl als Privatdetektive als auch als Tierdetektive. Ohne ihre Loyalität und ihren Rückhalt hätte ich UKPD nicht aufbauen können. Ich bin ihnen zu unendlichem Dank verpflichtet.

Mein Dank gilt auch Anna Webb, einer Freundin und gleichzeitig Hundeguru. Ohne sie hätte ich nie das fantastische Team von Medical Detection Dogs kennengelernt. Ich danke Dr. Claire Guest, Dr. Astrid Concha, Rob Harris und Mark Dogget, all den Ehrenamtlichen und der Familie, bei der Molly in Pflege war. Ihr habt eure Sache prima gemacht. Molly ist ein Star.

Ich danke meinen Agenten Rowan Lawton und Eugenie Furniss. Ihr habt Vertrauen in mich gesetzt und mir ermöglicht, meine Geschichte auf meine Weise zu erzählen;

Ich danke dem Furniss-Lawton-Team, Rory, Rachel, Liane und Lucy, ihr habt geackert, damit mein Buch einen weiten Leserkreis findet; Joanne Lake, die in mein Buch Tiefgang und Farbe gebracht hat und deren Geduld und Fachkompetenz dazu beigetragen haben, dass so eine wundervolle Geschichte entstand; Zennor Compton, durch dessen Enthusiasmus und Energie ich den richtigen Verlag ausfindig machte, sowie Charlotte Hardman für ihre Erfahrung, ihre Professionalität und Fähigkeit, an der Geschichte zu feilen.

Ich danke meiner lieben Sarah, die mir in den zurückliegenden Jahren eine unersetzliche Stütze war und so viel Verständnis aufbrachte, für ihre Intuition und klugen Ratschläge, aber besonders dafür, dass sie meinem kleinen Quälgeist und Schelm Molly ihr Herz geöffnet hat.

Ja, dann gibt es noch eben diese meine bewunderungswürdige, bezaubernde und liebenswerte Gefährtin Molly. Ohne sie wäre das hier nicht möglich geworden. Sie stellt mich ständig auf die Probe, überrascht mich immer wieder und lässt mich nie im Stich. Sie ist etwas ganz Besonderes.

Zum Schluss danke ich allen Haustierhaltern, die ihr Vertrauen in Molly und mich gesetzt haben. Danke, dass Sie uns beide in Ihr Leben gelassen haben. Wir haben uns über jede einzelne neue Bekanntschaft gefreut.